Marisa Kaufhold

Kompetenz und Kompetenzerfassung

Marisa Kaufhold

Kompetenz und Kompetenz-erfassung

Analyse und Beurteilung
von Verfahren
der Kompetenzerfassung

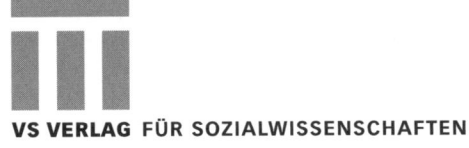

VS VERLAG FÜR SOZIALWISSENSCHAFTEN

Bibliografische Information Der Deutschen Nationalbibliothek
Die Deutsche Nationalbibliothek verzeichnet diese Publikation in der
Deutschen Nationalbibliografie; detaillierte bibliografische Daten sind im Internet über
<http://dnb.d-nb.de> abrufbar.

Zugl.: Diss., Univ. Erfurt 2006

1. Auflage November 2006

Alle Rechte vorbehalten
© VS Verlag für Sozialwissenschaften | GWV Fachverlage GmbH, Wiesbaden 2006

Lektorat: Monika Mülhausen / Bettina Endres

Der VS Verlag für Sozialwissenschaften ist ein Unternehmen von Springer Science+Business Media.
www.vs-verlag.de

Umschlaggestaltung: KünkelLopka Medienentwicklung, Heidelberg
Druck und buchbinderische Verarbeitung: Krips b.v., Meppel
Gedruckt auf säurefreiem und chlorfrei gebleichtem Papier
Printed in the Netherlands

ISBN-10 3-531-15153-3
ISBN-13 978-3-531-15153-3

Danksagung

Die vorliegende Arbeit wurde im Rahmen des Graduiertennetzwerkes der Arbeitsgemeinschaft Betriebliche Weiterbildungsforschung e. V. (ABWF) gefördert. Hier möchte ich besonders Herrn Prof. Dr. Manfred Trier und Herrn Dr. Ernst Hartmann für die verständnisvolle Koordination des Netzwerkes danken.

Mein besonderer Dank gilt Herrn Prof. Dr. Rudolf Husemann, der die Arbeit betreute und durch viele konstruktive Rückmeldungen und Anregungen bereicherte. Für seine Gutachtertätigkeit sowie die Unterstützung bei der Schaffung wertvoller Rahmenbedingungen danke ich Herrn Prof. Dr. Rolf Dobischat. Auch Herrn Prof. Dr. Manfred Eckert sei für die Übernahme der Gutachterfunktion herzlich gedankt.

Nicht zuletzt richtet sich mein Dank an die Mitarbeiter und Mitarbeiterinnen von START e.V., insbesondere an den Geschäftsführer Dr. Jürgen Neubert, die mir die Möglichkeit gewährten, die Arbeit in Ihren Räumlichkeiten entstehen zu lassen. Aus der dortigen Zusammenarbeit konnte ich oft sowohl wertvolle Anregungen als auch neue Kraft sammeln. Für die Durchsicht und Korrektur des Manuskriptes danke ich Martina Hofmann. Auch meiner Familie und meinem Partner Helmut Fritz möchte ich an dieser Stelle danken. Sie waren jederzeit für mich da und haben mich auch in schwierigen Phasen darin bekräftigt, diese Arbeit zu Ende zu bringen.

Marisa Kaufhold   Erfurt, September 2006

Inhaltsverzeichnis

Tabellenverzeichnis

Abbildungsverzeichnis

Zusammenfassung

Ausgangspunkt der vorliegenden Arbeit ist die Bedeutung von Kompetenz im beruflichen Kontext und die sich daraus ergebende Fragestellung ihrer Erfassbarkeit. So ist in den letzten Jahren eine Vielzahl von Forschungsvorhaben zu beobachten, die sich mit der Thematik der Kompetenzerfassung auseinander setzt. Angesichts der Heterogenität und Komplexität des Kompetenzbegriffes werden zahlreiche Verfahren mit unterschiedlichen Zielen und verschiedenen methodischen Ansätzen angewandt, um Kompetenz zu erfassen. Daraus ergibt sich die Notwendigkeit, einen Überblick über die vorhandenen Verfahren und deren Einsatzmöglichkeiten zu schaffen. In der Arbeit wird daher ein theoretisch fundiertes Analyseraster erarbeitet und angewendet, dass eine vergleichende Analyse von Kompetenzerfassungsverfahren zulässt. Durch die Anwendung des Rasters sind erste tendenzielle Aussagen bezüglich der Gestaltung und der Einsatzbereiche von Kompetenzerfassungsverfahren sowie deren Berücksichtigung von für Kompetenzerfassung relevanten Aspekten möglich.

Zur Bestimmung der dafür erforderlichen Analysekriterien erfolgt in Kapitel 2 eine Aufarbeitung des aktuellen Forschungsstandes und eine theoretische Auseinandersetzung mit den Konturen des Kompetenzbegriffs aus pädagogischer, psychologischer und handlungstheoretischer Perspektive im 3. Kapitel. In den Betrachtungen zum aktuellen Forschungsstand wird auf die Heterogenität von Kompetenz und die damit verbundene Vielfalt von Kompetenzdefinitionen hingewiesen. Trotz der Komplexität des Konstruktes können allgemeine Merkmale von Kompetenz wie 1) Handlungsbezug, 2) Situations- und Kontextbezug, 3) Subjektgebundenheit und 4) Veränderbarkeit herausgearbeitet werden. Ebenso wird gezeigt, dass sich Kompetenz aus einem Konglomerat der Elemente Wissen, Fähigkeiten/Fertigkeiten, Motive und emotionale Dispositionen zusammensetzt. Des Weiteren sind die durch verschiedene Akteursgruppen mit Kompetenzerfassung verbundenen unterschiedlichen Interessen und Zielstellungen dargestellt. Ein starkes Interesse an Kompetenz und deren Erfassung ist auch auf internationaler Ebene zu beobachten, so dass die im OECD Kontext bedeutenden Forschungsprogramme kurz dargestellt werden. Eine exemplarische Darstellung verschiedener methodischer Ansätze der Kompetenzerfassung ermöglicht einen Einblick in die unterschiedlichen Varianten zur Erfassung von Kompetenz.

Die Auseinandersetzung mit Kompetenz aus pädagogischer Perspektive erfolgt aus einem erwachsenen- und berufspädagogischen Blickwinkel, in dem Kompetenz unter dem Aspekt der Handlungsorientierung betrachtet wird. In der aktuellen pädagogischen Diskussion wird der Kompetenzbegriff in einer stark ökonomischen Sichtweise verwendet. Dabei erfolgt eine enge Verknüpfung des Kompetenzbegriffs mit der auszuführenden Tätigkeit, wobei Verwertungszusammenhänge in den Vordergrund gestellt werden. Unter einem pädagogischen Blickwinkel ist auch die Abgrenzung der Begriffe Qualifikation und Kompetenz von Bedeutung, so dass diese ebenfalls Gegenstand der Betrachtungen ist. Außerdem wird die Entwicklung von Kompetenz berücksichtigt, wobei auf Entwicklungsstufen hingewiesen wird, die im Kontext von Kompetenzerfassung von Relevanz sein können. Die

Entwicklung von Kompetenz wird als Aufgabe von Bildung und Weiterbildung formuliert und als ganzheitlicher Lernprozess angesehen. Unstrukturierte Lernprozesse, wie z. B. das Lernen durch Arbeitstätigkeiten, gewinnen an Bedeutung und individuelle Bildungserwartungen lenken die Lernprozesse. Im Vordergrund rücken somit selbstorganisierte, situations- und handlungsorientierte Ansätze.

Ausgangspunkt einer psychologischen Betrachtung von Kompetenz ist die Auseinandersetzung der Psychologie mit der Beschreibung und Vorhersage menschlichen Verhaltens sowie die Annahme, dass Verhalten durch das Potential einer Person beeinflusst wird. Die Darstellung verschiedener psychologischer Kompetenzdefinitionen zeigt, dass nicht der Verwertungsaspekt, sondern das Potential und die Persönlichkeitsmerkmale einer Person im Vordergrund stehen. Deutlich wird außerdem, dass neben kognitiven Aspekten auch motivationale und volitionale Aspekte berücksichtigt werden. Die weiteren Betrachtungen erfolgen aus einer Arbeits- und Organisationspsychologischen Sichtweise. Ausgehend vom Handeln wird erklärt, wie personale und situative Aspekte dieses beeinflussen und welche Wechselbeziehungen dabei von Bedeutung sind. Ebenso wie bei der pädagogischen Betrachtung wird auf die Entwicklung von Kompetenz eingegangen. Diesbezüglich wird angeführt, inwiefern sich die Gestaltung von Arbeitsinhalten und -strukturen auf die Möglichkeiten und Chancen der Kompetenzentwicklung auswirken. Dabei wird auch der Handlungs- und Tätigkeitsspielraum als bedeutend für die Realisierung von Kompetenz herausgestellt. Besondere Aufmerksamkeit erfährt die berufliche Eignungsdiagnostik, deren Ziel die Diagnose und Vorhersage menschlichen Verhaltens ist. An deren Methoden und Erfahrungen anknüpfend können Möglichkeiten für die Erfassung von Kompetenz abgeleitet werden.

Eine Betrachtung von Kompetenz aus Sicht der soziologischen Handlungstheorie ist erforderlich, da Kompetenz eine Handlungskategorie darstellt und nur über das Handeln erfassbar ist. Unter diesem Blickwinkel erfolgt zunächst eine Auseinandersetzung mit verschiedenen Handlungsdefinitionen. Die Kenntnis von differierenden Handlungsbegriffen ist notwendig, um die Varianten in den Vorgehensweisen bei der Erfassung von Kompetenz verstehen zu können. Des Weiteren erfolgt eine Auseinandersetzung mit dem Situationsbegriff, der von Bedeutung ist, da die subjektive Wahrnehmung und Definition einer Situation das Handeln der Person bestimmt. Gleichzeitig wird auch darauf hingewiesen, dass für ein gemeinsames Handeln „Objektivierungen" erforderlich sind, die die Welt regulieren und gemeinsames Handeln ermöglichen. Zudem wird angeführt, dass Handeln immer mit Sinn verbunden ist, weshalb auch eine Auseinandersetzung mit der Kategorie Sinn erfolgt.

Aus diesen in Kapitel 2 und 3 durchgeführten theoretischen Betrachtungen werden im 4. Kapitel die sich daraus ergebenen Anforderungen an die Erfassung von Kompetenz zusammenfassend dargestellt. Neben der Herausstellung der für Kompetenzerfassung bedeutsamen Aspekte erfolgt aufgrund der vorangegangenen Überlegungen auch eine Positionierung zum Kompetenzbegriff.

Aus den herausgearbeiteten Anforderungen an die Erfassung von Kompetenz werden in einem 5. Kapitel zentrale Analyseebenen und dort heranzuziehende Analysekriterien für Kompetenzerfassungsverfahren erarbeitet. Dabei werden vier Analyseebenen unterschieden: Da die Erfassung von Kompetenz mit verschiedenen Zielen und Zwecken verbunden sein kann, ist zunächst zu analysieren, welche *Ziele bzw. Zwecke* mit einem Kompetenzerfassungsverfahren angestrebt werden. Die Klärung des zugrunde gelegten *Kompetenzverständnisses* der jeweiligen Verfahrensentwickler ist Voraussetzung für die Realisierung der

Kompetenzerfassung. Unter analytischen Gesichtspunkten wird hier zwischen einem eher funktionalen und einem eher sinnbezogenen Kompetenzverständnis unterschieden. Zu klären ist auch, welche Elemente von Kompetenz (Wissen, Fähigkeiten/Fertigkeiten, Motive und emotionale Dispositionen) mit dem jeweiligen Verfahren erhoben werden können. Eine weitere Analyseebene stellt der *Situations- und Erfassungskontext* dar. Diese ist notwendig, da das Handeln der Personen durch die Situation beeinflusst wird. So bestimmt die Situation beispielsweise welche Kompetenzdimensionen für deren Bewältigung zu aktivieren sind. Aufgrund der vielfältigen Varianten, die im Rahmen von Kompetenzerfassung herangezogen werden, ist auch die verwendete *Methodologie* in die Betrachtungen der Analyse einzubeziehen.

Die Analyse von ausgewählten Kompetenzerfassungsverfahren erfolgt im 6. Kapitel, nachdem das Untersuchungsfeld dargestellt und die Auswahl der hier analysierten Verfahren begründet wurde. Mit der Analyse soll die Vielfältigkeit der Verfahren gezeigt werden, indem Unterschiede der Verfahren auf den verschiedenen Analyseebenen herausgearbeitet werden. Die Analyse verdeutlicht, dass Verfahren für verschiedene Zielsetzungen verwendet werden, ein unterschiedliches Verständnis von Kompetenz annehmen, verschiedene Situationen zugrunde legen und jeweils andere Erhebungsmethoden heranziehen. Dabei wird geprüft, inwiefern die für Kompetenzerfassung bedeutsamen Aspekte berücksichtigt werden. Im Ergebnis der Analyse zeigen sich erste Tendenzen bezüglich der Gestaltung und Verwendbarkeit von Kompetenzerfassungsverfahren. Gleichzeitig werden Grenzen und problematische Aspekte der Verfahren deutlich. Die Erkenntnisse dieser ersten Betrachtungen können für weitere Untersuchungen der Thematik und die Entwicklung von Kompetenzerfassungsverfahren herangezogen werden.

In einem abschließenden 7. Kapitel sind die zentralen Erkenntnisse der Arbeit sowie die sich daraus ergebenden weiterführenden Forschungsfragen und Diskussionspunkte zusammengefasst.

1 Einleitende Bemerkungen und Zielstellungen der Arbeit

Der Kompetenzbegriff erfährt in Folge gesellschaftlicher Entwicklungen und den daraus resultierenden beruflichen Anforderungen eine große Aufmerksamkeit. Dabei ist eine verstärkte Individualisierung des Arbeitslebens zu beobachten (Bolder, 2002, 657ff.). In diesem Rahmen wird Bildung als Ressource für Lebenschancen und als Option für ein individuell gestaltbares Leben begriffen. Anforderungen wie in Konzepten des „Arbeitskraftunternehmers" (Voß, 1998) beschrieben sowie der Umgang mit Diskontinuitäten von Berufsbiographien erfordern eine umfassende Kompetenz von Personen, die auch von den Unternehmen verlangt wird. Vor diesem Hintergrund wurde die Thematik Kompetenz und Kompetenzentwicklung in den letzten Jahren von Wissenschaft und Praxis stark diskutiert (z. B. Clement & Arnold, 2002; Nuissel, Schiersmann & Siebert, 2002; Erpenbeck & Heyse, 1999). Dabei wird Kompetenz als wesentliche Voraussetzung eingeschätzt, um sowohl im beruflichen als auch im privaten Leben bestehen zu können. In diesem Kontext entstehen auch Forderungen nach lebenslangen und lebensbegleitenden Lernen, was mit einer ständigen Entwicklung und Weiterentwicklung von Kompetenz verbunden ist. Wie aber kann man seine Kompetenz nachweisen? Wie kann man feststellen, welche Kompetenz ein (potentieller) Mitarbeiter[1] mitbringt? Woran lässt sich festmachen, ob jemand kompetent ist? Solche und ähnliche Fragestellungen gewinnen für das Individuum sowie auch für Unternehmen an Bedeutung. Die Erfassbarkeit von Kompetenz und diesbezügliche Möglichkeiten sind daraus resultierende Fragestellungen, denen im Rahmen der Arbeit nachgegangen wird.

In diesem Kontext ist auch eine Veränderung des inner- und außerbetrieblichen Weiterbildungsverhaltens zu beobachten (vgl. Grünewald u. a. 2003; Husemann & Vonken, 2003). Lernen findet nicht mehr nur überwiegend in formalisierten Kursen, sondern zunehmend auch tatsächlich lebensbegleitend am Arbeitsplatz und im sozialen Umfeld statt. Diese Form des Kompetenzerwerbs wird zudem dadurch unterstützt, dass curriculare Bildungsprozesse im Erwachsenenalter in den Hintergrund treten. Dies hat zur Folge, dass Kompetenz – gerade, wenn sie informell erworben wurde – im Gegensatz zu Qualifikation nicht in Zeugnissen oder Zertifikaten dokumentiert ist. Aufgrund der dargestellten Entwicklungen ist dies problematisch, da gerade die im Verlauf einer (Berufs-)Biographie erworbenen Erfahrungen bedeutend für den Berufserfolg sind (Weiß, 1999a, 433).

Vor diesem Hintergrund nimmt vor allem auf europäischer Ebene die Diskussion um die Zertifizierung von informell erworbener Kompetenz und deren Anerkennung eine zunehmende Bedeutung ein (Bjornavold, 1997, 2000). So hat die EU als nationenübergreifenden Ansatz bereits 1995 im Weißbuch „Lehren und Lernen auf dem Weg zur kognitiven Wissensgesellschaft" (Europäische Kommission 1995, 8, 9 und 58ff.) die Einführung eines persönlichen Kompetenzausweises vorgeschlagen, der formell und informell erworbene

---

[1] Der einfacheren Lesbarkeit halber wird nur die männliche Schreibweise verwendet. Grundsätzlich sind jedoch beide Geschlechter gemeint.

Kompetenz dokumentiert. Ziel der Etablierung eines persönlichen Kompetenzausweises ist, dass jeder seine Kenntnisse und Fertigkeiten nach dem Erwerb anerkennen lassen kann (Europäische Kommission 1995, 49). In diesen Kontext fallen auch solche Systeme wie das „Europäische Credit Transfer System" (ECTS) zur Anrechnung von im Ausland erbrachten Studienleistungen oder das „System for Vocational Education and Training" (ECVET), welches als Leistungspunktesystem im Rahmen der Europäisierung der Berufsbildung eingeführt werden soll (Kopenhagen Prozess). Die Aktivitäten der europäischen Bildungspolitik sind im Wesentlichen dadurch zu begründen, dass die Erhebung und Anerkennung von Kompetenz zu einer Vereinfachung des Qualifikationstransfers zwischen unterschiedlichen Bereichen wie Bildung, Arbeit und Privatsphäre führt (Bjornavold, 1997, 62). Von Interesse ist dabei eine Verbesserung der Beziehungen zwischen Beschäftigungs- und Bildungssystem sowie die Flexibilisierung des Bildungssystems. Aber auch die Förderung von Chancengleichheit und der Gleichwertigkeit allgemeiner und beruflicher Bildung ist Ziel der Bemühungen (Weiß, 1999b, 177). Durch die Anerkennung von Kompetenz besteht die Hoffnung, die Beschäftigungsfähigkeit bzw. die „Employability" von Arbeitnehmern auf dem nationalen und internationalen Arbeitsmarkt zu unterstützen (Kaufhold, 2004). Die Diskussion um Kompetenz und Kompetenzentwicklung ist nicht nur auf europäischer Ebene von Bedeutung, sondern wird auch im internationalen Kontext auf OECD Ebene diskutiert (vgl. Punkt 2.3).

Es kann jedoch nur die Kompetenz zertifiziert und dokumentiert werden, die zuvor in irgendeiner Form erfasst worden ist. Das erfordert also Überlegungen hinsichtlich der Erfassbarkeit von Kompetenz. Diese Problematik wurde erkannt und führte auch in Deutschland zu einer Reihe von Forschungsvorhaben, die sich mit der Erfassung und Dokumentation von Kompetenz auseinander setzen (z. B. Arbeiten im Rahmen der Arbeitsgemeinschaft Betriebliche Weiterbildungsforschung e.V. (ABWF) und der Bund-Länder-Kommission (BLK)).[2] Angesichts der Heterogenität und Komplexität des Kompetenzbegriffs scheint eine Vielzahl unterschiedlicher Verfahren erforderlich, um die Kompetenz einer Person angemessen erfassen zu können. Dies wird u. a. dadurch bekräftigt, dass mit der Erfassung und Bewertung von Kompetenz auch unterschiedliche Interessen und Ziele verbunden sein können (vgl. 2.2). Aus diesem Grund kann es weder einheitliche Verfahren noch Bewertungen geben (Weiß, 1999a, 483). So wird eine Vielzahl verschiedener Verfahren zur Erfassung von Kompetenz eingesetzt, die jeweils unterschiedliche Ziele verfolgen und verschiedene methodische Ansätze verwenden. Die Bandbreite reicht von Portfolios, Lerntagebüchern, Bildungspässen bis hin zu standardisierten Erhebungen, Prüfungen und praktischen Problemlösungen. Aufgrund der Vielzahl unterschiedlicher Verfahren wird es erforderlich, einen Überblick der vorhandenen Verfahren und deren Einsatzmöglichkeiten zu schaffen. Mittlerweile gibt es erste Arbeiten, die einen Einblick in die Thematik bieten. Es handelt sich dabei um Sammelbände, die sich zum einen mit der „Zertifizierung nonformell und informell erworbener beruflicher Kompetenzen" (Straka, 2003) und zum anderen mit Verfahren der Kompetenzmessung (Erpenbeck & Rosenstiel, 2003) auseinander setzen. Diese Arbeiten betrachten überwiegend inhaltlich-theoretische Aspekte, weniger

---

[2] Vor diesem Hintergrund entstand beispielsweise der Profilpass der im Rahmen eines Verbundprojektes „Weiterbildungspass mit Zertifizierung informellen Lernens" als Teil des BLK-Modellversuchsprogramms „Lebenslanges Lernen" entwickelt wurde. Die Projektbearbeitung erfolgte durch ein Konsortium des Deutschen Instituts für Erwachsenenbildung (DIE), dem Deutschen Institut für Internationale Pädagogische Forschung (DIPF) und dem Institut für Entwicklungsplanung und Strukturforschung (ies) unter Federführung des Saarlandes.

aber Zusammenhänge zwischen Erhebungsverfahren, Kompetenzdimensionen und Situationen. Es fehlen Metaanalysen, welche die Zusammenhänge betrachten und die Verfahren anhand von Kriterien einer systematischen Analyse unterziehen. Die Vielfalt an notwendigen Verfahren erfordert jedoch auch ein Analyseverfahren für Verfahren der Kompetenzerfassung, anhand dessen die jeweiligen Spezifika des Verfahrens – unter Berücksichtigung der für Kompetenzerfassung bedeutsamen Aspekte – vergleichend dargestellt werden können.

Die Entwicklung eines theoretisch fundierten Analyserasters für Verfahren der Kompetenzerfassung ist daher ein Ziel dieser Arbeit. Mit dem Analyseraster wird eine auf theoretisch fundierten und für Kompetenz relevanten Kriterien basierende vergleichende Analyse und Beurteilung von Kompetenzerfassungsverfahren angestrebt. Dabei wird zwischen den Analyseebenen Ziel und Zweck, Kompetenzverständnis, Situations- und Erfassungskontext sowie der Methodologischen Ebene unterschieden.

Aufgrund einer Verfahrensanalyse auf diesen Ebenen können Aussagen darüber getroffen werden, welches Kompetenzverständnis zugrunde liegt und welche Kompetenzelemente mit dem jeweiligen Verfahren, in welcher Situation erfasst werden können. Die methodologischen Betrachtungen ermöglichen Angaben hinsichtlich der verwendeten Erhebungs- und Beurteilungsformen sowie den erreichten Qualitätsstandards. Das Analyseraster ermöglicht also eine vergleichende Darstellung verschiedener Kompetenzerfassungsverfahren anhand von für Kompetenzerfassung zentralen Kategorien. Diese aufgrund des theoretisch fundierten Analyserasters möglichen Aussagen über Kompetenzerfassungsverfahren sind auch für die Praxis von Relevanz. Es ist jedoch darauf hinzuweisen, dass die Erwartungen an die Verfahren der Kompetenzerfassung und das was diese leisten können, durch Wissenschaft und Praxis nicht zu hoch angesetzt werden dürfen. Mit den Verfahren kann nur das erfasst werden, was aus ihrer eigenen Zielsetzung hervorgeht und durch den jeweils zugrunde gelegten Kompetenzbegriff definiert ist.

In einem zweiten Teil der Arbeit werden aus dem beruflichen Kontext ausgewählte Verfahren der Kompetenzerfassung anhand der Analyseebenen des Rasters beschrieben und eingeschätzt. Die Analyse der ausgewählten Verfahren soll einen Einblick in die Vielfältigkeit der bestehenden Kompetenzerfassungsverfahren gewähren. Gleichzeitig sind Tendenzen[3] aufzuzeigen, inwiefern die derzeitig angewandten Kompetenzerfassungsverfahren, die Besonderheiten von Kompetenz und sich daraus ergebene Anforderungen an die Erfassung berücksichtigen und an welchen Punkten Schwachstellen bei der Realisierung von Kompetenzerfassung auftreten bzw. vermutet werden können. Die Analyse von Verfahren anhand eines solchen Rasters hilft bei der Auswahl von – für die jeweils angestrebten Ziele – geeigneten Verfahren. Gleichzeitig werden die Vorteile als auch die Grenzen der jeweiligen Verfahren deutlich. Vor dem Hintergrund der Vielzahl sehr unterschiedlicher Verfahren, die derzeit unter der Thematik Kompetenzerfassung diskutiert werden, bietet das Raster zudem eine wichtige Orientierungs- und Selektionsfunktion. Es ist darauf hinzuweisen, dass mit dem entwickelten Analyseraster nur die Verfahren und nicht die mit diesem erzielten Ergebnisse analysiert werden können. Das bedeutet, die hier zu entwickelnden Kriterien operieren auf einer „methodologischen" Ebene. Sie sollen erklären, was mit der Anwen-

---

[3] Die exemplarische Analyse ausgewählter Verfahren lässt nur tendenzielle Vermutungen bezüglich der aufgezeigten Fragestellungen zu.

dung eines Verfahrens beabsichtigt wird. Ob es dies tatsächlich leistet, kann nicht abschließend untersucht werden, denn dazu müsste jedes Verfahren in der Praxis überprüft werden.[4]

Um diese Ziele erreichen zu können, wird aufgrund der Differenziertheit des Kompetenzbegriffes zunächst eine theoretische Klärung des Konstruktes unter dem Blickwinkel
seiner Erfassbarkeit angestrebt. Dafür erfolgt eine Betrachtung des Kompetenzkonstruktes
aus pädagogischer, psychologischer und handlungstheoretischer Perspektive, aus der Anforderungen hinsichtlich der Erfassung von Kompetenz abgeleitet werden. Diese bilden die
Grundlage für die Erarbeitung eines theoretisch fundierten Analyserasters für Verfahren der
Kompetenzerfassung.

Durch die Betrachtung des Kompetenzbegriffs im Hinblick auf seine Erfassbarkeit aus
verschiedenen wissenschaftlichen Perspektiven, wird ein Beitrag zur Theorielegung von
Kompetenz und Kompetenzerfassung geleistet. Gleichzeitig werden mögliche Ansatzpunkte für die Entwicklung von Kompetenzerfassungsverfahren aufgezeigt. Neben den herausgearbeiteten Anforderungen an die Erfassung von Kompetenz und der Erarbeitung eines
Analyserasters für Kompetenzerfassungsverfahren liegt der Erkenntnisgewinn dieser Arbeit
auch in den Analyseergebnissen der betrachteten Verfahren. Aus diesen lassen sich erste
tendenzielle Aussagen über bestehende Verfahren der Kompetenzerfassung treffen, die in
erster Linie Hinweise für die praktische Nutzung und Anwendbarkeit von Kompetenzerfassungsverfahren beinhalten.

---

[4] Es wurde kein Verfahren praktisch eingesetzt, um mit den dadurch erzeugten Daten zu arbeiten und zu sehen,
wie weit eine explizite Vorstellung von Kompetenz dargestellt werden kann. Daher muss sich im Rahmen dieser
Arbeit auf die Angaben der Verfahrensentwickler bezogen werden. Dies entspricht auch den praktischen Umständen bei der Suche nach einem für „seine Zwecke" geeignetem Verfahren der Kompetenzerfassung. Das Analyseraster soll Anhaltspunkte für diese Suche geben und durch die herausgestellten Kriterien unterstützen.

2 Kompetenz und Kompetenzerfassung - Aktueller Forschungs- und Diskussionsstand

Die Erfassung von Kompetenz gilt sowohl aufgrund der damit verbundenen theoretischen als auch methodologischen Schwierigkeiten und Unklarheiten als ein brisantes Thema, welches in Fachkreisen kontrovers diskutiert wird. In diesem Kapitel sollen die derzeit aktuellen Diskussionen zu Kompetenz und deren Erfassung dargestellt und erläutert werden. Dazu werden zunächst allgemeine Grundstrukturen von Kompetenz und deren Bedeutung im Hinblick auf die Erfassbarkeit herausgearbeitet. Darüber hinaus werden Überlegungen bezüglich möglicher Erfassungsansätze aufgezeigt und Anforderungen an zu entwickelnde Messverfahren abgeleitet. Denkbare Zusammenhänge zwischen den Erfassungsansätzen und den allgemeinen Kompetenzmerkmalen sind zu prüfen und gegebenenfalls erste Zuordnungen zu treffen.

2.1 Zum Kompetenzbegriff

Der Begriff „Kompetenz" scheint sich in unserer Gesellschaft durchgesetzt zu haben. Sowohl im beruflichen als auch im privaten Umfeld ist immer wieder von Kompetenz die Rede. Wer heute „was auf sich hält", ist eben kompetent und das am besten in allen nur denkbaren Bereichen (Wildmann, 2001). Was aber verbirgt sich hinter dem Begriff der Kompetenz? Diesbezüglich konnte seit Beginn der Diskussion um Schlüsselqualifikationen (Mertens, 1974) und der Einführung des Kompetenzbegriffes durch den Linguisten Noam Chomsky (1973) kaum Klarheit geschaffen werden. Experten der Kompetenzforschung sind mittlerweile der Ansicht, dass der Kompetenzbegriff vielfältige Komplexe in unterschiedlichen Wissenschaftsdisziplinen betrachtet, weshalb es verfehlt wäre, auf ein einheitliches Verständnis von Kompetenz zu hoffen (Erpenbeck & Rosenstiel, 2003). Weinert spricht in diesem Kontext kritisch von einem inflationären Begriff: "Over the last few decades, competence has become a fashionable term with a vague meaning not only in public use, but also in many social sciences. One could even refer to conceptual 'inflation', where the lack of a precise definition is accompanied by considerable surplus meanings" (Weinert, 2001c, 45). Vor diesem Hintergrund bezeichnen Erpenbeck & Rosenstiel (2003, XII) den Kompetenzbegriff als „theorierelativ", was bedeutet, Kompetenz habe jeweils „nur innerhalb der spezifischen Konstruktion einer Theorie von Kompetenz eine definierte Bedeutung".

Die Definitionsproblematik macht es erforderlich und zugleich problematisch, Kompetenz systematisch zu erfassen und in Beziehung zu setzen. Weiß (1999b, 179) fordert daher ein Kategoriensystem zur Klassifizierung von Kompetenz, dass über eine „bloße Unterteilung" in fachliche, personale und kommunikative Kompetenz hinausgehen müsse[5]. Die Entwicklung eines Klassifikationssystems von Kompetenz ist dabei mit einem grundsätzlichen Problem behaftet: „Eine Systematik, die den Anspruch erhebt, weite Tätigkeitsfelder abzudecken, wäre zwangsweise so umfassend und komplex, dass sie unweigerlich zu einem Bildungs-Taylorismus führen würde. (...) Die Alternative, eine Beschränkung auf wenige Kategorien, würde andererseits wegen ihrer mangelnden Differenzierung und ihres zwangsläufig hohen Aggregationsniveaus kaum als valides Instrument der Kompetenzbewertung anerkannt werden" (Weiß, 1999a, 442).

Obwohl jedermann den Begriff „Kompetenz" nach Maßgabe eigener Interessen benutzen kann, haben sich in der wissenschaftlichen Diskussion Grundmerkmale von Kompetenz durchgesetzt, die mehrheitlich akzeptiert werden. An dieser Stelle sollen vier Grundmerkmale von Kompetenz aufgezeigt werden, die insbesondere für deren Erfassbarkeit von Bedeutung sind:

1. Kompetenz äußert sich in der Bewältigung von Handlungssituationen

In einem am Subjekt ansetzenden Zugang wird Kompetenz als Handlungsvoraussetzung (Hof, 2001, 151) bzw. als „im Handeln aktualisierbare persönliche Handlungsdispositionen" definiert (Bernien, 1997, 29). Eine solche Perspektive beinhaltet, nach Ansicht von Hof (2001, 151), die Möglichkeit zur Rekonstruierung der Entwicklung von Kompetenz sowie die Erstellung von Verfahren zur Bestimmung der individuell vorhandenen Kompetenz. Deutlich wird dabei, dass berufliche Kompetenzentwicklung auf Handlungsorientierung ausgerichtet ist (Bernien, 1997, 30). Der direkte Handlungsbezug von Kompetenz führt dazu, dass sich die Kompetenz selbst erst in der Bewältigung von Handlungssituationen erweist (Weiß, 1999a, 458; Lichtenberger, 1999, 288). Kompetenz ist daher nicht direkt, sondern lediglich „aus der Realisierung der Dispositionen erschließbar und evaluierbar" (Erpenbeck & Heyse, 1999, 24) und lässt sich nur durch „ihre Manifestation in Handlungen interpretierend erschließen" (Jutzi u. a., 1998, 7). Dadurch, dass sich Kompetenz nur im Handlungsvollzug äußert, kann sie auch nur aus diesem heraus erschlossen, d.h. beobachtet, erfasst und bewertet werden (Flasse & Stieler-Lorenz, 2000, 214; Weiß, 1999a, 482).

Diese Sichtweise impliziert einige Annahmen bezüglich des Kompetenzkonstruktes. So handelt es sich bei Kompetenz um ein singuläres Merkmal auf individueller Ebene, welches eine Voraussetzung zum Handeln darstellt[6] (vgl. Vonken, 2005, 54). Die daraus resultierende Erfassung über das Handeln ist ein wesentlicher Aspekt im Hinblick auf die Konstruktion entsprechender Erfassungsverfahren. Handeln als Kategorie, in der sich Kompetenz äußert und damit sichtbar wird, stellt somit den Ansatzpunkt für die Entwicklung entsprechender Erfassungsverfahren dar. Aus dem geschilderten Handlungsbezug von Kompetenz ergibt sich für die Erfassung und Bewertung von Kompetenz die Notwendigkeit, diese stets im Zusammenhang mit dem Handlungskontext zu betrachten.

---

[5] Für einen Überblick hinsichtlich der Verfahren der Kompetenzerfassung ist eine Klassifikation von Kompetenz allein nicht ausreichend. Für die existierenden Kompetenzerfassungsverfahren ist vielmehr ein Analyseraster notwendig, dass neben dem Kompetenzverständnis auch weitere Aspekte wie Situation und Methodik berücksichtigt.
[6] Diese Annahme wird für die weiteren Ausführungen zugrunde gelegt, so dass nur noch von Kompetenz gesprochen wird.

2. Situations- und Kontextsbezug

Der Handlungsbezug des Kompetenzkonzeptes impliziert, dass prinzipiell eine Handlungssituation als Ausgangspunkt für Kompetenzentfaltung und -entwicklung angenommen werden muss. Ausgehend von der Annahme, Kompetenz sei eine Voraussetzung zur Bewältigung von Handlungssituationen, ergibt sich, dass Kompetenz für Beobachtungs- und Entwicklungszwecke im Hinblick auf den Situationsbezug und unter Berücksichtigung des Handlungsbezugs zu differenzieren ist. So ist zu fragen, wie Handlungsvoraussetzungen zur Situationsbewältigung zu dimensionieren wären. Im Hinblick auf Handeln könnte Kompetenz als Konglomerat aus den Elementen Wissen, Fähigkeiten/Fertigkeiten, Motive und emotionale Dispositionen bestimmt werden (vgl. 5.2.1). Wissen kennzeichnet personelle Handlungsoptionen, die sich durch die Verarbeitung von Informationen zu einer Wissensstruktur herausbilden (vgl. Luhmann, 1987; Erpenbeck & Heyse, 1999). Die Voraussetzungen für das Ausführen von Handlungen werden als Fähigkeiten/Fertigkeiten bezeichnet. Motive umfassen latente Dispositionen, die das Handeln auf bestimmte Ziele ausrichten. Sie beeinflussen, wie eine Situation wahrgenommen und bewertet wird. Emotionale Dispositionen sollen hier als Komponente subjektiven Erlebens verstanden werden, welche die Motivation und damit auch das Handeln bestimmt.

Das Handeln basiert auf der jeweils subjektiven Wahrnehmung und Bestimmung einer Situation. Die subjektive Dimension einer Situation äußert sich in den individuellen Dispositionen und Sinnstrukturen, durch die eine Situation wahrgenommen wird. Die Situation ist somit eine subjektive Konstruktionsleistung der Akteure sowie Produkt sozialen Handelns (vgl. Schütz & Luckmann, 2003).[7] Die durch eine Person jeweils festgelegte subjektive Dimension einer Situation bestimmt damit, welche Dimension von Kompetenz in welcher Ausprägung für ihre Bewältigung erforderlich ist. Die potentielle Kompetenz einer Person wird also in Abhängigkeit von den gegebenen Anforderungen mobilisiert bzw. aktiviert. Kompetenzdimensionen, die ebenfalls im Repertoire der Person vorhanden sind, aber in der entsprechenden Situation nicht benötigt und damit auch nicht mobilisiert werden, bleiben für Dritte verborgen und sind der Erfassung nicht zugänglich (Moore & Theunissen, 1994).

Die Ausprägung einer Kompetenz, d.h. ihr Sichtbarwerden, kann je nach Funktion und Anspruchsniveau der Situation unterschiedlich sein (Weiß, 1999a, 442). So wird diese beispielsweise durch die organisatorischen und systemischen Bedingungen, unter denen eine Person lebt und arbeitet geprägt (Flasse, Stieler-Lorenz, 2000, 210).

Im beruflichen Kontext zeigen sich Forschungen zu Kompetenz recht deutlich in ihrem Fokus auf die individuelle (Handlungs-)Ebene. Man kann eine strukturelle Kausalität in der Argumentation erkennen, wenn etwa die Bedingungen einer Situation das Aktivieren von situationsadäquaten Kompetenzdimensionen implizieren. In einer ersten Näherung kann dieser Vorstellung gefolgt werden, allerdings wären jeweils die Aktivierungspotentiale auf den oben vorgeschlagenen Kompetenzelementen weiter zu verfolgen. Zuzustimmen ist dem Wechselverhältnis von Sichtbarwerden und Entwicklungsmöglichkeiten einerseits und organisatorischen und systemischen Bedingungen andererseits. Die Wechselseitigkeit korrespondiert mit handlungstheoretischen Vorstellungen über den Zusammenhang von Handlung und Situation und darf als grundlegend für die Diskussion um die Erfassung von Kompetenz angenommen werden (vgl. 3).

---

[7] Dabei kann angenommen werden, dass sich ein Individuum bei der Bestimmung der subjektiven Situation auch an der „objektiven Lebenswelt" orientiert (vgl. Berger & Luckmann, 1994; vgl. 3.3.).

Aufgrund des Wechselverhältnisses von Situation und Handlung ist es bei der Erfassung und Bewertung von Kompetenz erforderlich, sowohl die Person als auch die organisationalen Bedingungen heranzuziehen. Die Bestimmung von Kompetenz ist zudem nur in Situationen möglich, in denen sie auch tatsächlich gefordert ist und zur Anwendung kommen kann. Da sowohl die Aktivierung von Kompetenz als auch deren Ausprägungsgrad durch die jeweilige Situation bestimmt werden, ist für eine möglichst weitreichende und aussagekräftige Erfassung von vorhandener Kompetenz, eine Erhebung in unterschiedlichen Situationen erforderlich. Für die Entwicklung und Analyse von Kompetenzerfassungsverfahren ist es aufgrund des Situations- und Kontextbezuges von Kompetenz notwendig, die jeweilige Situation exakt zu beschreiben, um die erfasste Kompetenz in den Kontext einordnen und dementsprechend betrachten und einschätzen zu können.

3. Subjektivität / Subjektgebundenheit

Kompetenz ist zudem an das Subjekt gebunden. So postulieren Erpenbeck & Heyse (1999), dass Kompetenz eine an die Person gebundene Kategorie sei, die offenbart, was sie tatsächlich tue, nicht aber was man von ihr verlangen könne. Aus diesem Grund lasse sich Kompetenz „nicht in dem Maße sachverhaltensorientiert und beschreibbar postulieren und auch *nicht vollständig an objektiven Leistungsparametern prüfen bzw. zertifizieren*, wie das bei Qualifikationen der Fall ist" (Bernien, 1997, 30, Hervorhebung im Original). Subjektive Kategorien sind in erster Linie der Person vorbehalten und nicht von „Dritten" einsehbar. Sie können nur über „Umwege" (z. B. das Handeln) oder über Selbstoffenbarungen der Person (z. B. ein biographisches oder narratives Interview) erschlossen werden. Letztere setzen allerdings eine vertrauensvolle Atmosphäre während des Erfassungsprozesses voraus. Bei der Entwicklung, wie auch bei der Analyse von Kompetenzerfassungsverfahren, ist dies entsprechend zu berücksichtigen.

4. Veränderbarkeit von Kompetenz

Es wurde herausgearbeitet, dass Kompetenz eine personengebundene Kategorie darstellt. Daher ist schon unter biographischen Gesichtspunkten von einer Veränderbarkeit und damit auch Entwicklungsfähigkeit von Kompetenz auszugehen, weshalb Kompetenz nicht als „konstante Kategorie" anzusehen ist. Dies ergibt sich insbesondere aus der skizzierten Situationsbezogenheit von Kompetenz, aber auch aus dem konkreten Handlungsbezug (vgl. Wollersheim, 1993, 97). Damit ist Kompetenz durch den Kompetenzträger selbst oder durch Dritte in Bezug auf (auch mögliche zukünftige) Anforderungen „veränderbar". Angesichts einer Vielfalt möglicher Handlungssituationen wird die Entwicklung von Kompetenz in den einzelnen Dimensionen (Wissen, Fähigkeiten/Fertigkeiten, Motive, emotionale Dispositionen) als Vorbereitung für evt. Handlungssituationen angestrebt.

Sowohl der Handlungsbezug als auch der Situations- und Kontextbezug von Kompetenz implizieren, dass die jeweiligen situativen Rahmenbedingungen die Entwicklung von Kompetenz beeinflussen. Dazu gehören beispielsweise die Lernhaltigkeit der auszuführenden Tätigkeit sowie biographische Entwicklungen, insbesondere berufliche Sozialisationsprozesse. Aufgrund fehlender Anwendungsmöglichkeiten (z. B. durch Arbeitslosigkeit) ist ein Kompetenzverlust vorstellbar, da vorhandene Potentiale weder angewendet noch weiterentwickelt werden können (Lempert, 1998, 140ff.; Pietrzyk, 2002). Neben Kompetenzverlusten sind zudem Kompetenzverschiebungen zwischen Kompetenzdimensionen denkbar.

Vor diesem Hintergrund erscheint eine zeitpunktbezogene Erfassung von Kompetenz nicht hinreichend, da so bestenfalls eine Zustandsbeschreibung von Kompetenz erreicht werden kann, nicht aber eine Abbildung von Kompetenzentwicklungsverläufen. Ist jedoch die Abbildung von Kompetenzveränderungen gefragt, die sowohl Prozesse der Kompetenzentwicklung und -entwertung durch organisatorische und technologische Entwicklungen sowie Innovationen als auch Prozesse des Vergessens und Verlernens aufgrund mangelnden Trainings beinhaltet, wird eine andere erweiterte Vorgehensweise notwendig, die wiederholte Erfassungen (t1, t2, tn) von Kompetenz erfordert (Reuther & Leuschner, 1998, zit. nach Weiß, 1999a, 452). In diesem Zusammenhang weist Kanning (2003, 12) darauf hin, dass nur von Kompetenz ausgegangen werden kann, wenn sich dass Handeln einer Person zu verschiedenen Zeitpunkten ähnelt und damit nicht nur der Situation oder dem Zufall zuzuschreiben ist. Bei zufälligen Handlungen kann grundsätzlich nicht von einem Vorhandensein von Kompetenz ausgegangen werden.

Die herausgearbeiteten Grundmerkmale bilden die Basis für die folgenden Betrachtungen im Hinblick auf die Erfassung von Kompetenz. Sie sind bei der Entwicklung entsprechender Erfassungsverfahren, bei der Durchführung der Kompetenzerfassung sowie auch bei der Analyse von Verfahren der Kompetenzerfassung angemessen zu berücksichtigen.

2.2 Interessenlagen und Zielsetzungen von Kompetenzerfassung

Die Erfassung von Kompetenz ist immer in Zusammenhang mit den zugrunde liegenden Zielen und Zwecken sowie den damit verbundenen Interessen zu betrachten. Es ist daher notwendig, dass sich die Erfassung mit möglichen Zielen und Zwecken auseinander setzt bzw. sich diese zumindest reflektierend ins Bewusstsein ruft. Bei jeder Kompetenzerfassung bleibt demnach zu fragen, wer diese mit welchen Intentionen vornimmt (Weiß, 1999a, 456f.).

In Anlehnung an systemtheoretische Überlegungen (z. B. Luhmann, 1987) können Bezugsfelder der Kompetenzerfassung auf der Ebene der Person, der Organisation und der Gesellschaft unterschieden werden. Zunächst könnten personale Aspekte als Bezugsfeld der Kompetenzerfassung betrachtet werden. Hierbei ist davon auszugehen, dass Kompetenzerfassung für den Einzelnen eine beschäftigungsbezogene Relevanz besitzt. Mit dem Aspekt der Beschäftigungsfähigkeit kommt für den Einzelnen zum Ausdruck, dass durch Kompetenzerfassung die Chance besteht, die eigene Kompetenz darzustellen und damit die Aussicht auf Beschäftigung bzw. den Erhalt des Arbeitsplatzes zu erleichtern. Zudem kann über die Anerkennung von Kompetenz der Zugang zu institutionellen Ausbildungssystemen für Bildungsbenachteiligte vereinfacht werden. Für den Einzelnen hat Kompetenzerfassung daher eine entwicklungs- und selektionsbezogene Relevanz. In Abhängigkeit von den verwendeten Verfahren können durch den Erfassungsprozess auch individuelle Reflexionsprozesse der Person gefördert werden. Die Bewusstmachung der eigenen Fähigkeiten oder Unfähigkeiten und das damit verbundene Selbstbewusstsein für die Steuerung des eigenen Kompetenzerwerbs sind dabei die zentralen Argumente. Auch kann die aktive Gestaltung der beruflichen Entwicklung, d.h. berufliche Veränderungen, Neuorientierung oder Aufstieg als entwicklungsbezogenes Argument genannt werden.

Von sozialen Systemen ausgehend, ist zwischen Organisation und Gesellschaft zu unterscheiden (Luhmann, 1987, 16). Im Zusammenhang mit der Erfassung von Kompetenz interessieren vor allem betriebliche Organisationen. Deren Interessenschwerpunkt bezüglich der Erfassung und Dokumentation von Kompetenz bewegt sich hauptsächlich im Bereich der Personalauswahl, also am Schnittpunkt zwischen Arbeitsmarkt und Unternehmen sowie in der Verbesserung des internen Personalmanagements. So ist Kompetenzerfassung bei der Personalauswahl, -entwicklung und -beurteilung sowie zur Optimierung des Personaleinsatzes von Interesse. In diesem Kontext existiert ein breites Feld von Verfahren und Datenquellen, die implizit oder explizit auf die Erfassung von Kompetenz abzielen. Während in der Personalauswahl insbesondere Gespräche, Testverfahren und Assessment-Center zum Einsatz kommen, werden in Personalmanagement und -entwicklung überwiegend Verfahren eingesetzt, die das Ziel der Entdeckung, der Entwicklung und des Ausschöpfens des Potentials qualifizierter Mitarbeiter in einem Unternehmen verfolgen. Zugrunde liegt hier die Erkenntnis, dass die qualitative Verbesserung von Arbeitsabläufen auch von dem Überblick über die vorhandene Kompetenz der Beschäftigten abhängt. So ist mit Erfassung und Bewertung von Kompetenz aus betrieblicher Sicht die Hoffnung verbunden, ungenutzte Potentiale aufzudecken und Strategien für deren Nutzung zu entwickeln (Weiß, 1999b, 176; vgl. Jung, 2000).

Bei Gesellschaft wird im Kontext von Kompetenzerfassung von einem Staat ausgegangen, so dass gesellschaftlich-politische Interessen im Vordergrund stehen. Zentrales Interesse ist dabei die Verbesserung der Beziehung zwischen Beschäftigungs- und Bildungssystem sowie eine Flexibilisierung des Bildungssystems. Durch Erfassung und Anerkennung von Kompetenz ergibt sich zum einen eine Vereinfachung des Qualifikationstransfers zwischen den Bereichen Bildung, Arbeit und Privatsphäre (Bjornavold, 1997, 62). Zum anderen ist die Förderung von Chancengleichheit und die Gleichwertigkeit allgemeiner und beruflicher Bildung als ein Interessensschwerpunkt zu sehen (Weiß 1999b, 177). Allgemein besteht die Aussicht, durch die erfasste Kompetenz die Beschäftigungsfähigkeit bzw. die „Employability" von Arbeitnehmer auf dem nationalen und internationalen Arbeitsmarkt zu erhöhen.

Die verschiedenen Zielsetzungen auf den einzelnen Systemebenen müssen nicht immer gegeben sein. Vielmehr können durchaus auch Affinitäten bei den Interessen und Zielen auf den verschiedenen Systemebenen angenommen werden. Oft werden die mit Kompetenzerfassung verbundenen Ziele jedoch zu schnell als übereinstimmend angenommen und Kompetenzerfassung als „Allheilmittel" bei der Bewältigung von Aufgaben angesehen. Dabei bleibt unberücksichtigt, dass Kompetenzerfassung ein sensibles und komplexes Thema darstellt, das nicht einfach zu bewältigen ist.

Allein die bestehende Vielfalt von Kompetenzdefinitionen lässt die Schwierigkeiten erahnen, die sich daraus für die Erfassung von Kompetenz ergeben. Oft wird die Komplexität des Gegenstandes nicht beachtet oder unterschätzt und Kompetenzerfassung dadurch zu einseitig und stark vereinfacht diskutiert. Besonders unter betrieblichen Gesichtspunkten ist die Aussicht verbreitet, mit der Kenntnis der erfassten Kompetenz ließen sich vielfältige Aufgaben bewältigen, wie beispielsweise das Finden von „optimalen" Mitarbeitern oder das Legitimieren von Entscheidungen. Dabei ist allerdings zu beobachten, dass bestehende praktische Verfahren zur Kompetenzerfassung unabhängig von den Aspekten Komplexität, wissenschaftlicher Fundierung oder Praktikabilität allenfalls für spezifische Bereiche anerkannt werden und fast zwangsläufig auf Akzeptanzprobleme aus unterschiedlichen Richtungen (z. B. Person, Organisation) zu stoßen scheinen.

2.3 Einblick in die internationale Diskussion zu Kompetenz und Kompetenzerfassung

Eine intensive Auseinandersetzung mit dem Kompetenzkonstrukt und dessen Erfassbarkeit erfolgt auch im internationalen Kontext beispielsweise auf OECD-Ebene. Dabei sind insbesondere die Programme „Definition and Selection of Competencies – DeSeCo" und das „Programme for the international assessment of adult competencies – PIAAC" von Relevanz.

Die international vergleichend angelegte PISA-Studie erfasst inwiefern Schüler zum Ende der Pflichtschulzeit die erforderliche Kompetenz zur Beteiligung an der Gesellschaft erworben haben. Dabei werden vor allem die Bereiche Lesen, Mathematik, Naturwissenschaften sowie die Problemlösung berücksichtigt. Ziel von DeSeCo war es, einen konzeptuellen Referenzrahmen für die Ausweitung dieser Kompetenzerfassungen auf neue Bereiche zu entwickeln. Dabei war die Kompetenz von Interesse, die jenseits von Lesen, Schreiben und Rechnen für ein individuelles erfolgreiches Leben in einer Gesellschaft notwendig ist, um die Zukunftsherausforderungen bewältigen zu können (DeSeCo, 2005, 5).[8]

Die Erarbeitung des Referenzrahmens bezüglich Schlüsselkompetenz, an der zahlreiche Wissenschaftler, Experten und Organisationen beteiligt waren, erfolgte auf der Grundlage von theoretischen und konzeptionellen Erkenntnissen. Dabei wurden die unterschiedlichen Werte und Prioritäten der einzelnen OECD Länder berücksichtigt. Gleichzeitig wurden globale Herausforderungen und allgemein gültige Werte benannt, die die Bestimmung der wichtigsten Schlüsselkompetenzen beeinflussen. Eine zentrale Frage dabei war, inwieweit es überhaupt möglich ist, Schlüsselkompetenz unabhängig von länder- und kulturspezifischen Unterschieden zu bestimmen.

Im Ergebnis von DeSeCo wurde festgehalten, dass sich Schlüsselkompetenz durch drei Kategorien auszeichnet:

- „contribute to highly values outcomes at the individual and societal level,
- are instrumental for meeting important, complex demands and challenges in a wide spectrum of contexts and
- are important for all individual" (Rychen, 2003, 3).

Der konzeptuelle Rahmen des DeSeCo-Projektes teilt die Schlüsselkompetenz also in drei Kategorien. So sollen die Personen erstens in der Lage sein, verschiedene Medien, Hilfsmittel oder Werkzeuge (z. B. Sprache, Technologie) wirksam einzusetzen und für die eigenen Zwecke interaktiv zu nutzen (*Interaktive Anwendung von Medien und Mitteln*). Die zweite Kategorie *Interagieren in heterogenen Gruppen,* umfasst Fähigkeiten zum Umgang mit Menschen verschiedener Kulturen und zum aufeinander bezogenen Handeln in sozial heterogenen Gruppen. Die *Autonome Handlungsfähigkeit* als dritte Kategorie, beinhaltet die Voraussetzungen, die Menschen befähigen, für ihre Lebensgestaltung Verantwortung zu

---

[8] Diese werden im Kontext von DeSeCo als „key competencies" bezeichnet.

übernehmen, ihr Leben im größeren Kontext zu gestalten und eigenständig zu handeln. Diese Kategorien greifen ineinander und bilden die Basis zu Bestimmung und Verortung von Schlüsselkompetenz (DeSeCo, 2005, 7).

Der entwickelte Referenzrahmen von DeSeCo gilt sowohl für Kompetenz, die in der Schule gefördert werden soll als auch für solche, die sich im Verlauf des Lebens entwickelt. Damit bietet er gleichermaßen einen Bezugsrahmen für Evaluationsstudien in der Schule und für die Erfassung von Kompetenz bei Erwachsenen. Die unterschiedlichen Zielstellungen der einzelnen Länder erfordern bestimmte Konstellationen von Schlüsselkompetenz. Diese sind abhängig vom jeweils gegebenen Kontext bzw. der Situation, in denen die Schlüsselkompetenz zur Anwendung kommt. Die jeweiligen kulturellen und situationalen Kontextfaktoren sind also mit spezifischen Anforderungen verbunden, die zufrieden gestellt werden müssen. So werden der Wert und die Spezifik von Kompetenz durch die jeweiligen Konstellationen, wie z. B. kulturelle Normen und sozialen Relationen bestimmt (Rychen, 2003, 4).[9]

Neben der Definition von Kompetenz erfolgt auf OECD Ebene auch eine Diskussion hinsichtlich der Erfassbarkeit von Kompetenz bei Erwachsenen. Mit dem „Programme for the international Assessment of Adult Competencies" (PIAAC) verfolgt die OECD einen Ansatz, durch den in Anlehnung an PISA, Kompetenzniveaus von Erwachsenen in internationalem Vergleich erhoben werden sollen. Diese Frage trifft international auf breites Interesse und viele Staaten haben bereits mit Vorbereitungen für internationale Assessment-Aktivitäten begonnen. Auf OECD Ebene werden derzeit Möglichkeiten und Bedingungen für eine internationale Studie zum Kompetenzvergleich bei Erwachsenen erarbeitet.[10] Diesbezüglich sind im Vorfeld vielfältige Fragen zu klären, wie z. B.: Welche Kompetenzdomänen sind relevant und aussagekräftig? Wie wird der Zugang zu den befragenden und zu testenden Erwachsenen ermöglicht? Welche Hintergrund- und Kontextvariablen lassen sich einbeziehen? Für Deutschland arbeitet derzeit ein Konsortium, bestehend aus dem Deutschen Institut für Erwachsenenbildung (DIE), dem Deutschen Institut für Internationale Pädagogische Forschung (DIPF/Frankfurt) und dem „Zentrum für Umfragen, Methoden und Analysen (ZUMA, Mannheim) daran, PIAAC mitzugestalten.[11] Die Einbettung der Arbeiten in den PIAAC-Prozess bietet Synergieeffekte und ermöglicht den internationalen Vergleich sowie die internationale Anschlussfähigkeit. Ebenso schafft sie einen methodischen Transfer und eröffnet Kostensenkungsmöglichkeiten (vgl. www.die-bonn.de).

---

[9] Die Kontextfaktoren haben auch bei der Erfassung von Kompetenz eine zentrale Bedeutung (vgl. Kapitel 3 und 5).

[10] Auch durch das BMWF erfolgen derzeit konzeptionelle Überlegungen hinsichtlich eines nationalen Bildungs-Panels, in dem Erhebungen von Hintergrundvariablen mit regelmäßigen Kompetenzmessungen aller Altersklassen kombiniert werden könnten. Durch eine solche Panel-Studie würden Möglichkeiten geschaffen, um Übergänge, Verläufe und die Dauer von Bildungsprozessen sowie die Entwicklung von Kompetenzniveaus beobachten und analysieren zu können.

[11] Für Deutschland wurde die Erfassung von Problemlösekompetenz als besonders bedeutsam erachtet, weshalb ein theoretisch fundierter Rahmen für das Messen von Problemlösekompetenz sowie konkrete Möglichkeiten der Operationalisierung erarbeitet werden. Die Projektgruppe befasst sich in diesem Zusammenhang mit einer Plattform für technologiebasiertes Testen, die eine leistungsfähige und zukunftsfähige Durchführung der Erhebung gewährleisten soll. Des Weiteren sollen ein Erhebungskonzept und ein theoretisches Modells zur Analyse der Ergebnisse erarbeitet werden, durch das politische Interventionsmöglichkeiten aufgezeigt werden können. Vorhandene Messkonzepte für Dispositionen und ihre Anwendbarkeit für eine Großerhebung werden überprüft. Ebenso sollen Kontextvariablen herausgearbeitet werden, durch die lebens- oder berufsbiographische Zusammenhänge aufgezeigt werden können und von denen direkte oder indirekte Auswirkungen hinsichtlich des lebenslangen Lernens ausgehen (vgl. www.die-bonn.de).

Die Experten stimmen darin überein, dass Kompetenz den Erfolg von Einzelpersonen, Unternehmen und der Gesellschaft wesentlich mitbestimmt. Es ist also eine hohe Kompetenz erforderlich, um sich den jeweils aktuellen Herausforderungen anpassen zu können. So wird behauptet, dass neue Arbeitsplätze häufig nur durch Beschäftigte mit vielfältigen Fähigkeiten, wie beispielsweise in den Bereichen des Problemlösens und der Kommunikation, besetzt werden können. Aufgrund der zunehmenden Rolle dieser Fähigkeiten sehen die OECD-Mitgliedsstaaten in einem „skill-gap" ihre zukünftigen Wachstumsaussichten bedroht (OECD, 2004, 8). Angesichts der demographischen Entwicklung und dem damit verbundenen Bevölkerungsrückgang wird es künftig erforderlich sein, die Personen auf eine längere Lebensarbeitszeit vorzubereiten und ihre Kompetenz entsprechend aktuell zu halten. Regierungen benötigen daher auch empirisches Wissen über die Kompetenz älterer Arbeitnehmer. Die in den letzten Jahren angestiegene Jugendarbeitslosigkeit wirft zudem die Frage auf, ob Divergenzen zwischen den vorhandenen Fähigkeiten der Jugendlichen und den Anforderungen der Unternehmen bestehen. Hier müsste erforscht werden, ob mögliche Fehlanpassungen den Schulsystemen zuzuschreiben sind und diese dazu beitragen, dass Jugendliche unzureichend auf die von ihnen erwarteten Anforderungen vorbereitet werden.

Durch PIAAC sind neue Einblicke in die notwendigen politischen Herausforderungen möglich, da international vergleichbare Daten und Analysen zur Verfügung gestellt werden könnten. Diese beziehen sich auf folgende Aspekte:

a. Zum einen sind Aussagen über die Art von Kompetenz (Kompetenzdimensionen) die in der heutigen Wirtschaft und Gesellschaft benötigt wird, über Änderungen in den Kompetenzanforderungen sowie über den erforderlichen Ausprägungsgrad der Kompetenz möglich (vgl. OECD, 2004, 9).

b. Zum anderen ergeben sich wichtige Aspekte bezüglich der erforderlichen Ausbildung und des Training, das notwendig ist, um Kompetenz zu verbessern. In diesem Rahmen könnte PIAAC Informationen zur Formulierung notwendiger politischer Richtlinien für die Verbesserung der „labour market performance, education system performance and general socio-economic performance" beitragen (vgl. OECD, 2004, 9 ff.).

Alle neuen Assessments beruhen im Wesentlichen auf den Erfahrungen der „International Adult Literacy Survey (IALS) and the Adult Literacy and Lifeskills Survey (ALL)" (OECD, 2004, 12). Diese können auf vielfältige Weise genutzt werden, da PIAAC Elemente dieser Studien integrieren kann. PIAAC könnte die Reichweite der Einschätzungen vergrößern und analytische Fähigkeiten hinzufügen. Es könnten auch Tests integriert werden, die in IALS und ALL nicht eingebunden waren, wie z. B. für Planung oder Kommunikationsfähigkeiten (OECD, 2004, 12). Für eine erste Untersuchung im Rahmen von PIAAC sind noch vielfältige Fragen zu diskutieren. So ist beispielsweise zu entscheiden, welche Altergruppe(n) bei einer ersten Befragungswelle berücksichtigt werden soll(en). Momentan werden drei Alterskategorien diskutiert: a) eine Kohorte mit jüngeren Erwachsenen, die direkt an PISA anschließen könnte, b) eine Kohorte mit älteren Erwachsenen oder c) eine Kohorte, die das gesamte Altersspektrum umfasst. Die mit der Entscheidung für eine Alterskohorte verbunden Vor- und Nachteile werden derzeit diskutiert (OECD, 2004, 13 ff.). Die Mitglieder der Expertengruppe müssen also eine Auswahl hinsichtlich der durch PIAAC zu erfassenden Kompetenzdomämen treffen. Im Kontext von den durch DeSeCo definierten drei Kategorien von Kompetenz, werden folgende Kompetenzdomänen als bedeutend eingeschätzt:

- Literacy / nummercy,
- Health literacy,
- Information and Commuication Technologies Skills,
- Team-working Competence,
- Communication Competence,
- Problem solving / analytical reasining competence sowie
- Non-cognotiv competencies (OECD, 2004, 24 ff.).

Für eine starke Aussagekraft der durch PIAAC erhobenen Daten ist eine sorgfältige Betrachtung der Kontextinformationen notwendig. Welche Kontextinformationen von besonderer Bedeutung sind, ist abhängig von den jeweiligen politischen Zielen der teilnehmenden Länder. So können beispielsweise Informationen zu Arbeitsmarkt, sozialökonomische und demographische Eigenschaften, der erzielte Ausbildungsgrad, Lernerfahrungen im Erwachsenenalter, der allgemeine und für Arbeitsprozesse bedeutsame Bildungsstand, rechnerische Fähigkeiten, die Arbeitsplatzbedingungen oder die Nutzung von Informations- und Kommunikationstechnologien von Interesse sein (OECD, 2004, 29f.). Mit Blick auf das Erhebungsdesigns von PIAAC überlegen die Experten, inwiefern es sinnvoll ist, die Erhebung der quantitativen Daten durch qualitative Studien zu ergänzen. Ebenso werden die Vor- und Nachteile einer Längsschnittstudie diskutiert (OECD, 2004, 32ff.). Eine erste Erfassung von Kompetenz bei Erwachsenen durch PIAAC ist für 2009 geplant.

Der Einblick in die internationale Diskussion zu Kompetenz und Kompetenzerfassung verweist auf die hohe Relevanz der Thematik. Durch die Diskussion wurden vielfältige Aspekte aufgeworfen, die bei der Erfassung von Kompetenz von Bedeutung sind und die aktuelle Diskussion bestimmen.

2.4 (Methodische) Ansätze zur Kompetenzerfassung

In Anbetracht der Charakteristika von Kompetenz wird von Flasse & Stieler-Lorenz (2000, 188) die Frage aufgeworfen, ob berufliche Kompetenz überhaupt mit den bisherigen Instrumentarien zur Erfolgsbeobachtung beruflicher Weiterbildung abbildbar ist. Nach ihrer Einschätzung sei vielmehr zu vermuten, dass neue qualitative Ansätze gefunden werden müssen, die der differenzierten und komplexen Abbildung beruflicher Kompetenz eher gerecht werden. Diese Schlussfolgerung resultiert u. a. daraus, dass sich die bisherige Weiterbildungsforschung hauptsächlich auf die Ermittlung von Qualifikation konzentrierte, welche jedoch von Kompetenz zu unterscheiden ist (Arnold 1997; Arnold & Steinbach, 1998; vgl. 3.1.4). Die Frage, ob bisherige Instrumente der Weiterbildungsforschung brauchbar sind und inwiefern diese ggf. zu ergänzen wären, ist demnach berechtigt und kritisch zu prüfen.

Die Komplexität von Kompetenz verlangt nicht nur entsprechende Erfassungsansätze, sondern nach Auffassung von Bernien (1997, 17) auch eine „saubere, theoretische Einordnung der Problematik" sowie eine „exakte Definition des Begriffs", denn um etwas erfassen zu können, „ist es zunächst erforderlich, genau zu definieren und zu beschreiben, was eigentlich gemessen und bewertet werden soll" (1997, 23). Auch Kauffeld (2000, 34) verweist darauf, dass die Definition von Kriterien zur Erfassung von Kompetenz am Kompetenzbegriff selbst anzusetzen habe. Es sei daher erforderlich zu klären, was im Einzelnen unter Kompetenz verstanden wird und welche Kompetenzdimensionen voneinander abzugrenzen seien.

Die Differenziertheit bezüglich dessen, was unter Kompetenz verstanden wird sowie die Komplexität des Kompetenzkonstrukts erschweren die Kompetenzerfassung. Eine Erfassung von Kompetenz in ihrer gesamten Komplexität erscheint nicht möglich. Als praktische Möglichkeit, der Problematik entgegenzutreten, erweist sich die Reduktion der Komplexität (Flasse & Stieler-Lorenz, 2000, 209; Bernien, 1997, 18). Hinsichtlich des Vollzugs einer solchen Komplexitätsreduktion können, je nach dem mit der Kompetenzerfassung verfolgten Ziel, verschiedene Varianten unterschieden werden. Eine Möglichkeit, um die Komplexität einer Kategorie griffig zu machen, sieht Bernien (1997, 18) in der „'Aufspaltung' der Komplexität in ihre einzelnen Komponenten". Ein solches Vorgehen zwinge zu Entscheidungen darüber, was eine Kategorie beinhalte und was nicht. Bei einem solchen Vorgehen wäre anerkannt, dass Kompetenzentwicklung einen mehrdimensionalen Prozess beschreibe, „der sich nicht durch mechanisch aneinander gereihte Wirkungsketten ausdrücken und messen lässt" (ebd., 19). Dies sei als positiv zu betrachten. Als nachteilig sei anzusehen, dass mit einer Komplexitätsreduktion „die Vielfalt von Vermittlungsprozessen, Zusammenhängen und Wechselwirkungen, die ja gerade das Wesen der Kompetenzentwicklung ausmachen", vernachlässigt werden könnten (ebd.).[12] Die Komplexität und Mehrdimensionalität von Kompetenz spricht nach Ansicht von Bernien (ebd.) jedoch dafür, diese durch ein System von Kennziffern und Indikatoren quantitativ zugänglich zu machen. Dabei werde es voraussichtlich kognitive Bestandteile geben, die sich relativ genau quantifizieren ließen, aber auch solche, die sich ausschließlich durch deskriptive Elemente auszeichneten.

Die Bandbreite methodischer Vorgehensweisen bezüglich der Erfassung von Kompetenz reicht „von kompetenzbezogenen Kategorien, welche Personenmerkmale beschreiben, erfassen und begreifen wollen, bis hin zu funktionsbezogenen Ansätzen, welche Merkmale der Arbeitsplätze hervorheben" (Faulstich, 1998, 82). Die diesbezüglich einsetzbaren empirischen Methoden erstrecken sich von Dokumentenanalysen, Beobachtungen, kognitiven und handlungsorientierten Tests, Befragungen, Simulationsverfahren bis hin zu sinnverstehenden Methoden wie Interviews oder hermeneutisch inhaltsanalytischen Verfahren. Diese können zudem in Form von Selbst- oder Fremdbeurteilungen angewendet werden. Die einzelnen Methoden sind dabei in Abhängigkeit von den Untersuchungszielen und -zwecken sowie dem zugrunde gelegten Verständnis von Kompetenz jeweils unterschiedlich geeignet. An den nachfolgenden Beispielen soll die Heterogenität der möglichen Vorgehensweisen im Kontext von Kompetenzerfassung veranschaulicht werden.

Betrachtet man Kompetenz im Verhältnis von Mensch und Arbeit, so erweisen sich nach Ansicht von *Faulstich* (1998, 82, vgl. Abb. 25) sehr unterschiedliche Zugriffe auf Kompetenz als denkbar. Zu nennen sind:

- Bestimmung schulischer Abschlüsse
- Bestimmung beruflicher Abschlüsse

---

[12] Betrachtet man Kompetenz als ganzheitliches Konstrukt, ist eine Aufspaltung in Einzelteile kritisch zu prüfen. In jedem Fall sind die damit verbundenen Einschränkungen zu thematisieren und zu dokumentieren.

- Berufsanalysen
- Tätigkeitsanalysen
- Eingruppierungsmethoden
- Arbeitsaufgabenanalysen
- Anforderungsanalysen
- Arbeitsplatzanalysen
- Handlungsstrukturanalysen
- Persönlichkeitsanalysen

Diese Vorgehensweisen setzen einen Handlungsbezug von Kompetenz voraus, wobei spezifische Situationen zugrunde gelegt werden. Zudem ist eine Fokussierung auf den Arbeitsbereich ersichtlich. Die genannten Zugriffsmöglichkeiten auf Kompetenz werden nicht weiter erläutert. Es ist aber – insbesondere bei den zuerst genannten Zugängen – zu vermuten, dass Parallelen zur Qualifikationsbestimmung vorliegen.

Rosenstiel & Erpenbeck (2003) unterscheiden zwei extreme Varianten, „zwischen denen sich reale Kompetenzcharakterisierung und Kompetenzmessung bewegt". So bestehe auf der einen Seite die Hoffnung, Kompetenz wie eine naturwissenschaftliche Größe definieren und messen zu können. Dabei orientiere man sich vor allem an Bereichen der modernen Psychologie, wie z. B. der Kognitionspsychologie sowie Teilbereichen der Sozialpsychologie. Primäres Ziel sei hierbei eine möglichst exakte Kompetenzklärung, wo kausale oder statistische Aussagen zu finden seien, die es erlaubten, künftiges Handeln zu prognostizieren und damit Effektivitätseinschätzungen von personalpolitischen Entscheidungen wie Kompetenzentwicklungsmaßnahmen ermöglichten. Im Hinblick auf Erfassungsansätze seien in einem solchen Verständnis objektive Kompetenzerfassungsverfahren zu suchen, die eine Kompetenzerfassung „von außen" zuließen. Fremdeinschätzungen würden in einem solchen Kontext eine entscheidende Rolle einnehmen (ebd., XIX).

Demgegenüber stehe die Auffassung, dass Objektivität für human- und sozialwissenschaftliche Variablen prinzipiell nicht zu erreichen sei. Die enge Verflechtung von Beobachter und Beobachtungsgegenstand sowie die damit verbundene Unmöglichkeit objektiver Erkenntnis erzwinge ein anderes Vorgehen (ebd.). Ziel sei das Kompetenzverstehen, wobei Verstehen hier mit Sinnanalyse von Geist, Erfahrung und Sprache eines autonomen, selbstorganisierenden, durch Dispositionen gekennzeichneten Subjektes verbunden sei. Methodologisch werde nach subjektiven Kompetenzeinschätzungsverfahren gesucht, „die zwar Kompetenzen auch metrisch quantifizierend und skalierend einordnen können, aber nicht vorgeben, objektiv vom Beobachteten wie vom Beobachter Abgehobenes zu erfassen" (ebd.). Wert gelegt werde dabei vor allem auf die Selbsteinschätzung, also einer Kompetenzbeobachtung „von innen" (ebd.). Insgesamt werde subjektiven Selbst- und Fremdeinschätzungen gleichermaßen Bedeutung zugesprochen.

Rosenstiel & Erpenbeck (2003) thematisieren allerdings auch, dass viele der Kompetenzerfassungsverfahren Mischformen der hier beschriebenen Varianten seien. Menschliche Komplexität, Intentionalität und Selbstorganisation ließen sich nicht mit klassischen „mechanistischen" Verfahren erfassen. Andererseits vertreten sie den Standpunkt, Wissenschaft müsse zuverlässig Zukunftsaussagen erlauben und Entscheidungsprozesse erleichtern helfen (ebd., XX).

Hinsichtlich der Analyse von Kompetenzentwicklung werden von *Erpenbeck & Heyse (1999, 24ff.)* vier verschiedene Varianten von Beschreibungs- und Messverfahren benannt.

Eine erste Variante bestünde darin, Kompetenz und Qualifikation gleichzusetzen: Dies sei dann der Fall, wenn die Lösung eines Problems, einer Arbeitsaufgabe, eines Tests mit bekanntem Resultat Indizien für hohe soziale oder personale Kompetenz enthalte. Kompetenz könne direkt in Fragebögen oder Kurzfragebögen abgefragt werden, wobei allerdings aufgrund des Phänomens der „sozialen Erwünschtheit" die Gefahr von Fehlaussagen bestehe. Die Ermittlung von Kompetenz mit Hilfe psychologischer Verfahren stelle eine zweite Variante dar, in deren Mittelpunkt die Personenebene stehe. Als Evaluationsinstrumente seien psychologisch-sozialpsychologische Konstrukte, Beurteilungen sowie Tests zuzuordnen. Die Verwendung dieser Variante verweise auf eine Fülle empirisch fundierter Ansätze zur Evaluierung von sozial-kommunikativer und personaler Kompetenz (vgl. Schuler & Barthelme, 1995, 77ff., 96ff.; zit. nach Erpenbeck & Heyse, 1999, 25). Als dritte Variante benennen Erpenbeck & Heyse (ebd.) den Einsatz qualitativer Methoden der Sozialforschung, wobei sie narrative und themenfokussierte Interviews besonders hervorheben. Die Anwendung von medialen und multimedialen Methoden zur Analyse der Kompetenzentwicklung wurde letztlich als vierte Variante angegeben.

Die Autoren zeigen, dass mit jedem Vorgehen bestimmte Prämissen verbunden sind und Kompetenz in einer bestimmten Weise zu betrachten ist. Die mit den Prämissen verbundenen Einschränkungen sind bei der Erfassung von Kompetenz jeweils genau zu benennen und mögliche Auswirkungen wie z. B. Fehlerquellen oder beschränkte Anwendungsgebiete zu dokumentieren.

Nach Einschätzung von *Weiß (1999a, 449)* ist für die Erfassung und Bewertung von Kompetenz, das Handeln von Personen in den Mittelpunkt zu stellen. Dafür seien Handlungssituationen zu schaffen, in denen die Akteure ihre Kompetenz zeigen können (ebd., 458). Die Einschätzung erfolge dabei anhand von gesetzten Zielen oder Klassifizierungssystemen, weshalb eine möglichst präzise Beschreibung der Ziele erforderlich sei (Wolf, 1994, 33; zit. nach Weiß, 1999a, 449). In einem solchen Verständnis weise die Kompetenzerfassung deutliche Anknüpfungspunkte zur behavioristisch geprägten Unterrichtsforschung auf, die eine Operationalisierung von Lernzielen fordere. Eine Operationalisierung von Kompetenz erweise sich allerdings, angesichts der mit ihr verbundenen anspruchsvollen und komplexen Ziele, als problematisch. So lasse sich selbständiges und selbstverantwortliches Handeln nur bedingt in Form von Lernzielkatalogen abbilden. „Je unvorhergesehener die Handlungssituationen und je variabler die Anforderungen sind, um sie kompetent bewältigen zu können, desto problematischer wird die Forderung nach einer Operationalisierung" (Weiß, 1999a, 450). Würde man eine konsequente Operationalisierung von Kompetenz verfolgen, so bedeute dies eine „Normierung des Verhaltens" sowie einen „kurzsichtigen Bildungs-Taylorismus" (ebd.). Eine Operationalierung steht damit im Gegensatz zu dem mit dem Kompetenzbegriff verbundenen Anspruch auf Selbststeuerung und Selbstorganisation sowie dem Finden von Lösungen aufgrund von individuellen Dispositionen (ebd.).

Weiß (1999a) verweist in seinen Ausführungen auf die Bedeutung des Handelns im Zusammenhang mit Kompetenzerfassung und verdeutlicht die mit einer Operationalisierung von Kompetenz verbundenen problematischen Aspekte. Einer Kompetenzerfassung über die Schaffung von Handlungssituationen ist ebenso zuzustimmen, wie den mit der Operationalisierung von Kompetenz verbundenen problematischen Aspekten. Diese Aspekte sind bei der Entwicklung und Analyse von Erfassungsverfahren in Abhängigkeit vom

Kompetenzverständnis sowie den mit der Kompetenzerfassung verbunden Zielen und Zwecken entsprechend zu berücksichtigen.

Kaiser (1998a, 199) geht von einem Zusammenhang zwischen Kompetenz und Situation aus und vertritt die Ansicht, dass es durch die Anbindung von Kompetenz an Situationen nicht empfehlenswert sei, diese ex ante in Katalogform zu erfassen. Die Zahl denkbarer Situationen sei zu groß und Einzelsituationen variierten durch Komplexität und Kontingenz in den jeweils gestellten Anforderungen an den Handelnden. Daher biete sich der induktive Weg zur Ermittlung von Kompetenz an (ebd.). Dabei sei von einer vorfindlichen Situation[13] auszugehen und zu prüfen, welche Kompetenzdimensionen einzusetzen seien, um die Situation erfolgreich zu bewältigen. Der Erfolg könne durch unterschiedliche Maßstäbe beurteilt werden. Eine Beurteilungsmöglichkeit biete der objektive Beurteilungsmaßstab, wobei das „faktisch ausgeführte Handeln (Performanz[14]) an den für die Bewältigung der Situation ‚objektiv' erforderlichen Qualifikationen gemessen" werde (ebd.). Man beurteile quasi, inwiefern die Person den von den Evaluatoren als situationsangemessenem Handeln gerecht werde.[15] Als weitere Beurteilungsvariante nennt Kaiser den sozialen Bezugsmaßstab, wobei das Handeln mehrerer Personen miteinander verglichen werde. Als letzte Variante könne Handeln unter einem personenbezogenen Bezugsmaßstab bewertet werden. Von Interesse sei hier das Handeln einer Person, welches zu zwei verschiedenen Zeitpunkten miteinander verglichen werde. So könne man individuelle Leistungsunterschiede feststellen (ebd., 200).

Aufgrund der Verbindung von Kompetenz und Situation bieten sich nach Einschätzung von Kaiser fallorientierte Tests zur Erfassung von Kompetenz an. Diese würden eine realitätsnahe Darstellung einer Situation unter Einbezug bestimmter Handlungsbedingungen, Handlungsverläufe sowie der beteiligten Akteure und deren Intentionen beinhalten (ebd.). Kritisch zu betrachten sei, dass solche Verfahren nur Auskunft über die Performanz, nicht aber hinsichtlich der Kompetenz einer Person gäben. Auf diese könne lediglich aus der Performanz rückgeschlossen werden. Situationen seien zudem nicht grundsätzlich linear strukturiert, weshalb auch nicht von einer eindeutigen Lösung hinsichtlich ihrer Bewältigung ausgegangen werden könne. Vielmehr ließen auch relativ ähnlich strukturierte Situationen unterschiedlich sinnvolle Entscheidungen zu (ebd., 201).

In seinen Ausführungen stellt Kaiser (1998a) damit ausdrücklich den Zusammenhang von Situation und Kompetenz heraus und verweist auf verschiedene Varianten hinsichtlich der Auswertung und Beurteilung der erfassten Kompetenzdaten.

Grob & Maag Merki (2001, 210) gehen davon aus, dass überfachliche Kompetenzdimensionen sich durch eine hohe Komplexität und Abstraktheit auszeichnen. Daher seien auch ihre Interpretation und die Möglichkeiten der Operationalisierung stark fehleranfällig.

---

[13] Dies steht im Gegensatz zu einem interaktionistischen Verständnis, in dem von der Situation als eine sich im Handlungsprozess definierende Kategorie ausgegangen wird, die nicht als bereits gegeben angenommen werden kann.

[14] Der Begriff Performanz verweist auf eine Unterscheidung von Kompetenz und Performanz und ist auf die Arbeiten von Chomsky (1973) zurückzuführen. Es wird davon ausgegangen, dass das Vorhandensein von Kompetenz nicht zugleich bedeutet, dass diese auch entsprechend angewandt, umgesetzt und damit beobachtet werden kann. Eine Leistung kann trotz entsprechend vorhandener Potentiale ausbleiben. Die konkrete Umsetzung von Kompetenz in das Ausführen einer Handlung wird hingegen als Performanz bezeichnet (Kauffeld, 2000, 35; Vonken, 2005)

[15] Dieser Beurteilungsmaßstab orientiert sich an einem zweckrational, funktionalistischen Vorgehen und steht in engem Zusammenhang mit dem Qualifikationsbegriff. Da ausdrücklich das ausgeführte Handeln betrachtet und anhand von „objektiven Kriterien" eingestuft wird, ist zu vermuten, dass hier Performanz erfasst wird.

Das zentrale Problem bestehe deshalb darin, dass nicht eindeutig festzumachen sei, woran die Kompetenz erkennbar werde bzw. welche Merkmale oder Verhaltensweisen[16] als Indikatoren für die Erfassung herangezogen werden könnten.[17] Zudem vertreten Grob & Maag Merki (2001, 214) die Position, dass Handeln von Person und Situation gleichermaßen beeinflusst wird (ebd., 216f.). Als Konsequenz ihrer ausführlichen Betrachtungen, die hier nicht im Einzelnen nachgezeichnet werden können, halten Grob & Maag Merki (ebd., 217f.) hinsichtlich des methodischen Vorgehens der Kompetenzerfassung für ihre eigene Untersuchung drei richtungweisende Aspekte fest:

1. Es wird davon ausgegangen, dass sich komplexes Handeln in sozialen Situationen durch einen situationsspezifischen Charakter auszeichnet. Somit sind Verfahren zu entwickeln, die dem spezifischen Charakter gerecht werden.
2. Das zukünftige Handeln wird nicht nur durch die objektive Dimension der Situation, sondern auch durch die subjektiv wahrgenommene und somit umweltbezogene Kognition beeinflusst (subjektive Dimension).[18]
3. Die Entwicklung der Persönlichkeit ist durch die Auseinandersetzung mit der „äußeren und inneren Realität" gekennzeichnet. Das Individuum nimmt also aktiv Einfluss auf den Verlauf der Entwicklung. Für Kompetenzerfassung sind dementsprechend Verfahren notwendig, welche die subjektiven Sinn- und Deutungsmuster der befragten und beobachteten Personen rekonstruierbar machen können.

Hinsichtlich des methodischen Vorgehens bei der Erfassung von Kompetenz weisen Grob & Maag Merki (ebd., 220ff.) auf verschiedene Varianten hin. Eine Variante wären *Leistungstests* im Bereich der „sozialen Fähigkeiten". Diese seien jedoch als zu reduktionistisch einzustufen, da die Kontextualität und Situationsspezifität der sozialen Fähigkeiten ebenso wie das Rekonstruieren von subjektiven Deutungsmustern nicht hinreichend berücksichtigt werde (ebd., 220). Erhebungsverfahren, die eine *direkte Beobachtung* und Erfassung von komplexen Handlungsfähigkeiten in „real-life" Situationen zuließen, beinhalteten hingegen den Vorteil, Probanden im Kontext sozial komplexer Interaktionssituationen beurteilen zu können. Dabei werde angenommen, von bestimmten Handlungsweisen (Verhaltensweisen) auf zugrunde liegende Eigenschaften schließen zu können (ebd., 221). *Fragebogenverfahren* im Sinne von Persönlichkeitstests erlaubten den befragten Personen, sich anhand bestimmter Persönlichkeitsmerkmale und -dimensionen selbst darzustellen. Die Personen

---

[16] Generell sind die Begriffe Verhalten und Handeln differenziert zu betrachten. So meint Handeln eine sinngeleitete, absichtsvolle, zweck- und zielgerichtete Kategorie, welche z. B. auch das Denken mit einbezieht. Verhalten hingegen kann nicht als absichtsvoll und zielgerichtet charakterisiert werden, sondern stellt vielmehr die Reaktion auf einen Reiz dar (z. B. Hand weg ziehen, wenn man etwas Heißes berührt oder Zusammenzucken, wenn man erschreckt). In der Psychologie wird der Begriff Verhalten häufig im Sinne von Handeln verwendet. Im Rahmen dieser Arbeit werden die Begriffe der Einfachheit halber synonym verwendet. Gemeint ist allerdings immer das sinnhafte, absichtsvolle, ziel- und zweckgerichtete Handeln, dass wir ausführen, um ein Ziel zu erreichen oder ein System am Leben zu erhalten.

[17] Hinzu komme, dass Eigenschaften fälschlicherweise als über die Zeit hinweg relativ stabil eingeschätzt würden (Grob & Maag Merki, 2001, 213). Insbesondere für den sozialen Bereich könne eine Konsistenz im Handeln nicht einfach vorausgesetzt werden, sondern es müsse von einer Situationsspezifität ausgegangen werden.

[18] Eine objektive Dimension einer Situation orientiert sich an normativen Kriterien der Gesellschaft und erwartet ein bestimmtes Handeln. Die jeweils individuelle Wahrnehmung und Interpretation sowie die daraus entstehende individuelle Bedeutsamkeit einer Situation wird als subjektive Dimension einer Situation bezeichnet und kann als handlungsleitend angesehen werden (vgl. 3.3.2).

würden dabei direkt nach spezifischen Empfindungen, Einstellungen oder Fähigkeiten befragt, so dass diese Verfahren dem Aspekt der Subjektivität von komplexem Handeln gerecht würden (Grob & Maag Merki, 2001, 222). Eine weitere Variante wäre die *Selbstkonzeptforschung*. Im Mittelpunkt stehen hier die „von einer Person bevorzugten Wahrnehmungen und Darstellungen ihrer selbst" (ebd., 223). Solche Selbstkonzepte eignen sich dafür, die Selbstpräsentationen von Personen sowie deren Veränderungen unter bestimmten Bedingungen zu erforschen (ebd., 223f.). Damit können die Fragebogenverfahren sowohl der Subjektivität des komplexen Handelns als auch der Situationsspezifität auf der Ebene von Selbstbeschreibungen, zumindest teilweise gerecht werden. Die Kognitionen hinsichtlich einer spezifischen Problemsituation werden dadurch erfragt, indem die zu bewertenden Aussagen in einen engen, klar definierten Kontext gestellt werden (ebd., 224). Nach Ansicht von Grob & Maag Merki (ebd.) erfüllen Verfahren auf Basis von Selbstbeurteilungen einen großen Teil der von ihnen beschriebenen Anforderungen und können daher für die Erfassung von sozialen Fähigkeiten als geeignet eingestuft werden.

Die Überlegungen von Grob & Maag Merki (2001) verdeutlichen auf inhaltlicher und theoretischer Ebene problematische Aspekte für die Erfassbarkeit von Kompetenz. In den von ihnen festgehaltenen Konsequenzen sind alle der eingangs geschilderten Grundmerkmale von Kompetenz berücksichtigt. Schließlich suchen sie nach methodischen Möglichkeiten der Erfassung, in denen ihre Bedingungen, d.h. auch die Grundmerkmale von Kompetenz, entsprechend einbezogen sind. Als dafür günstigste Variante präferieren sie die Verfahren der Selbstbeurteilung. Durch diese Vorgehensweise können die Grundmerkmale von Kompetenz sowie ein möglichst geringer Erfassungsaufwand berücksichtigt werden.

Aus psychologischer Sicht resümiert *Kanning (2003, 11f.)*, dass unter dem Kompetenzbegriff qualitativ sehr unterschiedliche Sachverhalte subsumiert seien. „Während beispielsweise die einen die Verhaltenspotentiale des Individuums im Blick haben, meinen die anderen ein konkretes Verhalten bzw. die Konsequenzen desselben, wenn sie den Begriff der Kompetenz verwenden" (ebd., 12).[19] Daraus resultiert die Unterscheidung von vier unterschiedlichen Vorgehensweisen bei den Verfahren der Kompetenzerfassung (ebd., 26ff.):[20]

1. *Kognitive Leistungstests* beanspruchten, die Kompetenz direkt aus der diagnostischen Situation zu erfassen, wobei eine Beschränkung auf die kognitiven Grundlagen des Sozialverhaltens (Handelns) erfolge. Zur Erfassung der Kompetenz würden die Personen mit unterschiedlichen Aufgaben konfrontiert, wobei es jeweils „eine objektiv richtige bzw. falsche Lösung" gäbe (ebd., 31). Obwohl die Nützlichkeit solcher Verfahren insgesamt eher pessimistisch einzuschätzen sei, gäbe es dennoch Aufgabenfelder, in denen bestimmte kognitive Aufgabentypen sinnvoll einzusetzen seien, wie beispielsweise beim Erfassen des Wissens um soziale Normen (ebd., 36). Dabei sei jedoch im-

---

[19] Für die Erfassung von Kompetenz ist es allerdings von entscheidender Bedeutung, ob Kompetenz als Potential einer Person oder als konkretes Verhalten der Person verstanden wird. Letzteres, also das Verhalten einer Person, ist beobachtbar und damit relativ „einfach" erfassbar. Das Potential, durch das eine Person zu bestimmten Verhalten in der Lage ist, entzieht sich jedoch einer direkten Beobachtung und ist letztlich auch nur über das konkrete Verhalten beobachtend erschließbar. Dabei ist jedoch zu berücksichtigen, dass nur das gezeigte, im Verhalten realisierte Potential, erfasst werden kann. Potentiale die während des Erfassungsprozesses ungenutzt bleiben, können somit auch nicht erfasst werden.

[20] Die Ausführungen von Kanning beziehen sich auf die Diagnostik sozialer Kompetenz. Die geschilderten Vorgehensweisen sind auch für andere Kompetenzbereiche als geeignet einzuschätzen.

mer der Kontextbezug zu betrachten, da die Verhaltensregeln auf spezifische soziale Systeme, wie z. B. Interaktionen in einem bestimmten Berufsfeld, bezogen seien (Kanning, 2003, 39).

2. Die anderen von Kanning genannten Varianten der Kompetenzerfassung erfolgen über den „Umweg" des Sozialverhaltens, welches den Ausgangspunkt bildet, um Rückschlüsse auf die vorhandene Kompetenz einer Person zu ziehen. So sei eine zweite Vorgehensweise der Kompetenzerfassung die *Verhaltensbeobachtung*. Sie kennzeichne den indirekten Versuch Kompetenz zu erschließen und beruhe auf der Annahme, die vorhandene Kompetenz bestimme die Qualität des (sozialen) Handelns in einer Situation. Als Ausgangsbasis diene das sichtbare Sozialverhalten (soziale Handeln) der Personen, aus dessen Beobachtung Rückschlüsse auf die zugrunde liegende Kompetenz und deren Ausprägung gezogen werden könnten (ebd., 26). Das Handeln der Personen sei jedoch in mehreren differierenden Situationen zu beobachten, um handlungsbestimmende Einflüsse des situativen Kontextes von den Einflüssen der Person trennen zu können (ebd., 41). Nur eine relative Konsistenz des Handelns, auch über verschiedene Situationen hinweg, erlaube zuverlässige Aussagen bezüglich der vorhandenen Kompetenz.

3. Eine dritte Vorgehensweise sei die *Verhaltensbeschreibung,* deren Vorgehen dem der Verhaltensbeobachtung ähnele. Allerdings begnüge man sich hier mit der Analyse von Verhaltensbeschreibungen, wobei das Sozialverhalten (Handeln) nur noch vermittelt über Selbst- oder Fremdbeschreibungen erfasst werde (ebd.). Das bedeute, eine Person berichte über bereits stattgefundenes Verhalten (Handeln), was zur Folge habe, dass die Informationen bereits gefiltert seien, ehe sie aufbereitet werden können (ebd., 28). Zudem müssten situative Einflussfaktoren bei der Verhaltensbeschreibung von denen der Person getrennt werden (ebd., 29). Die Qualität solcher Verhaltensbeschreibungen werde in starkem Maße von der Bereitschaft der Personen geprägt, sich gegen Fehler und Verzerrungen der eigenen Urteilsbildung zu wappnen (ebd.).

4. Die *Messung von Kompetenzindikatoren* ist als Variante zu nennen, die am weitesten von einem von Kanning als „interaktionistisch" verstandenen Kompetenzbegriff entfernt ist. Hier beschäftige man sich nur noch mit den Konsequenzen des Sozialverhaltens und suche nach abstrakten Indikatoren, in denen sich die (soziale) Kompetenz eines Individuums niederschlagen könne (ebd., 26). Ziel sei die Bestimmung von Kompetenzindikatoren, welche Aussagen über die soziale Integration von Personen sowie über die Qualität der Sozialkontakte zuließen (ebd., 114).

In den Ausführungen von Kanning wird (aus einer psychologischen Perspektive) zwischen vier Vorgehensweisen bezüglich der Erfassung sozialer Kompetenz unterschieden.[21] Dabei sind die jeweils mit den Vorgehensweisen verbundenen Einschränkungen und Voraussetzungen im Hinblick auf die Anwendbarkeit dargestellt. Den Situations- und Kontextbezug von Kompetenz stellte Kanning in seinen Überlegungen als besonders bedeutsam heraus.

Meier (2002, 439) betrachtet die Entwicklung von Kompetenz immer im Zusammenhang mit betrieblichen Verwertungskontexten, wie z. B. im Kontext spezifischer Aufgabenzusammenhänge, Betriebsmittelerstattungen, Informations- und Materialflüsse oder Sozial-

---

[21] Die aufgezeigten methodischen Überlegungen sind auch für andere Kompetenzdimensionen von Relevanz. Hier kann sich jedoch eine Schwerpunktverlagerung bezüglich Nützlichkeit und Eignung einzelner Vorgehensweisen ergeben.

gefüge. Kompetenzentwicklung besitze in diesem Sinne immer einen festen Bezugspunkt. Dieses Verständnis von Kompetenz und deren Entwicklung sei im Rahmen der Erfassung entsprechend zu berücksichtigen. Je nach dem gewählten Kontext bzw. Bezugspunkt der Kompetenz und Kompetenzentwicklung unterscheidet Meier (2002) vier unterschiedliche Bewertungsansätze:

1. Mit *Verfahren der Personalauswahl und -beurteilung* ließen sich personelle Profile abbilden und bewerten. Ziel sei die „Einschätzung der Eignung von Personen zur Erfüllung aktueller oder zukünftiger Aufgaben" (ebd., 462). Kritisch zu betrachten sei dabei, dass die Verwendung des Kompetenzbegriffs uneinheitlich erfolge und auch Persönlichkeitseigenschaften in unterschiedlichster Definition erfasst würden. Zusammenfassend hält Meier (2002) fest, dass mit Verfahren der Personalauswahl und -beurteilung „formalisierte und zertifizierte Teilausschnitte von Kompetenz" zu erfassen seien. Dabei orientiere man sich allerdings weitestgehend an der Vergangenheit, wohingegen zukünftige Verwertungszusammenhänge weitgehend ausgeblendet würden.

2. Mit *Zertifizierung und Bilanzierung von Kompetenz* könnten Personen einen Nachweis über Kompetenzelemente erhalten, die sie im Laufe der Biographie in beruflichen und außerberuflichen Tätigkeiten erworben haben (ebd., 429).[22] Schwierigkeiten bei der Umsetzung eines solchen Ansatzes seien in erster Linie in einem unklaren Kompetenzbegriff, dem erheblichen Erfassungsaufwand sowie in methodischen Problemen zu sehen. Die Ergebnisse solcher Erhebungen seien für konkrete betriebliche Zielstellungen wenig aussagekräftig, da das Fehlen von Handlungsbezügen Interpretationsspielräume eröffne, die eine beliebige Auslegung zuließen (ebd., 474f.).

3. Mit *Weiterbildungscontrolling* werde die Weiterbildung als Hauptinstrument der Kompetenzentwicklung einer ökonomischen und pädagogischen Nutzenbewertung unterzogen (ebd., 439). Dabei solle der Input von Weiterbildung hauptsächlich durch Kosten erfasst und transparent gemacht werden, worin ein erhebliches Umsetzungsdefizit zu sehen sei. Die Nutzenaspekte erschöpften sich in Lernerfolgskontrollen und Effekte im Arbeitsprozess würden nur vereinzelt erhoben (ebd., 479).[23] *geldlich*

4. In den Ansätzen zu *Humanvermögensrechnung* werde die monetäre Sichtweise der Betriebswirtschaft auf den Personalbereich übertragen und sich dem Bewertungsproblem aus mathematischer Perspektive gewidmet (ebd., 439). Personelle Ressourcen und Bildungsmaßnahmen sollen damit monetär bewertet werden. Dies setze eine Reihe von Prämissen voraus, die von der betrieblichen Realität abstrahierten. Es bleibe schließlich festzuhalten, dass eine vollständige Abbildung von Kompetenz in Geldein-

---

[22] Die Bemühungen in diese Richtung sind in anderen Ländern, wie z. B. Finnland oder Frankreich bereits seit Jahren fortgeschritten. In Deutschland sind derartige Pass-Aktivitäten erst in einer frühen Anfangsphase und daher noch stark heterogen (vgl. Bretschneider & Preißer, 2003).

[23] Im Vordergrund steht eine Erfolgskontrolle von Weiterbildung. Unter ökonomischen Kosten-Nutzen-Gesichtspunkten wird geprüft, inwiefern eine Weiterbildung zur Entwicklung von Kompetenz beigetragen hat. Meier (2002) kritisiert selbst, dass die Nutzenaspekte durch Lernerfolgskontrollen, nicht aber durch Effekte im Arbeitsprozess geprüft würden. Bei einem solchem Vorgehen ist neben der Fokussierung auf ökonomische Belange auch zu kritisieren, dass mit dieser Methode vermutlich eher Qualifikation und nicht Kompetenz überprüft werden kann.

heiten bzw. die Bestimmung eines gewinnmaximalen Bildungsbudgets bisher nicht gelungen sei, und die Ansätze keine praktische Bedeutung besäßen. (Meier, 2002, 484).[24]

In Meier`s Überlegungen wird Kompetenz im Zusammenhang mit betrieblichen Verwertungsaspekten betrachtet, wo durch der Situations- und Kontextbezug explizit berücksichtigt werden. Dabei werden vier Bewertungsansätze unterschieden. Diese sind alle mit deutlichen Einschränkungen verbunden, da die Grundmerkmale von Kompetenz nicht angemessen beachtet werden. Aus diesem Grund ergeben sich nur sehr begrenzte Einsatzgebiete, in denen zudem nur Teilaspekte von Kompetenz erhoben werden können. Für eine stärkere Verbreitung und Akzeptanz der Vorgehensweisen sind daher zunächst die erläuterten Defizite zu minimieren.

2.5 Zusammenfassung

In diesem Kapitel erfolgte eine intensive Auseinandersetzung mit dem Kompetenzbegriff, wobei vier für Kompetenzerfassung besonders relevante Grundmerkmale aufgezeigt werden konnten. Des Weiteren wurde verdeutlicht, dass die Erfassung von Kompetenz mit unterschiedlichen Zielstellungen verbunden ist, die eine unterschiedliche Vorgehensweise bei der Kompetenzerfassung erfordern.

Internationale Bemühungen hinsichtlich Kompetenzerfassung veranschaulichen die Aktualität der Thematik und verweisen zugleich auf vielfältige Fragestellungen, die mit der Erfassung von Kompetenz verbunden sind.

Schließlich wurden unterschiedliche methodische Vorgehensweisen der Kompetenzerfassung sowie damit einhergehende Überlegungen dargestellt. Die Betrachtung der Vorgehensweisen zeigte, was die jeweiligen Ausgangspunkte für das Vorgehen im Hinblick auf die Kompetenzerfassung bedeuten und welche Prämissen damit verbunden sind. Im Folgenden werden die verschiedenen Ansätze noch einmal zusammengefasst und eingeschätzt.

Erpenbeck & Rosenstiel (2003) stellen als Ansatzpunkte zur Erfassung von Kompetenz zwei Extrempositionen heraus, die als Kategorisierungshilfe bei der Betrachtung von bestehenden Kompetenzerfassungsverfahren herangezogen werden können. Bei den von Erpenbeck & Heyse (1999) genannten methodischen Ansätzen zur Erfassung von Kompetenz, ist die Variante der Gleichsetzung von Kompetenz und Qualifikation kritisch zu betrachten, da hier markante Unterschiede der beiden Konstrukte nicht beachtet werden (vgl. Arnold 1997, Arnold & Steinbach, 1998; vgl. 3.1.4).

Weiß (1999a) stellt den Handlungsbezug von Kompetenz heraus und empfiehlt für die Erfassung daher einen direkten Situationsbezug. Damit ist jedoch auch eine begrenzte Gültigkeit der erhobenen Daten für den jeweiligen Situationskontext verbunden. Er spricht zudem das Problem der Operationalisierung an, was eine Normierung des Handelns in „Soll-Kategorien" bedeuten würde. Ein solches Vorgehen setzt ein normatives Verständnis von Kompetenz voraus. Dies steht jedoch einem Kompetenzverständnis entgegen, das von

---

[24] Kritisch betrachtet ist hier zu fragen, ob aus einer monetären und damit Kostensicht überhaupt auf Kompetenzpotentiale zu schließen ist. Allein die Teilnahme an Weiterbildung führt nicht zu einem Aufbau von Kompetenz. Hier spielen vielmehr situative Kontexte, aber auch individuelle Aspekte, wie z. B. Motive, eine Rolle. Die Bereitschaft zum Lernen und damit zum Kompetenzaufbau kann letztlich nur vom Individuum selbst ausgehen und durch die Schaffung geeigneter Rahmenbedingungen nur unterstützt werden.

sinnbezogenem Handeln (vgl. 3.3 und 4) ausgeht, womit Offenheit in Bezug auf Situation und Handlungsalternativen verbunden wären.

Kaiser (1998a) verweist ebenfalls auf den Situationsbezug und zeigt verschiedene Beurteilungsmaßstäbe auf, die jeweils eine andere Interpretation und damit eine andere Verwendungsmöglichkeit der Daten nach sich ziehen. Eine Einschätzung nach dem objektiven Beurteilungsmaßstab wäre im Hinblick auf Qualifikationsanforderungen an Arbeitsplätzen einsetzbar. Soziale Beurteilungsmaßstäbe ermöglichen einen Vergleich zwischen Personen, und personenbezogene Beurteilungen stellen individuelle Kompetenzentwicklungen dar. Neben den Beurteilungsmaßstäben empfiehlt er fallorientierte Tests, die von einer realitätsnahen Darstellung einer Situation ausgehen und somit den Situationsbezug von Kompetenz beachten, als eine Variante der Kompetenzerfassung.

Grob & Maag Merki (2001) vertreten ein interaktionistisches Verständnis von Kompetenz, indem davon ausgegangen wird, dass sowohl die objektive als auch die subjektive Dimension einer Situation das Handeln bestimmen. Eine Anforderung an Verfahren der Kompetenzerfassung wäre demnach, subjektive Sinn- und Deutungsmuster der Personen erkennbar zu machen, da diese handlungsleitend sind. Von den vier dargestellten methodischen Ansätzen wird die Selbstkonzeptforschung für die Erfassung von sozialen Fähigkeiten als am geeignetsten eingeschätzt. Mit Selbstkonzepten werden Wahrnehmungen und Darstellungen einer Person zu sich selbst erfasst, womit zugleich die Subjektgebundenheit als auch der Situationsbezug von Kompetenz beachtet wäre.[25]

Unterschiedliche Vorgehensweisen zur Erfassung von Kompetenz werden auch von Kanning (2003) dargestellt. Auch hier wird deutlich, dass diese mit jeweils verschiedenen Einschränkungen und Prämissen verbunden sind. So beschränken sich Leistungstests auf kognitive Grundlagen und ihr Nutzen bleibt auf bestimmte Anwendungsfelder beschränkt (z. B. Wissensstand zu einem Thema). Verhaltensbeobachtungen beziehen sich auf das direkt sichtbar werdende Sozialverhalten und kennzeichnen den indirekten Versuch der Kompetenzerfassung. Schwierigkeiten könnten bei der Interpretation des beobachteten Verhaltens auftreten. Hier müssten genaue Kriterien und Standards festgelegt sein. Verzerrungen sind besonders bei Verhaltensbeschreibungen denkbar, da diese sich auf bereits stattgefundenes Verhalten beziehen. Die Messung von Kompetenzindikatoren würde sich schließlich nur noch mit den Konsequenzen von Sozialverhalten auseinander setzen. Aufgrund der Distanz zum tatsächlichen Sozialverhalten, ist eine Zunahme von Verzerrungen und Interpretationsspielräumen zu vermuten.

In den Ausführungen von Meier (2002) wird der Verwertungsaspekt von Kompetenz als Ausgangspunkt angenommen. Je nach dem gewählten Bezugspunkt von Kompetenz werden verschiedene Bewertungsansätze vorgestellt. Deutlich wird, dass Verfahren zu Personalauswahl und -beurteilung anders gestaltet sind als Verfahren des Weiterbildungscontrollings oder der Humanvermögensrechnung. Letztere sehen Kompetenzerfassung vor allem unter Nutzenaspekten der Weiterbildung im Hinblick auf sich entwickelnde Kompetenz. Als Grund für die unterschiedliche Ausrichtung der Verfahren kann vor allem die mit den Verfahren verfolgte Zielsetzung angesehen werden.

Aus diesen Überlegungen ist festzuhalten, dass sich in Abhängigkeit vom Verständnis von Kompetenz unterschiedliche Mess- und Bewertungskonzepte bezüglich der Erfassung ergeben. Diese können nicht als generell „gut" oder „schlecht" charakterisiert werden, da sie vor ihrem jeweiligen Hintergrund alle eine spezifische Berechtigung besitzen.

---

[25] In Kapitel 3.3 wird näher auf die beiden Dimensionen einer Situation eingegangen.

Im Hinblick auf die Erfassung von Kompetenz können sowohl aus den herausgearbeiteten Grundmerkmalen als auch aus den verschiedenen methodischen Vorgehensweisen, folgende bei der Erfassung von Kompetenz zu berücksichtigende Aspekte herausgestellt werden:

- Für die Erfassung von Kompetenz ist jeweils eine Klärung der zugrunde liegenden Auffassung von Kompetenz sowie des mit der Erfassung verfolgten Ziels erforderlich.
- Kompetenz wird im Handeln ersichtlich und ist nur über dieses zu erschließen.
- Es besteht ein Zusammenhang zwischen Situation und Kompetenz, der sich im Handeln niederschlägt. Mit der Situation wird bestimmt, welche Kompetenz sichtbar und somit erfassbar wird. Um zuverlässige und umfassende Aussagen bezüglich der Kompetenz einer Person treffen zu können, ist daher eine Kompetenzerfassung in verschiedenen Situationen erforderlich. Die Situation ist daher bei der Entwicklung und Analyse von Kompetenzerfassungsverfahren entsprechend zu berücksichtigen.
- Kompetenz ist entwickel- und damit veränderbar, was eine Erfassung zu verschiedenen Zeitpunkten erforderlich macht.

3 Konturen eines Konzeptes von Kompetenz

Die in Kapitel 2 dargestellte aktuelle Diskussion zu Kompetenz verdeutlichte die vielfältigen Aspekte von Kompetenz und deren Wirkweisen im Hinblick auf die Erfassung von Kompetenz. In diesem Kapitel soll die Bedeutung von Kompetenz unter dem Blickwinkel ihrer Erfassbarkeit aus Sicht verschiedener Wissenschaftsdisziplinen dargestellt werden.

Dafür werden drei Wissenschaftsdisziplinen herangezogen, die für die Thematik der Kompetenzerfassung von besonderer Relevanz sind. Eine Betrachtung aus *pädagogischer Perspektive*, und hier insbesondere unter dem Blickwinkel der Berufspädagogik und der Erwachsenenbildung, richtet sich direkt auf ein Anwendungsfeld von Kompetenzerfassung und entspricht zudem der Profession der Autorin. Konkrete Bezugspunkte und Hinweise für die Erfassung sind in der *Psychologie*, speziell in der Arbeits- und Organisationspsychologie zu finden. In dieser Disziplin liegen fundierte Erfahrungen bezüglich der Erfassung von spezifischen Merkmalen vor. Diese beziehen sich sowohl auf die Entwicklung als auch auf die Anwendung entsprechender Verfahren. Die Notwendigkeit von *handlungstheoretischen Betrachtungen* ergibt sich aus dem Kompetenzkonstrukt selbst, welches als handlungstheoretisches Konstrukt aufzufassen ist und nur über das Handeln erschlossen werden kann.

3.1 Pädagogische Diskussion von Kompetenz

Eine theoretische Annäherung an den Kompetenzbegriff aus pädagogischer Perspektive kann aufgrund der Vielfältigkeit dieser Disziplin nur selektiv erfolgen. Dies geschieht daher aus einer erwachsenen- und berufspädagogischen Perspektive, in der Kompetenz unter dem Aspekt der Handlungsorientierung betrachtet wird.

Im Kern der Erwachsenenbildung steht „die Frage nach der ‚Bildsamkeit' und den Bildungsbedürfnissen Erwachsener" (Griese, 2003, 259). Daran anknüpfende Forschungen befassen sich zum einen mit dem „Anspruch der lebenslang anhaltenden Bildung als Teil der Selbstverwirklichung mündiger Bürger" und zum anderen mit funktional ausgerichteten „Zielkategorien im Rahmen von Leistungs- und Loyalitätssicherung im Kontext betrieblicher Weiterbildung im Unternehmen" (ebd., 252). Die Berufspädagogik hingegen setzt sich seit „jeher mit Problemen des Berufs, der Arbeits- und Berufswelt sowie des Arbeitsmarktes als Ausgangslagen und Rahmenbedingungen für die Entwicklung ihrer berufspädagogischen Theorien und Konzepte" auseinander (Münch, 2003a, 81). Von besonderem Interesse sind dabei die im Kontext der Berufs- und Arbeitswelt stattfindenden Lehr-/Lernprozesse, unter dem Blickwinkel der Herausbildung beruflicher Mündigkeit.

Die Ursprünge dieser beiden Diskussionen und deren Veränderungen bis hin zur aktuellen Kompetenzdiskussion werden aufgegriffen und nach zentralen Aspekten im Hinblick auf eine Erfassung von Kompetenz untersucht. Dabei ist zu prüfen, inwiefern das was unter Kompetenz verstanden wird, mit früheren pädagogischen Konzepten bzw. Denkweisen in

Verbindung steht und welche Bedeutsamkeit bzw. Erklärungskraft dies im Hinblick auf die aktuelle Diskussion besitzt.

3.1.1 Erziehungswissenschaftliche Sichtweisen

Als ein Ausgangspunkt für eine pädagogische Betrachtungsweise kann die „Handlungstheorie" von H. Roth (1984) herangezogen werden. Dieser entwickelte eine pädagogische Persönlichkeitstheorie, in deren Mittelpunkt das menschliche Handeln steht. Dabei beschreibt Roth das Zustandekommen „menschlicher Willenshandlung" in sechs verschiedenen „Handlungsphasen"[26] und legt so Prozesse menschlicher Handlung offen (ebd., 367ff.):

Bei der *Entstehung (1)* der Handlung werde geklärt, was einen Menschen überhaupt zum Handeln bewege. Die *Klärung (2)* kennzeichne den Teil einer Handlung, in dem die Situation dargelegt werde. Den Ausgangspunkt für eine Situationsklärung bilde das menschliche Wahrnehmen, das „denkende Erfassen". Aufgrund der Situationsklärung ergäbe sich die *Planung (3)*, die erste Ansätze zur Situationsbewältigung abwäge. Sie beinhalte gedankliche Vorwegnahmen und Vorentwürfe bezüglich der auszuführenden Handlung. Die *Entscheidung (4)* für eine Handlungsmöglichkeit gehe unmittelbar aus der Planung hervor. Dabei müsse sich die Person für eine Handlungsmöglichkeit aussprechen und sich von anderen, möglicherweise ebenfalls verlockenden Plänen verabschieden. Bei der *Durchführung (5)* der Handlung komme die Spannung zwischen Wollen und Können real zum Ausdruck. Das bedeute, viele Handlungen scheitern in der Ausführung an einem zu geringem Vorrat an Wissen und Können. Letztlich sei auch das „Abschließen" einer Handlung mit Konsequenzen verbunden, denn jede Handlung, erfolgreich oder nicht, bedeute für die Person eine neue Erfahrung. Dieser Vorgang werde als *Rückwirkung (6)* bezeichnet.

Die Roth'sche Handlungstheorie veranschaulicht aus pädagogischer Sicht das Zusammenspiel von personalen und situativen Aspekten eines Handlungsprozesses. Für die Erfassung von Kompetenz, welche nur über das Handeln möglich ist, ergibt sich daraus, dass sowohl personale als auch situative Faktoren als handlungsleitende Aspekte zu erheben sind. Diese Aspekte sind auch in die Analyse der Kompetenzerfassungsverfahren einzubeziehen.

Von einer eher geisteswissenschaftlichen Prägung ausgehend, kann angenommen werden, dass Besonderheiten, Bestimmtheiten oder Eigentümlichkeiten menschlichen Handelns daraus resultieren, dass Menschen in geschichtlich entstandenen Situationen handeln und für weitere intersubjektive Verständigung offen sind. Das bedeutet, menschliches Handeln lässt sich nicht allein durch anlage- oder umweltdeterminierte Faktoren erklären. Zwischenmenschliche Handlungsprozesse ermöglichen bzw. erleichtern eine intersubjektive Verständigung und können zur Erklärung individueller Besonderheiten beitragen. Es kann daher angenommen werden, dass Kompetenz die individuelle Besonder- und Eigentümlichkeiten einschließt und im menschlichen Handeln sichtbar wird, sich im Handeln in der Kooperation mit anderen entwickelt bzw. neu generiert (vgl. 3.3). Diesem Kontext sind

---

[26] Die Unterteilung in Phasen wird hier zur Veranschaulichung der ablaufenden Prozesse herangezogen. Eine strikte Einteilung in Handlungsphasen ist jedoch nicht haltbar. So betont auch Roth, dass die schematische Unterteilung in Handlungsphasen, nur die Artikulation eines an sich und in sich zusammenhängenden Handlungsablaufes sei. Er sei sich darüber im Klaren, dass reale Handlungen in eine der Phasen stecken bleiben, einen Schwerpunkt aufweisen oder eine Phase überspringen können. Das Phasenmodell von Roth ist daher nicht zirkulär zu betrachten, sondern als modellhafte Veranschaulichung eines in sich geschlossenen Handlungsablaufes.

Ansätze, wie der Deutungsmusteransatz (Arnold, 1985; Schüßler, 2000) zuzuordnen. Menschliche Handlungsprozesse werden dabei durch verstehensorientierte Ansätze zu erklären versucht, in denen der Akteur an der Ergebnisdefinition beteiligt ist. In Anlehnung an solche Ansätze sind Parallelen zu Dimensionen eines Kompetenzbegriffes erkennbar, der Kompetenz als handlungsoffenes Konstrukt betrachtet.

Im Hinblick auf den Erzeugungsaspekt von Kompetenz scheint es innerhalb der pädagogischen Diskussion angebracht, auch auf Bildungsziele einzugehen (vgl. Vonken, 2005; 2001; Bohnsohn, 2003). Dabei ist zu berücksichtigen, dass der Bildungsbegriff durch andere, allerdings analog verwendete Zentralbegriffe wie „Emanzipation", „Selbst- und Mitbestimmungsfähigkeit" oder „autonome Handlungsfähigkeit" abgelöst wird (Klafki, 1993, 95). Hinter diesen Begriffen verbirgt sich strukturell „genau das gleiche" wie hinter der „Kategorie Bildung" (ebd.). „Sie bezeichnen zentrierende, übergeordnete Orientierungs- und Beurteilungsmaßstäbe für die Vielzahl pädagogischer bzw. didaktischer Einzelplanungen und -maßnahmen" (ebd.). Die Inhalte von Bildung werden historisch sowie aus gegenwärtig bestehenden Problemen bestimmt. Im Rahmen von Bildung sind demnach „Kompetenzen zu erwerben, um Probleme zu verstehen, die eigene Position zu finden, entsprechende Entscheidungen zu treffen und handelnd einwirken zu können" (Faulstich & Zeuner, 1999, 34)[27].

Die angeführten erziehungswissenschaftlichen Sichtweisen verweisen auf verschiedene Anschlussmöglichkeiten des Kompetenzkonstruktes, an bestehende pädagogische Diskussionen. So konnten sowohl in der dargestellten Handlungstheorie von Roth, den geisteswissenschaftlich geprägten Betrachtungen als auch in der Diskussion um Bildungsziele jeweils Anknüpfungspunkte für ein entsprechendes Kompetenzverständnis aufgezeigt werden.

3.1.2 *Betrachtungen aus einer erwachsenen- und berufspädagogischen Perspektive*

Kompetenz unter erwachsenenpädagogischen Blickwinkel

Zur Zeit der „realistischen Wende" in 1960er und frühen 1970er Jahren wurde die berufliche Weiterbildung im Rahmen der Erwachsenenbildung stärker in den Vordergrund gestellt. Dabei wurden die Bildungsinhalte stark an den wirtschaftlichen Entwicklungen ausgerichtet (Arnold, 1996, 29; Wolgast, 1996, 59ff.; Olbricht, 2001, 352ff.). Die Erwachsenenbildung war somit durch den Gedanken einer ständigen Qualifikationsanpassung an die Entwicklung der Arbeitsplatzanforderungen geprägt und lief damit Gefahr, eine humanistische Orientierung völlig aus dem Blick zu verlieren (Arnold, 1996, 76). Im Zuge der daraus resultierenden Neubestimmung der Erwachsenenbildung entstand eine Vielzahl bildungs- und arbeitspolitischer Konzepte. Für den Entwicklungsverlauf der Erwachsenenbildung von besonderer Bedeutung war der 1970 vom Deutschen Bildungsrat vorgelegte „Strukturplan für das Bildungswesen", in dem die Weiterbildung als eine ständige Aufgabe beschrieben wurde (Dt. Bildungsrat, 1970, 51).

---

[27] Damit ist Bildung ein Weg zur Herausbildung und Förderung von Kompetenz. Diese ist in einem solchen Kontext als Potential zu verstehen, seine eigene Identität zu entwickeln und mit Problemen konstruktiv umgehen zu können.

Als die tatsächliche Umsetzung der Reformen nicht im erwarteten Ausmaß erfolgte, begann ein Umdenkungsprozess in der erwachsenenpädagogischen Diskussion und „an die Stelle der traditionellen Bildungswerte traten nun die ‚neue' Subjektivität, das Alltagswissen, die Lebenswelt, das Selbsterlebte und Selbsterfahrene (Wolgast, 1996, 71). Damit ist ein Paradigmenwechsel – die „reflexive Wende" in den 1980er Jahren – verbunden, in dem die „Aneignungsperspektive" (Bruns & Faber, 2003, 221) und damit der Persönlichkeitsbezug des Erwachsenenlernens wieder stärker in den Vordergrund rückt. Dabei verlieren Begründungen, die sich ausschließlich an den wirtschaftlichen Entwicklungen orientieren an Gewicht. Von Bedeutung sind vielmehr „sozialpsychologische Überlegungen sowie erwachsenensozialisationstheoretische Fragestellungen" (Arnold, 1996, 83). Es wird berücksichtigt, das Lernen nur unter Beachtung des im sozialen Kontext entstandenen Alltagswissens erfolgreich sein kann. Die theoretischen Entwicklungen beschreiben einen Umdenkungsprozess von einer „Erzeugungs- hin zu einer Ermöglichungsdidaktik", welcher auf der Eigendynamik von Lernprozessen, in Abhängigkeit von individuellen Voraussetzungen beruht (Go´mez Tutor, 2003, 313). In einem solchen Lernverständnis kann Kompetenz als ein individuelles subjektgebundenes Konstrukt aufgefasst werden. Es werden Lernumgebungen geschaffen, die selbstgesteuertes eigenverantwortliches Lernen ermöglichen und damit gleichzeitig Raum für die Entwicklung von Kompetenz gewähren. Damit bringt die „reflexive Wende" die Lebenslaufforschung in die Erwachsenenbildung und somit auch weitere sozialwissenschaftlich angelehnte Theoriekonzepte, wie das Erfahrungs- und Deutungslernen (vgl. Arnold 1985, Schüßler, 2000). Diese sind für die Entwicklung des Kompetenzbegriffs von Interesse, finden sich darin doch Ansätze der Interaktions- und Handlungstheorien sowie Aspekte der Reflexion von Handeln.

Kompetenz unter berufspädagogischen Blickwinkel

Die eingeengte Zielbestimmung der beruflichen Bildung auf Aspekte der „beruflichen Tüchtigkeit" wurde 1969 vom Deutschen Bildungsrat um die gleichwertige Kategorie der „beruflichen Mündigkeit" ergänzt (Lipsmeier, 1995, 233). Aus berufspädagogischer Perspektive im engeren Sinne umfasst diese, „die berufliche Autonomie als *Summe der Qualifikationen,* die erforderlich sind, um sich im Erwerbsleben nach vorgegebenen Leistungsnormen zu bewähren und gleichzeitig diese Normen in Frage stellen zu können" (ebd.; Hervorhebungen im Original). In einem weiteren Sinne schließt der Begriff die „Selbstreflexion und Reflexion gesellschaftlicher Strukturen und Prozesse mit den Zielen, verinnerlichte Zwänge auflösbar zu machen und den Menschen zu befähigen, rational zu denken und zu handeln" mit ein (vgl. Voigt, 1975, 34; zit. nach Lipsmeier, 1995, 233). Dieser Auffassung von beruflicher Mündigkeit wird kritisch entgegengebracht, sie sei ohne berufliche Qualifizierung. Die Spezifizierung des Begriffs berufliche Mündigkeit habe dementsprechend die Vorbereitung auf betriebliche Handlungsmöglichkeiten mit einzubeziehen (Lipsmeier, 1995, 233f.). Das hier angeführte Verständnis von beruflicher Mündigkeit, welches u. a. mit Selbstreflektion und der Fähigkeit zum eigenverantwortlichen Handeln verbunden ist, weist Parallelen zu dem auf, was unter Kompetenz verstanden wird. Damit ist mit der Herausbildung von beruflicher Mündigkeit auch die Förderung von Kompetenz verbunden, welches ein Ziel beruflicher Bildung darstellt.

In Anlehnung an Überlegungen, wie die Tätigkeitsanforderungen auch in Anbetracht ihrer schnellen Veränderbarkeit angemessen erfüllt werden können, wurde das Konzept der Schlüsselqualifikationen entwickelt (Mertens, 1974). Die Entwicklung eines solchen Konzeptes erfolgte vor allem unter Aspekten der Arbeitsmarktpolitik sowie der beruflichen Mobilität und Flexibilität (Münch, 2003b, 99). Legitimiert wird die Forderung nach Schlüsselqualifikationen zum einen durch Befunde der Qualifikations- und Berufsforschung und zum anderen anhand persönlichkeits- und bildungstheoretischer Argumente (Tippelt, 2002a, 51).[28]

In der Berufsbildungspraxis und Berufsbildungsforschung ist in den letzten drei Jahrzehnten eine Gewichtsverschiebung von der beruflichen Erstausbildung hin zur beruflichen Weiterbildung zu beobachten (vgl. Münch, 2003a, 83). Dabei wird vor allem der Tatsache Rechnung getragen, dass berufliche Bildung und Berufspädagogik im Kontext von Arbeit zu betrachten sind. Berufliches Lehren und Lernen wird damit vor allem auch durch Wandlungen und Strukturverschiebungen am Arbeitsmarkt sowie innovativen Veränderungen bestimmt (Arnold, 1990, 7; vgl. Bredow, Dobischat, Rottmann, 2003).

Der historische Rückblick auf beide Disziplinen verweist auf eine allmähliche Annäherung von Erwachsenenbildung und Berufspädagogik, die nicht zuletzt auf das nunmehr notwendige lebenslange Lernen von Personen zurückzuführen ist. Der Blick auf die Erwachsenenbildung zeigt, dass diese sich zunehmend beruflichen Inhalten öffnet und berufliche Weiterbildung als eine zentrale Aufgabe begreift. Die Zielrichtung und Fragestellung der Berufspädagogik hingegen beschränkt sich nicht mehr vorrangig auf die berufliche Ausbildung, sondern erweitert ihre Perspektive im Sinne des lebenslangen Lernens, auf den gesamten beruflichen Kontext. Mit den jeweiligen Erweiterungen der Teildisziplinen gerät mehr und mehr auch das Kompetenzkonstrukt in deren Blickfeld. Aber auch in den früheren Betrachtungen wie z. B. der Herausbildung der beruflichen Mündigkeit, in subjektiven, eigenverantwortlichen Lernkonzepten oder in arbeitsintegrierten Lernformen, finden sich Parallelen zu einem heute diskutierten Kompetenzkonstrukt.

3.1.3 Zum Kompetenzbegriff in der Pädagogik

Die gegenwärtige Diskussion wird von einer Vielzahl von Kompetenzdefinitionen beherrscht und es bleibt kritisch zu fragen, ob mit „Kompetenz" und „Kompetenzentwicklung" tatsächlich etwas Neues beschrieben oder lediglich eine weitere Begriffsmode dargestellt wird. Die in der Berufs- und Erwachsenenpädagogik bereits geführten Diskurse (vgl. 3.1.2) werden weitgehend außer Acht gelassen und vieles von dem wird heute als ‚neu' diskutiert (Arnold, 2002, 29), so dass der Kompetenzbegriff heute überwiegend traditions- und theorielos verwendet wird.

Die aktuelle Diskussion führt den Diskurs zu Kompetenz vor allem aus einer personalwirtschaftlichen und arbeitspsychologischen Perspektive (ebd.). Kompetenz beschreibt Voraussetzungen von Personen, die diese zum Handeln in verschiedenen Situationen des

---

[28] Ein solches Verständnis von Schlüsselqualifikationen beinhaltet Schnittstellen zum aktuell diskutierten Konzept von Kompetenz. Auch Kompetenz existiert nicht allgemein, sondern ist mit konkreten Aufgaben und Anforderungen verbunden. Ebenso ist ihre Förderung und Entwicklung, wie die der Schlüsselqualifikationen, nur im Hinblick auf tatsächliche Anforderungen in spezifischen Situationen möglich. Hieran anknüpfend stellt sich jedoch die Frage nach Unterscheidungskriterien zwischen (Schlüssel-)Qualifikation und Kompetenz, der im Punkt 3.1.4 nachgegangen wird.

Arbeits- und Lebensraumes befähigen. Sie werde als dauerhafte Fähigkeit zur eigenen Weiterentwicklung betrachtet (Geißler & Orthey, 2002, 70). Kompetenz sei im Handlungsre-
pertoire einer Person verankert und werde zur Erreichung eines bestimmten Ziels eingesetzt. Dabei werde sie auf „auf der Basis eines Impulses von außen (z. B. Anforderungen
der Organisation) und der Energie von innen in Handlungssituationen aktualisiert" (ebd.,
71). Die Entwicklung von Kompetenz erfolge überwiegend in Arbeitskontexten, wo unmittelbar praktische Erfahrungen gesammelt werden könnten. Im Vordergrund der Diskussion
stünde daher nicht allgemein Kompetenz, sondern solche die sich im beruflichen Arbeitskontext verwenden lasse.[29]

Die Ausführungen von Geißler & Orthey (2002) verweisen kritisch darauf, dass der
Kompetenzbegriff in der öffentlichen Debatte vordergründig in Anknüpfung an berufliche
Arbeit verwendet werde, so dass Kompetenz in einen Verwertungszusammenhang und
einer dabei angestrebten Wertschöpfungssteigerung gestellt werde. Diese Ausrichtung er-
kläre, warum eine Anbindung des Kompetenzkonzeptes „an Perspektiven, die der Stärkung
von Subjektivität, der Ermöglichung von Selbstverwirklichungsinteressen" sowie an „Au-
tonomie- und Souveränitätsansprüchen" heute nicht zu finden sei und die „subjektiven
Potentiale (Kompetenzen) (...) auf ihre verwertbaren Anteile" reduziert würden (ebd., 72).
Das was Kompetenz ausmache werde in der aktuellen Diskussion durch berufliche Tätigkeiten und Anforderungen bestimmt. Außerdem sei eine steigende Verantwortung der Arbeitnehmer im Hinblick auf betriebliche Ziele sowie eine erweiterte Selbstkontrolle bezüglich der Pflege und Verbesserung der eigenen Arbeitskraft zu beobachten (Geißler &
Orthey, 2002, 72). Sogar im Weißbuch der EU werde Kompetenz als eine „zeitgemäße und
zentrale Transformationskategorie bzgl. der Reproduktion von Arbeitsvermögen herausgestellt" (Brödel, 2002, 39). Im Vordergrund stehe eine flexible und widerstandslose Nutzung
von Humanressourcen (vgl. Sennet, 1998; Pongratz & Voß, 2003). Damit umfasse Kompetenz quasi das Potential zur Selbstrationalität, wobei eine umfassende Ökonomisierung der
eigenen Arbeitskraft in den Mittelpunkt rücke. Die eigene Produktivitätssteigerung steht
damit eindeutig im Fokus des heute diskutierten Kompetenzkonzeptes. Die Dominanz des
Arbeitsbezugs in der gegenwärtigen Diskussion muss zu der kritischen Annahme führen,
dass die Kompetenzdiskussion nicht Ausdruck wissenschaftsinterner Entwicklungen ist,
sondern primär auf problematische gesellschaftliche Entwicklungen reagiert (Brödel, 2002,
41; Arnold, 1997).

Die starke Verknüpfung des Kompetenzbegriffs mit der Ausführung beruflich ange-
strebter Tätigkeiten hebt den Aspekt des Handlungsbezugs bzw. der Handlungsgebunden-
heit von Kompetenz besonders hervor. Die Aufmerksamkeit richtet sich auf Eigenpotentiale
und Eigenleistungen der Akteure bei der Lösung von Handlungsproblemen (Brödel, 2002,
39). In einem solchen Verständnis umfasst Kompetenz die Anlagen, Fähigkeiten und Bereitschaften, über die eine Person zur Ausführung von Tätigkeiten verfügt (Erpenbeck &
Heyse, 1999). Diese gelten als Handlungsvoraussetzungen, als Dispositionen, die beschreiben „was einen Menschen wirklich handlungsfähig macht" (Bernien, 1997, 24). Die individuell vorhandenen Ressourcen würden in Handlungssituationen aktualisiert und angewendet. Handeln selbst finde in Umwelten[30] statt, die jeweils durch verschiedene Spezifika
(z. B. materielle Ausstattung, andere Akteure, normative Handlungsanforderungen) ausge-

---

[29] In der aktuellen Diskussion steht also nicht primär die Entwicklung der Persönlichkeit im Vordergrund, sondern
die Optimierung der beruflichen Einsatzfähigkeit einer Person.
[30] Mit Umwelt ist die jeweilige Handlungssituation gemeint.

zeichnet sind. Durch diese Strukturierung der Umwelt stehe eine Person immer „konkreten Bedingungen und Erwartungen" gegenüber (Hof, 2002b, 85). Kompetenz könne damit immer nur in Bezug zu den jeweiligen Handlungsanforderungen verstanden werden[31]. Kompetenz wäre demnach „die Fähigkeit, in Situationen unter Berücksichtigung der personalen Handlungsvoraussetzungen und der äußeren Handlungsbedingungen Ziele zu erreichen und Pläne zu realisieren" (ebd.). Sie beschreibt einen relationalen Begriff, der die Beziehung „zwischen individuell vorhandenen Kenntnissen (deklaratives Wissen), den Fähigkeiten und Fertigkeiten (Können) und den Motiven und Interessen (Wollen) auf der einen und den Möglichkeiten, Anforderungen und Restriktionen der Umwelt auf der anderen Seite" herstellt (ebd., 86).

Ein solcher – auf die ökonomische Handlungsrealität abhebender – Kompetenzbegriff erfüllt nur einen Teil der erwachsenen- und berufspädagogischen Zielsetzungen. Unberücksichtigt bleibt der in den 1970er Jahren in der Erwachsenenbildung erfolgte Umdenkungsprozess, hin zu einer stärkeren Betonung von Subjektivität und Lebenswelt. Auch die um die berufliche Mündigkeit erweiterte Zielsetzung in der beruflichen Bildung, im Sinne einer kritischen Selbstreflexion sowie der Reflexion von gesellschaftlichen Strukturen und Prozessen, bleibt in einem solchen Kompetenzverständnis ohne Beachtung. Ebenso unberücksichtigt bleiben Überlegungen, die den Kompetenz- und den Bildungsbegriff im Zusammenhang betrachten. Die starke Anbindung von Kompetenz an die Bewältigung beruflicher Arbeitstätigkeiten charakterisiert die Abhängigkeit des menschlichen Handelns von dem jeweiligen situativen Kontext und veranschaulicht zugleich die Gebundenheit von Kompetenz an das Handeln. Eine solche Anbindung an die Bewältigung beruflicher Arbeitstätigkeiten, bietet zugleich eine mögliche Zugangsvariante zur Erfassung von Kompetenz. So könnten beispielsweise Kriterien für eine kompetente Handlungsbewältigung definiert werden, anhand derer das Handeln der Personen zu vergleichen wäre. Neue, kreative und alternative Möglichkeiten der Handlungsbewältigung, die möglicherweise nicht in das vordefinierte Kriterienraster passen, können bei einer solchen Herangehensweise nicht hinreichend berücksichtigt werden. Dabei könnten gerade durch solche alternativen Handlungsvarianten Kompetenzpotentiale von Personen aufgedeckt werden.

Für die Analyse von Kompetenzerfassungsverfahren bedeutet dies, dass das jeweils zugrunde gelegte Kompetenzverständnis zu analysieren ist. Kompetenzerfassungsverfahren die auf einem ökonomischen, stark wirtschaftsbezogenen Kompetenzbegriff basieren, werden vermutlich stärker von einem funktionalen und auch zweckrationalen Zusammenhang ausgehen. Im Hinblick auf die methodische Vorgehensweise ist anzunehmen, dass hauptsächlich mit operationalisierten Kriterien gearbeitet wird, anhand derer zu prüfen ist, inwiefern eine Person aufgrund ihrer Kompetenz in der Lage ist, die gestellten Anforderungen zu bewältigen.

---

[31] Ein solches Kompetenzverständnis weist Berührungspunkte zum Qualifikationsbegriff auf (vgl. 3.1.4). Bezogen auf Kompetenzerfassung würde dies bedeuten, dass jeweils nur diejenigen Kompetenzdimensionen von Interesse sind, die einen Beitrag zur Bewältigung der Situation leisten. Demnach müsste es verschiedene Kompetenzerfassungsverfahren geben, die jeweils unterschiedliche Zielsetzungen und damit auch unterschiedliche Kompetenzdimensionen zu erheben beanspruchen.

3.1.4   Qualifikation und Kompetenz

Die in Folge sich rasch wandelnder Arbeitsbedingungen und -anforderungen verstärkte Forderung nach lebenslangen, lebensbegleitenden Lernen führt dazu, dass arbeitsorganisatorische Konzepte „fächerübergreifende sowie soziale und methodische Anforderungen" stärker fokussieren und damit zur Auflösung „starrer Berufsgrenzen" und der fachlich „verengten Qualifikationsdebatte" beitragen (Arnold, 2003b, 20). Es entsteht ein verändertes Handlungsfeld in der „beruflichbetrieblichen Kooperation", weshalb sich viele Wissenschaftler für einen „Konzeptions- und Begriffswechsel" in der Weiterbildung einsetzen (Arnold & Steinbach, 1998, 22). Begriffe wie „Qualifikation" und „Weiterbildung" sollen durch Kompetenzentwicklung ersetzt bzw. erweitert werden (Weinberg, 1996, 214). Die berufliche Bildung ändert ihre Perspektive damit von einer „wandlungsadaptiven zu einer wandlungsgestaltenden Kompetenzentwicklung", wodurch die „Vorbereitung auf eine Selbstanpassung an den Wandel" in den Vordergrund rückt (Arnold, 2003b, 20). Begründet wird der herbeigesehnte Wechsel, sowohl mit wissenschaftlichen Argumentationen und internationalen Begründungen, als auch mit konstruktivistischen Einschätzungen (Arnold & Steinbach, 1998, 22).

Einige Differenzierungsvorschläge hinsichtlich der Begriffe Qualifikation und Kompetenz sollen die Problematik verdeutlichen:

Eine *Erweiterung* des Qualifikationsbegriffes durch die Einführung des Kompetenzbegriffs wird von Weinberg (1996a, 1996b) angestrebt. Als Qualifikationen beschreibt er „diejenigen Fähigkeiten, über die jemand verfügt und deren Vorhandensein durch ein Zeugnis oder Zertifikat bescheinigt wird", wodurch der Qualifikationsbegriff für die Positionierung am Arbeitsmarkt und im Beschäftigungsverhältnis bedeutend wird (Weinberg, 1996a, 213). Kompetenz umfasst für Weinberg „alle Fähigkeiten, Wissensbestände und Denkmethoden (...), die ein Mensch in seinem Leben erwirbt und betätigt" (ebd.). Sie beinhaltet diejenigen Fähigkeiten, „die den Menschen sowohl in vertrauten als auch in fremdartigen Situationen handlungsfähig machen" (ebd.). Weinberg beabsichtigt mit einem solchem Kompetenzbegriff, den Qualifikationsbegriff beweglicher zu machen und zu erweitern.

Nach Auffassung von Lenzen (1995) bezieht sich der Qualifikationsbegriff „zum einen auf die Gesamtheit der Qualifikationsanforderungen eines Arbeitsplatzes, des Berufs oder des Arbeits- und Berufslebens, zum anderen auf die Gesamtheit der subjektiv-menschlichen Voraussetzungen oder Handlungspotentiale, die das Subjekt zur Bewältigung dieser Anforderungen besitzt oder benötigt" (zit. nach Max, 1999, 119). Auf Seiten der Person sind die jeweils individuellen Qualifikationsvoraussetzungen von Interesse, die den durch Aufgabe und Organisation definierten Qualifikationsanforderungen gegenüberstehen. Faulstich (1997, 149) nennt dies „ein Entsprechungsverhältnis von individuellen Voraussetzungen der Arbeitskräfte und technisch-organisatorischen Bedingungen der Arbeitsmittel und Arbeitsgegenstände". Daraus geht hervor, dass Qualifikationen auf „Handlungserfordernisse" abzielen, wohingegen sich Kompetenz auf die jeweiligen „Handlungsmöglichkeiten" des Individuums bezieht (Hof, 2002a, 153).

In der Argumentation für eine kompetenzorientierte Wende wird der Kompetenzbegriff durchgehend als *Gegenbegriff* zum Qualifikationsbegriff verwendet (Arnold & Steinbach, 1998, 23; Arnold, 1997, 269ff.). Hier der Versuch einer Differenzierung:

Tabelle 1: Gegenüberstellung zum Kompetenz- und Qualifikationsbegriff (in Anlehnung an: Arnold & Steinbach, 1998, 23; Arnold 1997, 269ff.).

Kompetenzbegriff	Qualifikationsbegriff
subjektbezogener Begriff	anforderungsbezogener Begriff
ganzheitlich auf die Person und gesellschaftlichen Werte bezogen	bezieht sich auf generalisierbare tätigkeitsbezogene Kenntnisse, Fertigkeiten, Fähigkeiten
betont die Selbstorganisation von Lernprozessen	hält an Fremdorganisation von Lernprozessen fest (curricularisiert)
erfasst die Vielfalt der individuellen Handlungsdispositionen	bezieht sich ausschließlich auf zertifizierte Elemente individueller Fähigkeiten
Handlungs-, Situations- und Sinnbezug	Bezug zu Tätigkeitsanforderungen und vermittelten Wissen und Fähigkeiten

Eine kritische Auseinandersetzung mit dieser konträren Definition der Begriffe erfolgt durch Arnold (1997) und Arnold & Steinbach (1998). Deren Überlegungen umfassen fünf Thesen, die für die Diskussion von Interesse sind und daher im Folgenden erläutert werden.

1. „'Kompetenz' ist subjektbezogen, während 'Qualifikation' sich auf die Erfüllung konkreter Nachfragen bzw. Anforderungen beschränkt" (Arnold, 1997, 269).

Auf diesen Unterschied verwies bereits der Dt. Bildungsrat (1974, 65), der den Kompetenzbegriff als „personengebundene Befähigung des Einzelnen zu eigenverantwortlichem Handeln in privaten, beruflichen und gesellschaftlichen Kontexten" (Arnold & Steinbach, 1998, 26) definierte. Der Qualifikationsbegriff beziehe sich hingegen ausschließlich „auf die Erfüllung konkreter Anforderungen" (Arnold & Steinbach, 1998, 26). Eine kompetente Person verfüge dementsprechend über persönliche Voraussetzungen, „sich auf neue Anforderungen einzustellen und sich die jeweils erforderlichen Qualifikationen selbst just-in-time anzueignen" (ebd., 27.). In diesem Verständnis würde Kompetenz „zu einer neuartigen Synthese von beruflicher Handlungskompetenz und beruflichen Qualifikationen" (Arnold & Steinbach, 1998, 27) führen. Problematisch an dieser Argumentation sei, dass der verwendete Kompetenzbegriff keineswegs konsensfähig sei. So werde Kompetenz in einem konstitutiven Zusammenhang mit der konkreten Aufgabe betrachtet. Außerdem sei zu berücksichtigen, dass in neueren berufspädagogischen Arbeiten (z. B. Lipsmeier, 1992; Pätzold, 1995) der Qualifikationsbegriff erweitert wurde und sich nicht mehr auf reines Anpassungs- und Anwendungslernen beschränke.

2. „Während ‚Qualifikation' auf unmittelbare tätigkeitsbezogene Kenntnisse, Fähigkeiten und Fertigkeiten verengt ist, bezieht sich ‚Kompetenz' auf die ganze Person, verfolgt also einen ‚ganzheitlichen' Anspruch (Arnold, 1997, 274).

Mit dieser Aussage würden dem Qualifikationsbegriff eine „Sachverhaltsorientierung" sowie die „Konzentration auf kognitive Aspekte" unterstellt. Die Bemühungen des Kompetenzbegriffs, so Erpenbeck & Heyse (1996), seien hingegen ganzheitlich und „auf einer erweiterten und auch neuen Sichtweise bei der Entwicklung von Humanressourcen" aufzubauen. Ein solches Plädoyer einer ganzheitlichen Ausrichtung betrieblicher Lehr-/Lernprozesse sowie deren Umsetzungsanspruch seien durchaus nachvollziehbar, vernachlässigen jedoch neuere vor allem berufspädagogische Entwicklungen, bezüglich der Erweiterung des Qualifikationsbegriffs sowie hinsichtlich des handlungsorientierten und ganzheitlichen Lernens (Arnold, 1997; Arnold & Steinbach, 1998, 27f.).

3. „Der Begriff ‚Kompetenz' erkennt die Selbstorganisationsfähigkeit der Lernenden an, während mit dem Begriff ‚Qualifikation' an der Fremdorganisation von Lernbegriffen festgehalten wird" (Arnold, 1997, 275).

Diese These resultiere aus einem zu beobachtenden Entwicklungstrend von einer „betrieblichen Befehls- zu einer Kooperationskultur" (Arnold & Steinbach, 1998, 28) und der Behauptung, der Kompetenzbegriff sei wie kein anderer „in der Lage, die dafür erforderlichen Kenntnisse, Fähigkeiten und Fertigkeiten abzubilden" (Arnold, 1997, 275). Aus der Diskussion gehe keine deutliche Begründung hervor, warum die geforderte Selbstorganisationsfähigkeit an den Kompetenzbegriff gebunden sei. Diesbezüglich bleibe zu prüfen, inwiefern nicht auch bereits vorhandene Qualifikationskonzepte Antworten auf neue Anforderungstendenzen beinhalten.

4. „‚Kompetenzlernen' öffnet das ‚sachverhaltszentrierte' (Erpenbeck) Lernen gegenüber den Notwendigkeiten einer Wertevermittlung" (Arnold, 1997, 276).

Der bewusste Einbezug von wert-erzieherischen Normen erfolge, um die individuelle Handlungsfähigkeit in einem neuen gesellschaftlichen und wirtschaftlichen System herzustellen bzw. zu erhalten. Diese Forderung resultiere aus den Erfahrungen des Transformationsprozesses in der Wende, wo sich „wert- und einstellungsbezogene Diskrepanzen" als eigentliche „Engpässe" erwiesen (ebd.).

5. „Während ‚Qualifikation' auf die Elemente individueller Fähigkeiten bezogen ist, die rechtsförmig zertifiziert werden können, umfasst der Kompetenzbegriff die Vielfalt der prinzipiell unbegrenzten individuellen Handlungsdispositionen" (Arnold, 1997, 276).

Verschiedentlich werde Kompetenz als subjektive Kategorie aufgefasst, die durch „die Entwicklung individueller ‚Dispositionen'" gekennzeichnet sei und nicht etwa durch „eine Orientierung an „‚externen Vorgaben'" (ebd.). Der Kompetenzbegriff umfasse somit ein

Potential, also eine prinzipielle Verhaltens- bzw. Handlungsmöglichkeit. Diese Problematik werde in der aktuellen Debatte teilweise synonym zur „Potentialentwicklung" gesetzt (Arnold & Steinbach, 1998, 29). Die damit implizierte Lesart von Kompetenz als „Vermögen" oder „Impulsgeber", werde in der erwachsenpädagogischen Debatte bisher nicht nachdrücklich aufgegriffen (ebd.).

Die Diskussion von Arnold & Steinbach (1998) verdeutlicht, verschiedene Meinungen von Experten bezüglich der Unterscheidung von Qualifikation und Kompetenz. Der Entschiedenheit zu einem Wechsel der Begrifflichkeiten stehen Zurückhaltung und Skepsis auf Seiten der Erwachsenenbildung/Berufspädagogik gegenüber. Bezweifelt wird, ob mit den Begriffen „Kompetenz" und „Kompetenzentwicklung" tatsächlich etwas grundsätzlich Neues benannt werde. Hierbei sei man sich durchaus bewusst, dass mit der kompetenzorientierten Wende versucht werde, sich den tatsächlich ändernden Qualifikationsanforderungen zu stellen. Durch eine solche „Selbstanpassung an den Wandel" wird ein neues Muster der Erwerbsbiographie bestimmt, in der der Beruf „als strukturverleihendes Prinzip in den Hintergrund" tritt (ebd., 23).

Aus einer „reflexiv, kritisch-didaktischen" Sichtweise können Einwände gegen einen solchen Wechsel aufgeführt werden: Einerseits seien die „semantisch-stilistischen Aufladungen und Deutungen" von Kompetenz „nicht frei von Uneindeutigkeiten und Widersprüchen", was zu Missverständnissen und „begrifflichen Schattenkämpfen" führe (ebd., 24). Zum anderen werde die zurückliegende Tradition des Kompetenzbegriffes, die eine beliebige Verfügbarkeit ausschließe, übersehen. Für eine adäquate Begriffsverwendung wären zunächst die verschiedenen Theorietraditionen, aus denen der Begriff entstammt, bezüglich ihrer Kompatibilität zur aktuellen Diskussion zu analysieren (ebd.). Zudem enthielte ein solcher Begriffswechsel wissenschaftliche und weiterbildungspolitische Gefahren. Begriffliche Abgrenzungen könnten aus wissenschaftlicher Perspektive dazu führen, dass Diskussionskontexte und Erkenntnisstände verloren gehen (ebd.). Die Zustimmung zu dem angestrebten Begriffswandel, sei daher kritisch zu prüfen und abzuwägen welche Unklarheiten und Schwierigkeiten mit einem solchen verbunden wären.

Auch aus gesellschaftlicher Perspektive ist kritisch anzuführen, dass mit einer stärkeren Herausbildung persönlicher Eigenarten und einem höheren Maß an Selbstbestimmung, eine zunehmende Individualisierung der Lebenslagen einherginge. Damit sei die Gefahr verbunden, dass Gefühle wie Einsamkeit und Orientierungslosigkeit zunehmen und die emotionale Stabilität beeinträchtigten. Die Fokussierung von Selbstorganisations- und Gestaltungsfähigkeiten erweitere die Reichweite beruflichen Handelns und führe zu einer weiteren Auflösung des Berufsprinzips[32].

Die kritischen Äußerungen zur kompetenzorientierten Wende veranschaulichen die Schwierigkeit dieser Diskussion. Arnold verweist darauf, dass mit der kompetenzorientierten Wende ein „Begriff systematisch ,aufgebaut' und mit Lesarten und Konnotationen ,versehen'" wurde (Arnold, 1997, 256). Dies sei eher ungewöhnlich, denn im wissenschaftlichen Diskurs erfolge eine Begriffsentwicklung üblicherweise im Anschluss an frühere

---

[32] Eine mögliche Auflösung des Berufsprinzips stellt die Kompetenz noch stärker in den Vordergrund als bisher. Kompetenz konstituiert sich durch verschiedenste berufliche Tätigkeiten. Die Identität des Einzelnen, die über Persönlichkeit und vorhandene Kompetenz Auskunft gibt, würde aus den in wechselnden beruflichen Zusammenhängen gewonnenen Erfahrungen bestimmt (Arnold & Steinbach, 1998, 25). Mit einer Auflösung des Berufsprinzips ständen zugleich das berufliche Ausbildungssystem sowie Qualitätsstandards für berufliches Handeln zur Diskussion.

Diskurse und Erkenntnisse, um eine Anschlussfähigkeit der ‚weiteren Entwicklungen' zu gewährleisten (Arnold, 1997, 256). Begriffliche Nuancierungen wie beispielsweise „extra-funktionale Qualifikationen" (Dahrendorf, 1956; Offe, 1970) oder „prozessübergreifende Qualifikationen" (Kern & Schumann, 1972), seien dementsprechend als begriffliche Erweiterungen des bereits Bekannten zu betrachten und „folgen einer Logik der begrifflichen Approximation (‚Annäherung')" (zit. nach Arnold, 1997, 257). Ein begrifflicher Kontextwechsel hingegen folge „einer Logik der begrifflichen Demarkation", was bedeute die Definition des Neuen erfolge aus der Abgrenzung vom bisher Bekannten (ebd., 256).

Die dargestellten Diskussionspunkte verdeutlichen die Schwierigkeit einer systematischen und sinnvollen Abgrenzung zwischen Qualifikation und Kompetenz. Die angeführten Abgrenzungen werden anfechtbar, da sie mit einem verengten Qualifikationsbegriff arbeiten, keinen Anschluss an einschlägige Debatten im Bereich der Erwachsenen- und Berufspädagogik suchen und sich zudem auf einen Gegensatz zwischen zweck- und personenbezogenem Lernen berufen, welcher von der Erwachsenenpädagogik in den 1990er Jahren stark in Zweifel gezogen wurde (Arnold & Steinbach, 1998, 30). Die Ausführungen zeigen die differenzierten Standpunkte hinsichtlich eines Perspektivenwechsels von Qualifikation zu Kompetenz. Sie bleiben damit auch nicht ohne Wirkung auf die aktuelle Diskussion der Kompetenzerfassung, die stark von dem jeweils zugrunde gelegten Kompetenzverständnis beeinflusst wird. So kann angenommen werden, dass je nachdem inwieweit Qualifikation und Kompetenz als ähnliche Konstrukte verstanden werden, auch bisher bewährte Konzepte der Qualifikationserfassung für die Erfassung der Kompetenz herangezogen werden könnten. Geht man jedoch von einer Abgrenzung der Begriffe aus, die sich in einem gegenüber dem Qualifikationsbegriff erweiterten Kompetenzbegriff zeigt, müssen neue, dem Kompetenzkonzept entsprechende, Erfassungskonzepte entwickelt werden.

Für die weitere Arbeit wird eine Differenz zwischen Kompetenz und Qualifikation angenommen, wonach Kompetenz als situationsgebundene Handlungsoption zu sehen ist, die das „Verstehen" (Vergangenheit) und die „möglichen Folgen" (Zukunft) einer Situation betrifft. Qualifikationen bezeichnen hingegen Kenntnisse, Fähigkeiten und Fertigkeiten, die durch curriculare Konzepte erworben wurden und durch Zertifikate dokumentiert werden können.

3.1.5   Die Entwicklung von Kompetenz

Mit der kompetenzorientierten Wende ist eine Zielverschiebung in der beruflichen Bildung und Weiterbildung verbunden, in der die Vermittlung von Fachwissen nicht länger als Kernaufgabe betrachtet wird. Vielmehr treten individuelle Dispositionen in den Vordergrund, die selbstständig in eigenverantwortliches Handeln sowohl in privaten, beruflichen und gesellschaftlichen Situationen umgesetzt werden sollen. Als Hauptziel ist die „Entwicklung verhaltenswirksamer Wissenszusammenhänge und Kompetenzen für die Selbstbehauptung der Menschen als Personen mit eigenem Denken, Lernen und Urteilen in der modernen, immer komplexer und undurchsichtiger werdenden Welt" (Dohmen, 2002, 9), zu nennen. Die heutige berufliche Bildung und Weiterbildung verfolgt somit anspruchsvolle Ziele, die zum einen das Arbeitsvermögen des Einzelnen optimieren sollen, was bedeutet, die „subjektiv-individuellen Fähigkeiten, Kenntnisse und Fertigkeiten, die es dem Einzelnen erlauben, eine bestimmte Arbeitsfunktion zu erfüllen", auszubilden (Tippelt,

2002a, 49). Zum anderen sollen autonome Persönlichkeiten gefördert werden, „die ihre Bedürfnisse artikulieren und ihre Interessen durchsetzen können" und zudem in der Lage sind, „die Regeln nach denen sich die (...) Wirklichkeit konstituiert, zu erfassen" (ebd.).

Die Entwicklung und Förderung beruflicher Handlungskompetenz (vgl. dazu KMK, 1996; Bader & Müller, 2002; Sonntag & Schaper, 1999; Staudt & Kriegesmann, 1999; Euler & Reemtsma-Theis, 1999) kann ebenfalls als zentrales Ziel beruflicher Bildung und Weiterbildung genannt werden. Bereits der Deutsche Bildungsrat (1970, 35) stellte die Forderung auf, der Einzelne solle über seine spezialisierte Tätigkeit in der Berufswelt hinaus über allgemeine Fähigkeiten verfügen, die zum Erkennen von Zusammenhängen, zu selbstständigem Handeln, zu Kooperation und Verantwortung beitragen. Dazu sei ein ausgewogenes Verhältnis zwischen fachlichen und nichtfachlichen allgemeinen Lernzielen notwendig. Aus berufspädagogischer Perspektive dürfen die Leitlinien der Berufsbildung nicht länger nur kurzfristig zu erwartende betriebliche Anforderungen sein. Legitimiert wurde diese Zielrichtung letztlich durch die KMK (1996), die eine „handlungsorientierte Ausrichtung" sowie die Entwicklung beruflicher Handlungskompetenz zum zentralen Bildungsauftrag der Berufsschule erklärte.

Die Ausführungen unterstreichen zum einen eine erweiterte Zielsetzung in der beruflichen Bildung und Weiterbildung, die neben der Vermittlung von Fachwissen auch die Herausbildung von individuellen Dispositionen zum eigenständigen, selbstverantwortlichen Handeln umfasst. Andererseits werden die Zielsetzungen allein aus funktionalen Tätigkeitsanforderungen heraus begründet. Damit steht die Optimierung des subjektiven Arbeitsvermögens in Bezug zu erforderlichen Anforderungen im Vordergrund der Lernprozesse.

Kompetenzentwicklung

Die Herausbildung von (beruflicher) Handlungskompetenz wird unter dem Stichwort Kompetenzentwicklung diskutiert, denn diese hat die Entwicklung und Förderung von (beruflicher) Handlungskompetenz sowie die Befähigung zur eigenständigen Handlungsregulation als primäres Ziel erklärt (vgl. Erpenbeck & Heyse, 1997, 1999; Bernien, 1997). Vor diesem Hintergrund betrachten Reuther & Leuschner (1997, 367f.) Kompetenzentwicklung als einen Prozess, „in dem die fachliche, methodische und soziale Handlungsfähigkeit sowie die Selbstentwicklungsfähigkeit (bzw. Teile dieser Facetten) erweitert, aktualisiert, und verfeinert werden". Einige Autoren gehen auch von Stufen der Kompetenzentwicklung aus. Hier können beispielsweise die Entwicklung von Novizen zum Experten nach Dreyfus & Dreyfus (1987) (vgl. 5.2.1.2) oder die Entwicklungsstufen im Rahmen von PISA (Klieme, 2000; Klieme, Neubrand & Lüdtke, 2001, 160; zit. nach DIPF, 2003, 63) genannt werden. Die Stufen der Kompetenzentwicklung können im Rahmen der Kompetenzerfassung als Bewertungskriterien von Bedeutung sein, so wie das bei PISA bereits angewandt wurde.[33]

Ausgehend von der Handlungsorientierung von Kompetenz, könnte sie durch das Handeln in situativen Anforderungen entwickelt werden (Brödel, 2002, 44). Dies lasse allerdings eine einseitige und suboptimale Kompetenzentwicklung vermuten, da die situati-

---

[33] Diese Vorgehensweise entspräche einem funktionalen Verständnis von Kompetenz, in dem die Kompetenz nach der Erfüllung von bestimmten SOLL-Kategorien beurteilt wird.

ven Anforderungen, die eine Entwicklung von Kompetenz ermöglichen, sowohl von den
Arbeitstätigkeiten als auch von der Gestaltung der Arbeitsplätze, abhängig seien. Personen,
die an wenig lernintensiven Arbeitsplätzen beschäftigt seien, wären im Hinblick auf die
individuelle Kompetenzentwicklung benachteiligt (Corsten 1998, 36; zit. nach Brödel,
2002, 44). Diese Vermutungen werden durch eine Studie von Baethge und Baethge-Kinsky
(2002, 69)[34] bestätigt, in der vor allem drei auf individuelle Kompetenzentwicklung und
spezifische Lernkompetenz einflussnehmende Aspekte herausgestellt wurden (ebd., 110f.):

- Die Wahrnehmung von betriebs- und arbeitsorganisatorischen Bedingungen der Arbeit
  ist eine wesentliche Einflussgröße für die Lernförderlichkeit.
- Informations- und kommunikationstechnische Vernetzungen sowie die Modernisie-
  rung von Arbeit können die Lernmotivation positiv beeinflussen, wenn dies mit lern-
  förderlicher Reorganisation in den Betrieben verbunden ist.
- Auch strukturelle Bedingungen wie stoffliche Unterschiede im Gegenstand der Arbeit,
  die Verfügbarkeit von betrieblichen Ressourcen oder die über die Form der Erwerbstä-
  tigkeit vermittelten Risiken und Schwächen können ebenfalls die Kompetenzentwicklung beeinflussen.

Aufgrund der Ausführungen kann also angenommen werden, dass die Art der Arbeitstätigkeit die Möglichkeiten der individuellen Kompetenzentwicklung entscheidend mitbestimmt. So bietet beispielsweise die Durchführung von Routinetätigkeiten keine bis wenig
Ansatzpunkte im Hinblick auf Kompetenzentwicklung. Ganzheitliche, komplexe Aufgaben
hingegen enthalten diesbezüglich weitaus größere Potentiale.[35] Die Gestaltung der Arbeitstätigkeit und deren Ausführungsbedingungen sind also für die Kompetenzentwicklung von
Bedeutung, da diese die Entwicklung von Kompetenz beeinflusst.

   Die Entwicklung von Kompetenz wird als „ganzheitlicher Lehr- und Lernprozess verstanden, der auf die Herausbildung von umfassender Handlungsfähigkeit" abzielt (Bernien,
1997, 29).[36] Ergebnisse der Lehr-/Lernforschung sind daher bei der Entwicklung von Kompetenz zu berücksichtigen. Eine Erkenntnis ist die, dass der Mensch durch individuelle
Vorerfahrungen geprägt ist und somit nicht als „leeres Blatt" betrachtet werden kann
(Faulstich & Zeuner, 1999, 28). Das Lernverständnis in der Erwachsenenbildung distanziert
sich daher von der „Herstellerperspektive" und erklärt die Vorstellung vom „Füllen der
Köpfe mit Wissen" als obsolet (ebd., 29). Das Lernen wird vielmehr durch die Person
selbst begründet, so dass es nicht durch äußere Anstöße, sondern erst „durch die vom Individuum selbst hergestellten *Bedeutungszusammenhänge* zu verstehen" ist (ebd., 31; Her-

---

[34] In der Untersuchung zur „Weiterbildung im gesellschaftlichen Wandel" wurden berufsbezogene Lern- und
Weiterbildungserfahrungen, -dispositionen und -aktivitäten vor dem Hintergrund vorberuflicher Sozialisations-,
Bildungs- und erwerbsbiographischer Erfahrungen, der aktuellen Erwerbs-, Arbeits- und Lebenssituation sowie
der Wahrnehmung des sozioökonomischen Wandels erfasst.
[35] Für die Erfassung von Kompetenz bedeutet dies, dass arbeitsplatzspezifische Besonderheiten in den jeweiligen
Tätigkeiten und Anforderungen zu berücksichtigen sind. Verfahren zur Erfassung von Kompetenz haben dementsprechend eher an ganzheitliche und komplexe Anforderungen anzuknüpfen, deren Bewältigung auch die Anwendung von entsprechender Kompetenz verlangt.
[36] Ein Kompetenzbegriff, der vor allem unter ökonomischen Gesichtspunkten diskutiert wird (vgl. 3.1.3), verlangt
von den Menschen in großem Maße Fähigkeiten zum eigenständigen Lernen, zur Selbstmotivation und zur Selbstorganisation. Die Herausbildung von Kompetenz ist also an bereits vorhandene Kompetenz – als eine Voraussetzung zum Lernen – gebunden. Personen, die nicht über die entsprechenden Voraussetzungen verfügen, sind daher
bei der Entwicklung ihrer Kompetenz beeinträchtigt (Brödel, 2002, 43).

vorhebung im Original). Es bezieht sich somit „nicht auf die Gegenstände an sich", sondern auf deren „jeweilige Bedeutung für das Individuum" (ebd.; vgl. Diskussion um „Deutungsmuster" in Schüßler, 2000).

Die Prozesse des menschlichen Lernens erweisen sich als komplex, so dass Lernen nicht ausschließlich intentional in spezifischen Situationen oder funktional durch die Bewältigung von Aufgaben, sondern zunehmend auch informell erfolgt. Es ist gekennzeichnet durch „Offenheit und Situativität" und wird zudem von biographischen Erfahrungen sowie den jeweils gegebenen kontextuellen Bedingungen beeinflusst (Faulstich & Zeuner, 1999, 31). Das Lernen Erwachsener erfolgt also in vielfältigen situativen Zusammenhängen, die jeweils individuell wahrgenommen und in der Biographie verankert werden. Lebens- und Lernerfahrungen aus Kindheit, Schule, Arbeitsplatz oder familiären Umfeld fließen unweigerlich in Lernprozesse von Erwachsenen ein. Erwachsenenlernen ist somit als ein Anschluss- und Deutungslernen[37] zu begreifen (ebd., 36). Ein an Deutungsmuster anknüpfendes Lernen scheint für eine nachhaltige Kompetenzentwicklung insbesondere dann eine wesentliche Voraussetzung zu sein, wenn es darum geht, erworbenes Wissen auch „situationsflexible in praktisches Handeln umsetzen zu können" (Schüßler, 2000, 7). Ein solches Lernen eröffnet zudem die Möglichkeit, bereits vorhandene „biographische Erfahrungs- und Deutungsmuster zu überprüfen, zu vergleichen und weiterzuentwickeln" (Arnold, 2002, 33)[38]. Lernumgebungen, die die Eigenaktivität des Lernenden zulassen und fördern, das Gelernte aus verschiedenen Perspektiven beleuchten, den Lernprozess an konkreten und realistischen Problemen orientieren, an die Erfahrungen der Lernenden anknüpfen sowie Interaktionsmöglichkeiten beinhalten, bieten daher eine gute Basis für die Entwicklung von Kompetenz (Schüßler, 2000, 5).

Aus dem Blickwinkel der Berufspädagogik ist die Arbeitstätigkeit als Lernfeld in Bezug auf Kompetenz und Kompetenzentwicklung von Interesse, da sie ist ein zentraler Faktor für individuelle Entfaltungsmöglichkeiten ist. So gibt es zahlreiche Bemühungen das Lernfeld Arbeitstätigkeit zu erschließen und ein systematischeres und erfolgsversprechendes Lernen zu fördern bzw. zu unterstützen (vgl. Baitsch, 1998, 1999; Dehnbostel, 1999; 2000; Bergmann, 2000a, b; Frieling, Bernhard & Grote, 1999).

Die skizzierten Varianten (informelles Lernen, lebenslanges Lernen, lern- und erwerbsbiographische Entwicklungen) bezüglich der Entwicklung von Kompetenz, sind jeweils auf Ansatzpunkte bezüglich der Kompetenzerfassung zu untersuchen. Dabei ist insbesondere zu überlegen, wie die Lernenden Möglichkeiten erhalten, bestehende und erworbene Kompetenz realisieren zu können (vgl. Schüßler, 2000, 11). Da Lern- und erwerbsbiographische Entwicklungen Ansatzpunkte für die Förderung und Entwicklung von Kompetenz bieten, wären Lebenslauf und Biographie, neben dem eigentlichen Berufsfeld, zentrale Aspekte für die berufliche Referenz einer Person. Die Biographieforschung (Krüger & Marotzki, 1995; Luhmann, 1997) thematisiert für die Gestaltung des Lebensweges den Zusammenhang von sozial-historischen und institutionellen Bedingungen auf der einen und Deutungsmustern auf der anderen Seite. Dem Lernen wird dabei eine zentrale Position

---

[37] Vertiefende Arbeiten hierzu sind vor allem bei Rolf Arnold zu finden, der sich intensiv mit Deutungsmustern auseinander setzte. Die Dissertation von Ingeborg Schüßler (2000) zum „Deutungslernen" analysiert verschiedene theoretische Sichtweisen zum Deutungsmusteransatz und stellt deren Bedeutung für die Erwachsenenbildung heraus.

[38] Die jeweils existierenden Deutungsmuster beeinflussen das individuelle Handeln. Ihre Kenntnis liefert zentrale Aspekte im Hinblick auf das Verstehen menschlicher Handlungen, so dass sie auch bei der Erfassung von Kompetenz, von Relevanz sein können.

zugewiesen, wann immer man es als „reflektierte Erfahrung" (retrospektiv) und zukunftsorientierte Kommunikationsleistung betrachtet.

Geißler & Orthey (2002) sprechen im Zusammenhang von Lebenslauf und Biographie von Kernkompetenzen und behaupten, diese umfassen Fähigkeiten und Fertigkeiten, die ein Individuum „in besonderer Weise" beherrsche. Kernkompetenzen würden dem Individuum „Besonderheit" verleihen und seine „Identität" prägen (ebd., 76). Nach ihrer Einschätzung bietet die Biographie einen Zugang zu bereits erfolgreich aufgebauter Kompetenz und damit zur Erstellung eines *retrospektiven Kompetenzprofils* (ebd.). Dieses kann durch individuelle Reflexionsprozesse über bewältigte Situationen und ausgeführte Handlungen, die vorhandene Kompetenz erkennen lassen, angefertigt werden. Eine so verstandene Entwicklung von Kompetenz sei zudem an die Inhalte des Kompetenzbegriffes der 1970er Jahre, der „Subjektivität und Persönlichkeit im Fokus des Bildungsprozesses" stellt, anschlussfähig (ebd.).

Die Ausführungen zur Kompetenzentwicklung verdeutlichten die mit ihr verbundenen Zielstellungen und erklären die Rolle von Lehr-/Lernprozessen. Hinsichtlich der Erfassung von Kompetenz konnten mit der Handlungsorientierung, den Bezug zu Deutungsmustern sowie dem biographischen Bezug verschiedene Ansatzpunkte aufgezeigt werden. Diese können als Ausgangspunkt bei der Erfassung sowie bei der Entwicklung entsprechender Erhebungsverfahren herangezogen werden.

Didaktische Ansätze im Kontext von Kompetenzentwicklung

Die ausgewiesene Zielverschiebung in der beruflichen Bildung und Weiterbildung verlangt nach Veränderungen in der Gestaltung der pädagogischen Praxis (Hof, 2002b, 81). In diesem Zusammenhang gewinnen unstrukturierte Lernprozesse, in denen Teilnehmer Kompetenz für den Umgang mit unerwarteten Anforderungen erwerben können, an Bedeutung (Arnold, 2002, 32)[39]. Ebenso erfahren die jeweils individuellen Bildungserwartungen, die Lernvoraussetzungen und die Eigenleistungen der Lernenden eine größere Beachtung. Konstruktivistische Lernarrangements tragen dazu bei, Bildungsansprüche aus ihrer bisher starken normativen Bindung zu lösen und führen zu individuellen und personalen Bildungsprozessen, die den Anforderungen einer modernen Arbeitsgesellschaft entsprechen (Tippelt, 2002a, 56)[40]. Selbstorganisierte, situations- und handlungsorientierte Ansätze treten damit in den Vordergrund und Lernprozesse, die die Eigenaktivität und Initiative auf den Lernenden selbst übertragen, sind bewusst zu fördern.[41]

Eine an den Zielen der beruflichen Bildung angemessene Didaktik erklärt die Handlungsorientierung zu einem wichtigen didaktischen Prinzip. Dabei lassen sich mindestens zwei verschiedene Aspekte der Handlungsorientierung herausstellen. Einerseits steht Hand-

---

[39] Solche Lernprozesse scheinen auch im Hinblick auf die Erfassung von Kompetenz, eine Bedeutung zu haben. Sie können herangezogen werden, um die Personen bei der Bewältigung solcher Lernsituationen zu beobachten und entsprechend Rückschlüsse auf deren Kompetenz zu ziehen.

[40] Es sind Personen gefragt, die in der Lage sind Handlungsabläufe kritisch zu reflektieren und auch in ungewohnten Situationen angemessen zu handeln. Wenn dies Merkmale von Kompetenz sind, sind auch genau diese ins Blickfeld entsprechender Erhebungsverfahren zu setzen.

[41] Im Hinblick auf Kompetenzerfassung sind solche Lernprozesse als Handlungsfelder anzusehen, in denen Kompetenz zum Ausdruck kommen kann. Solche (simulierten) Handlungsanforderungen, enthalten zudem Gestaltungs- und Handlungsspielräume bezüglich der zu wählenden Lösungs- bzw. Bewältigungsstrategie.

lungsorientierung in Beziehung zu Anwendungszusammenhängen, wobei vor allem der Bezug auf das dem Lernprozess nachfolgende reale Handeln gemeint ist. Andererseits betont sie die enge Verbindung von Lernen und Selbsttätigkeit sowie die Möglichkeit für individuelle Aktivitäten in der Lernsituation selbst (Faulstich & Zeuner, 1999, 54). Ein handlungsorientierter Unterricht, der sich verstärkt an beruflichen Handlungsanforderungen orientiert, soll Voraussetzungen zum „Handeln-Können" außerhalb der Schule schaffen (Schelten, 1994, 162). Die Bestimmung der „Inhalte-, Anforderungs-, Verfahrens- und Betrachtungsweisen" erfolgt anhand zugrunde gelegter Tätigkeiten, die vom Lernenden zu bewältigen sind (ebd.). Handlungsorientierte Bildungskonzepte verfolgen den Anspruch einer „vollständigen Handlung", in der die Bereiche Planung, Ausführung und Kontrolle untrennbar zusammengehören (Eckert, 1992, 60).

In enger Verbindung mit handlungsorientierten Lehr-/Lernansätzen sind situationsorientierte Ansätze zu nennen. Bei einer Unterstellung von „Situativität und Kontextualität des Lernens" (Faulstich & Zeuner, 1999, 77) werden folgende Annahmen unterstellt: Lernen sei von der Bedeutsamkeit abhängig, die der Lernende diesem zuschreibe, so dass Kompetenzerwerb vom Lernenden selbst generiert werde. Weiter werde angenommen, Lernen finde in „authentischen und interaktionalen sozialen Situationen" statt. Die Effektivität des Lernens ergäbe sich dann aus der Interpretation des Kontextes in dem es erfolge (ebd.). Der von Kaiser (1998b) angeführte *situationsorientierte Ansatz der Erwachsenenbildung* ist für die Erfassung von Kompetenz von besonderer Bedeutung und soll daher im Folgenden kurz erläutert werden.

Als Ende der 1960er Jahre die soziologische Theorie und damit auch der Situationsbegriff[42] (vgl. 3.3) in die Erziehungswissenschaft einzog, wurde der Grundgedanke auch in der Erwachsenenbildung aufgegriffen, um sich dem Problem mangelnder Relevanz der vermittelten Bildungsinhalte zu stellen (Kaiser, 1998b, 226). Die Aufnahme des Situationsbegriffs bot in diesem Kontext die Möglichkeit einer stärkeren Verbindung zwischen Kursinhalten und beruflicher Situation. Er wurde in einen neuen Interpretationsrahmen eingebunden, der durch die Begriffe Lebenswelt und Subjektorientierung charakterisiert wird. Als konstituierende Aspekte der Situation konnten Lebenswelt, Deutungsschema, Qualifikation bzw. Kompetenz sowie die Handlungsorientierung identifiziert werden (ebd., 227)[43].

Die *Lebenswelt* (vgl. Schütz & Luckmann, 2003) kennzeichnet einen für das Individuum absehbaren direkt zugänglichen Handlungszusammenhang und erklärt sich aufgrund von zwei Annahmen: Die „Immer-wieder-So" Annahme basiert auf der Vergangenheit und geht davon aus, dass einmal erworbene Handlungsmuster für die Bewältigung einer aktuellen Situation herangezogen und erfolgreich angewendet werden können. Eine zweite „Und-so-weiter" Annahme ist zukunftsgerichtet und beruht darauf, dass bisher erfolgreiche Handlungsmuster dies auch in Zukunft sein werden. Beide Annahmen beruhen auf in Skripts enthaltenem situationsspezifischem Wissen, dass in lebensweltlichen Sozialisati-

---

[42] Situationen bezeichnen „Handlungskontexte, in denen das Individuum unmittelbar mit Handlungserfordernissen konfrontiert ist" (Kaiser, 1998a, 199). Sie enthalten Aufforderungen zur Realisierung eines bestimmten Zwecks. Diese können sowohl durch routinemäßiges anwenden beherrschter Handlungsstrategien und Lösungsalgorithmen als auch durch den Einsatz expliziter Überlegungen und Anstrengungen bewältigt werden (ebd.).

[43] Davon ausgehend, dass erwachsenenpädagogische Veranstaltungen u. a. der Entwicklung und Förderung von Kompetenz dienen, erhält der Situationsbegriff auch hinsichtlich der Erfassung von Kompetenz eine zentrale Bedeutung. Es ist anzunehmen, dass in Folge der Spezifik einer Situation eine bestimmte Kompetenz entwickelt, gefördert oder gezeigt werden kann. Die Situation ist bei der Erfassung von Kompetenz demzufolge entsprechend zu berücksichtigen.

onsprozessen erworben und individuell geprägt wurde. Es gibt allgemein gehaltene Skripts, wie z. B. „das Besuchsskript", die jedoch um die jeweiligen Besonderheiten einer Situation ergänzt werden können, z. B. Arzt- oder Restaurantbesuch. Der Bezug zur Lebenswelt bei der Aneignung solchen Skriptwissens ermöglicht eine wechselseitige Verständigung zwischen Personen, die dadurch über dieselben Grundinformationen bezüglich einer bestimmten Situation verfügen. Informationen aus der Lebenswelt werden durch die Individuen zu bedeutungshaltigen Wissensbeständen verarbeitet und somit handlungsleitend für die Personen (Kaiser, 1998b, 227). Damit gewinnt die Lebenswelt im Kontext von Kompetenz und Kompetenzerfassung als ein Aspekt von Situation an „aufklärender Bedeutung", da sie das Handeln von Personen mitbestimmt und somit zu dessen Verständnis beitragen kann.

Deutungsschemata (Schütz & Luckmann, 2003; Schüßler, 2000) beinhalten umfassende kognitive Erklärungs- und Orientierungszusammenhänge, durch die das Verstehen von Handlungsvorgängen ermöglicht wird. Eine Anknüpfung von Deutungsschemata an die Lebenswelt liegt vor, wenn sie im Kontext von subjektiven Erkenntnissen entstanden sind, die ein Individuum in Handlungskontexten seiner Lebenswelt erfahren hat. Mit Hilfe solcher Schemata schreiben Individuen ihrer Außenwelt eine Bedeutung zu, die modifiziert bzw. adaptiert wird, sobald sie sich nicht für die Bewältigung von Ereignissen als geeignet erweist (Kaiser, 1998b, 228). Auf der Basis von Deutungsschemata, die sich im biographischen Kontext entwickeln, wird Situationen eine individuelle Bedeutung zugewiesen, die für die Bewältigung der Situation handlungsleitend ist. Deutungsschemata sind somit eine Grundlage des menschlichen Handelns, weshalb sie zur Erklärung und dem Verstehen von Handeln einen wichtigen Beitrag leisten, der auch hinsichtlich der Erfassung von Kompetenz von Bedeutung ist.

Situationen werden also durch den Rückgriff auf Deutungsschemata verstehbar bzw. nachvollziehbar. Zur praktischen Bewältigung von Handlungssituationen ist handlungsorientiertes Wissen erforderlich. Allein das Vorhandensein dieses erforderlichen Wissens garantiert jedoch nicht dessen tatsächliche Anwendbarkeit in der Praxis. In dieser Problematik wird eine Differenz deutlich, die im Rahmen des situationsorientierten Ansatzes im Unterschied von *Qualifikation* und *Kompetenz* bzw. *Performanz* artikuliert ist (ebd.).

Der Aspekt der *Handlungsorientierung* rückt ins Blickfeld der Betrachtungen aufgrund von Erkenntnissen die besagen, Personen verfügen zwar über umfangreiche Kenntnisse, können diese im konkreten Handlungsfeld jedoch nicht aktualisieren und anwenden. Modelle situierten Lernens, die auf der Annahme basieren, Wissen sei anwendbar, wenn es aus der Auseinandersetzung mit realitätsnahen, hinreichend komplexen Problemen erworben wird, sollen dem entgegenwirken (ebd., 229). Dies bedeutet jedoch nicht, dass alle vorhandenen Kompetenzdimensionen in einer Handlungssituation sichtbar werden, sondern nur diejenigen, die zur Bewältigung der Handlung erforderlich sind. Situierte Lernprozesse sollen das Handeln von Personen in konkreten Handlungssituationen fördern und zugleich die Herausbildung zentraler Handlungskompetenz unterstützen. Wenn situierte Lernprozesse zur Herausbildung bestimmter Kompetenz beitragen, ist es auch denkbar, solche Ansätze zur Überprüfung bzw. Erfassung der erworbenen Kompetenz heranzuziehen.

Der situationsorientierte Ansatz der Erwachsenenbildung von Kaiser (1998b) enthält damit relevante Aspekte für die Diskussion von Kompetenz. Die Situation, welche sich durch Lebenswelt, Deutungsschemata, Qualifikation und Kompetenz sowie durch Handlungsorientierung konstituiert, bestimmt die zu ihrer Bewältigung erforderliche Kompetenz. Die Aspekte Lebenswelt und Deutungsschemata betten die Situation in einen gesellschaftlichen Kontext und liefern Erklärungs- und Orientierungshilfen, die das Verstehen von Einzelereignissen ermöglichen. Dabei werden die Wechselbeziehungen zwischen Situation und Kompetenz deutlich. So konstituiert die Situation zum einen die Bedingungen unter denen sich Kompetenz entwickeln kann. Zum anderen bestimmt sie die zur Situationsbewältigung jeweils erforderlichen Kompetenzdimensionen. Damit beeinflusst die Situation, welche Kompetenzdimensionen in einer Handlung sichtbar werden können. Für die Analyse von Kompetenzerfassungsverfahren ergibt sich aus den dargestellten Zusammenhängen, dass die Situation in die Betrachtungen einzubeziehen ist (vgl. 4 und 5.3).

3.1.6   Zusammenfassung

Betrachtungen aus einer pädagogischen Perspektive zeigen, dass der Kompetenzbegriff bereits in früheren Diskussionen eine Rolle spielte und heute in der erwachsenen- und berufspädagogischen Forschung eine tragende Position einnimmt. So verweisen verschiedene pädagogische Betrachtungen (z. B. das Handlungsmodell von Roth, durch geisteswissenschaftliche Prägungen geleitete Überlegungen oder an Bildungsziele anknüpfende Ansätze) auf Anschlussmöglichkeiten des Kompetenzkonstruktes an frühere pädagogische Diskussionen.

Aus erwachsenen- und berufspädagogischen Überlegungen können ebenfalls Hinweise auf Anschlussmöglichkeiten des Kompetenzkonstrukts zu früheren Diskussionen abgeleitet werden (vgl. 3.1.2). Außerdem ergeben sich aus den Gegenstandsfeldern der Disziplinen Anknüpfungsmöglichkeiten hinsichtlich der Erfassung von Kompetenz. Die Überlegungen der Erwachsenenbildung erfolgen unter einem ganzheitlichen Blickwinkel und beziehen sich auf das Individuum, dessen soziale Situation sowie dessen Lebenswelt. Damit müsste eine Kompetenzerfassung unter einem erwachsenenpädagogischen Blickwinkel ganzheitlich ausgerichtet sein und die soziale Situation und Lebenswelt des Individuums berücksichtigen. Unter Beachtung dieser Aspekte, würde die methodische Vorgehensweise Handlungs- und Gestaltungsmöglichkeiten für die Personen implizieren und beispielsweise Deutungsmusteransätze und biographische Ansätze versuchen einzubeziehen. Berufspädagogische Untersuchungen wählen hingegen einen spezifischeren Bezugspunkt und stellen die Arbeit, den Beruf und den Betrieb in den Mittelpunkt ihrer Betrachtungen. Aus dieser Perspektive wäre Kompetenzerfassung vermutlich direkt an beruflichen und betrieblichen Anforderungen orientiert, was methodisch die Verwendung von operationalisierten Kriterien bedeuten würde. Eine zu beobachtende Annäherung der beiden Disziplinen (vgl. 3.1.2) könnte sich im Hinblick auf die Erfassung von Kompetenz in einem multimodalen Ansatz niederschlagen, in dem verschiedene methodische Vorgehensweisen zur Kompetenzerfassung herangezogen werden.

In der gegenwärtigen Kompetenzdiskussion wird der Kompetenzbegriff vor allem unter ökonomischen und funktionalen Aspekten betrachtet. Im Mittelpunkt steht daher die konsequente Bewältigung von beruflichen Handlungsanforderungen, welche die Person eigenverantwortlich zu bewerkstelligen hat. Neben dieser stark funktionalen Ausrichtung ist als kritisch einzuschätzen, dass frühere Diskussionen kaum berücksichtigt werden und die Anschlussfähigkeit des Kompetenzbegriffs an frühere wissenschaftliche Erkenntnisse vernachlässigt wird. Aus den Ausführungen geht ebenfalls ein unmittelbarer Handlungsbezug von Kompetenz hervor. Demnach kann Kompetenz nur über das Handeln erschlossen werden und Verfahren der Kompetenzerfassung haben dementsprechend am Handeln der Personen anzusetzen.

Unter dem Aspekt der Handlungsbewältigung stellt sich die Frage nach der Unterscheidung zwischen Qualifikation und Kompetenz. Diese wird konträr diskutiert, auch unter dem Aspekt, ob eine neue Begriffsfassung, wie die der Kompetenz überhaupt erforderlich sei. In den Ausführungen werden Differenzierungspunkte hinsichtlich Qualifikation und Kompetenz erläutert die, trotz der angeführten Vorbehalte, für die weitere Arbeit als gegeben angenommen werden.

Die Entwicklung von Kompetenz, insbesondere der beruflichen Handlungskompetenz, kann als erklärtes Ziel beruflicher Bildung und Weiterbildung festgehalten werden. In einigen Untersuchungen wird auf Stufenmodelle der Kompetenzentwicklung (z. B. Dreyfus und Dreyfus, 1987; Baumert, u. a., 2000; Klieme u. a., 2001) verwiesen, die zur Erfassung und Beurteilung von Kompetenz herangezogen werden könnten. Des Weiteren konnte aufgezeigt werden, dass Möglichkeiten der Kompetenzentwicklung u. a. an die (Arbeits-) Tätigkeit und deren Ausführungsbedingungen (also an die situativen Handlungsanforderungen) geknüpft sind, die zugleich die erfassbar werdende Kompetenz bestimmen. Kompetenzentwicklung erfolgt i. d. R. durch ganzheitliche Lehr-/Lernprozesse, in denen das Lernen durch die Person selbst begründet wird. Dabei sind biographische Aspekte von Bedeutung und ein an bisherigen Erfahrungen anknüpfendes „Anschluss- und Deutungslernen" wird präferiert. Unter dem Blickwinkel der Kompetenzentwicklung können drei Aspekte festgehalten werden, die bei der Erfassung von Kompetenz heranzuziehen sind: die Handlungsorientierung, der Bezug zu Deutungsmustern sowie die Berücksichtigung biographischer Entwicklungen.

Im Hinblick auf didaktische Ansatzpunkte für Kompetenzentwicklung sind vor allem handlungs- und situationsorientierte Ansätze zu berücksichtigen. Im Rahmen von Lernerfolgskontrollen bzw. der Evaluierung von Lernprozessen, können sie Ansatzpunkte für die Entwicklung entsprechender Erfassungsverfahren liefern. Rückgriffe auf stattgefundene Lernprozesse und dort abgelaufenen Lernhandlungen können demnach als Ansatzpunkte für Kompetenzerfassung herangezogen werden.

Aus dieser Diskussion können zusammenfassend folgende Aspekte für Kompetenz und Kompetenzerfassung festgehalten werden:

- Der Kompetenzbegriff ist an frühere pädagogische Diskussionen anschlussfähig.
- Es wurde ein unmittelbarer Handlungsbezug von Kompetenz aufgezeigt, so dass Kompetenz nur über das Handeln erschlossen werden kann. Da für das Handeln sowohl situative als auch individuelle Aspekte konstituierend sind, sind im Prozess der Kompetenzerfassung beide Aspekte zu beachten.
- Kompetenz ist von Qualifikation zu unterscheiden.
- Die Entwicklungsmöglichkeiten von Kompetenz sind auch von den jeweiligen situativen Handlungsanforderungen abhängig. So bestimmt die Handlungssituation zum einen, welche Kompetenzdimensionen für ihre Bewältigung erforderlich sind und zum anderen, welche Kompetenzdimensionen sich entwickeln können.
- Kompetenzentwicklung kann durch ganzheitliche Lehr-/Lernprozesse erfolgen. Bei der Erfassung von Kompetenz kann an diese angeknüpft werden, z. B. durch Lernerfolgskontrollen oder Evaluation.

3.2 Psychologische Diskussion von Kompetenz

In der Wissenschaft der Psychologie, die sich ganz allgemein mit der Beschreibung und Vorhersage menschlicher Verhaltensweisen auseinandersetzt (Zimbardo, 1992, 2), wird u. a. angenommen, dass die Potentiale einer Person sowie deren Persönlichkeitseigenschaften das menschliche Verhalten/Handeln beeinflussen. Aus diesem Grund sind die Diskussionen in der Psychologie von Interesse für die Klärung des Kompetenzkonstruktes und deren Erfassung. Teilbereiche der Psychologie sind zudem auf die Entwicklung von Verfahren zur Vorhersage menschlichen Verhaltens spezialisiert. Sowohl die Verfahren selbst als auch die Erfahrung bei der Entwicklung solcher Verfahren sind für Kompetenzerfassung von Bedeutung.

Der Kompetenzbegriff wird innerhalb der Psychologie unter verschiedenen Aspekten und in unterschiedlichen Zusammenhängen diskutiert, was dazu führt, dass auch in der Psychologie verschiedene Definitionen von Kompetenz vorzufinden sind. Um die verschiedenen Aspekte von Kompetenzdefinitionen im psychologischen Kontext zu veranschaulichen, werden einige kurz vorgestellt.

3.2.1 Definitionsansätze von Kompetenz innerhalb der Psychologie

Wollersheim (1993, 90) beschreibt, dass einige Ansätze zur Erklärung von Kompetenz motivationstheoretisch und andere kognitionspsychologisch begründet sind. Er verweist zudem auf Forschungsbeiträge zu Kompetenz aus verschiedenen Teildisziplinen der Psychologie (ebd.): So habe Rotter im Rahmen der sozialen Lerntheorie das Konstrukt „locus of control" formuliert, welches die generalisierte Erwartung des Handlungssubjektes bezeichne, ob die Kontrolle über die Verstärkungsbedingungen bei ihm selbst läge oder vom eigenen Einfluss unabhängig sei (ebd.). In der Theorie der erlernten Hilflosigkeit von Seligman sei indirekt die Entstehung eines niedrigen Kompetenzniveaus beschrieben. Mit dem Konzept der Selbstwirksamkeitserwartung steuere Bandura, nach Ansicht von Wollersheim (ebd.), wichtige Erkenntnisse zum Aufbau von Kompetenz bei.

Darüber hinaus verweist Wollersheim (ebd., 91) auf eine Arbeit von Olbrich (1989), aus der vielfältige Elemente einer Problemfelderschließung von Kompetenz hervorgehen: So würden beispielsweise einige Autoren das Hauptmerkmal von Kompetenz in der Möglichkeit sehen, Aktivitäten selbstständig und eigenverantwortlich durchführen zu können. Unter einer eher kontinuitätsbetonten Perspektive könne Kompetenz als Möglichkeit verstanden werden, Erfahrungen, Fertigkeiten und Wissen zu akkomodieren und auf neue Situationen assimilieren zu können. Betrachte man Kompetenz unter einer wachstumsbezogenen Perspektive, so könne diese als Möglichkeit aufgefasst werden, sich mit neuen Situationen, im Sinne einer Ausweitung eigenen Wissens und der eigenen Fähigkeiten, auseinander zu setzen (Wollersheim, 1993, 91). Diese Liste von Erschließungsmöglichkeiten des Kompetenzkonstrukts wird unter anderen Perspektiven fortgesetzt, z. B. unter lebensweltlich-praktischer Perspektive, unter motivationalen Aspekten oder unter dem Blickwinkel der augenblicklichen Lage eines Menschen (ebd.).

Wollersheim (ebd., 92) versucht die Arbeiten von Olbrich nochmals zu klassifizieren und unterscheidet zwei Hauptrichtungen: Eine erste Gruppe definiere „Kompetenz auf höchster Abstraktionsebene, als Fähigkeit zur Kontrolle, als Fähigkeit zur Akkomodation und Assimilation, als Fähigkeit zur Auseinandersetzung mit oder der Bewältigung von (neuen) Situationen, als erwiesene Fähigkeit zum Handeln sowie als Fähigkeit zur selbstständigen und eigenverantwortlichen Lebensführung." Demgegenüber definiere die zweite Gruppe inhaltliche Komponenten, die einer oder mehrerer der formalisierten Definitionen der ersten Gruppe zuzuordnen seien. Hierbei würden explizit solche Aspekte betont, die bei Erklärung von Kompetenz durch erkenntnistheoretische Kategorien unbeachtet blieben: so beispielsweise die Fähigkeit zur Pflege sozialer Kontakte oder die Erfahrung der Transformation eigener Bewältigungsstrategien im Biographieverlauf (ebd.).

Auf einen Überblick von Baltes & Wilms (1995), hinsichtlich verschiedener Begriffsbedeutungen von Kompetenz in der Psychologie, wird von Max (1999, 65f.) verwiesen. Dabei werden folgende Gruppierungen unterschieden:

■   Im Sinne von White (1959) der anlässlich von Arbeiten zur Kompetenzmotivation den Kompetenzbegriff einführte, könne *Kompetenz als Grundbedürfnis* dargestellt werden. Demnach stelle sich das Gefühl von Kompetenz dann ein, „wenn Menschen zielgerichtet, selektiv und persistierend auf die Umwelt einwirken, um bestimmte Konsequenzen zu erreichen".

■   Eine Auffassung der Psychologie hinsichtlich *Kompetenz* verstehe diese auch *als Verfügung über Fertigkeiten*. In diesem Zusammenhang gehe man davon aus, dass Bündel von Fertigkeiten im Sinne von Repertoires an intellektuellen, sozialen, behavioralen oder affektiven Fähigkeiten spezifiziert würden und das Kompetenzpotential des Individuums darstellten. In diesem Kontext werde erforscht, welche Fertigkeiten oder Fertigkeitsprofile ein Individuum aufweise und welche Fähigkeiten für bestimmte Ziele notwendig seien.

■   Kompetenz verstanden als Lebensmeisterung, basiere auf subjektiver Selbstevaluation und werde in unterschiedlichen Theorien konzeptualisiert. So beispielsweise in Modellen der ‚Selbstwirksamkeit' von Bandura (1977), der ‚subjektiv wahrgenommenen Kompetenz' (Weisz 1983) und im Modell der ‚erlernten Hilflosigkeit' von Seligmann (1975). Diese Theorien betonten die Facette der subjektiven Selbsteinschätzung und beleuchteten die spezifischen Facetten von Kompetenz im Gegensatz zu allgemeiner und globaler Kompetenz.[44]

■   Eine weitere Differenzierung charakterisiere „Kompetenz als Effektivität des Verhaltens im Umgang mit Umweltanforderungen bzw. im Sinne effektiver Formen der Auseinandersetzung mit der sozialen Umwelt" (Max, 1999, 65). Mit dieser kontextuellen Definition werde versucht, die adaptive Anpassung zwischen Person und Umwelt in den Vordergrund zu stellen. In diesen Kontext könnten die Arbeiten von McCelland (1973) eingeordnet werden. Dieser beschreibe Kompetenz als den angemessenen Einsatz spezifischer Fertigkeiten und Fähigkeiten in Abhängigkeit von den jeweiligen Umweltanforderungen.

---

[44] Auf die Bedeutung der psychologischen Theorien von Seligman und Bandura im Kontext von Kompetenz wird auch durch Wollersheim (1993) hingewiesen (s. o.).

In der Arbeits- und Organisationspsychologie ist häufig von Kompetenzmodellen die Rede, die in vielen Unternehmen Bestandteil der Personalarbeit und Personalentwicklung sind und für die Beschreibung von Anforderungen an Mitarbeiter und Führungskräfte herangezogen werden. Paschen (2003, 54) benennt eine grobe Klassifizierung solcher Modelle, nach der zwei Typen von Kompetenzmodellen unterschieden werden können. In *eigenschaftsorientierten Modellen* seien die Persönlichkeit und die daraus abgeleiteten Verhaltenserwartungen an einen Mitarbeiter festgelegt. Die Charakterisierung der Persönlichkeit sei kennzeichnend für diese Art von Kompetenzmodellen. Durch ein Gremium würden die Erwartungen an einen idealen Mitarbeiter festgelegt, wodurch eine fiktive Persönlichkeit beschrieben werde, dessen Persönlichkeitsmerkmale für eine erfolgreiche Tätigkeit konstituierend seien (ebd., 56). In eher *aufgabenorientierten Kompetenzmodellen* sei die Aufgabe oder Aufgabengruppen das oberste Strukturelement. Bei diesen Modellen werde also nicht die Persönlichkeit beschrieben, sondern es werden Aufgaben oder Aufgabengruppen charakterisiert, für dessen erfolgreiche Bewältigung Kriterien festgelegt würden (ebd.). In der Praxis seien neben diesen Kompetenzmodellen viele Mischformen zu finden. Zudem sollten die Modelle nicht nur Anforderungen an das „Können", sondern auch an das „Wollen" widerspiegeln. So beinhalten fast alle Modelle auch Anforderungen an Motivation, Haltung und Einstellungen, denn es genüge nicht, über eine bestimmte Kompetenz zu verfügen, sondern man müsse auch motiviert sein, diese zu nutzen (Paschen, 2003, 54).[45]

Lang von Wins (2003, 587) verweist auf die Fragestellungen der psychologischen Eignungsdiagnostik, die sich u. a. mit der Veränderbarkeit von Kompetenz auseinander setzen. Obwohl der Kompetenzbegriff nicht unbedingt mit dem psychologischen Begriff der Eignung gleichzusetzen sei, der in der Diagnostik bei der Personalauswahl verwendet werde, ließen sich dennoch mehr Gemeinsamkeiten als Unterschiede finden. Dies könne am Kompetenzbegriff von Weinert verdeutlicht werden (ebd., 588). Dieser entwickelte Kriterien einer psychologisch-pädagogischen Minimaldefinition von Kompetenz, wonach von Kompetenz gesprochen werden könne, wenn die notwendigen personellen Voraussetzungen zur erfolgreichen Bewältigung komplexer Aufgabenzusammenhänge benannt würden. Die Voraussetzungen bestünden dabei aus einer Kombination kognitiver, motivationaler, ethischer, volitionaler und sozialer Komponenten. Zudem seien nach Weinerts Auffassung für die Bewältigung dynamischer und komplexer Anforderungsstrukturen auch Lernprozesse von Relevanz (ebd.). Ein moderner Eignungsbegriff berücksichtige die gegenwärtigen Anforderungen der Arbeitstätigkeit bzw. des Tätigkeitszusammenhangs, den Wert der Arbeitstätigkeit für die Person sowie den dynamischen Aspekt der Veränderung von Personen und Anforderungen, womit die Bestandteile der Minimaldefinition von Kompetenz aufgegriffen wären (ebd.). So könnten die kognitiven, motivationalen und volitionalen Komponenten als Grunddimensionen der Eignung verstanden und auch Aspekte der sozialen Realität in Organisationen als wichtiger Bestandteil von Eignung aufgefasst werden (ebd., 589). Der Wert dem eine Person einer Arbeitstätigkeit zuschreibt, sei für die Passung von Person und beruflicher Umwelt zentral. Damit bleibe der Eignungsbegriff nicht einseitig auf die Ei-

---

[45] Die vorgestellten Modellklassifizierungen orientieren sich an Kriterien, die über gute oder weniger gute Kompetenz einer Person entscheiden. Die Unterschiede liegen in den Bezugspunkten der Kriterien, die einmal in der Person selbst und zum anderen in den Anforderungen der Aufgaben zu finden sind. Daraus kann ein jeweils unterschiedliches Verständnis von Kompetenz vermutet werden. So wird diese einerseits als eine Persönlichkeitseigenschaft betrachtet und andererseits als die Fähigkeit zur Erfüllung bestimmter Aufgaben. Dabei ist zu berücksichtigen, dass aus der Persönlichkeit der Person ebenfalls auf die Fähigkeit zur Bewältigung bestimmter Aufgabenanforderungen geschlossen wird.

gnung der Person beschränkt, sondern hebe gleichzeitig die Bedeutung der beruflichen Umwelt hervor. So sei erwiesen, dass eine „förderliche Umwelt" als intervenierende Größe für das Lernen und damit für die Entwicklung von Kompetenz angesehen werden könne (Lang von Wins, 2003, 589).

Da immer mit Veränderungen sowohl auf Seiten der Person als auch auf Seiten der Anforderungen zu rechnen ist, wird bei einer zukunftsgerichteten Eignung immer vom Potential der Personen gesprochen. Hierunter wird die Befähigung einer Person verstanden, die gegenwärtigen und vorhersehbaren künftigen Anforderungen des Aufgabenkomplexes erfolgreich zu bewältigen (ebd., 590). Dies deckt sich wiederum mit einer Vielzahl von Kompetenzdefinitionen, in denen Kompetenz als Potential bzw. Disposition zur Bewältigung von Anforderungen aufgefasst wird. Aufgrund dieser doch deutlichen Parallelen zwischen Kompetenz und Eignung sind die Methoden der beruflichen Eignungsdiagnostik für die Erfassung von Kompetenz von Interesse. Auf deren Bedeutung und Anwendung im Kontext der Kompetenzerfassung wird an späterer Stelle eingegangen (vgl. 5.4).

Die bisherigen Ausführungen sollten verschiedene Ansätze von Kompetenzdefinitionen innerhalb der Psychologie verdeutlichen. Diese bringen neben kognitiven Aspekten auch motivationale und volitionale Aspekte mit dem Kompetenzkonstrukt in Verbindung. Daran anschließend soll nun innerhalb der Arbeits- und Organisationspsychologie nach weiterführenden Aspekten hinsichtlich des Kompetenzkonstruktes gesucht werden.[46]

3.2.2 Arbeits- und Organisationspsychologie

Die Arbeits- Organisationspsychologie kennzeichnet eine „(Querschnitts-)Disziplin der Psychologie, die jene psychologischen Erkenntnisse und Methoden umfasst, die für die Analyse, Bewertung und Bestgestaltung von Arbeitsprozessen bedeutsam sind" (Hacker, 1998, 19). Das vordergründige Interesse liegt bei der Untersuchung und dem Aufzeigen der Wechselwirkungen zwischen dem Menschen und seinen Aufgaben. Dabei ist zu klären, welche personellen Leistungsvoraussetzungen auf der kognitiven und antriebsmäßigen Regulationsebene notwendig sind, wie der Aufgabenvollzug realisiert wird und wie sich dieser langfristig auf die Person auswirkt (Gebert & Rosenstiel, 1996, 271). Das Erkenntnisinteresse der Arbeitspsychologie, als Teilgebiet der Angewandten Psychologie, kann als grundlagen-, anwendungs- und praxisbezogen charakterisiert werden (Frieling & Sonntag, 1999, 16). Dafür wurden basierend auf den Erkenntnissen der Grundlagenforschung arbeitspychologische Methoden zur Analyse, Bewertung und Gestaltung menschlicher Arbeit entwickelt (ebd., 15). Die vielfältigen Einzelaufgaben der Arbeitspsychologie lassen sich nach Auffassung von Hacker (1998, 20) in zwei Aufgabenbereiche unterteilen:

a.   Verbesserung der Arbeitsaufträge und ihrer Ausführungsbedingungen sowie
b.   Verbesserungen in den Leistungsvoraussetzungen des arbeitenden Menschen.

Der erste von Hacker benannte Aspekt beinhaltet die Arbeit als solche, mit ihren Aufgaben und Anforderungen sowie deren Bedingungen in Bezug auf die Realisierung. Der zweite

---

[46] Als Pädagogin erlaube ich mir an dieser Stelle selektiv zu sein und die Betrachtungen aus psychologischer Sicht unter dem Blickwinkel der Arbeits- und Organisationspsychologie fortzuführen, da hier die größten Bezüge zum beruflichen Kontext zu vermuten sind.

Aspekt umfasst die persönlichen Voraussetzungen einer Person, um bestimmte Leistungen zu erbringen. Im Kontext beruflichen Handelns sind die beiden Aspekte nicht getrennt voneinander zu betrachten und auch im Rahmen von Kompetenz und Kompetenzerfassung sind diese miteinander verwoben.

Hacker (1998, 90) verweist zudem auf eine bewährte Einteilung arbeitspsychologischer Aufgaben nach Straub (1968). Demnach seien diese zu unterscheiden in „auf den Arbeitenden einwirkende Arbeitsbedingungen" und in „beim Arbeitenden als Leistungsvoraussetzungen vorliegende personale Bedingungen". Allgemeine Arbeitsbedingungen (z. B. wirtschaftspolitische Ausgangsbedingungen und ihre Folgeerscheinungen), arbeitsplatzspezifische Arbeitsbedingungen sowie arbeitstätigkeitsspezifische Arbeitsbedingungen können zu den auf den Arbeitenden einwirkende Arbeitsbedingungen gerechnet werden (Hacker, 1998, 91). Die beim Arbeitenden als Leistungsvoraussetzungen vorliegenden personalen Bedingungen umfassen habituelle (z. B. körperliche) und aktuelle Leistungsvoraussetzungen, die prozessbedingt während der Auseinandersetzung mit dem Arbeitsauftrag entstehen (ebd.). Gleichzeitig wird darauf hingewiesen, dass zwischen den Arbeitsbedingungen (eher situative Aspekte) und den Leistungsvoraussetzungen (eher personale Aspekte) ein fortwährendes dialektisches Wechselverhältnis besteht. Das Handeln einer Person wird somit sowohl durch situative als auch durch personale Aspekte bestimmt.[47] Im Folgenden sollen die Prozesse der Wechselbeziehungen zwischen den Aspekten näher erläutert werden.

3.2.2.1   Der psychologische Begriff der Handlung

In einer Psychologie der Tätigkeit ist der Begriff der Handlung von höchster Bedeutung, denn sie bezeichnet eine in sich geschlossene Einheit der Tätigkeit (Hacker, 1998, 67). Nach Auffassung von Hacker (ebd.) bilden Handlungen „die kleinste psychologische Einheit der willensmäßig gesteuerten Tätigkeiten. Die Abgrenzung dieser Handlungen erfolgt durch das bewusste Ziel, das die mit einer Vornahme verbundene Vorwegnahme des Ergebnisses der Handlung darstellt. Nur kraft ihres Ziels sind Handlungen selbstständige, abgrenzbare Grundbestandteile oder Einheiten der Tätigkeit."

Tätigkeiten können als Vorgänge beschrieben werden, „mit denen Menschen ihre Beziehungen zu Aufgaben und ihren Gegenständen, zueinander und zur Umwelt verwirklichen" (ebd., 50). Die Unterschiede zwischen den Tätigkeiten sind in den verschiedenen gegenstandsbezogenen Aufträgen bzw. Aufgaben begründet, die den Tätigkeiten ihre jeweilige Richtung geben. Entscheidet sich eine Person für die Übernahme von Aufträgen oder Aufgaben, so sind diesem mehrere psychologische Prozesse vorausgegangen. Dabei wird unterstellt, dass die übernommene Aufgabe einer individuellen Interpretation oder „Redefinition" unterzogen wurde. Diese beinhaltet u. a. die subjektive Bewertung der erfassten Forderungen bezogen auf die Ansprüche, Bedürfnisse und Wertvorstellungen sowie die

---

[47] Es wurde im Verlauf der Arbeit bereits mehrfach ausgeführt, dass sich die Kompetenz einer Person in deren Handeln ausdrückt und nur über dieses erfasst werden kann. Aus psychologischer Perspektive zeigt sich ebenfalls, dass das Handeln von Personen sowohl durch situative als auch durch personale Aspekte beeinflusst wird. Vor diesem Hintergrund ergibt sich für die Erfassung von Kompetenz, dass beide Aspekte bei der Entwicklung entsprechender Erfassungsverfahren und schließlich auch bei der Analyse von Kompetenzerfassungsverfahren zu berücksichtigen sind.

Selbsteinschätzung der eigenen Leistungsmöglichkeiten hinsichtlich der interpretierten Forderungen (Hacker, 1998, 51).[48]

3.2.2.2   Situative Aspekte

Das Handeln wird von der jeweiligen Arbeitstätigkeit und den gegeben Ausführungsbedingungen beeinflusst. Die Arbeitstätigkeit kann im Verständnis von Hacker (ebd., 63) als „funktionelle Einheit motivationaler, volitiver, kognitiver (perzeptiver, mnestischer, intellektueller) und motorischer Vorgänge" charakterisiert werden. In ihr entwickeln sich Fähigkeiten, Fertigkeiten, Einstellungen und Kenntnisse. Veränderungen in den Arbeitstätigkeiten, in den Aufgaben, den Arbeitsmitteln sowie den Arbeitsumgebungsbedingungen sind daher auch mit einer Verschiebung in der individuellen Qualifikationsstruktur verbunden (Frieling & Sonntag, 1999, 41).

Hacker (1998, 62) geht von psychischen Komponenten der Arbeitstätigkeit aus, die durch die Arbeitsaufgabe und ihren Sinn bestimmt werden. Die Aufgabe entsteht durch die Übernahme eines Auftrages, wobei das erwünschte Ziel antizipiert werden muss und die Ausführungsbedingungen der erforderlichen Handlungen zu berücksichtigen sind (ebd.). Die psychische Struktur der Tätigkeit[49] ergibt sich aus der Art der Aufgabe, durch die die beteiligten psychischen Erscheinungen bestimmt werden. Sie wandelt sich bei Veränderungen in der Aufgabenstellung oder den Antriebsverhältnissen (ebd., 173). Eine vollständige Erfassung der Arbeitstätigkeit in ihrer gesamten Dynamik ist nach Auffassung von Hacker (ebd.), nur als Verlaufsstruktur unter dem Aspekt der Regulation zu realisieren.

Die Arbeitstätigkeit selbst ist durch unterschiedliche Anforderungen gekennzeichnet und beinhaltet damit ein unterschiedlich hohes Lern- und Motivierungspotential (Gebert & Rosenstiel, 1996, 39). Die Anforderungen ergeben sich durch den Arbeitsauftrag und den jeweils gegebenen Arbeitsbedingungen. So genannte Anforderungsprofile, sind Zusammenstellungen von Anforderungen für bestimmte Tätigkeiten, die für die Bestimmung von Ausbildungsmaßnahmen, Eignungsprüfungen und bei der Festlegung von Arbeitsgestaltungsmaßnahmen unerlässlich sind (Hacker, 1998, 72). Aus dem Verhältnis der gestellten Anforderungen und den jeweils individuellen Leistungsvoraussetzungen ergibt sich der Schwierigkeitsgrad einer Tätigkeit. Dieser kann aufgrund der individuell unterschiedlichen Leistungsvoraussetzungen, auch bei der Bearbeitung von „objektiv gleichen Anforderungen" (vgl. 3.3), als unterschiedlich schwierig wahrgenommen werden. Eine Einschätzung des Handelns von Personen kann nur in Bezug auf die „objektiven Anforderungen" erfolgen. Dementsprechend sind die Anforderungen einer Handlungssituation entsprechend anzugeben. Eine Darstellung der jeweils geltenden Anforderungen kann nach Auffassung von Hacker (1998, 73) entweder durch „auszuführende Solltätigkeiten mit ihren regulierenden psychischen und ausführenden Teilverrichtungen" oder als „(psychische) Leistungsvoraussetzungen" angegeben werden.

---

[48] Die Person ist also gefordert zum einen die Anforderungen der Aufgabe einzuschätzen und zum anderen ihre eigenen (Leistungs-)Voraussetzungen, in Bezug auf die Aufgabe, zu bewerten. Nur wenn die Person hier eine gewisse Passung definiert, wird sie die Aufgabe übernehmen. Dazu kann natürlich auch zählen, dass die Person keine Möglichkeit hat (z. B. Person hat keine besseren Alternativen; Aufgabe gehört in den neuen Aufgabenbereich der Person) die Aufgabe auszuschlagen.

[49] In den Arbeiten von Hacker (1998, 170 ff.) wird zwischen einer inneren und äußeren Struktur der Tätigkeit differenziert. An dieser Stelle soll auf die Unterscheidung jedoch nicht weiter eingegangen werden.

Die jeweilige Arbeitaufgabe bestimmt also die Regulation und Organisation einer Tätigkeit. Damit kann sie als eine zentrale Analyseeinheit betrachtet werden, wenn es darum geht:

- „Lern- und Entwicklungspotentiale zu beschreiben und zu bewerten, um persönlichkeitsförderliche Strukturen am Arbeitsplatz zu gestalten.
- Den qualifikatorischen Gehalt von Arbeitstätigkeiten zu bestimmen, um Anforderungen an die berufliche Handlungskompetenz für arbeitsbezogene Curricula zu nutzen.
- Lernaufgaben und -umgebungen zu modellieren, um praxisnahe ganzheitliche Lernprozesse einzuleiten." (Frieling & Sonntag, 1999, 165).

Die Arbeitstätigkeit und die mit ihr verbundenen Arbeitsaufgaben haben also eine zentrale Funktion bei der Entwicklung von Persönlichkeit und individuellen Leistungsvoraussetzungen. Das bedeutet, dass die Arbeitstätigkeit und Arbeitsaufgabe auch bei der Entwicklung von Kompetenz von Bedeutung sind.

3.2.3.3   Personale Aspekte

Das Verhalten/Handeln von Personen unterscheidet sich selbst dann voneinander, wenn sie sich in identischer oder vergleichbarer Umgebung befinden. So können aus der Umgebung hervorgehende „Reize" bei Personen zu verschiedenen „Reaktionen" führen (Amelang & Bartusek, 2001, 45). Daher hält es Brandstätter (2004, 261) für problematisch anzunehmen, verschiedene äußere Umstände könnten in eine für alle Personen gleiche Rangfolge gebracht werden. Vielmehr könne ein Vorgang je nach Lerngeschichte von einer Person als Bedrohung und von einer anderen als Herausforderungen wahrgenommen werden. Eine Arbeitssituation werde somit aufgrund der individuellen Einstellungen, Erfahrungen, Motive und Ansprüche von Personen unterschiedlich erlebt und bewertet (Weinert, 2004, 133). Die persönlichen Eigenschaften, als Bedingungen von Verhalten und Leistungen in Organisationen, können nach kognitiven, motivationalen und emotionalen Komponenten differenziert werden (Brandstätter, 2004, 259). Verhaltens- bzw. handlungswirksam ist dabei der jeweils aktuelle Zustand einer Eigenschaft und nicht deren grundsätzliches Vorhandensein. Demnach werde die Reaktion (das Handeln) einer Person nicht dadurch bestimmt, ob die Person ängstlich ist. Entscheidend sei vielmehr, ob sie gerade in der Situation Angst empfindet (ebd.).

Die Bewertung einer Arbeitssituation erfolgt aufgrund der vorhandenen Leistungsvoraussetzungen einer Person (Hacker, 1998, 96). Diese umfassen die Gesamtheit der zur Erfüllung eines Auftrages verfügbaren physischen und psychischen Eigenschaften. Zu den körperlichen Leistungsvoraussetzungen können die arbeitsmedizinischen Einstellungs- und Tauglichkeits- bzw. Überwachungsuntersuchungen sowie die geprüften Merkmale des Allgemein- und Gesundheitszustandes gerechnet werden. Kenntnisse, Erfahrungen, Fähigkeiten, Fertigkeiten und Gewohnheiten sowie Einstellungen, sind hingegen den psychischen Leistungsvoraussetzungen zuzuordnen (ebd.). Brandstätter (2004, 268) weist den individuellen Fähigkeiten und insbesondere der Intelligenzstruktur, eine besondere Bedeutung unter den Leistungsvoraussetzungen zu. Dabei verweist er auf Forschungsergebnisse von Schmidt & Hunter (1998) die verdeutlichen, dass kaum eine berufliche Tätigkeit vorstellbar ist, in der individuelle Unterschiede in der Intelligenz völlig belanglos wären. Dabei wachse die Bedeutung der Intelligenz mit der Komplexität der Anforderungen.[50]

Aufgrund der unterschiedlichen Bewertungen der Arbeitssituation handeln Personen bei Veränderungen unterschiedlich und sind damit in ihrer Entwicklung eher selbstgelenkt als von äußeren Umständen beeinflusst (Weinert, 2004, 133). Die individuelle Wahrnehmung und Bewertung einer Arbeitstätigkeit bzw. einer Arbeitssituation bestimmt damit das Handeln. Inwiefern eine Person ihre Fähigkeiten tatsächlich nutze, hänge schließlich von der realistischen Selbsteinschätzung in Bezug auf die eigenen Fähigkeiten ab (Brandstätter, 2004, 271).[51]

Differierende Ansichten bestehen hinsichtlich der möglichen Gründe für die bestehenden Unterschiede im Handeln. So wird einerseits betont sie seien in einer genetischen Vorbestimmung persönlicher Eigenschaften begründet. Andererseits werden die individuellen Lernerfahrungen als Hauptursache für Handlungsunterschiede angesehen. Dieser Diskurs konnte bislang nicht geklärt werden. Der Fokus in der Personalforschung wird je nach Ansicht eher auf die Auswahl von Personal oder eher auf die Ausbildung der Personen gelegt (ebd., 258).

3.2.2.4   Wechselbeziehungen zwischen situativen und personalen Aspekten

Die dargestellten Aspekte, welche das menschliche Handeln beeinflussen, können nicht separat voneinander betrachtet werden. Vielmehr stehen sie in einem Wechselverhältnis zueinander. So entscheiden letztlich weder die Persönlichkeitsfaktoren noch die Situationsparameter allein über das menschliche Handeln, sondern immer das Zusammenspiel zwischen beiden Aspekten (Amelang & Bartusek, 2001, 653). Handeln könne demnach nur sinnvoll erklärt werden, wenn das Zusammenspiel „innerer (Persönlichkeits-) und äußerer (Umstands-)Faktoren" berücksichtigt werde (Brandstätter, 2004, 259; Amelang & Bartusek, 2001, 642). Die zielgerichtete Handlung werde daher sowohl von den Merkmalen der Person (z. B. Leistungsvoraussetzungen, Motive) als auch von den Merkmalen der Situation (Lernförderlichkeit; Spezifizierungsgrad) bestimmt (Gebert & Rosenstiel, 1996, 16). Das aktuelle Handeln könne daher verändernd auf die Situation zurückwirken und zugleich könnten aktuelle Prozesse im Rahmen einer Handlung (z. B. Lernprozesse) verändernd auf die Person wirken (z. B. Erweiterung der Leistungsvoraussetzungen) (ebd.). So verändern gewandelte Arbeitsinhalte und -bedingungen auch das Handeln der arbeitenden Menschen und umgekehrt sind verbesserte Arbeitsergebnisse und -bedingungen selbst das Ergebnis menschlicher Arbeit (Hacker, 1998, 20). Damit hat sich zur Beschreibung des Zusammenhanges zwischen Arbeit und Persönlichkeitsentwicklung eine interaktionistische Sicht durchgesetzt, welche die bereits beschriebene Wechselwirkung zwischen Arbeit und Persönlichkeit im Arbeitshandeln sowie im Berufsverlauf annimmt (Frieling & Sonntag, 1999, 154). Grundlage für diese Annahme bildet das Entwicklungsverständnis von Perso-

---

[50] Wenn Kompetenz als ein Konstrukt zur Bewältigung von Anforderungen verstanden wird, könnte Intelligenz, die bei der Bewältigung von Anforderungen eine bedeutende Rolle spielt, als Indikator für das Vorhandensein von Kompetenz bzw. dem Vorhandensein von Potential zur Entwicklung von Kompetenz betrachtet werden.

[51] Hier kann auf die Forschungsarbeiten von Bandura (1977) verwiesen werden, der unter dem Begriff der Selbstwirksamkeit untersuchte, wie sich die Selbsteinschätzung einer Person auf die Wahl ihrer Aufgaben- und Zielstellungen auswirkt.

nen als Selbstgestalter ihrer Entwicklung. Diese gestalten demnach als handelnde, realitäts-
verarbeitende Subjekte auch ihr berufliches Verhalten, ihre Arbeitsbiographien und Ar-
beitswelten aktiv mit (Frieling & Sonntag, 1999, 154).

Die Wechselwirkungen zwischen Arbeitstätigkeiten und Persönlichkeitsmerkmalen
fasst Hacker (1998, 765) im Wesentlichen in drei Aspekten zusammen: So seien die Persönlichkeitsmerkmale einerseits Voraussetzung für das Ausführen von Tätigkeiten. Andererseits seien sie aber auch das Entwicklungs- und Lernergebnis von Arbeitstätigkeiten.
Daraus ergebe sich schließlich, dass sich Persönlichkeitsmerkmale in den Arbeitstätigkeiten
(Handeln) äußerten, etwa in persönlichen Arbeitsstilen und daher in ihnen diagnostizierbar
seien. Diese Charakteristika treffen auch auf die Kompetenz von Personen zu. Auch hier
gilt, dass sie zum einem Voraussetzung und zum anderen Ergebnis von Handlungsprozessen (z. B. Lernprozessen) ist und über das Handeln erfassbar wird.

3.2.3 Kompetenzentwicklung aus arbeits- und organisationspsychologischer Perspektive

Aus den dargestellten Wechselbeziehungen zwischen situativen und personalen Aspekten
ergeben sich Hinweise für die Entwicklung von Kompetenz, die in diesem Abschnitt dargestellt werden sollen.

Eine Aufgabe der Arbeits- und Organisationspsychologie ist die Förderung der Mitarbeiter. Gegenstand einer solchen Förderung ist das Handeln und dessen Veränderbarkeit.
Die Veränderungen seien dabei jenen psychischen und physischen Veränderungen unter-
legen, die das Gesamtsystem Persönlichkeit repräsentieren und steuern. Dazu zählten Wissen, Fertigkeiten, Fähigkeiten, Motivationen, Emotionen und Einstellungen (Frieling &
Sonntag, 1999, 163). Ziel sei der Aufbau und die Weiterentwicklung von Kompetenz, die
zur Bewältigung von beruflichen und alltäglichen Situationen befähigt. Es sind vielfältige
Möglichkeiten und Ansätze entstanden, um diesen Auf- und Ausbau von Kompetenz zu
unterstützen. Diese finden sich in der methodisch-didaktischen Ausgestaltung von Trai-
ningsansätzen ebenso wieder, wie in der problemorientierten, situativen Vermittlung von
Erfahrungs- und Handlungsweisen. Aber auch computergestützte Medien und die Gestaltung förderlicher Arbeitsinhalte und -strukturen enthalten Varianten zur Entwicklung von
Kompetenz (ebd., 169).

Die Gestaltung förderlicher Arbeitsinhalte und -strukturen soll näher betrachtet werden. Ein wesentliches Potential zur Entwicklung von Kompetenz liegt in der Arbeitstätigkeit selbst. Mit der Ausübung einer Arbeitstätigkeit sind beispielsweise rückmeldungsab-
hängige Erfahrungen verbunden, die nur durch die Ausübung gewonnen werden können
(Hacker, 1998, 93). Dazu gehören zum einen eine Umweltveränderung im Sinne eines
Arbeitsergebnisses und zum anderen eine Selbstveränderung dadurch, dass der Arbeitsvollzug auf die Leistungsvoraussetzungen zurückwirke (Gebert & Rosenstiel, 1996, 89). Dabei
lägen die Rückwirkungen aus der Arbeitstätigkeit auf die Leistungsvoraussetzungen vor
allem in den Bereichen:

- Veränderungen in der Sensibilität,
- Veränderungen in der psychologischen Automatisierung von Operationen,
- Veränderungen in der Verbalisierung (begrifflichen Fassung) der Tätigkeit und

- Veränderungen in der intellektuellen Durchdringung der Tätigkeitsstruktur (Gebert & Rosenstiel, 1996, 89f.).

Veränderungen bei den Leistungsvoraussetzungen (Kompetenz) wirken sich auf den Ablauf der „Ausführungsregulation" aus und könnten an Veränderungen des Tätigkeitsvollzuges (Handeln) erkennbar sein. Damit realisiert sich Kompetenz selbst, in Abhängigkeit von situativen und personalen Merkmalen, in der Handlung. Die sich entwickelnde und auch die jeweils sichtbar werdende Kompetenz wird demnach durch die Merkmale der Situation mitbestimmt, wobei die Situation nicht nur durch die Tätigkeitsstrukturen gekennzeichnet ist, sondern auch durch Interaktionsmuster und Kooperationsformen (ebd., 92). Die Situation umfasst folglich sowohl die Tätigkeitsstrukturen (Anforderungen, Rahmenbedingungen) wie auch die Interaktionsstrukturen (Akteure) als Determinanten tätigkeitsspezifischer Handlungskompetenz (ebd., 92f.).[52]

Bei der Realisierung von Kompetenz spielt auch der Handlungs- und Tätigkeitsspielraum eine Rolle (Ulich, 1998, 163). Hacker (1978, 72; zit. nach Ulich, 1998, 163) definiert diesen als die „Summe der Freiheitsgrade", also den Möglichkeiten zum unterschiedlichen aufgabenbezogenen Handeln „in Bezug auf Verfahrensauswahl, Mitteleinsatz und zeitliche Organisation von Aufgabenbestandteilen". Dabei umfasse ein „objektiver Handlungsspielraum" die vorhandenen und ein „subjektiver Handlungsspielraum" die als solche erkannten Wahlmöglichkeiten.[53] Der Handlungsspielraum bestimmt damit das Ausmaß an möglicher Flexibilität bei der Ausführung von Handlungen (Ulich, 1998, 163).[54]

Anhand der Ausführungen sollte der Zusammenhang zwischen Handlungssituationen und Möglichkeiten der Kompetenzentwicklung veranschaulicht werden. Je mehr Gelegenheiten eine Person für die Entwicklung ihrer Kompetenz erhält, desto eher wird sie Möglichkeiten finden ihre Kompetenz weiterzuentwickeln (Frei et. al., 1996, 19). Neben den Möglichkeiten der Kompetenzentwicklung spielen auch individuelle Faktoren, wie beispielsweise die Lernfähigkeit einer Person, eine Rolle bei der Entwicklung von Kompetenz. Dazu gehöre auch eine vorhandene Bereitschaft zur Entwicklung von Kompetenz. Diesbezüglich sei anzunehmen, dass Personen aufgrund ihrer früheren Lebenserfahrungen in ver-

---

[52] Die hier herausgestellten Determinanten finden sich entsprechend im Analyseraster unter der Analyseebene Situation- und Erfassungskontext wieder.

[53] Die Unterscheidung in objektiven und subjektiven Handlungsspielraum ist in Anlehnung an handlungstheoretische Betrachtungen zu verstehen (vgl. 3.3). Als zentrale Aussage kann festgehalten werden, dass der subjektive Handlungsspielraum für die Person handlungsleitend ist. Der objektive Handlungsspielraum ermöglicht hingegen soziales Handeln.

[54] In diesem Kontext verweist Ulich (1998, 1999) auf Arbeiten von Frei, Duell und Baitsch (1984). Diese kamen in ihren Arbeiten zu Kompetenzentwicklung zu dem Ergebnis, dass durch entfremdete Arbeit arbeitsimmanente Qualifizierung und damit auch Kompetenzentwicklung verhindert wird (Frei, Duell & Baitsch, 1984, 119; zit. nach Ulich 1998, 380). Weiter sind sie der Auffassung, arbeitsimmanente Qualifizierung und Kompetenzentwicklung setze unter Bedingungen entfremdeter Arbeit Veränderungen der Arbeitstätigkeit voraus bzw. enthalte diese. Prozesse der Kompetenzentwicklung würden sich dementsprechend vor allem durch die Beteiligung an Veränderungen der eigenen Arbeitstätigkeit vollziehen. Frei, Duell und Baitsch (1984) schlussfolgerten daher, dass sich Prozesse der Kompetenzentwicklung und der Veränderung sozialer Systeme gegenseitig bedingen. Somit wäre Kompetenzentwicklung sowohl an die Veränderung von Tätigkeiten als auch an die gleichzeitige Veränderung der sozialen Systeme, in der die Tätigkeiten eingebettet sind, gebunden (Ulich, 1998, 380f., Ulich, 1999, 127). In diesen Zusammenhang fallen auch die Arbeiten von Bergmann (1998, 3), in denen festgehalten wird, dass der Inhalt und die Rahmenbedingungen von Arbeit den Umfang der Lernmöglichkeiten und damit der Kompetenzentwicklungsmöglichkeiten bestimmen.

schiedenen Bereichen unterschiedliche Handlungsbereitschaften entwickelten, was wiederum verschiedene Kompetenzentwicklungsbereiche impliziere (Frei et. al., 1996, 21).

3.2.4 Berufliche Eignungsdiagnostik und Arbeitsanalyse als Varianten zur Erfassung von Kompetenz

Aufgrund der bisherigen Ausführungen und den herausgestellten Wechselbeziehungen zwischen Person und Situation ist davon auszugehen, dass Prognosen hinsichtlich des Verhaltens einer Person nur möglich sind, wenn Informationen aus beiden Bereichen entsprechend berücksichtigt werden (Amelang & Bartusek, 2001, 642). Das Arbeitsfeld der beruflichen Eignungsdiagnostik, als Teilgebiet der Arbeits- und Organisationspsychologie, beschäftigt sich mit der Diagnose und Vorhersage von beruflichem Verhalten/Handeln und enthält dementsprechende Hinweise für die Erfassung von Kompetenz.

Schuler & Höft (2004a, 291) charakterisieren die berufliche Eignungsdiagnostik als Analyse der Passung zwischen der beruflichen Tätigkeit und der Person des Berufstätigen. Damit sei sie die methodische Grundlage der Personalauswahl, der Berufsberatung sowie der Selbstdiagnose (Schuler & Höft, 2004b, 439). Die berufliche Eignungsdiagnostik setzt sich mit der Veränderung von persönlichen Fähigkeiten, Merkmalen und Kompetenz auseinander (Lang von Wins, 2003, 587). Von der Veränderbarkeit spezifischer Kompetenz ausgehend, müsse bei der Bewertung der entsprechenden Ausprägungen beachtet werden, dass Kompetenz grundsätzlich in eine bestimmte Richtung gefördert werden könne. Gehe man hingegen davon aus, Kompetenz sei nicht veränderbar, so sei bei der Diagnostik ein definierter Schwellenwert entscheidend, den die Person überspringen müsse (ebd.).

Die Eignung beschreibt die Erfolgswahrscheinlichkeit hinsichtlich der Bewältigung einer bestimmten Tätigkeit. Zur Feststellung der Eignung, sind zunächst die beruflichen Anforderungen zu bestimmen. Im Weiteren kann überprüft werden, inwiefern die jeweils vorhandenen personalen Eignungsmerkmale, wie z. B. Fähigkeiten, Fertigkeiten und Kenntnisse und die ermittelten Anforderungen zusammen passen. Darüber hinaus sollte das „Potential" einer Person auch hinsichtlich der Entwicklungsfähigkeit betrachtet werden. So könne angenommen werden, dass sich Anforderungen in teilweise nicht vorhersehbarer Weise änderten und eine Person auch diesen künftigen Anforderungen gewachsen sein müsse (Schuler & Höft, 2004a, 290f.). Es wird darauf verwiesen, dass für einen Vergleich zwischen Mensch und Arbeitstätigkeit neben den spezifischen und generellen Leistungsanforderungen, auch das Zufriedenheitspotential berücksichtigt werden sollte. Dieses äußere sich auf Seiten der Person in deren Interessen, Bedürfnissen und Werthaltungen (Schuler & Höft, 2004b, 441).

Die Aufgaben der Eignungsdiagnostik können durch drei in wechselseitiger Beziehung stehende Kernbereiche charakterisiert werden. Dazu gehören, „die aus einer Tätigkeit abgeleiteten Anforderungen, die gewählten eignungsdiagnostischen Verfahren sowie die zu prognostizierenden beruflichen Kriterien." (ebd., 443).

Die Arbeits- und Anforderungsanalyse, welche Bestandteil der Eignungsdiagnostik ist, sammelt hinsichtlich der Berufstätigkeit Informationen auf drei Ebenen:

- „Aufgaben- und Ergebnisanforderungen geben an, welche Tätigkeit ausgeübt und welche Resultate erzielt werden müssen,

- Verhaltensanforderungen nennen Verhaltensweisen, die für eine erfolgreiche Berufs-
  ausübung gezeigt werden müssen,
- Eigenschaftsanforderungen bezeichnen beruflich notwendige Personalqualifikati-
  onen" (Schuler & Höft, 2004b, 444).

In diesen Informationen sind Hinweise im Hinblick auf die Konstruktion eignungsdiagnostischer Verfahren enthalten, auf die an späterer Stelle eingegangen werden soll.

In Anlehnung an die berufliche Eignungsdiagnostik ergibt sich für die Erfassung von
Kompetenz, dass mit dieser auch die Bestimmung der Handlungssituation, welche u. a. die
beruflichen Anforderungen enthält, verbunden sein sollte. Dies kann anhand von Anforderungsanalysen erfolgen, die vor allem dann gewinnbringend sind, wenn sie die für die Bewältigung komplexer Arbeitsaufgaben notwendigen personalen und sozialen Voraussetzungen benennen (Lang v. Wins, 2003, 594). Die Diagnose situativer Anforderungen ist in
der Praxis häufig eine Aufstellung von Vermutungen im Hinblick auf das erforderliche
Handeln, welches für die Bewältigung der entsprechenden Handlungssituation notwendig
ist (ebd., 590). Dennoch kann die Beschreibung der jeweiligen Anforderungen im Rahmen
der Kompetenzerfassung als wichtige methodische Determinante betrachtet werden. So ist
festzuhalten: „Je klarer und präziser zukünftige Anforderungen bestimmt sind, desto eher
lassen sich entsprechende Indikatoren bei der Person finden, die Aufschluss über ihre
Kompetenzen und die personalen Vorbedingungen zur Entwicklung bestimmter Kompetenzen geben, mit diesen Anforderungen erfolgreich zurecht zu kommen." (ebd., 591).[55]
Zur Durchführung von Anforderungsanalysen gibt es vielfältige Forschungsarbeiten, in
denen entsprechende Analyseverfahren entwickelt wurden, wie beispielsweise das Tätigkeitsbewertungssystem (TBS) von Hacker (1983), das Verfahren zur Ermittlung von Regu-
lationserfordernissen in der Arbeitstätigkeit (VERA) von Oesterreich & Volpert (1991), der
Fragebogen zur Arbeitsanalyse (FAA) von Frieling (1978) oder der Fragebogen zur subjektiven Arbeitsanalyse (SAA) von Udris & Alioth (1980). Hinweise zu diesen und anderen
Verfahren der Arbeits- und Anforderungsanalyse sind beispielsweise im Handbuch psychologischer Arbeitsanalyseverfahren von Dunckel (1999) zu finden.[56]
Die Analyse der Voraussetzungen zur Bewältigung bestimmter Anforderungen wird
hingegen durch eignungsdiagnostische Verfahren vollzogen. Dabei sollen erfolgsrelevante
Merkmale im Rahmen einer Arbeitstätigkeit diagnostiziert und beschrieben werden (Lang
von Wins, 2003, 591). Anzumerken ist, dass jeweils nur das aktuelle Handeln der Beobachtung zugänglich ist. Die Bereitschaft bzw. die Tendenz zu Reaktionen in ganz bestimmter
Weise oder die Disposition zu einem bestimmten Handeln, entzieht sich der unmittelbaren
Beobachtung (Amelang & Bartusek, 2001, 48). Dies ist ein Aspekt der die Erfassung er-
folgsrelevanter Merkmale und damit auch die Erfassung von Kompetenz wesentlich erschwert. Bei der Entwicklung und Konstruktion entsprechender Erfassungsverfahren ist

---

[55] Eine solche Auffassung hinsichtlich der Bestimmung von Kompetenz ist einer funktionalen Betrachtungsweise
zuzuordnen, in der Kompetenz als Erfüllung von Anforderungen verstanden wird. Dieses Verständnis ist vor allem
im Kontext betrieblichen Handelns anzutreffen, wobei zugleich eine starke Nähe zum Qualifikationsbegriff angenommen werden muss.
[56] Es bleibt festzuhalten, dass solche Arbeitsanalyseverfahren im Rahmen von Kompetenzerfassung von Bedeutung sind. Eine nähere Betrachtung solcher Verfahren, die eher auf die erforderlichen Anforderungen im Rahmen
einer Arbeitstätigkeit sowie die jeweils gegebenen Arbeitsbedingungen abzielen, soll an dieser Stelle nicht erfolgen. Zu vermerken ist allerdings, dass die Erfassung von Kompetenz nicht losgelöst von einem situativen Kontext
erfolgen kann, in dem u. a. Aussagen hinsichtlich Anforderungen und Arbeitsbedingungen getätigt werden.

dies zu berücksichtigen, um Erfassungsfehler zu vermeiden und möglichst gehaltvolle Aussagen zu gewinnen.

Möglichkeiten der kompetenzbezogenen Anforderungsdiagnose sind aus den arbeitspsychologischen und eignungspsychologischen Anforderungsanalysen ableitbar.[57] Wesentlich an den Erkenntnissen der arbeitspsychologischen Arbeits- und Anforderungsanalyse sei, nach Einschätzung von Lang von Wins (2003, 592), die Einbettung des Individuums in ein „soziotechnisches System", welches die Bedingungen für das Handeln einzelner auf einer anderen Ebene beeinflusse, als tätigkeitsbezogene Aspekte vermuten ließen. Für die Ermittlung von Kompetenz ergäben sich aus der soziotechnischen Analyse insbesondere zwei bedeutsame Aspekte: Dies sei zum einen der Einbezug der Organisation mit allen für den konkreten Arbeitsvollzug unmittelbar und mittelbar relevanten Merkmalen und zum anderen die Wahrnehmung ihrer Arbeitsrollen durch die Mitarbeiter als wesentliche Determinante des sozialen Systems. Beide Aspekte seien durch situativ-soziale Beziehungen von Kompetenzerwerb und Kompetenzausübung zu betrachten und wären damit auch Bestandteil einer kompetenzbezogenen Anforderungsanalyse (Lang von Wins, 2003, 592f.). Neben diesen an Ulich angelehnten Varianten verweist Lang von Wins (2003, 59) auf weitere Möglichkeiten hinsichtlich der Erfassung von Kompetenz. Eine bei der Konstruktion biographischer Fragebögen eingesetzte Variante der Anforderungserfassung, wäre die Befragung und Beschreibung von Mitarbeitern, deren Kompetenzgrad variiert.[58] Die am häufigsten eingesetzte Variante, sei die erfahrungsgeleitete-intuitive Anforderungsanalyse. Dabei würden ausgehend vom eigenen Bild der Arbeitstätigkeit und deren organisatorischen Einbettung, die erwünschte und notwendige Kompetenz abgeleitet (ebd.).

Grundsätzlich könnten die Verfahren der Eignungsdiagnostik in drei methodische Ansätze klassifiziert werden: den Eigenschaftsansatz, den Simulationsansatz und den biographischen Ansatz (Schuler & Höft, 2001, 95; Schuler, 2000, 64f.). Eigenschaftsorientierte Verfahren gehen direkt auf den Eigenschaftsansatz der Persönlichkeitspsychologie zurück und die aus der Arbeits- und Anforderungsanalyse abgeleiteten Anforderungen werden als zeitstabile und konsistente Personaldispositionen interpretiert (z. B. Gewissenhaftigkeit und sprachgebundene Intelligenz). Die Ausprägungen der Disposition werden als unabhängig vom Berufskontext betrachtet und durch testtheoretisch konstruierte Verfahren erfasst (Schuler & Höft, 2004b, 452). Das Ziel von simulationsorientierten Verfahren ist eine möglichst genaue Abbildung des realen Arbeitsgeschehens. Als Verfahren wird die Arbeitsprobe herangezogen. Dabei wird das innerhalb der Arbeitsprobe gezeigte Verhalten als Stichprobe für das eigentliche Arbeitsverhalten angesehen (ebd., 470). Biographieorientierte Ansätze beabsichtigen, die in der Vergangenheit erzielten Resultate früheren Verhaltens, für die Prognose zukünftigen Verhaltens zu verwenden (ebd., 481). Als Erhebungsmethode dienen biographische Fragen, die sowohl in schriftlicher als auch in mündlicher Form gestellt werden können.

---

[57] In diesem Zusammenhang verweist Lang von Wins (2003, 592) auf Ulich (1990, 57), der ein grundsätzliches Rahmenmodell der Arbeitsanalyse charakterisiert, welches aus folgenden drei Schritten besteht: „(1) Analyse der Arbeitsbedingungen und ihrer Erfüllung, (2) Analyse der Arbeitstätigkeiten und der erforderlichen Regulationsvorgänge, (3) Analyse der Auswirkungen von Produktionsbedingungen und Arbeitstätigkeiten auf Befinden und Erleben der Beschäftigten" (zit. nach Lang von Wins, 2003, 592). Die Anforderungen an die Kompetenz der Tätigkeitsinhaber ergeben sich, nach Auffassung von Lang von Wins, aus allen Ebenen der vorgeschlagenen Vorgehensweise.

[58] Lang von Wins (2003, 593) weist kritisch darauf hin, dass in diesem Kontext ein Kompetenzbegriff problematisch wäre, der sich eingeschränkt an der Ausrichtung des Kriteriums „beruflicher Erfolg" orientiert.

Neben diesen vorgestellten Ansätzen hinsichtlich der Erfassung von Kompetenz verweist die Arbeits- und Organisationspsychologie auf weitere Methoden, die im Rahmen der Kompetenzerfassung von Bedeutung sind. Dies sind beispielsweise Interviews, Arbeitsproben oder der Einsatz von Testverfahren (Lang von Wins, 2003, 594ff.). Auf die methodischen Vorgehensweisen soll an dieser Stelle nicht weiter eingegangen werden, da sie im Analyseraster unter dem Aspekt Methodologie thematisiert werden (vgl. 5.4).

3.2.5   Zusammenfassendes Fazit

In diesem Kapitel sollte der Beitrag der Psychologie in der Kompetenzdiskussion und vor allem im Hinblick auf die Erfassung von Kompetenz dargestellt werden, soweit dies aus pädagogischer Sicht leistbar war. Zunächst konnte auf einige Autoren verwiesen werden, die sich mit dem Konstrukt der Kompetenz auseinander setzen, wobei die Begriffsvielfalt von Kompetenz auch innerhalb der Psychologie verdeutlicht werden konnte. Aus der Darstellung ist zudem zu erkennen, dass mit einem psychologischen Kompetenzbegriff auch motivationale Aspekte verbunden sind.

Aufgrund des Bezugspunktes dieser Arbeit, auf den Kontext des beruflichen Handelns, erfolgten die weiteren Betrachtungen selektiv aus dem Blickwinkel der Arbeits- und Organisationspsychologie. Dabei wurde sich mit dem Arbeitshandeln auseinander gesetzt und aufgezeigt, wie dieses sowohl aus situativen Einflüssen (Arbeits- bzw. Handlungssituation) als auch aus personalen Aspekten (Kompetenz) resultiert. Dazu wurden die einzelnen Aspekte als auch deren Wechselbeziehung zueinander dargestellt.

Die Arbeitstätigkeit einer Person konnte als wesentliche Quelle von Kompetenzentwicklung herausgestellt werden. So wurde aufgezeigt, wie die Entwicklungsmöglichkeiten für Kompetenz im Wesentlichen durch die Inhalte und die Gestaltung der Arbeitstätigkeit bestimmt werden. Vor diesem Hintergrund kann die Arbeitstätigkeit als ein Anknüpfungspunkt für die Erfassung von Kompetenz betrachtet werden. Dabei ist jedoch zu beachten, dass diese neben den Möglichkeiten zur Kompetenzentwicklung auch die Kompetenz bestimmt, die in einer Arbeitssituation sichtbar und damit erfassbar werden kann.

Im Forschungsfeld der Eignungsdiagnostik, welche zukünftiges Verhalten von Personen zu diagnostizieren beabsichtigt, finden sich Hinweise bezüglich der Erfassung von Kompetenz. Neben der erforderlichen Anforderungsanalyse – zur Bestimmung der Handlungssituation – konnten auch Varianten zur Eignungsanalyse aufgezeigt werden. Zu nennen sind diesbezüglich Verfahren zur Erfassung von Eigenschaften sowie simulations- und biographieorientierte Verfahren. Diese können jeweils auch bei der Kompetenzerfassung herangezogen werden (vgl. 5.4).

Zusammenfassend lassen sich aus den Darstellungen folgende Aspekte für die Erfassung von Kompetenz festhalten:

- Die Psychologie enthält aufgrund ihrer allgemeinen Zielstellung, der Erforschung menschlichen Verhaltens, vielfältige Anknüpfungspunkte für die Erfassung von Kompetenz. Insbesondere die Erfahrungen bei der Entwicklung von entsprechenden Diagnose- und Erhebungsverfahren sind für die Kompetenzerfassung von Interesse.
- (Arbeits-)Handeln wird durch die Wechselbeziehungen von Situation und Person bestimmt. Ausgehend von der Annahme, dass Kompetenz sich nur im Handeln äußert,

bedeutet dies, dass bei der Erfassung von Kompetenz beide Aspekte zu berücksichtigen sind. Das gleiche gilt dann auch für die Analyse von Kompetenzerfassungsverfahren.

- Kompetenz kann sich im Rahmen der Arbeitstätigkeit (Arbeitshandeln) entwickeln, wobei in der Arbeitstätigkeit die Möglichkeiten der Entwicklung bestimmt sind. Die Arbeitstätigkeit kann damit auch als ein Ansatzpunkt bei der Erfassung von Kompetenz herangezogen werden.

- Die berufliche Eignungsdiagnostik bietet direkte Anknüpfungspunkte für Kompetenzerfassung, wie beispielsweise eigenschafts-, simulations- oder biographieorientierte Verfahren.

3.3 Diskussion des Kompetenzkonstruktes aus Sicht der soziologischen Handlungstheorie

Wie bereits erläutert, ist das Konzept von Kompetenz unmittelbar mit Handeln verbunden (vgl. 2). Kompetenz wird verstanden als ein Potential, eine Disposition, die zum Handeln befähigt. Die Kompetenz, als eine solche Disposition, kann nicht direkt, beispielsweise durch Beobachtung, erschlossen werden. Rückschlüsse auf vorhandene Kompetenz sind nur aus dem Handeln der Personen möglich und bleiben damit hypothetisch und interpretativ. Kompetenz als ein handlungstheoretischer Begriff impliziert die Auseinandersetzung mit Kategorien wie Handeln, Situation oder Sinn. Diese ist notwendig, um die zentralen Bezugspunkte zum Kompetenzkonzept und deren Erklärungskraft für die heutige Diskussion herauszustellen.

Die Handlungstheorie hat eine Vielzahl sozialwissenschaftlicher Theorieansätze (z. B. Ethnomethodologie, Phänomenologie, Symbolischer Interaktionismus) hervorgebracht, die vom sinnorientierten Handeln des sozialisierten Menschen ausgehen. Dabei werden die Menschen, mit Hilfe gemeinsamer symbolischer Orientierungssysteme, als interagierende Persönlichkeiten betrachtet. Diese Ansätze gelangen zu der Erkenntnis, dass sinnhaftes Handeln eher durch interaktionistisch orientierte als durch kausal-logische Begründungsmuster zu erklären ist (z. B. Schütz & Luckmann, 2003; Mead, 1995). Im Folgenden werden ausgehend vom Handlungsbegriff verschiedene Theorieansätze vorgestellt.

3.3.1 Handeln

Die Betrachtung der Sinnfrage führt dazu, dass nicht vom Verhalten sondern vom Handeln der Individuen gesprochen wird. In nahezu allen soziologischen Handlungstheorien[59] wird das Handeln von Personen mit einem sinnhaften Tun verbunden, welches den Unterschied zum reinen Verhalten charakterisiert. Die Differenzierung von Verhalten und Handeln soll zunächst deutlich gemacht werden. Verhalten bezeichnet instinktive durch Reize ausgelöste Aktivitäten, wie z. B. Atmen oder Stimmungen (z. B. Angst oder Freude). Im Gegensatz

---

[59] Zu den verschiedenen soziologischen Handlungstheorien zählen beispielsweise der Symbolische Interaktionismus, der von G.H. Mead (1995) begründet wurde, die Theorie zum sozialen Handeln (Rollentheorie) von T. Parsons (1994), die Theorie des Kommunikativen Handelns von Habermas (1988) und auch die Arbeiten zu „Wirtschaft und Gesellschaft" von Max Weber (1980).

zum Verhalten erfolgt Handeln intentional und zielgerichtet. Es unterscheidet sich vom Verhalten durch den subjektiven Sinn, der Intentionalität des Tuns und der Reflexion eintretender Handlungsfolgen. Es wird davon ausgegangen, dass Handeln der Individuen immer auch etwas mit dem Handeln anderer Individuen zu tun hat, weshalb in der Handlungstheorie das Individuum immer in Beziehung zu anderen Individuen gesetzt wird[60].

Handeln wird in verschiedenen Handlungstheorien z. T. unterschiedlich definiert und aufgefasst. *Weber* definiert Handeln als „ein menschliches *Verhalten* (einerlei ob äußeres oder innerliches Tun, Unterlassen oder Dulden) (...), *wenn* und *insofern* als der oder die Handelnden mit ihm einen subjektiven *Sinn* verbinden. ‚Soziales‘ Handeln aber soll ein solches Handeln heißen, welches seinem von dem oder den Handelnden gemeinten Sinn nach auf das Verhalten anderer bezogen wird und daran in seinem Ablauf orientiert ist“ (Weber, 1980, 1). Das Handeln im Sinne von Weber erklärt sich aus dem Sinn, den Handelnde mit ihrem Tun oder Unterlassen verbinden. Soziales Handeln bezieht sich auf den Sinn des Handelns von anderen Personen. Es kann orientiert sein an vergangenem, gegenwärtigem oder künftig erwartetem Handeln anderer (Abels, 2001a). Menschen handeln in einer bestimmten Art und Weise. Als Erklärung, warum sie dies gerade so tun, wie sie es tun, benennt Weber vier „Bestimmungsgründe des Handelns“ (ebd., 129). So kann Handeln *zweckrational* ausgerichtet sein, in dem bestimmte Mittel zur Erreichung von Zwecken eingesetzt werden. Von *wertrationalem* Handeln spricht er, wenn Werte aufgrund ihres Eigenwertes und unabhängig vom Erfolg handlungsleitend sind. *Affektuelles* Handeln benennt er als emotional und durch aktuelle Affekte und Gefühlslagen bestimmt. Als *traditionales* Handeln bezeichnet er Handeln, dass unter eingelebten Gewohnheitsaspekten erfolgt (Weber, 1980, 12).

Im Verständnis von *Parsons* erfolgen Handlungen im Kontext institutioneller Vorgaben, mit der Funktion die gesellschaftliche Ordnung aufrecht zu erhalten (Abels, 2001a, 120). Dabei wird Handeln als Anpassung an ein institutionalisiertes Rollenmuster einerseits und als Ausdruck internalisierter Werthaltungen andererseits aufgefasst (Miebach, 1991, 21). In seiner struktur-funktionalistischen Handlungstheorie stehen Handelnde immer in Bezug zu Rollen. Individuelle Entscheidungen die in Abhängigkeit von kulturellen Werten, sozialen Normen und persönlichen Motiven getroffen werden, sind durch alternative Wertorientierungen begrenzt. Als Voraussetzung für das Funktionieren von gemeinsamem Handeln, wird die Anerkennung von sozialen Werten und Normen angesehen. Parsons geht zudem davon aus, dass Handlungen nicht zufällig erfolgen, sondern eine bestimmte Struktur aufweisen und damit einer Ordnung folgen sowie aufeinander bezogen sind. Ausgehend von diesem Verständnis erfolgt Handeln unter normativen Gesichtspunkten. Es ist zudem zweckorientiert, da Handelnde versuchen ein bestimmtes Ziel durch die Anwendung bestimmter Mittel zu erreichen. Die Festlegung der Handlungsziele sowie die Abwägung der erforderlichen Mittel orientieren sich an der Gesellschaft und den dortigen Teilsystemen (Abels, 2001a).

Schütz unterscheidet Verhalten und Handeln ebenfalls durch den mit Handeln verbundenen Sinn. Die Ausführung von Handeln ist, nach seinem Verständnis, an einen vorab

---

[60] Bei der Analyse von Kompetenzerfassungsverfahren nehmen wir grundsätzlich an, dass Probanden und Tester die Entäußerung von Kompetenz (Performanz) als soziale Situation verstehen und in diesen Situationen „sinnhaft“ handeln. Inwiefern ein Messverfahren diesen Sachverhalt berücksichtigt, bleibt im Einzelnen zu überprüfen.
Zur Erfassung von Kompetenz werden häufig psychologische Verfahren herangezogen. Diese benutzen teilweise den Begriff Verhalten, der jedoch nicht in einem behavioristischen Sinn zu verstehen ist. Auf diese Problematik wurde bereits in Kapitel 2 verwiesen.

gefassten Entwurf, einen Plan orientiert (Schneider, 2002a, 236). Es handelt sich um soziales Handeln, wenn andere Personen im thematischen Bereich des Entwurfs enthalten sind. Ein Entwurf oder Plan beinhaltet einen erstrebenswerten Zielzustand, der durch das Handeln erreicht werden soll. Dieser gibt dem Handeln eine Richtung und kontrolliert dessen Ablauf. Außerdem sind bereits die Ergebnisse des Handelns im Handlungsplan festgelegt. Abweichungen im Handlungsziel und unberücksichtigte Nebenfolgen, können nicht als Handeln gefasst werden, weil für sie im Bewusstsein des Akteurs kein Korrelat vorhanden ist.

Mead vertritt einen interaktionistischen Ansatz. Die Entwicklung von Sprach-, Handlungs- und Reaktionsvermögen ist in seinem Verständnis nur möglich, wenn die Individuen an Prozessen sozialer Kooperation beteiligt sind (ebd., 180). In Folge dieses Verständnisses liegt der Ausgangspunkt seiner Untersuchungen bei „Organismen und deren wechselseitig aufeinander bezogenes Verhalten", und nicht bei Akteuren und ihren Handlungen, da deren Handlungsfähigkeit erst noch zu entwickeln ist (ebd., 181)[61].

Habermas betrachtet soziales Handeln in Verbindung mit Interaktion. Grundgedanke seiner Theorie ist die Konstruktion einer Kommunikationstheorie, die sich mit der alltäglichen Interaktion und Kommunikation von Personen beschäftigt (Treibel, 1994, 153). Er unterscheidet vier Handlungstypen, die sich in anderen theoretischen Ansätzen wieder finden und jeweils Grenzfälle kommunikativen Handelns beschreiben. Diese sind: teleologisches, normenreguliertes, dramaturgisches und kommunikatives Handeln (Habermas, 1988a, 126ff.). Das *teleologische* Handeln bezeichnet zielgerichtetes, zweckrationales und erfolgsorientiertes Handeln der Akteure, das den Geltungsanspruch[62] der Wahrheit verfolgt. *Normenreguliertes* Handeln bezieht sich ausschließlich auf die soziale Welt und meint das Handeln von Mitgliedern einer Gruppe, die sich an gemeinsamen Werten orientieren. Damit knüpft Habermas an den Handlungsbegriff von Parsons an, der normengeleitetes Handeln zum Ausgangspunkt seiner Rollentheorie machte. Ausgehend von geltenden Normen wird so der Anspruch der Richtigkeit erhoben. Das *dramaturgische* Handeln ist ausschließlich der subjektiven Welt des Handelns zugeordnet. Es bezeichnet Handlungen, die auf Selbstpräsentation unter Interaktionsmitgliedern zielen. Habermas knüpft damit an den Handlungsbegriff von Goffman[63] an und beschreibt Handeln, dass Aufrichtigkeit beansprucht.

Diese Handlungstypen versteht Habermas als unterschiedliche Formen zweckrationalen Handelns. Sie erfassen durch den jeweiligen Bezug zu einer Welt nur ausgewählte Aspekte der Wirklichkeit der handelnden Individuen und können somit nicht ausreichend sein (Treibel, 1994, 160). In seinem Begriff des *kommunikativen* Handelns verknüpft Habermas diese Handlungstypen und spricht von einem verständigungsorientiertem Handeln, dass sich auf alle drei Welten[64] bezieht. Es bezieht sich auf die Interaktion von mindestens zwei

---

[61] So entwickelt Mead ein Verständnis von „Sinn", welches den Sinn nur intersubjektiv entstehen lässt. Es setzt sich damit kategorisch von Weber ab, der den „Sinn" schon in einer (zweckrationalen) Zielverfolgung entdeckt.
[62] Darunter versteht Habermas die Voraussetzungen für Kommunikation.
[63] Goffman (1973) untersuchte in seiner Arbeit „Wir alle spielen Theater" ausführlich das dramaturgische Handeln.
[64] Habermas unterscheidet drei Welten, die objektive Welt, die soziale Welt und die subjektive Welt. Die objektive Welt bezeichnet die sog. äußere Natur, die die Gesellschaftsmitglieder vorfinden, die „Gesamtheit der Tatsachen". Durch die soziale Welt wird die Welt der Normen und der Interaktion gekennzeichnet. Die subjektive Welt wird als Innenwelt des Individuums charakterisiert, welche alle inneren Erlebnisse umfasst, zu denen nur das fühlende und erlebende Individuum Zugang hat (Treibel, 1994, 156f.).

Individuen, die eine interpersonale Beziehung eingehen. Sie verständigen sich über ihre Handlungssituation, um so ihre Handlungspläne und die damit verbundenen Handlungen zu koordinieren. (Abels, 2001a, 152ff.). Die Fundierung des kommunikativen Handelns geht auf Theorien des Symbolischen Interaktionismus (Mead, Blumer) und der Ethnomethodologie (Garfinkel) zurück. Durch die Differenzierung verschiedener Handlungstypen verdeutlicht Habermas die verschiedenen Aspekte seines Handlungsbegriffs unter Rückbezug auf bereits bestehende Handlungstheorien und erweitert diese in seinem Verständnis.

Gemeinsam ist den dargestellten Handlungstheorien, dass sie Handeln als mit Sinn verbunden definieren. Differenzen bestehen hinsichtlich der Annahmen, wie ein solches Handeln zustande kommt. Weber und Parsons gehen diesbezüglich von einem stark zweckrationalen Handeln aus, dass sich an kulturellen Vorgaben wie Tradition, Brauch und Sitte bzw. gesellschaftlichen Normen orientiert und durch diese reguliert wird. Die anderen dargestellten Handlungskonzepte stellen die handelnden Subjekte sowie die zwischen verschiedenen Subjekten stattfindenden Interaktionen stärker in den Vordergrund. Sie wenden sich damit von einer strengen normengeleiteten Zweckrationalität ab und gewähren den Individuen, durch wechselseitige Interaktion, die Entwicklung individueller Zielstellungen und eigener Handlungsspielräume.

Handeln wird also in den verschiedenen Handlungstheorien jeweils anders erklärt. Geht man nun davon aus, dass sich Kompetenz im Handeln zeigt, ist die Erklärung wie Handeln zustande kommt von Interesse. So kann in den jeweiligen Erklärungsaspekten nach Ansatzpunkten für die Erfassung von Kompetenz gesucht werden. Unter der Annahme, dass Handeln an kulturellen Werten und gesellschaftlichen Normen orientiert ist und durch diese reguliert wird, könnten diese als Kriterien bei der Erfassung von Kompetenz herangezogen werden. In Verbindung mit solchen normativen Gesichtspunkten kann eine „Vorstellung" von „richtigem" Handeln angenommen werden. Eine Person, die „richtig" handelt, könnte demnach als kompetent eingestuft werden. Handeln, das die subjektive Dimension stärker in den Vordergrund stellt und den Personen die Entwicklung individueller Zielstellungen und eigener Handlungsspielräume zugesteht, wird dadurch auch vielfältiger. Eine Einschätzung nach festgelegten Kriterien ist nicht mehr angemessen. Damit müssten auch Verfahren der Kompetenzerfassung Handlungs- und Gestaltungsspielräume berücksichtigen.

Die Darstellungen zum Handlungsbegriff sind also erforderlich, um zu veranschaulichen, dass je nach Handlungsbegriff (-verständnis) verschiedene Möglichkeiten hinsichtlich der Erfassung von Kompetenz bestehen. Ein allgemeiner Handlungsbegriff im Kontext von Kompetenzerfassung kann allerdings nicht festgelegt werden. Eine stärker am Subjekt orientierte Erklärung von Handeln stände eher in Zusammenhang zu dem, was Kompetenz in Abgrenzung zu Qualifikation eigentlich ausmacht und wäre zu präferieren. Allerdings ist anzunehmen, dass vor allem im Kontext des betrieblichen Handelns eine normengeleitete Erklärung von Handeln herangezogen wird. Hier erscheint sie nützlich, um die betrieblichen Abläufe entsprechend steuern und regulieren zu können. Eine Erfassung von Kompetenz, die sich an solchem Handeln orientiert, scheint vor diesem Hintergrund angemessen. Allerdings bleibt an dieser Stelle kritisch zu hinterfragen, ob tatsächlich Kompetenz oder nicht eher Qualifikation erfasst wird. Die normengeleitete Erklärung von Handeln kann allerdings – trotz ihrer vermeintlichen Nähe zum Qualifikationsbegriff – nicht ignoriert werden und ist damit auch bei den nachfolgenden Betrachtungen weiterhin im Auge zu behalten.

3.3.2 Situationsbegriff

Es kann vorausgesetzt werden, dass die Erfassung von Kompetenz in „sozialen Situationen" erfolgt. Daher scheint es angebracht, diese Kategorie einer näheren Betrachtung zu unterziehen und die Situation als ein Bestandteil des Kompetenzkonzeptes zu betrachten.

In der soziologischen Handlungstheorie spielt der Begriff der Situation eine zentrale Rolle für das menschliche Handeln. Situationen sind als raum-zeitliche Konstellationen zu verstehen, die jeweils die Gegenwart kennzeichnen. Die Bedeutung einer Situation ergibt sich aus der Art und Weise wie die Handelnden sich auf sie beziehen (Fuchs-Heinritz, 1994, 605). In Anlehnung an interaktionistische Handlungstheorien (z. B. Mead, Blumer) können Situationen als subjektive Konstruktionsleistungen der Akteure verstanden und als Produkt sozialen Handelns betrachtet werden. Dabei wird Handeln dadurch erklärt, dass Handelnde die Situation und ihr Handeln wechselseitig interpretieren und fortlaufend anzeigen, wie sie die Situation des Handelns definieren (Abels, 2001a, 156f.). Der Gedanke einer Situationsdefinition ist grundlegend für den Symbolischen Interaktionismus und durch die Erzeugung gemeinsamer „Symbole" in der Interaktion wird deren Sinn stets verhandelt. Die Situation wäre damit eine individuelle Konstruktionsleistung in einer sozialen Situation, was eine sinnbezogene Kommunikation über die „Symbole" impliziert und verschiedene Handlungsalternativen einbezieht.[65]

Für das Ausführen von Handlungen ist es erforderlich, dass sich der Handelnde ein Urteil über den Charakter der Situation bildet (Joas, 1996, 235). Das jeweilige Handlungsziel ergibt sich aus der Reflexion über eine Handlungssituation durch das Subjekt. Dabei werden sowohl individuelle Erfahrungen (z. B. Biographie) und Handlungsgewohnheiten der Handelnden einbezogen als auch die Handlungssituation berücksichtigt (Vonken, 2005, 150). Damit enthält die Situation den Anlass des Handelns in Form einer Herausforderung für den Handelnden. Dies ist jedoch nicht in einer behavioristischen Perspektive zu verstehen, wo Handeln als reine Reaktion auf eine Herausforderung gedacht wird. Vielmehr besteht „eine wechselseitige Beziehung zwischen der Reflexion der Situation und den eigenen Handlungsgewohnheiten und Erfahrungen in der Art, dass die Situation einerseits zum Handeln herausfordert, andererseits die Handlung bereits in der Situation präsent ist und die Handlungsoptionen beschränkt." (Vonken, 2005, 250f.). In diesem Sinne kann festgehalten werden: „Situationen lösen unsere Handlungen nicht aus, stellen aber auch nicht nur das Terrain für die Exekution von Intentionen bereit. Unsere Wahrnehmung der Situation ist vorgeformt in unseren Handlungsfähigkeiten und unseren aktuellen Handlungsdispositionen; welche Handlung realisiert wird, entscheidet sich dann durch eine reflexive Beziehung auf die in der Situation erlebte Herausforderung" (Joas, 1996, 236).[66]

---

[65] Die Betrachtung von Situationen als subjektive Konstruktionsleistung und Produkt sozialen Handelns, erschwert den methodischen Zugang hinsichtlich der Erfassung. Soziales Handeln ist in diesem Sinne an einen Verständigungsprozess über Ziele und Sinnstrukturen verwiesen. Die dabei entstehenden Möglichkeiten der Situationsdefinition im Hinblick auf Ziele und Sinnstrukturen müssen nicht unbedingt anhand normativer Vorgaben erfolgen. Dadurch können diese variieren und werden zum Problem vergleichender und bewertender Erfassbarkeit von Kompetenz.

[66] Unsere Handlungsdispositionen (Kompetenz) bestimmen also wie wir eine Situation wahrnehmen und unsere Handlungsmöglichkeiten einschätzen. Damit wird zum einen verdeutlicht, wie Kompetenz und Situation miteinander verbunden sind und zum anderen, wie Kompetenz sich auf das Handeln auswirkt. Daraus ergibt sich für die Erfassung von Kompetenz, dass die Situation entsprechend zu berücksichtigen und anzugeben ist. Bei einer Analyse von Kompetenzerfassungsverfahren ist die Situation somit ebenfalls zu berücksichtigen.

Das Handeln von Personen wird demnach durch deren subjektive Wahrnehmung und Deutung der Situation mitbestimmt. Für ein gesellschaftliches Miteinander in der Lebenswelt sind allerdings „Objektivierungen" erforderlich, die die Welt regulieren und ein gemeinsames Leben und Handeln ermöglichen (Berger & Luckmann, 1994, 26). Unter Objektivierungen sollen „Verkörperungen subjektiver Vorgänge in Vorgängen und Gegenständen der Lebenswelt des Alltags" verstanden werden (Schütz & Luckmann, 2003, 385). Solche Objektivierungen könnten von anderen als „Hinweise auf subjektive Vorgänge erfasst und gedeutet werden" (ebd., 359)[67] und damit auch bei der Erfassung von Kompetenz entsprechend herangezogen werden.

Daran anknüpfend lässt sich festhalten, dass eine Situation in ihrer Konstellation einmalig und nicht wiederholbar ist. Von der Einmaligkeit einer Situation ausgehend, kann nicht von einer Situationsänderung gesprochen werden, sondern von der Fortschreibung einer Situation, um anschlussfähiges Handeln zu ermöglichen. Durch die Idee der Situationskonstruktion (Berger & Luckmann, 1994) wird klar, dass Sinnzuschreibungen niemals identisch mit früheren Situationen sein können. Ein Konstanthalten oder Wiederholen ist Laborversuchen vorbehalten. So kann die eigentliche Kompetenzerhebung nur zeitpunktbezogen[68] erfolgen. Um die erfasste Kompetenz angemessen interpretieren und verwenden zu können, ist die raum-zeitliche Konstellation der Situation von Bedeutung, in der die Kompetenz erfasst worden ist bzw. auf die sich bei der Erfassung bezogen wird. Vor diesem Hintergrund sind verschiedene Bezugsebenen zu unterscheiden, die bei der Erfassung von Kompetenz zu beachten sind.

Eine erste Bezugsebene von Situation im Kontext von Kompetenzerfassung ist *die der Feststellung* von Kompetenz. Damit wird die Situation beschrieben, in der die Kompetenzerfassung erfolgt. Neben den konkreten Erfassungsbedingungen (z. B. Ort und Dauer der Erhebung) sind die methodischen Aspekte der Erhebungsverfahren in den jeweiligen betrieblichen Handlungssituationen von Interesse. Dabei ist beispielsweise zwischen Beobachtungsprozessen, interveworientierten Verfahren, Simulationshandeln und schriftlichen Befragungen zu unterscheiden. Eine zweite Bezugsebene von Situation im Hinblick auf Kompetenzerfassung ist *die des Handelns*. Mit ihr ist die Situation angesprochen, auf die sich das Kompetenzerfassungsverfahren bezieht. Im Rahmen dieser Arbeit werden dabei insbesondere betriebliche Handlungssituationen ins Blickfeld gezogen werden. Als Beispiel für betriebliche Handlungssituationen, sind berufliche Aufgaben mit Problembewältigungscharakter zu nennen. Diese werden im Prozess der Kompetenzerfassung durch die

---

[67] Hinsichtlich der „Objektivierungen" können verschiedene Stufen angenommen werden. Auf einer Stufe wird der Vorgang des subjektiven Wissenserwerbs objektiviert. Auf einer anderen Stufe sind es bereits die Resultate des Wissenserwerbs die objektiviert werden und auf einer weiteren Stufe werden die subjektiven Vorgänge in Handlungsresultaten objektiviert (Schütz & Luckmann, 2003, 358ff.). Für Erfassung von Kompetenz sind vor allem die Deutungsmuster (Interpretationsrelevanzen) interessant, durch die Handlungsresultate auch abgelöst vom Handlungsverlauf gedeutet werden können. Die Herausbildung von Deutungsmustern geht dabei auf Situationen zurück, in denen der Zusammenhang zwischen dem Handlungsablauf und dem Handlungsresultat unmittelbar erkennbar ist (ebd., 369). Für die Erfassung von Kompetenz ergibt sich daraus die Konsequenz, Deutungsmuster für die Erfassungsprozesse heranzuziehen. Dafür ist auch eine weitere Stufe der „Objektivierungen" hilfreich, bei der subjektives Wissen in Zeichen „übersetzt" wird (ebd., 375).

[68] Die Erfassung von Kompetenz kann nur in der Gegenwart erfolgen. Das jeweilige Erhebungsverfahren kann dabei allerdings auch Kompetenzeinschätzungen erfragen die retrospektiv oder zukunftsgerichtet sind. Das erfordert von der Person, die das Verfahren durchläuft, die Fähigkeit vergangene Situationen und dort abgelaufene Handlungen zu rekonstruieren und zu reflektieren. Mit Blick auf die Zukunft müssten Situationen und Handlungen im Vorfeld konstruiert werden.

jeweiligen Erfassungsverfahren selbst definiert, indem sich diese bei der Erhebung der Kompetenz auf eine konkrete (berufliche) Situation beziehen.[69]

Anhand der Ausführungen sollte der Zusammenhang zwischen Situation und Handeln sowie sich daraus für die Kompetenzerfassung ergebene Konsequenzen verdeutlicht werden.

3.3.3 Sinn

Der Sinnbegriff ist in der soziologischen Handlungstheorie unmittelbar mit dem Handeln verbunden und für dessen Erklärung unverzichtbar. Er unterstützt „die spezifische Form der Wahrnehmung, die das Verhalten anderer Menschen deutbar macht" und „er macht über konkrete Handlungssituationen hinaus die sie tragende Kultur (den Zusammenhang der Normen und Werte eines Gesellschaftssystems) einsehbar" (Schäfers, 1998, 22). Die wesentliche Aufgabe von Sinn sieht Luhmann (1987, 92) in der Reduzierung von Komplexität und der Selektion von Handlungsmöglichkeiten. Er liefert zudem die nötigen Anhaltspunkte zum Verstehen, Erklären bzw. Interpretieren von Handlungen. Sinn ist damit ein wesentlicher Aspekt im Hinblick auf das Verständnis von Kompetenz und im Folgenden näher zu betrachten.[70]

Ausgehend von einer allgemeinen Aufgabenzuschreibung für die Soziologie charakterisiert *Weber* deren Aufgabe als ein deutendes Verstehen und ursächliches Erklären von sozialem Handeln. Er geht davon aus, dass Sinn durch Kommunikation weitergetragen werden kann[71]. Die Aufgabe des Forschers ist es, den Sinn einer Handlung „deutend zu verstehen", indem er Handeln interpretiert und in einen größeren Sinnzusammenhang stellt. „Erklären bedeutet also für eine mit dem Sinn des Handelns befasste Wissenschaft soviel wie: Erfassung des Sinnzusammenhangs, in den, seinem subjektiven Sinn nach, ein aktuell verständliches Handeln hineingehört" (Weber, 1980, 4). Im Gegensatz zu einer rechtlichen Bestimmung von Handeln, in der Sollensanforderungen formuliert werden, enthält Webers Handlungsbegriff keine normativen Sinnelemente. Er orientiert sich im Unterschied zu einem objektiv wahren bzw. normativ richtigen Sinn streng an dem subjektiv gemeinten Sinn. Ausgehend vom subjektiven Sinn, den ein Akteur mit seinem Verhalten verbindet, entsteht ein entsprechendes Handeln, dass durch den subjektiven Sinn getragen wird. Der Sinn des Handelns wird im Verständnis von Weber nicht aus den Individuen selbst geschöpft, sondern entsteht im Kontext kultureller Vorgaben, wie Tradition, Sitte, kulturelle

---

[69] Dabei sind auch die methodischen Gesichtspunkte von Bedeutung, da beispielsweise auch durch die Art der Fragestellung verschiedene Situationen angesprochen werden können. So kann gefragt werden „Wie würden Sie in der Situation xxx handeln?" oder „Wie haben Sie in einer Situation xxx gehandelt?" Die Art der Fragestellung beinhaltet zugleich die Antwortperspektive der Person. So können die Fragen hypothetisch im Sinn von „Ich denke..." bzw. „Ich würde... handeln" oder aufgrund von Erfahrungen „Ich habe... gehandelt" beantwortet werden. Unter Berücksichtigung dieser Aspekte gewinnen die mit der jeweiligen Fragestellung gewonnen Aussagen eine jeweils andere Aussagekraft.

[70] Die Kategorie des Sinns ist auch im Rahmen der Kompetenzerfassung von Bedeutung, da der mit einer Situation verbundene Sinn, das Handeln von Personen bestimmt. So können Prozesse des Sinnverstehens bei der Entwicklung entsprechender Kompetenzerhebungsverfahren herangezogen werden. Die Entstehung von Sinn kann hingegen beim Verstehen von Handlungsprozessen von Interesse sein.

[71] In anderen Theorien (Schütz, Mead, Habermas) wird von einem wechselseitigen Produktionsprozess zwischen „Kommunikation" und „Sinn" ausgegangen.

Muster der Affekte, spezifische Wertorientierungen sowie Zielen die in einer Gesellschaft als erstrebenswert gelten und die unser Handeln leiten (Abels, 2001a, 119).

Im Hinblick auf den Sinn einer Handlung orientiert sich *Parsons* an dem amerikanischen Interaktionstheoretiker William I. Thomas und übernimmt den Begriff „Definition der Situation". Mit Hilfe der Situationsdefinition „verfügt der Aktor in einem Interaktionssystem über die Fähigkeit, eine soziale Situation (...) einzuschätzen und sich in seinem Verhalten darauf einzurichten. Die Situationsdefinition kann sich einerseits auf das Erkennen oder Einfühlen in bereits bestehende soziale Situationen wie Rollenbeziehungen oder Gruppenstrukturen beziehen, oder andererseits die Festlegung des Handlungskontextes in einer unstrukturierten sozialen Beziehung betreffen, die von den Interaktionspartnern zu definieren ist" (Miebach, 1991, 253).

Mead beschäftigte sich insbesondere mit der gegenseitigen Anpassung von Handlungen verschiedener Menschen innerhalb eines menschlich-gesellschaftlichen Prozesses. Sinn liefert zentrale Hinweise darüber, wie „die gegenseitige Anpassung der Handlungen verschiedener menschlicher Wesen" möglich ist (Mead, 1995, 115). Die Anpassung entwickelt sich im Prozess der Kommunikation mit Hilfe von Gesten und Symbolen. Diese bilden die Basis für die Interaktion. „Wir verweisen auf den Sinn einer Sache, wenn wir ein Symbol verwenden. Symbole stehen für den Sinn jener Dinge oder Objekte, die einen solchen Sinn haben; es handelt sich bei ihnen um Teile der Erfahrung, die andere Teile der Erfahrung aufzeigen oder repräsentieren, die gegenwärtig oder in der gegebenen Situation präsent sind" (ebd., 162f.). Symbole lösen bei einem anderen Individuum (alter ego) die gleiche Vorstellung über die dahinter liegende Bedeutung aus, wie beim Erzeuger (ego) des Symbols. Dies führt zu gleichen Handlungsreaktionen, weshalb Symbole als Grundlage der Sinnfindung in Situationen gelten können (ebd., 188f.).

Schütz untersucht wie der subjektive Sinn von Handlungen vom Handelnden selbst erzeugt und erfahren wird. Von Interesse ist für ihn vor allem der Prozess der Konstitution des subjektiven Sinns, der jedem Handeln zugrunde liegt und in jeder Theorie des Handelns vorausgesetzt werden muss. Ein Verhalten wird zum Handeln, wenn es intentional erfolgt und seine Ausführung durch einen Plan oder Entwurf geleitet wird (Schütz & Luckmann, 2003, 450ff.; Schneider, 2002a, 236). Die Einbettung des Handelns in einen weiterführenden Plan bestimmt den Sinn einer Handlung, der in Abhängigkeit vom jeweiligen Plan variieren kann.

3.3.1.1 Doppelpoligkeit des Sinns

Im Kontext der soziologischen Handlungstheorien, ist von einer Doppelpoligkeit des Sinns auszugehen. Es wird einerseits angenommen, Handelnde seien daran interessiert, dass ihre Handlungen in gewisser Weise verstanden werden. Andererseits, so die zweite Seite des Sinnbezugs, werde im Handeln selbst Sinn produziert und reproduziert (Schäfers, 1998, 23). Die Doppelpoligkeit von Sinn ist dabei nicht als Ausdruck zweier entgegengesetzter Pole zu verstehen. Vielmehr charakterisiert sie zwei parallel verlaufende Prozesse, die jeweils das soziale Handeln zeitlich voranbringen:

A) Verstehen von Handeln

Die erste Seite des Sinnbezugs beschäftigt sich mit *Verstehensprozessen*[72] von Handeln und geht der Frage nach, wie Handlungen von Personen verstanden, erklärt und interpretiert werden. Die verschiedenen soziologischen Handlungstheorien gebrauchen im Wesentlichen ähnliche Erklärungsmuster, die jedoch im Einzelnen differieren.

Weber erklärt menschliches Handeln durch das Verstehen des kausalen Zusammenhangs zwischen dem subjektiven Sinn und dem betreffenden Handeln (Esser, 1999, 195). Er stellt heraus, dass Handeln, durch den mit ihm verbundenen Sinn, nicht wie Verhalten beobachtbar ist. Handlungszuschreibungen durch Dritte enthalten immer auch Hypothesen über den mit dem Handeln repräsentierten Sinn. Handeln kann umso eindeutiger verstanden werden, je mehr dieses aus der Perspektive definierter Beobachtungskategorien interpretiert wird. Es kann als rational bezeichnet werden, wenn es für die Zweckerreichung die objektiv geeignetsten Mittel wählt. Aus Webers Sicht ist Handeln aus der Perspektive des Beobachters dann zweckrational, wenn es vom Beobachter vollständig verstanden werden kann (Schneider, 2002a, 30). Davon ist im Kontext einer normativ vorstrukturierten Handlungssituation auszugehen. Unberücksichtigt bleibt dabei die Perspektive der Versuchsperson, deren Verständnis der Situation und dem damit verbundenen Sinn. Im Verständnis von Weber basiert das Verstehen von Handeln also auf normativ vorstrukturierten Handlungssituationen, ohne die Akteursperspektive zu berücksichtigen.[73]

Sollen durch Verstehen gewonnene Deutungs- und Erklärungsvorschläge einen Beitrag zur Wissenschaft leisten, müssen sie gewissen Kriterien entsprechen. Dieses erfordert eine Handlungsanalyse, die der Frage nachgeht, inwiefern ein Handeln als „objektiv richtigkeitsrational gedeutet, d.h. als Ergebnis der Verfolgung eines Zwecks mit den (unter den gegebenen Bedingungen) dazu am besten geeignetsten Mittel verstanden werden kann" (Schneider, 2002a, 31). In diesem Sinne müsste, bezogen auf die jeweilige Handlungssituation, ein Idealtypus von Kompetenz festgelegt werden, der darstellt, wie Handeln unter idealisierten Voraussetzungen erfolgen sollte. Für die Erfassung von Kompetenz bedeutet dies, dass aus dem Idealtypus Kriterien abgeleitet werden könnten, anhand derer die Kompetenz eingestuft werden kann. Ausgehend von der zugrunde gelegten Zweckrationalität ist dies eine mögliche Vorgehensweise für die Erfassung von Kompetenz. Unter der Annahme, dass Kompetenz eine offene Disposition ist, die sich im Handeln entwickelt, erscheint eine Erfassung anhand festgeschriebener Kriterien allerdings problematisch.

Für *Parsons* besteht „das fundamentale Theorem der Handlungstheorie" (...) durch „die Struktur von Handlungssystemen aus institutionalisierten (in sozialen und kulturellen Systemen) und/oder internalisierten (in Persönlichkeiten und Organismen) Mustern kultureller Bedeutung" (Parsons, 1976; zit. nach Miebach, 1991, 19). Davon ausgehend interpretiert er eine Handlung durch kulturelle Wertmuster, die für den Handelnden durch konkrete Verhaltenserwartungen greifbar und in Bezug auf bestimmte Situationen definiert sind (Miebach, 1991, 19). Mit seiner Rollentheorie versucht Parsons zu erklären, warum Personen so handeln wie sie handeln (Abels, 2001a). Dabei wird davon ausgegangen, dass Men-

---

[72] Verstehensprozesse sind für die Beobachtung und Bewertung von Handlungen von Interesse. So bestimmt die Art und Weise wie eine Handlung verstanden wird die Bedeutung der erhobenen Daten.

[73] In diesem Handlungsverständnis wird davon ausgegangen, dass Handeln aufgrund von Normen erfolgt, die zugleich die Grundlage für dessen Einschätzung und Bewertung bilden. Dabei bleibt unberücksichtigt, dass Akteure eine Situation anders verstehen können und ihrem Handeln einen anderen Sinn geben, als den, der durch vorstrukturierte Handlungsalternativen angenommen wird. Eine mögliche Differenz zwischen Selbst- und Fremdverstehen im Rahmen von Analyse- und Beurteilungsprozessen wird nicht thematisiert.

schen sich in vielfältigen Interaktionsbeziehungen befinden, in denen der Status einer Person den Gegenstand für die Orientierungen von anderen bildet. Rollen werden durch gesellschaftliche Normen reguliert und charakterisieren soziale Erwartungen an das Handeln (ebd., 84). Die Grundidee des Rollenhandelns geht also davon aus, dass in bestimmten sozialen Situationen Handlungserwartungen an die Teilnehmer gestellt werden, die jeder Handelnde etwa in gleicher Weise erfüllt. Die Individuen beteiligen sich am gesellschaftlichen Leben, indem sie jeweils situationsspezifisch ein Repertoire von Rollen ausfüllen. Je nach Situation wird eine bestimmte Rolle aktiviert, durch die ein Ausschnitt der Persönlichkeit des Individuums präsentiert wird. Will man mit diesem Modell das Rollenhandeln analysieren, so ist dies sowohl auf strukturelle Bedingungen und den damit verbundenen Handlungsspielräumen des Rollenhandelns als auch auf Strategien und Ziele des Rollenhandelns zu untersuchen.

Im Hinblick auf die Erfassung von Kompetenz ist die Theorie von Parsons insbesondere für betriebliches Handeln von Bedeutung, das durch eine Vielzahl von Funktionen strukturiert ist. Beim betrieblichen Handeln wird von den Personen erwartet, dass sie entsprechend ihrer Funktion (z. B. Vorgesetzter, Mitarbeiter) und ihrer Rolle (z. B. Führungskraft, Büroangestellter) handeln.

> Demnach könnte Kompetenz, durch die Ausgestaltung bestimmter Funktionen und Rollen erfasst und anhand idealisierter Rollenerwartungen beurteilt werden. Das erwartete Rollenhandeln eines Vorgesetzten dürfte sich dabei von dem eines Mitarbeiters unterscheiden. Erfasst werden könnte, in welcher Weise Personen die an sie gestellten Rollenerwartungen erfüllen.

Dieses Verständnis bietet die Chance Handeln, in Bezug auf Funktionen und Rollenerwartungen zu erfassen und einzuschätzen. Es ist jedoch kritisch zu prüfen, ob dabei Kompetenz oder eher Qualifikation erfasst wird. Zudem ist (wie bei Weber) zu überdenken, ob eine Erfassung anhand festgeschriebener Kriterien den Merkmalen des Kompetenzkonzeptes gerecht wird.

Ausgangspunkt von *Meads* Überlegungen sind Organismen und deren wechselseitig aufeinander bezogenes Verhalten. Er untersucht, wie Personen mit ihrem Verhalten einen subjektiven Sinn verbinden, und geht davon aus, dass Menschen ihre Perspektiven wechseln und so das Verhalten der anderen partizipieren können. Das sinnhafte Verhalten eines Individuums knüpft damit an die Fähigkeit an, die Reaktionen anderer Personen auf die eigenen Gesten vorherzusagen. Die Akteure müssen in der Lage sein, einen bestimmten Sinn mit ihrem Verhalten zu verbinden, das Verhalten anderer vorwegzunehmen und zu interpretieren (Schneider, 2002a, 180). An dieses Sinnverständnis anknüpfend, kann Kompetenz als eine mit Sinn verbundene Größe verstanden werden. Kompetenz ist somit als offene, dynamische Disposition zu betrachten, die Handeln ermöglicht.

Zur Erklärung menschlichen Handelns verwendet *Schütz* eine Unterscheidung von „Um-Zu- und Weil-Motiven". Diese dient dazu, die Differenzen zwischen einem zu realisierenden Handlungsplan und zurückliegenden Determinanten für diesen Entwurf, abgrenzen zu können. Um-Zu-Motive bestimmen den Sinn des Handelns, aus der Perspektive des Handlungsvollzugs, so wie er im Prozess des Handelns gegeben ist. Beim Ausführen einer Handlung ist damit der Sinn des Handelns, für den Handelnden unmittelbar gegeben. Für den Beobachter sind Um-Zu-Motive nur zu erschließen, wenn dieser den Handelnden ausdrücklich nach dem Sinn seines Handelns befragt. Die Gründe für die Entwicklung eines Handlungsentwurfs werden durch Weil-Motive beschrieben, die außerhalb der eigentlichen

Handlung stehen. Sie liegen in der Vergangenheit des Akteurs und können nur unter Bezug auf zurückliegende Gründe des Handelns erfasst werden. Der Akteur ist damit Beobachter seiner eigenen Handlungen und befindet sich in Bezug auf seine in der Vergangenheit liegenden Handlungsgründe in der gleichen Perspektive wie ein fremder Beobachter. Seine Erinnerung kann ihn täuschen und die Rekonstruktion seiner Handlungsgründe ist ebenso hypothetisch und damit widerlegbar (Schneider, 2002a, 238ff.).

Die Unterscheidung in Um-Zu-Motive und Weil-Motive impliziert unterschiedliche methodische Konzepte im Hinblick auf die Erfassung von Kompetenz. Um-Zu-Motive konstituieren den Handlungsentwurf und repräsentieren subjektive Plansysteme (ebd., 243). Solche Motive enthalten damit Gründe für die Ausführung des Handelns zur Verfolgung eines bestimmten Plans. Das Handeln erfolgt damit unter einer bestimmten Zielstellung, die es zu erreichen gilt und ist damit ziel- und zweckorientiert (Weber), nur das die Ziele nicht normativ, sondern subjektiv bestimmt sind. Messtheoretisch bedeutet dies, dass solche Handlungsgründe mit Hilfe von festgelegten Kriterien in Bezug auf das zu erreichende Ziel erfasst und beurteilt werden könnten, woraus Rückschlüsse auf Kompetenz möglich sind. Weil-Motive beschreiben die Gründe für die Entwicklung eines Handlungsentwurfs und charakterisieren eher Elemente der Persönlichkeit wie z. B. Prinzipien oder Gewohnheiten. Solche Handlungsgründe werden nicht unmittelbar im Handeln sichtbar, sie bleiben also verborgen. Demzufolge können sie auch nicht anhand festgelegter Kriterien erfasst werden, sondern lediglich in Form von offenen Schilderungen.

In seiner „Theorie des kommunikativen Handelns" überführt *Habermas* (1988) den interpretativen Handlungsbegriff in den Begriff des kommunikativen Handelns und verwendet ihn gleichbedeutend mit dem der Interaktion. Die Koordinierung von Handlungen erfolgt somit als „Verständigung im Sinne eines kooperativen Deutungsprozesses" (Habermas, 1988a, 151). Habermas führt das Interesse an Verständigung und das Ziel eines gemeinsamen Konsenses, als eine weitere Voraussetzung für eine funktionierende Kommunikation zwischen Individuen ein. Die Gültigkeit von Sinnzusammenhängen zum Austausch von Informationen wird im kommunikativen Handeln vorausgesetzt (Habermas, 1988b, 41). Dies erfolgt in Anlehnung an ein gemeinsam existierendes Alltagswissen und der damit verbundenen Unterstellung, dass wir eine Situation in gleicher Weise definieren. Das bedeutet, dass in Folge von Kommunikation ein gemeinsam existierendes Alltagsverständnis angenommen werden kann, durch dass Handlungen gegenseitig verstanden werden können. Kommunikationsprozesse und damit verbundene „kooperativen Deutungsprozesse" können somit auch bei der Erfassung von Kompetenz herangezogen werden.[74]

B) Produktion bzw. Reproduktion von Sinn
Die andere Seite des Sinnbezugs beschäftigt sich mit der *Produktion bzw. Reproduktion von Sinn, also mit der Sinngebung.* Sinnzuschreibungen sind eine Folge von Selektionsleistungen der Personen in Bezug auf eine sie umgebende komplexe Situation. Durch die Komplexität einer Situation existieren stets mehr Handlungsalternativen als tatsächlich realisiert werden können, weshalb eine Selektion unverzichtbar ist. Die Fähigkeit zur Selektion von Sinn ist dadurch gekennzeichnet, dass eine Person aus einer Vielzahl von Handlungsmöglichkeiten, eine für sie mögliche auswählt, um sich so in der komplexen Welt

---

[74] Das gegenseitige Verstehen als Folge von Kommunikationsprozessen kann jedoch nicht als jederzeit gegeben angenommen werden. So können auch hier Differenzen auftreten, die unter dem Aspekt der Intersubjektivität noch erläutert werden.

orientieren zu können und damit zukunfts- bzw. anschlussfähig zu bleiben (Luhmann, 1987, 94f.). Durch die Sinngebung wird das Erleben, das Sich-Entscheiden und Handeln überhaupt erst möglich (Schäfers, 1998, 23f.; Treibel, 1994, 29f.).

Der Rollenbegriff von *Parsons* wird als eine Strukturkategorie aufgegriffen, wobei Rollenstrukturen, indem sie die Auswahl eines bestimmten Verhaltens steuern und den Individuen engagiertes soziales Handeln ermöglichen, bestimmte Funktionen für die Gesellschaft erfüllen (Miebach, 1991, 35). Der Handelnde hat die Möglichkeit auf Strukturen unterschiedlich zu reagieren, er kann sich mit ihnen identifizieren und sich anpassen, er kann sich anpassen aber seine Entfremdung durch Rollendistanz ausdrücken oder aber das strukturelle Muster variieren und sprengen (ebd., 183). Damit sind Strukturen nicht ausschließlich als gegebene Rahmenbedingungen vorgegeben, sondern durch das Individuum beeinfluss- und veränderbar. Der Sinn entsteht hier durch die Reaktion einer Person auf die vorgegebenen Rollenstrukturen.

Im Verständnis von *Mead* wird Sinn durch signifikante Symbole im Rahmen sozialer Situationen, wie beispielsweise Kommunikation und Kooperation produziert. Mit der Entstehung von signifikanten Symbolen wirken Gesten[75] nicht mehr als direkte Auslöser von Verhaltensreaktionen, sondern zeigen dem Adressaten, welche Reaktion von ihm erwartet wird und welches Handeln er durch den Autor der Geste erwarten kann (Schneider, 2002a, 188). Gesten sind damit Anzeigen von Handlungsangeboten, die sowohl angenommen als auch abgelehnt werden können. Nachfolger von Mead, wie z. B. H. Blumer beschreiben, wie Handelnde sich wechselseitig den Sinn ihres Handelns anzeigen und sich so über die gemeinsame Situation verständigen (Abels, 2001a, 165). Dabei geht Blumer weiter als Mead, indem er annimmt, dass Handelnde durch ihre Sprache und ihr Verhalten einander dauernd zeigen, wie sie eine Situation verstehen und wie andere diese verstehen sollen. In der Interaktion werden fortlaufend gemeinsame Symbole produziert, an denen sie sich orientieren und durch ihr Handeln bestätigen, revidieren und wieder neu definieren. Auf diese Weise wird der Sinn eines Handelns kontinuierlich ausgehandelt und es kommt zu einer gemeinsamen „Definition der Situation"[76] (ebd., 166).

Schütz betrachtet den subjektiven Sinn einer Handlung als dynamisch, da sich mit einem veränderten Handlungsablauf auch die Deutungsperspektive des Akteurs und damit der zugewiesene Sinn ändern können (Schneider, 2002a, 237). In einer zeitlichen Dimension wird eine mögliche Differenz zwischen dem entworfenen Handlungsplan und der vollzogenen Handlung erkennbar. „Nachdem eine Handlung vollendet wurde, wird der Sinn, wie er im ursprünglichen Entwurf gegeben war, sich im Lichte dessen, was wirklich ausgeführt wurde, modifizieren, und die Handlung wird dann einer unbestimmten Anzahl von Reflexionen offen stehen, die ihr in der Vergangenheit Sinn zuschreiben" (Schütz, 1972, 12; zit. nach Schneider, 2002a, 237). Mit dem Handlungsablauf kann also eine Änderung der Deutungsperspektive des Akteurs verbunden sein. Durch Differenzen zwischen Hand-

---

[75] Eine Geste tritt im Kontext innerartlicher Interaktion sowohl als Anzeichen als auch als Reaktionsauslöser auf (Schneider, 2002a, 181). Sie charakterisiert jene Handlungsphase, in der sich andere innerhalb des gesellschaftlichen Verhaltensprozesses befindliche Wesen anpassen (Mead, 1995, 85). Die vokale Geste (Sprache) wird zu einem signifikanten Symbol, wenn sie auf das sie ausführende Individuum die gleiche Wirkung ausübt, wie auf das Individuum an das sie gerichtet ist: „Wenn eine Geste die dahinter stehende Idee ausdrückt und diese Idee im anderen Menschen auslöst, so haben wir ein signifikantes Symbol" (ebd., 82).

[76] Blumer verweist hier auf William I. Thomas (Thomas-Theorem) als den prominentesten Vorläufer des Symbolischen Interaktionismus. Er ist Begründer des Thomas-Theorems, welches besagt, dass die Wahrnehmung einer Situation auch das Handeln bestimmt, gilt als eine der Grundannahmen der interpretativen Soziologie.

lungsplan und dem tatsächlichen Ergebnis werden Nebenfolgen deutlich, die andere Handlungsabsichten beeinträchtigen oder fördern können. In der Sozialdimension verdeutlicht Schütz die unterschiedliche Erfahrbarkeit von Sinn und verweist auf eine Differenz zwischen der Perspektive des Akteurs (ego) und der des Fremdbeobachters (alter). Dieses Intersubjektivitätsproblem wird noch näher zu beleuchten sein (vgl. 3.3.3.2).

Habermas stellt heraus, dass der Wissensvorrat über den Personen verfügen, als Gruppe sozialer Typisierungen und Deutungsmuster zur Verfestigung gemeinsam geteilter Situationsdeutungen herangezogen wird und gleichzeitig den lebensweltlichen Gesamtkontext definiert, in den jedes kommunikative Handeln eingebettet ist. Er kommt in jeder Situation nur selektiv zum Einsatz, denn es werden nur diejenigen Wissenselemente aktiviert, die für den jeweiligen Situationskontext relevant sind. Nur die für eine bestimmte Situation relevanten Wissenselemente werden aktualisiert und gehen in die Äußerungen der Personen ein. Bei Veränderung der gegeben Situation, können andere Wissenselemente relevant und folglich aktiviert werden (Schneider, 2002b, 209). Die Lebenswelt dient als kommunikative Ressource zur Verfestigung gemeinsamer Situationsdefinitionen, der Begründung von Geltungsansprüchen und der Einigung über Handlungsziele und -pläne. Sie kann als Gesamtheit des als gültig anerkannten Wissens über die objektive, subjektive und soziale Welt betrachtet werden. Dieses wird in den Interaktionsprozessen aufgerufen und als Grundlage für die Erzielung von Konsens beansprucht (ebd., 210). Damit kann von einem gemeinsamen Sinn ausgegangen werden, der soziales Handeln ermöglicht. Für die Erfassung von Kompetenz sind die Ausführungen von Habermas in folgender Hinsicht von Interesse: Der Wissensvorrat von Personen enthält soziale Typisierungen und Deutungsmuster, die als Grundlage für gemeinsame Situationsdeutungen herangezogen werden können. Wird Wissen als ein Element von Kompetenz betrachtet (vgl. 5.2.1), so kann davon ausgegangen werden, dass die Deutung von Situationen auch vor dem Hintergrund der jeweils vorhandenen Kompetenz erfolgt.

3.3.3.2   Sinn und Intersubjektivität

Ausgehend von der beschriebenen Doppelpoligkeit von Sinn, ist beim Erklären menschlichen Handelns zwischen dem Sinn des Erzeugens (z. B. Was will ich mitteilen?) und dem Sinn des Erzeugnisses (Was teile ich mit?) zu differenzieren (Schäfers, 1998, 23). Das bedeutet, der Sinn des eigenen Handelns ist dem Sinn fremden Handelns, im Sinne von Selbst- vs. Fremdverstehen, gegenüberzustellen. Es ist allerdings anzunehmen, dass eigene und fremde Erlebnisse nicht immer übereinstimmen und Sachverhalte für verschiedene Personen unterschiedliche Bedeutung[77] besitzen.

Schütz setzt sich mit der Differenzierung zwischen der Perspektive des Akteurs und der des Beobachters und dem damit verbundenen Selbst- und Fremdverstehen auseinander. Als Hintergrund für diese Differenzierung kann festgehalten werden, dass sich „dem handelnden Ich und dem deutenden Beobachter" ... „nicht nur die einzelne sinnhafte Handlung und ihr Sinnzusammenhang, sondern auch das Ganze der Sozialwelt in völlig verschiedenen Perspektiven" präsentiert (Schütz, 1960, 6; zit. nach Schneider, 2002a, 235). Der Sinn, den ein Akteur mit einem bestimmten Handeln verbindet, kann demnach ein anderer

---

[77] Der Begriff Bedeutung wird hier als Synonym für Sinn verwendet.

sein, als der des Beobachters[78]. Selbst- und Fremdverstehen sind also voneinander zu unterscheiden, da nicht von einer Deckungsgleichheit ausgegangen werden kann (Miebach, 1991; Schneider, 2002a).

Die Gesamtheit einer Handlung ist für einen Beobachter prinzipiell nicht erschließbar, so dass eine Sicherheit über den subjektiven Sinnzusammenhang des „Alter" (Fremdbeobachter) nicht angenommen werden kann. Damit wird das Problem der Intersubjektivität angesprochen, welches die gemeinsam geteilte Bedeutung bestimmter Handlungen oder Symbole durch die Mitglieder einer Gruppe oder Institution meint, die durch Interaktion hergestellt und reproduziert wird. Da Intersubjektivität nicht grundsätzlich angenommen werden kann, ist es möglich, dass Beobachter nur Ausschnitte des von ihm beobachteten Verhaltens verstehen (Schneider, 2002a, 242).

Die dargestellte Differenzierung zwischen Akteur und Beobachter hat Konsequenzen für die Erfassung von Kompetenz. Erfolgt die Kompetenzerfassung aus der Perspektive des Akteurs, wird dies als Selbsteinschätzung bezeichnet. Dabei ist der Akteur aufgefordert, seine Kompetenz in Bezug auf eine bestimmte Anforderung in einer Situation selbst einzuschätzen. Auf diese Weise gewonnene Aussagen sind besonders hinsichtlich ihrer Verwertbarkeit zu prüfen. Erfolgt die Kompetenzeinschätzung durch den Beobachter, spricht man von Fremdeinschätzung. Bei diesem Beurteilungsprozess ist außerdem die Beziehung zwischen Beobachter und Akteur zu beachten (z. B. Kollegen untereinander, Vorgesetzter der seinen Mitarbeiter einschätzt, Mitarbeiter der seinen Vorgesetzten einschätzt). Dabei ist zu berücksichtigen, dass eine solche Einschätzung unter bestimmten Bedingungen erfolgt, die zu bedenken sind (z. B. Beziehung zwischen Vorgesetzen und Mitarbeiter oder der Mitarbeiter untereinander).[79]

Eine Annäherung zwischen Selbst- und Fremdverstehen kann nach dem Verständnis von Schütz mit Hilfe von *Typisierungen*[80] erreicht werden (Schütz & Luckmann, 2003, 313ff.). Diese bilden eine notwendige Voraussetzung für das intersubjektive Verstehen in der alltäglichen Kommunikation und Kooperation, das es ermöglicht, fremden Sinn ohne vollständige Kenntnis der Erlebnisse und Handlungspläne verstehen zu können. So kann beispielsweise ein Handeln als typisch für einen Vorgesetzen oder eine Sekretärin verstanden werden, ohne sich für dessen Motive zum Ausführen solcher Handlungen interessieren zu müssen. Typisierungen sind also die Erklärung dafür, wie es möglich ist, „dass Egos subjektiver Sinn und der von Alter verstandene Sinn nicht identisch sind und die Kommunikation dennoch gelingt" (Schneider, 2002a, 244). Als Grundlage des Handelns können in einer Situation unterschiedliche Typisierungen aufgerufen werden. So kann eine Person z. B. als Vorgesetzter, als Kollege oder als Freund angesprochen werden. Schütz unterscheidet drei Abstraktionsstufen von Typisierungen: Personen, soziale Rollen und Typen des Handlungsverlaufs (ebd., 246f.). Welche dieser Typisierungen aktiviert werden, ist abhängig von dem Zweck, den wir in einer bestimmten Situation verfolgen. Als Voraussetzung für eine erfolgreiche Kommunikation genügt bereits das Verstehen des „gemeinten

---

[78] Der verstandene Sinn des Beobachters muss nicht mit dem des Akteurs identisch sein, aber auch nicht grundsätzlich anders.

[79] Eine nähere Betrachtung von Selbst- und Fremdeinschätzung erfolgt bei der Beschreibung des Analyserasters in der Kategorie Methodologie (vgl. 5.4).

[80] Ein Typ entsteht in „einer situationsadäquaten Lösung einer problematischen Situation durch die Neubestimmung einer Erfahrung, die mit Hilfe des schon vorhandenen Wissensvorrates, das heißt also hier mit Hilfe einer „alten" Bestimmungsrelation, nicht bewältigt werden konnte." (Schütz & Luckmann, 2003, 315).

typischen Sinns", so dass eine vollständige Erfassung des „subjektiv gemeinten Sinns" nicht erforderlich ist.

Im Kontext der Kompetenzerfassung könnten Typisierungen helfen das Handeln von Personen zu verstehen und somit als mögliche Beobachtungs- und Einschätzungskriterien für das Handeln herangezogen werden. Unter Nutzung von Typisierungen und Deutungsschemata hätten Kompetenzerfassungsverfahren möglicherweise ein Einschätzungs- und Beurteilungsschema, das sich an der Lebenswelt der Personen orientiert und damit versucht intersubjektiven Anforderungen gerecht zu werden. Schließlich gelten Typisierungen gewissermaßen als Voraussetzung für eine erfolgreiche Kommunikation zwischen Handelnden, weshalb sie auch für das Verstehen von Handeln ein brauchbares Kriterium sein dürften.

3.3.4   Zusammenfassung

Es wurden aus verschiedenen Handlungstheorien hervorgehende Handlungsbegriffe sowie sich daraus für Kompetenz und Kompetenzerfassung ergebende Aspekte erläutert. Des Weiteren konnte der Zusammenhang von Handeln und Situation herausgestellt werden. Ebenso wurde auf die Bedeutung von Sinn eingegangen, der unmittelbar mit dem Handeln verbunden und für dessen Erklärung unverzichtbar ist. Zusammenfassend können verschiedene Betrachtungsweisen von Handeln – wir wollen sie hier „Handlungstypen" nennen – sowie damit verbundene Aspekte hinsichtlich des Kompetenzkonstrukts benannt werden:

So kann ein zweckrationales Handeln (Weber) als *Handlungstyp 1* festgehalten werden. Dabei wird angenommen, dass sich der subjektive Sinn des Handelns an normativen Sinnelementen, in Form von kulturellen Vorgaben wie Tradition, Sitte oder Brauch, orientiert. In einem solchen Verständnis wird von einer Dominanz des zweckrationalen Handelns ausgegangen. Zur Erklärung menschlichen Handelns werden kausale Zusammenhänge auf der Basis von Zweck und Mittel herangezogen. Für die Erfassung von Kompetenz müssten in einem solchen Handlungsverständnis, Kriterien festgeschrieben werden, die als Grundlage zur Einschätzung des Handelns herangezogen werden können. Damit erhält man einen methodischen Zugang, der von einer starken Vereinfachung des Kompetenzkonzeptes ausgeht und entscheidende Merkmale von Kompetenz, wie beispielsweise implizierte Handlungs- und Gestaltungsspielräume, ausblendet. Kritisch zu prüfen wäre in diesem Kontext auch, ob tatsächlich Kompetenz oder nicht eher Qualifikation erfasst wird.

Für einen *Handlungstyp 2* kann ein funktionales Handeln (Parsons) zugrunde gelegt werden. Handeln wird dabei auf der Basis institutioneller Vorgaben (Rollen) betrachtet und anhand kultureller Wertmuster interpretiert. Die Handlungsmöglichkeiten sind durch gemeinsam akzeptierte Normen beschränkt. Eine Theorie des Rollenhandelns orientiert sich an sozialen Rollen, die im Rahmen von Sozialisationsprozessen erlernt werden. Solche Rollen sind von den in einer Gesellschaft geltenden Normen bestimmt und kennzeichnen die sozialen Erwartungen des Handelns. Sie ermöglichen und bestimmen eine Interaktion zwischen Akteuren und können zur Erklärung von Handeln herangezogen werden.[81] Es

---

[81] Ausgehend von einer betrieblichen Perspektive kann eine solche Betrachtungsweise, einen Beitrag zum Erklären betrieblicher Prozesse leisten. So ist anzunehmen, dass betriebliche Abläufe durch eine Vielzahl von Funktionen strukturiert sind, die dazu dienen, betriebliche Prozesse aufrechtzuerhalten. Darin sollen Personen bestimmte Funktionen erfüllen und entsprechend ihrer Funktion, ihrer Rolle (z. B. Mitarbeiter oder Vorgesetzte) handeln.

kann angenommen werden, dass kompetentes Handeln anhand der Ausfüllung bestimmter Funktionen und Rollen erfasst und anhand idealisierter Rollenerwartungen beurteilt werden kann. Allerdings sind mit einem solchem Handlungsverständnis, ebenso wie beim zweckrationalem Handeln, Einschränkungen bezüglich des Kompetenzkonzeptes verbunden. So wird beispielsweise der Aspekt der Entscheidungsfreiheit hinsichtlich der Ausführung von Handlungen, der unmittelbar mit Kompetenz verbunden ist, eingegrenzt. Dennoch kann vermutet werden, dass gerade solche funktionalistischen Konzepte im Rahmen betrieblicher Personalarbeit und damit auch im Rahmen von Kompetenzerfassung häufig verwendet werden.

Ein *Handlungstyp 3* beschreibt sinnerzeugendes Handeln anhand der Erzeugung von Symbolen, die den Sinn eines Handelns anzeigen (Mead). Dabei wird Sinn mit Hilfe von Symbolen, intersubjektiv innerhalb von Interaktionsprozessen der Kommunikation und Kooperation, erzeugt. Das Handeln von Personen, ist daher auch nur im Zusammenhang mit dem Handeln aller Beteiligten zu verstehen. Demnach kann Kompetenz als ein Konstrukt verstanden werden, welches sich in Kooperation, im Handeln mit anderen Personen, entwickelt. Solche Ansätze haben heute eine hohe Erklärungskraft, da sie die Handlungsfähigkeit von Personen, in Abhängigkeit sich ändernder Bedingungen, zu beschreiben versuchen. Ausgehend von einem solchen Handlungsbegriff kann angenommen werden, dass Kompetenz nicht nur im Handeln zum tragen kommt, sondern durch dieses auch neu generiert wird. Von diesem Aspekt ausgehend kann Kompetenz nur in einem Rahmen entwickelt werden, in dem die Interaktionspartner das gleiche erwarten bzw. erzeugen (nämlich Sinn).

Eine stärker subjektivistische Sichtweise, die den Akteur in den Mittelpunkt der Untersuchungen stellt, wird in einem *Handlungstyp 4* (Schütz) vertreten. Im Zentrum dieses Handlungsbegriffes steht ein, an einen Plan, einen Entwurf gebundenes intentionales, zielorientiertes Handeln. Der subjektive Sinn einer Handlung ist als dynamisch aufzufassen, was auf eine schwierige Erfassbarkeit der subjektiven Ebene des Akteurs schließen lässt. Im Verlauf von Handlungen kann eine Revision des Handlungsentwurfs notwendig werden, was mit einer Änderung oder Entwicklung von Kompetenz verbunden sein kann. Kompetenz wird daher als eine mit Sinn verbundene Größe verstanden, die sich im Handeln entwickelt und durch die Sinngebung zugleich die Fähigkeit zu Veränderung sowie zur Entstehung von neuem impliziert.

Der Sinn des Handelns ergibt sich aus einem bestehenden Netz aus Um-Zu- und Weil-Motiven. Diesbezüglich wurde in den Ausführungen auch auf methodische Konzepte zur Erfassung von Kompetenz verwiesen, die mit den jeweiligen Motiven verbunden sind. Die Um-Zu- und Weil-Motive sind für einen Beobachter nicht zugänglich, was dazu führen kann, dass der Sinn, den ein Akteur mit einem Handeln verbindet, sich von dem Sinn unterscheidet, den ein Beobachter mit diesem Handeln verbindet (Problem der Intersubjektivität). Dadurch kann sich eine Differenz zwischen Selbst- und Fremdverstehen entwickeln. Da Kompetenz nicht direkt, sondern nur durch mit Sinn verbundenem Handeln erfasst werden kann, muss auch hier von Differenzen in der jeweils wahrgenommenen Kompetenz, durch verschiedene Akteure ausgegangen werden. Zur Überwindung von Intersubjektivitätsproblemen können Typisierungen herangezogen werden, durch die „Symbole" eindeutig sind und von verschiedenen Personen gleich gedeutet werden. Die Wahl der verwendeten Typisierungen ist abhängig von den jeweiligen Handlungszielen, die in einer Situation verfolgt werden. Im Hinblick auf die Erfassung von Kompetenz können Typisierungen mögliche Kategorien bilden, nach denen ein Handeln eingeschätzt und beurteilt werden kann.

Bei einem *Handlungstyp 5* wird das kommunikative Handeln in den Vordergrund gestellt (Habermas). Die zentrale Annahme besteht darin, dass sich Personen im kommunikativen Handeln über ihre Handlungssituationen verständigen, um so ihre Handlungsziele abzustimmen und daraus resultierende Handlungspläne und Handlungen zu koordinieren. Kooperative Deutungsmuster werden dabei als Mittel der Verständigung genutzt. Gegenseitige Verständigung und Koordinierung von Handeln impliziert, bezogen auf das Kompetenzkonzept, die Fähigkeit Kompetenz zu entwickeln und in Bezug auf den jeweiligen Kontext anzuwenden.

Die Bedingungen des Handelns (Situation) werden durch den Wissensvorrat, über den Personen verfügen, wahrgenommen und interpretiert. Der Wissensvorrat dient, durch das Zusammenfügen sozialer Typisierungen und Deutungsmuster, zur Definition der Lebenswelt und zur Verfestigung gemeinsamer Situationsdeutungen. Er bildet damit die Grundlage für die Wahrnehmung und Interpretation der Situation. In Anhängigkeit von den, für eine Situation relevanten, Wissenselementen kommt der Wissensvorrat selektiv zum Einsatz. Kompetenz bildet ebenso wie der Wissensvorrat die Basis auf der die Bedingungen des Handelns (Situation) wahrgenommen und interpretiert werden. Weiter werden in einer Situation nur die Kompetenzdimensionen aktiviert, die zur Bewältigung dieser erforderlich sind. Eine umfassende Ermittlung von Kompetenz erfordert daher eine Erfassung in mehreren Situationen.

Aus den Merkmalen der zusammengefassten „Handlungstypen", lassen sich unter *analytischen Gesichtspunkten* zwei Betrachtungsweisen ableiten, die für eine erste Klassifizierung von Handeln herangezogen werden können. So gesehen würde ein *„erster Handlungstyp"* ein eher normengeleitetes Handeln zugrunde legen. Diesem kann das zweckrationale Handeln nach Weber und das funktionalistische Handeln nach Parsons zugeordnet werden. Eine normative Handlungsweise würde beinhalten, dass Handlungen nicht nur individuell entwickelt werden, sondern auch in Bezug auf soziale Systeme, in denen sie im Kontext von Normen und Werten eingebunden sind. Für die Bewertung eines solchen zweckrationalen, funktionalistischen Handelns, welches an normativen Aspekten orientiert ist, können Soll-Kategorien angenommen werden. Das bedeutet, es werden, ausgehend von den jeweils geltenden Normen, Kriterien definiert, die durch das Handeln einer Person zu erfüllen sind. Eine solche Vorgehensweise ist allerdings mit Einschränkungen des Kompetenzkonstruktes verbunden, weil beispielsweise individuelle Handlungsalternativen nicht hinreichend berücksichtigt werden können.

Die Konzepte von Mead, Schütz und Habermas begreifen Handeln als sinnbezogenes Handeln, was in einem *„zweiten Handlungstyp"* zusammengefasst werden kann. In diesem Verständnis sind Typisierungen und Deutungsmuster von Bedeutung, die zur Erklärung menschlichen Handelns sowie der dabei ablaufenden Interaktionsprozesse dienen. Der Sinn des Handelns wird hier jeweils durch die Akteure selbst ausgehandelt und ggf. revidiert.[82] Das impliziert zunächst eine prinzipielle Offenheit bezüglich des sozialen Handelns, genauer eine Offenheit gegenüber situationsspezifischen Selektionsleistungen. Situationsbezogene Sinnkonstruktionen und somit auch individuelle Entwicklungsprozesse der Akteure sind in ein solches Verständnis einbezogen. In dieser Vorstellung bleibt es problema-

---

[82] Das bedeutet nicht, dass gesellschaftliche Kontexte und dort geltende Normen und Werte gänzlich ausgeschlossen werden. Solche Aspekte werden bei der Sinnbildung berücksichtigt.

tisch, Handeln als Moment des Erreichens vorab festgelegter Ziele zu begreifen, denn Zieldefinitionen bleiben in einer solchen prozessorientierten Betrachtungsweise eher situationsspezifische, durch Akteure erzeugte Sinnsysteme.

In den Ausführungen konnte gezeigt werden, dass die Idee des „Sinns " in sozialen Situationen einen „Überschuss" an Handlungsmöglichkeiten impliziert. Diese Vorstellung löst soziales Handeln aus kausalen Modellvorstellungen und bringt diese auf eine handlungstheoretische Ebene der Komplexität, die Dynamik, Widersprüche, Störanfälle u. ä. in die Betrachtungen einbezieht. Wenn man diese theoretischen Überlegungen auf betriebliches Handeln zu übertragen versucht, wäre zu prüfen, mit welchen Handlungstypen operiert wird. Dabei ist festzustellen, dass dies je nach Qualifikationsniveau, Aufgabenspektrum und Dispositionsspielräumen im Arbeitshandeln variieren kann. Bei der Analyse von Kompetenzerfassungsverfahren wäre also zu untersuchen, wie weit die Konzeptualisierung und Methodologie der Verfahren mit den Bedingungen der implizierten Handlungstypen kompatibel sind.

Abschließend sollen aus den Überlegungen der soziologischen Handlungstheorie folgende Aspekte hinsichtlich des Kompetenzkonzeptes festgehalten werden:

- Kompetenz als Handlungskategorie ist dynamisch und wird im Handlungsprozess selbst entwickelt.
- Kompetenz ist nicht direkt beobachtbar, sondern kann nur aus dem Handeln erschlossen werden.
- Kompetenz ist als Potential bzw. Disposition zu betrachten, auf deren Basis eine subjektive Situationsdefinition erfolgt, die die Grundlage für nachfolgendes soziales Handeln bildet.
- Situationen, die jeweils nur einen Teil der uns umgebenden Umwelt charakterisieren, bestimmen die zu ihrer Bewältigung notwendige Kompetenz und das nachfolgende soziale Handeln. Aufgrund dessen wird jeweils nur der Teil vorhandener Kompetenz aktiviert, der zur Bewältigung der spezifischen Situation und der zu erwartenden Folgen erforderlich scheint. Die Situation legt damit auch fest, welche Kompetenzdimensionen sichtbar und damit erfassbar werden.
- Eine Erfassung von Kompetenz anhand von Soll-Kategorien kann nur unter der Annahme von zweckrationalem und funktionalem Handeln erfolgen.

4 Konsequenzen für Kompetenzerfassung aus der theoretischen Diskussion

In diesem Kapitel sollen die sich aus den vorangegangenen theoretischen Auseinandersetzungen mit dem Kompetenzkonzept ergebenden Konsequenzen für die Erfassung von Kompetenz zusammenfassend erläutert werden. Im Anschluss daran erfolgt eine Stellungnahme zum Kompetenzbegriff aus Sicht der Autorin.

Fazit des theoretischen Diskurses zum Kompetenzbegriff und Ableitung von Konsequenzen für die Erfassung von Kompetenz

In der vorangegangenen Diskussion wurde deutlich, dass kein einheitliches Konzept von Kompetenz vorliegt und dies auch nicht zu erwarten ist. Kompetenz wird primär über den Verwendungszweck und die damit verbundenen Handlungsanforderungen definiert, so dass eine „positive", das heißt, eine an der Sache selbst festzumachende Definition eher unwahrscheinlich bleibt. Kompetenz ist vielmehr auf berufliche und betriebliche Handlungssituationen bezogen.[83] Im Sinne kritischer Wissenschaft könnte die Kompetenzdiskussion als Einvernahme des personalen Bereichs durch das ökonomische System klassifiziert werden. Dahinter steht der Versuch, die individuell verfügbaren Ressourcen (v. a. kognitive, emotionale und volitionale) für betriebliche Prozesse zugänglich zu machen. Ein solches Kompetenzverständnis impliziert, dass Kompetenz nur in einer historischen und sozialen Bedingtheit verstanden wird.

Unabhängig von Verwertungszusammenhang kann festgehalten werden, dass Kompetenz aus einem Konglomerat der Elemente Wissen, Fähigkeiten/Fertigkeiten, Motive und emotionale Dispositionen besteht (vgl. 2 und 5.2). Mit Blick auf den Verwertungszusammenhang wird häufig eine Vielzahl verschiedener Kompetenzdimensionen wie z. B. Fachkompetenz, Methodenkompetenz, Personalkompetenz, Sozialkompetenz oder Sprachkompetenz angeführt, zu denen ebenfalls eine Vielzahl von Definitionen vorzufinden ist (vgl. Vonken, 2005). Die benannten Elemente sind Bestandteil jeder Kompetenz, d.h. sie existieren in jedem Verwertungskontext und in jeder Kompetenzdimension. Sie bilden damit das „Grundgerüst" des Kompetenzbegriffs.

---

[83] Der Kompetenzbegriff hat damit auch ohne eine positive Definition seinen Platz in der Wissenschaft und den Bezugssystemen (z. B. Wirtschaft). Diesbezüglich bestehen Parallelen zum Bildungsbegriff, der ohne einen theoretischen und situativen Kontext nicht viel bedeutet. Der Verwendungskontext der Begriffe bestimmt damit über deren Bedeutung.

Abbildung 1:   *Die Struktur von Kompetenz*

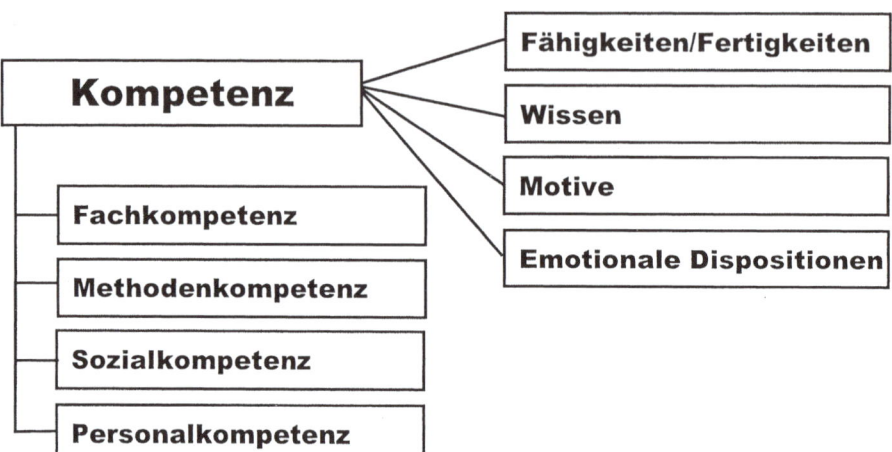

Eine nähere Spezifizierung der Elemente erfolgt allerdings wiederum unter dem Blickwinkel des jeweiligen Verwertungsaspektes. Für die Erfassung von Kompetenz bedeutet dies, dass alle Elemente entsprechend zu erfassen sind. Dies kann auch durch den Einsatz mehrerer Verfahren erfolgen, die jeweils verschiedene Kompetenzelemente erfassen.[84]

In der Diskussion wurde gezeigt, dass das jeweilige Kompetenzverständnis Einfluss auf die methodische Vorgehensweise bei der Kompetenzerfassung hat. Daraus resultieren unterschiedliche Erfassungsverfahren, die auch verschiedene Ziele und Zwecke mit Kompetenzerfassung verfolgen. Für die Erfassung von Kompetenz und auch für die Analyse von Kompetenzerfassungsverfahren ergibt sich daraus, dass zunächst eine klare Bestimmung des jeweils zugrunde gelegten Kompetenzverständnisses und der mit der Kompetenzerfassung verfolgten Ziele erforderlich ist.

Das Kompetenz unmittelbar mit dem Handeln verbunden ist, konnte ebenfalls in der vorangegangen Diskussion deutlich herausgestellt werden. Als (Handlungs-)Potential bzw. (Handlungs-)Disposition ist Kompetenz nicht direkt beobachtbar, sondern kann nur über eine dritte Größe – über das Handeln – erschlossen werden. Kompetenz wird damit im Handeln sichtbar und erfassbar. Für Kompetenzerfassung bedeutet dies, dass das Handeln von Personen als Anknüpfungspunkt für die Erfassung von Kompetenz zu betrachten ist und die Erhebungsverfahren an diesem anzusetzen haben.[85]

---

[84] Bei der Erfassung von Kompetenz ist es möglich, dass mit einem Verfahren jeweils nur einzelne Kompetenzelemente wie Wissen, Fähigkeiten/Fertigkeiten, Motive oder emotionale Dispositionen erfasst werden. Berücksichtigt man die Komplexität von Kompetenz ist dies eine Variante zur Kompetenzerfassung, die gerade vor dem Hintergrund der für Kompetenzerfassung notwendigen Komplexitätsreduktion bedeutsam erscheint (Bernien, 1997; Luhmann, 1987). Eine umfassende Kompetenzerfassung könnte dann durch die Verwendung verschiedener Verfahren erfolgen, die jeweils unterschiedliche Elemente erfassen.

[85] Eine Erfassung über das Handeln wirft jedoch auch die Frage auf, ob mit einer solchen Vorgehensweise tatsächlich Kompetenz (eine Handlungsdisposition) oder nicht etwa Performanz (Handlungsausführung) erfasst wird. Dabei könnte auch kritisch hinterfragt werden, ob dies überhaupt nötig sei. Möglicherweise ist es ja bereits ausreichend, (valide) Aussagen über die Performanz treffen zu können.

In den Überlegungen der vorangegangen Kapitel wurde außerdem gezeigt, dass Handeln aus der subjektiven Wahrnehmung der gegebenen (Handlungs-)Situation resultiert. Die individuellen Voraussetzungen (Kompetenz) einer Person bestimmen dabei, wie eine Situation betrachtet wird. Die wahrgenommenen Anforderungen einer (Handlungs-)Situation werden dabei mit den vermeintlich individuellen Voraussetzungen abgeglichen, woraufhin eine Handlungsentscheidung erfolgen kann (vgl. 3.2). In der soziologischen Handlungstheorie wird in Folge der wahrgenommenen (Handlungs-)Situation auch von einer subjektiven Sinnzuweisung gesprochen, die letztlich handlungsleitend ist. Die Wahrnehmung und Interpretation (Sinnzuweisung) der jeweiligen (Handlungs-)Situation bestimmt also das Handeln der Person und damit auch die sichtbar werdende Kompetenz. Daraus wird deutlich, dass Sinn unmittelbar mit dem Handeln verbunden und für dessen Erklärung unverzichtbar ist. Überlegungen zu Sinn müssen demnach in die Betrachtungen zu Kompetenz und deren Erfassung einfließen.

Aufgrund der Subjektbezogenheit von Kompetenz muss angenommen werden, dass der Sinn, den Personen mit einer (Handlungs-)Situation verbinden, individuell variiert. Unter methodologischen Gesichtspunkten bedeutet dies für die Erfassung von Kompetenz, dass eine Differenz zwischen Selbst- und Fremdverstehen angenommen werden muss, was auch als Intersubjektivitätsproblem bezeichnet wird (vgl. 3.3.3). Das heißt, Gemeintes und Verstandenes müssen nicht übereinstimmen. Unter dem Aspekt der Qualität der erfassten Daten ist es allerdings wichtig, dass eine möglichst hohe Intersubjektivität zwischen Selbst- und Fremdverstehen hergestellt wird.[86] Möglichkeiten zur Annäherung von Selbst- und Fremdverstehen werden beispielsweise in der Heranziehung von Typisierungen und Deutungsmustern gesehen.

Auch der (Handlungs-)Situation kommt eine wichtige Rolle im Hinblick auf das Handeln zu. So wurde verdeutlicht, dass deren Wahrnehmung und die damit verbundene Sinnzuweisung – also die subjektive Dimension einer Situation – das Handeln der Person mitbestimmt. Da der mit einer Situation verbundene Sinn zwischen den Individuen variieren kann, werden für ein gemeinsames soziales Handeln „Objektivierungen" angenommen. Diese dienen dazu, dass Situationen in etwa gleicher Weise verstanden werden können und aufeinander bezogenes Handeln funktioniert. Für die Erfassung von Kompetenz muss eine „objektivierte" (Handlungs-)Situation angenommen werden, denn nur so können die erfassten Daten in einen Kontext eingeordnet und miteinander verglichen werden.

Auch unabhängig von der Situationsdeutung kann angenommen werden, dass verschiedene (Handlungs-)Situationen unterschiedliche Anforderungen beinhalten und damit unterschiedliches Handeln erfordern. Bei der Handlungsausführung wird dann nur jeweils die Kompetenz aktiviert, die die Person zur Bewältigung der (Handlungs-)Situation für erforderlich hält. Damit bestimmt die Situation auch welche Kompetenz sichtbar und damit erfassbar wird. Das bedeutet, für eine möglichst umfassende Erfassung der Kompetenz einer Person, ist eine Kompetenzerhebung in verschiedenen Situationen mit unterschiedlichen Anforderungen erforderlich.

Situationen sind zeitlich bedingte Gegebenheiten und nicht wiederholbar. Für Kompetenzerfassung bedeutet dies, Kompetenz kann nur zeitpunktbezogen erhoben werden. Eine wiederholte Erfassung von Kompetenz kann damit nur in ähnlichen Situationen erfolgen. Schwierig ist dabei, dass nicht eindeutig bestimmt werden kann, ob mögliche Verände-

---

[86] Unter der Analyseebene Methodologie wird dieser Aspekt noch einmal aufgegriffen.

rungen im Handeln auf die Handlungspotentiale der Person (Kompetenz) oder auf die äußeren Bedingungen (Situation) zurückzuführen sind.

Die Ausführungen zu Situation veranschaulichen deren Bedeutung in Bezug auf Handeln und die daraus entstehende Notwendigkeit, die Situation bei der Entwicklung von
Kompetenzerfassungsverfahren und ihrer Analyse zu berücksichtigen (vgl. 5.3). Vor diesem Hintergrund sind zwei „Situationsebenen" zu nennen, die im Rahmen von Kompetenzerfassung von Bedeutung sind. Dies ist zum einen die *Ebene der Feststellung*, also die
Erhebungssituation selbst, in der die Kompetenz erfasst wird. Zum anderen ist die *Ebene
der Handlung* zu nennen. Damit ist die Situation gemeint, die durch das jeweilige Verfahren angesprochen wird und wozu die bearbeitende Person Stellung beziehen soll. Darunter
fällt z. B. ein spezifischer beruflicher Kontext, wie der Umgang mit Kunden, auf den sich
das Verfahren bezieht (vgl. 3.3.2). Beide Situationsebenen sind sowohl in die Entwicklung
von Verfahren als auch bei deren Analyse zu bedenken. Dadurch kann die jeweils erfasste
Kompetenz in einen Kontext eingeordnet werden, wodurch u. a. Aussagen hinsichtlich der
Verwertbarkeit der Daten möglich werden.

Als ein weiteres Grundmerkmal von Kompetenz konnte die Veränderbarkeit herausgestellt werden, welche zugleich die Möglichkeit zur Entwicklung von Kompetenz impliziert.
Hinsichtlich der Entwicklung von Kompetenz werden sowohl aus pädagogischer als auch
aus psychologischer Sicht verschiedene Varianten angeführt. So gehen z. B. einige Autoren
von Stufen für Kompetenzentwicklung aus, die zugleich zur Einschätzung und Bewertung
von Kompetenz herangezogen werden könnten (vgl. 3.1.5). An den unmittelbaren Handlungsbezug von Kompetenz anknüpfend, kann das Handeln der Personen – im beruflichen
Kontext vor allem das Arbeitshandeln – als eine Variante zur Entwicklung von Kompetenz
angenommen werden. Die jeweilige Arbeitstätigkeit und die damit verbundenen Handlungsanforderungen (z. B. Routineaufgaben oder neue komplexe Aufgabenstellungen)
enthalten somit die tatsächlichen Möglichkeiten zur Kompetenzentwicklung, die durch eine
angemessene Gestaltung von Arbeitstätigkeiten und -bedingungen entsprechend optimiert
werden können.

Eine weitere Variante der Kompetenzentwicklung wird in ganzheitlichen Lehr-
/Lernprozessen gesehen, die selbstorganisierte, handlungs- und situationsorientierte Lern-
methoden verwenden. Für die Erfassung von Kompetenz können die Lernprozesse selbst
herangezogen werden, z. B. durch Evaluation oder Lernerfolgskontrollen. Hinsichtlich der
Veränderbarkeit von Kompetenz kann schließlich festgehalten werden, dass diese eine
Voraussetzung für die Entwicklung von Kompetenz ist. Für die Erfassung von Kompetenz
bedeutet dies, dass aufgrund der angenommenen Veränderbarkeit, eine Erhebung zu verschiedenen Zeitpunkten erforderlich ist. Aktuelle Aussagen zu Kompetenz sind demnach
nur durch zeitnahe Erhebungen möglich. Eine mehrfache Erhebung von Kompetenz könnte
gleichzeitig dazu dienen, Entwicklungsverläufe von Kompetenz darzustellen.

Aufgrund der geschilderten Merkmale von Kompetenz und deren Bedeutung für
Kompetenzerfassung können mit Blick auf das Kompetenzverständnis unter analytischen
Gesichtspunkten, funktionale und verstehende Positionen unterschieden werden. In einer
funktionalen Betrachtungsweise von Kompetenz orientiert sich diese an einem normengeleiteten, zweckrationalen Handeln. Hinweise auf ein solches Verständnis finden sich in der
aktuellen pädagogischen Diskussion, in der Kompetenz in einem stark nutzwertbezogenen
Zusammenhang und im Hinblick auf die Erfüllung von jeweils aktuellen beruflichen Anforderungen betrachtet wird. Aber auch in der Erwachsenenbildung der 1960er Jahre waren

die Inhalte überwiegend an den wirtschaftlichen Entwicklungen ausgerichtet. Im Vordergrund stand die „Anpassung der Individuen" an die jeweiligen beruflichen Erfordernisse. Die Überlegungen von Erpenbeck & Rosenstiel (2003, XIX), die eine Möglichkeit der Kompetenzerfassung darin sehen, Kompetenz wie eine naturwissenschaftliche Größe zu definieren, zielen ebenfalls auf eine funktionale Betrachtungsweise ab. Mit einer solchen Zuordnung streben sie eine möglichst genaue Kompetenzklärung an, durch die kausale oder statistische Aussagen hinsichtlich des künftigen Handelns getroffen werden können (Erpenbeck & Rosenstiel, 2003, XIX). Einer funktionalen Betrachtungsweise von Kompetenz kann auch unter handlungstheorctischen Gesichtspunkten – und zwar in Anlehnung an Handlungstypen – zugestimmt werden (vgl. 3.3). So impliziert Handeln unter funktionalen Aspekten zugleich auch ein funktional ausgerichtetes Kompetenzverständnis. Dies kann unter den Prämissen angenommen werden, dass Kompetenz eine Voraussetzung für Handeln ist und sich im Handeln widerspiegelt.

In einer *verstehenden* Betrachtungsweise von Kompetenz wird davon ausgegangen, dass Kompetenz als eine human- und sozialwissenschaftliche Kategorie nur über Verstehensprozesse erfasst werden kann (ebd.). Dahingehend können auch die Überlegungen der Erwachsenenbildung in den 1970er Jahren gedeutet werden, in denen die Subjektivität und die Lebenswelt der Individuen stärkere Beachtung erfährt. Auch die Berufspädagogik erweitert ihre Zielstellungen um die Herausbildung „beruflicher Mündigkeit", womit ebenfalls die Individualität stärker in den Vordergrund tritt. Mit diesen Zielstellungen sind biographie- und erfahrungsorientierte Lernformen wie das Anknüpfungs- und Deutungslernen verbunden, die selbstorganisierte, situations- und handlungsorientierte Lernansätze bevorzugen. Aus der Einmaligkeit biographischer Erfahrungen, die u. a. zur Entwicklung von Kompetenz beitragen, ergibt sich, dass diese nicht unter funktionalen Aspekten erklärt, sondern nur verstanden werden können. Unter handlungstheoretischen Aspekten wird eine verstehende Position von Kompetenz an ein sinnbezogenes Handeln geknüpft, zu dessen Erklärung Typisierungen und Deutungsmuster herangezogen werden.

Die jeweils dargestellten Positionen zu Kompetenz implizieren bestimmte Vorgehensweisen für die Erfassung von Kompetenz. Eine funktionale Sichtweise von Kompetenz betrachtet Handeln in Bezug auf soziale Systeme und den dort geltenden Normen und Werten. Um solches Handeln zu erschließen werden erfahrungswissenschaftliche Forschungsmethoden herangezogen, in denen Vorgänge anhand festgelegter Kategorien und Indikatoren erfasst werden. Das bedeutet, es werden für jeweils spezifische Handlungssituationen Kategorien und Indikatoren definiert, die das „erwünschte Handeln" charakterisieren. Die Kompetenz einer Person und deren Ausprägung werden ermittelt, indem überprüft wird, inwiefern durch das Handeln der Person die Kategorien und Indikatoren erfüllt werden können. Bei einer solchen Vorgehensweise werden individuelle Besonderheiten sowie die Möglichkeit zur Ausgestaltung von individuellen Handlungs- und Gestaltungsalternativen weitestgehend ausgeschlossen. Zudem kann eine große Nähe zum Qualifikationsbegriff beobachtet werden, der sich durch das Erfüllen von funktionalen Anforderungen auszeichnet.

Eine verstehende oder sinnbezogene Position von Kompetenz ist auf hermeneutische Wurzeln zurückzuführen, weshalb die Verfahren zur Erfassung von Kompetenz entsprechende Methoden zu berücksichtigen haben. Individuelle Aspekte stehen stärker im Vordergrund und müssen in den Verfahren beachtet werden. Das bedeutet, dass diese Möglichkeiten zur Ausgestaltung von individuellen Handlungs- und Gestaltungsalternativen im

Hinblick auf die Bewältigung von (Handlungs-)Situationen einbeziehen müssen. Von der Anlage der Verfahren müssen Möglichkeiten für eine Erfassung vorgesehen werden, die durch die Probanden miterzeugt werden können. Die Ermittlung der Kompetenz erfolgt dabei über Verstehens- und Deutungsprozesse. Eine Möglichkeit wären biographie- und lebensweltorientierte Konzepte, die z. B. in dem Verfahren der Kompetenzbiographie (Erpenbeck & Heyse, 1999) oder der Kompetenzbilanz (Erler u. a., 2003) herangezogen wurden. In einer solchen Betrachtungsweise ist eine Operationalisierung von Kompetenz in Kategorien und Indikatoren nicht vorstellbar.[87]   *Standardisierung* *

Im Anschluss an diese zusammenfassenden Erläuterungen der vorangegangenen Diskussion und der Herausstellung der für Kompetenzerfassung bedeutsamen Aspekte erfolgt im nachstehenden Abschnitt eine Stellungnahme der Autorin hinsichtlich der bestehenden Annahmen des Kompetenzkonzeptes.

Positionierung zum Kompetenzbegriff

Kompetenz ist als Disposition zu verstehen, auf dessen Grundlage eine Person handelt. Auf ihrer Basis wird eine gegebene (Handlungs-)Situation wahrgenommen und die eigenen Handlungsmöglichkeiten überprüft. Damit ist die Kompetenz eine Grundlage für Handeln. Gleichzeitig ist festzuhalten, dass sie sich im Handeln selbst entwickelt bzw. weiterentwickelt.

Die unter Kapitel 2 herausgearbeiteten Grundmerkmale der Kompetenz wie Handlungsbezug, Situations- und Kontextbezug, Subjektbezug und Veränderbarkeit werden als gegeben angenommen. Ebenso kann sich der Position angeschlossen werden, dass es keinen „positiven" Kompetenzbegriff geben wird. Eine einheitlich akzeptierte Kompetenzdefinition ist auch daher unwahrscheinlich, da Kompetenz eher über den Verwendungszweck an Handlungsanforderungen anknüpfend spezifiziert wird. Als allgemeines Charakteristikum von Kompetenz ist jedoch festzuhalten, dass diese sich – unabhängig vom inhaltlichen Verwendungszweck – immer aus einem Konglomerat der Elemente Wissen, Fähigkeiten/Fertigkeiten, Motive und emotionalen Dispositionen zusammensetzt. Die Elemente sind Bestandteil jeder Kompetenz, aber in Abhängigkeit vom jeweiligen Verwendungszweck zu spezifizieren. Bei der Erfassung von Kompetenz ist demzufolge darauf zu achten, dass alle Elemente von Kompetenz auch erfasst werden. Dies muss nicht in einem Verfahren erfolgen, sondern es können verschiedene Verfahren eingesetzt werden, die jeweils auf die Erfassung unterschiedlicher Elemente abzielen.

Von einer rein funktionalen Betrachtungsweise im Hinblick auf Kompetenz, die sich zudem an den jeweiligen Erfordernissen orientiert, ist abzusehen. Eine solche Position vernachlässigt zum einen frühere wissenschaftliche Diskussionen, wie beispielsweise die der Erwachsenenbildung in den 1970er Jahren und steht zum anderen in großer Nähe zum Qualifikationsbegriff. Unter beruflichen und betrieblichen Gesichtspunkten scheint ein solcher Kompetenzbegriff jedoch von Bedeutung zu sein, da das spezifische Erfüllen von Anforderungen im Vordergrund steht.

---

[87] Für den betrieblichen Kontext kann vermutet werden, dass ein funktionales Kompetenzverständnis und die damit verbundenen Erfassungsmethoden bevorzugt werden, da diese einen direkteren Bezug zu den jeweiligen beruflichen Anforderungen aufweisen. Die unter diesen Prämissen erfasste Kompetenz hat jedoch aufgrund des herausgestellten Situations- und Kontextbezuges von Kompetenz nur einen begrenzten Geltungsraum.

* *begriffl. Präzisierung, Überprüfung*

Präferiert wird eine verstehende Betrachtungsweise von Kompetenz. Dabei wird Kompetenz als eine mit Sinn verbundene Größe verstanden, die sich im Handeln entwickelt. Eine solche Sicht auf Kompetenz ist stärker subjektbezogen, was den Grundmerkmalen von Kompetenz entspricht. Zudem kann an frühere Erkenntnisse angeknüpft werden, wodurch der Kompetenzbegriff als solcher an die wissenschaftliche Diskussion anschlussfähig wird. Dadurch wird der Kompetenzbegriff legitimiert und setzt sich zudem vom Qualifikationsbegriff ab. Die mit dieser Sichtweise verbundenen Aspekte müssen sich auch bei der Erfassung und in den entsprechenden Erhebungsmethoden niederschlagen. Demnach sind ausgehend von der Annahme, dass sich Kompetenz als subjektbezogene Kategorie im Handeln selbst entwickelt, bei der Kompetenzerfassung Freiräume für individuelle Handlungs- und Gestaltungsvarianten einzuräumen. Zur Einschätzung und Bewertung der Handlungen sind im Rahmen einer verstehenden Betrachtungsweise von Kompetenz Typisierungen und Deutungsmuster heranzuziehen (vgl. Schütz & Luckmann, 2003; Schüßler, 2000).

Durch die mit einer verstehenden Sichtweise von Kompetenz verbundenen Aspekte kann sowohl den Grundmerkmalen von Kompetenz als auch den Merkmalen in Abgrenzung zum Qualifikationsbegriff (vgl. 3.1.4) entsprochen werden.

Da mehrere Sichtweisen hinsichtlich Kompetenz bestehen, soll weiterhin offen an die Analyse von Kompetenzerfassungsverfahren herangegangen werden. Dies ist notwendig, da Kompetenzkonzepte – wie angreifbar sie unter der jeweils präferierten Sichtweise von Kompetenz auch sein mögen – durch eine Einbettung in einen spezifischen Kontext dennoch ihre Berechtigung haben können. Für die Analyse der Kompetenzerfassungsverfahren ist daher eine Analyseebene einzuführen, die sich mit dem jeweils zugrunde gelegten Kompetenzverständnis auseinander setzt, versucht dieses zuzuordnen und prüft, inwiefern das Verfahren dem „jeweiligen Kompetenzverständnis" gerecht wird.

5 Das Analyseraster

Ausgehend von der vorangegangenen Diskussion zu Kompetenzerfassung und den sich daraus ergebenen Konsequenzen hinsichtlich der Erfassung wird in diesem Kapitel ein Raster zur Analyse verschiedener Kompetenzerfassungsverfahren entwickelt. Dieses hat die Merkmale von Kompetenz zu berücksichtigen und soll ermöglichen, verschiedene Kompetenzerhebungsverfahren, anhand von zentralen Kategorien vergleichend darzustellen. Innerhalb der Kategorien sind Kriterien zu erarbeiten, nach denen die einzelnen Verfahren beschreibbar sind. Eine Analyse von Verfahren anhand eines solchen Rasters hilft bei der Auswahl von geeigneten Verfahren für bestimmte Ziele. Gleichzeitig werden Spezifikationen für Verwendungszwecke als auch die Grenzen der jeweiligen Verfahren deutlich. Vor dem Hintergrund der Vielzahl unterschiedlicher Erfassungsverfahren bietet das Raster eine wichtige Orientierungs- und Selektionsfunktion bei der Auswahl und Anwendung von Kompetenzerfassungsverfahren. Dabei ist allerdings anzumerken, dass mit dem entwickelten Raster nur die Verfahren und nicht die mit diesem erzielten Ergebnisse analysiert werden (vgl. 1).

Basierend auf den Ergebnissen der theoretischen Diskussion zu Kompetenz ergeben sich für Verfahren der Kompetenzerfassung vier zentrale Analyseebenen:

- Unterschiedliche Akteursgruppen verfolgen verschiedene *Ziele bzw. Zwecke*, so dass die Erfassung von Kompetenz unter verschiedenen Interessenlagen erfolgen kann. Es ist zu vermuten, dass die jeweils mit der Kompetenzerfassung verbundenen Ziele, die Resultate auf den weiteren Analyseebenen bestimmen. Daher ist es erforderlich zunächst die Ziele bzw. Zwecke, die ein Verfahren der Kompetenzerfassung verfolgt, darzustellen.
- Eine Voraussetzung für die Erfassung von Kompetenz besteht darin, zu klären, was eigentlich unter Kompetenz verstanden wird. Dies ist in Anbetracht der Vielzahl unterschiedlicher Kompetenzdefinitionen, die auch aus unterschiedlichen Zielsetzungen hervorgehen, nicht ganz unproblematisch. Für die Analyse der Verfahren ist es daher unerlässlich, das zugrunde gelegte *Kompetenzverständnis* darzulegen.
- Sowohl aus der pädagogischen, der psychologischen als auch der handlungstheoretischen Diskussion ergibt sich, dass Kompetenz eine an das Individuum gebundene Kategorie ist, die in situativen Kontexten beobachtbar wird. Kompetenz, die im Handeln zum Ausdruck kommt, wird immer in Zusammenhang mit der Situation gestellt. Diese bestimmt im Wesentlichen, welche Kompetenzdimensionen für deren Bewältigung zu aktivieren sind. Kompetenz kann somit nur im Rahmen von Kontexten beschrieben werden. Bei der Analyse von Kompetenzerfassungsverfahren ist daher eine Ebene *Situations- und Erfassungskontext* einzuführen.
- Für die Erfassung von Kompetenz werden verschiedene Methoden herangezogen. Um die Vorgehensweisen und die Verwendungsmöglichkeiten der erzielten Daten entspre-

chend einschätzen zu können, ist auch die verwendete *Methodologie* der zu betrachtenden Verfahren in die Analyse mit einzubeziehen.

Die einzelnen Analyseebenen können nicht unabhängig voneinander betrachtet werden. Eher sind Wechselbeziehungen und Zusammenhänge zwischen den einzelnen Analyseebenen anzunehmen. Somit kann beispielsweise vermutet werden, dass spezielle Ziel- und Zwecksetzungen an ein bestimmtes Verständnis von Kompetenz gebunden sind. Anzunehmen ist auch, dass sich die methodischen Möglichkeiten der Erfassung nach den Ergebnissen auf den anderen Analyseebenen richten. Das bedeutet, sowohl die Zielsetzung, das zugrunde gelegte Kompetenzverständnis als auch der jeweilige situative Kontext beeinflussen die methodischen Möglichkeiten der Erfassung.

5.1 Ziel und Zweck von Kompetenzerfassung

Wie die aktuelle Diskussion zu Kompetenz bereits zeigte, ist die Erfassung von Kompetenz mit verschiedenen Zielstellungen verbunden (vgl. 2.2). Die Gründe für unterschiedliche Zielsetzungen von Kompetenzerfassung, sind u. a. in den verschiedenen Interessen der einzelnen Akteursgruppen (vgl. 2.2) zu suchen.[88] So können aus Sicht von Arbeitnehmern die mit Kompetenzerfassung verbundenen Ziele vor allem in einer beschäftigungspolitischen Relevanz sowie hinsichtlich der Entwicklung eigener Potentiale gesehen werden. Die betrieblichen Zielstellungen sind unter einem differenzierteren Blickwinkel zu betrachten. Im Rahmen von Personalauswahl sowie im Kontext von Personalselektion, ist die Erfassung von Kompetenz stark an den bestehenden Anforderungen der zu besetzenden Arbeitsplätze ausgerichtet. Die Entscheidung für den am ehesten geeigneten Mitarbeiter sowie ein effizienter Personaleinsatz bilden das Interesse von Kompetenzerfassung. Betriebliche Kompetenzerfassung, die hingegen auf eine langfristige Einbindung und einer weiteren Entfaltung der Mitarbeiter im Sinne einer Personalentwicklung abzielt, beabsichtigt die Aufdeckung von Entwicklungs- und Qualifizierungspotentialen der Beschäftigten. Die gesellschaftlichen Zielsetzungen bezüglich Kompetenzerfassung streben am ehesten eine bestmögliche Integration der Personen in das Erwerbsleben an. Kompetenzerfassung wird als Chance gesehen, die Beschäftigungsfähigkeit der Personen zu erhöhen und einen weiteren Zugang zum Bildungssystem zu eröffnen.

Neben den einzelnen Interessen der Akteursgruppen ist zu berücksichtigen, dass Kompetenz in ihrer Komplexität nicht mit einem einzelnen Verfahren zu erfassen ist. Daraus resultiert, dass die Verfahren jeweils eigene Schwerpunkte bei der Erfassung setzen, die es offen zu legen gilt. Dieser Sachverhalt war ein Ausgangspunkt für die Überlegung, ein Analyseraster mit theoretisch begründbaren Kriterien zu entwickeln. Im Handbuch zur Kompetenzmessung von Erpenbeck & Rosenstiel (2003) werden Verfahren der Kompetenzerfassung von den jeweiligen Entwicklern beschrieben. Bei der Betrachtung der dargestellten Verfahren wird deutlich, wie sehr diese hinsichtlich der jeweils verfolgten Zielstellung differieren. Die Vielfalt der Zielstellungen macht zudem deutlich, dass für eine vergleichende Betrachtung von Kompetenzerfassungsverfahren die alleinige Darstellung der

---

[88] Akteursgruppen, wie z. B. Arbeitnehmer, Unternehmer oder Pädagogen können, müssen aber nicht, unterschiedliche Interessen verfolgen. Demnach sind auch gleiche Zielsetzungen der Akteursgruppen möglich.

jeweiligen Zielsetzung nicht ausreichend sein kann. Eine weitere Klassifizierung scheint erforderlich.

Mit Blick auf die praktizierten Ansätze von Kompetenzerfassung schlagen Dietrich & Meyer-Menk (2002, 5ff.) eine Differenzierung der Verfahren nach zwei divergierenden Zielsetzungen vor. Sie unterscheiden anforderungsorientierte Ansätze und entwicklungsorientierte Ansätze. *Anforderungsorientierte Ansätze* der Kompetenzerfassung würden demnach Kompetenz aus einer Perspektive erheben, die auf die Bewältigung von Anforderungen in bestimmten Situationen bezogen ist. Solche Verfahren finden vor allem in betrieblichen Zusammenhängen Verwendung, wenn es darum geht, die Kompetenz einer Person in Bezug auf eine künftig zu bewältigende Arbeitsaufgabe einzuschätzen. Die Kompetenzerfassung ist dabei primär auf spezifische Unternehmens- bzw. Arbeitserfordernisse ausgerichtet, mit dem Ziel diese zu optimieren. Dieser Ansatz der Kompetenzerhebung weist zudem eine starke Nähe zum Qualifikationsbegriff auf, das sich durch personenbezogene Kenntnisse, Fähigkeiten und Fertigkeiten in Bezug auf bestimmte Anforderungen für spezifische Aufgaben- und Tätigkeitsbereiche konstituiert (Arnold, 1997; Arnold & Steinbach, 1998). Es ist daher kritisch zu hinterfragen, ob mit einem solchen Ansatz tatsächlich Kompetenz oder nicht doch vorwiegend Qualifikation erfasst wird[89].

Davon grenzen sie *entwicklungsbezogene Ansätze* der Kompetenzerfassung ab, die beabsichtigen, das Individuum und dessen persönliche Entwicklung zu fördern. Die Erhebung von Kompetenz orientiert sich dabei an den in der Lebens- und Arbeitswelt erworbenen Fähigkeiten, Fertigkeiten und Kenntnissen der Person. Diese Ansätze unterstützten durch die Reflexion des individuellen Kompetenzstandes zudem die persönliche Kompetenzentwicklung (Dietrich & Meyer-Menk, 2002, 6). Subjektbezogene Verfahren stellen u. a. die biographische Entwicklung des Individuums im Kontext von Lebens- und Arbeitswelt in den Fokus ihrer Bemühungen. Von Interesse ist dabei nicht nur eine punktuelle Betrachtung vorhandener Kompetenz, sondern vor allem deren Entwicklungsprozess.

Für analytische Zwecke ist die dargestellte Unterscheidung nur eingeschränkt geeignet, da sie einige Aspekte nicht hinreichend beachtet. So bleibt unberücksichtigt, dass Kompetenzentwicklung nicht ohne einen Gegenstandsbezug erfolgt, der Anwendungen und damit Anforderungen impliziert. Das bedeutet, die Ansätze bedingen sich gegenseitig, denn Entwicklung ist immer auch mit einem Gegenstandsbezug verbunden. Die Zuordnung von Einzelverfahren bezüglich der dargestellten Differenzierungen ist daher nicht immer eindeutig möglich. So gibt es Verfahren, die sowohl anforderungsorientierte als auch entwicklungs- bzw. subjektorientierte Bestandteile beinhalten. Für eine erste Klassifizierung der mit Kompetenzerfassung verbundenen Zielstellungen ist diese Unterscheidung jedoch wertvoll, da sie eine Differenzierung nach den mit der Kompetenzerfassung verbundenen Zielen und Zwecken zulässt und damit einen „Blickwinkel" bestimmt, unter dem die Verfahren zu betrachten sind.

---

[89] Qualifikationen sind dadurch gekennzeichnet, dass sie überwiegend in formalen Prozessen erzeugt und mit Zertifikaten belegt werden, einen konkreten Bezug zwischen Curriculum und Arbeitsanforderung haben sowie weitgehend unabhängig von Motiven und emotionalen Dispositionen zu verstehen sind. Im eigentlichen Sinne hat der Qualifikationsbegriff keinen Person-Bezug, sondern stellt eine Differenz zwischen einem Bildungsabschnitt und einer Anforderung dar bzw. gilt als Gelenkstelle zwischen Bildungsabschnitten (Berechtigung).

5.2 Kompetenzverständnis

Die bisherigen Betrachtungen verwiesen bereits auf die Vielzahl unterschiedlicher Definitionen von Kompetenz, die je nach Zweck und Wissenschaftsperspektive differieren (vgl. 2.1). Zur entsprechenden Einordnung der mit einem Kompetenzerfassungsverfahren erhobenen Daten ist es daher erforderlich, das jeweils zugrunde gelegte Kompetenzverständnis entsprechend zu dokumentieren. Dabei soll es nicht primär um eine „inhaltliche Besetzung" des Begriffs durch verschiedene Kompetenzdimensionen wie z. B. Fachkompetenz, Methodenkompetenz oder Sozialkompetenz gehen. Von Bedeutung ist vielmehr, durch welche Elemente Kompetenz, unabhängig von der Kompetenzdimension, charakterisiert werden kann. Darüber hinaus lassen sich funktionsbezogene und sinnbezogene Varianten im Kompetenzverständnis unterscheiden. Bei der Analyse und Dokumentation des von einem Verfahren zugrunde gelegten Kompetenzbegriffs sind somit sowohl die berücksichtigten Elemente von Kompetenz, als auch die gewählte Variante im Kompetenzverständnis darzulegen.

5.2.1   Elemente von Kompetenz

Es wurde bereits mehrfach angesprochen, dass es eine Vielzahl unterschiedlicher Kompetenzdefinitionen gibt, die in Abhängigkeit von den dahinter stehenden Zielsetzungen und dem zugrunde gelegten Wissenschaftsverständnis Verwendung finden. Vor dem Hintergrund der Fragestellung, was eigentlich eine Kompetenz ausmacht, ist nach Gemeinsamkeiten im strukturellen Aufbau zu suchen. Bereits in Kapitel 2.1 wurde darauf hingewiesen, dass Kompetenz als ein Konglomerat aus den Elementen Wissen, Fähigkeiten/Fertigkeiten, Motive und emotionalen Dispositionen zu verstehen ist. Dieser Aufbau beruht auf der Annahme, dass Kompetenz eine mit motivationalen Aspekten verbundene Größe ist. Dies wird nicht von allen Autoren so gesehen. Eine Sichtung von bestehenden Definitionen lässt eine Differenzierung in zwei Gruppen zu. So gibt es zum einen Definitionen die eher auf kognitive Aspekte abzielen und motivationale Aspekte ausschließen. Die andere Gruppe hält hingegen die motivationalen Aspekte für einen wesentlichen Bestandteil von Kompetenz (vgl. Wollersheim, 1993, 90).[90]

Zu der ersten Gruppe zählen funktions- und anforderungsbezogene Definitionen von Kompetenz, wie beispielsweise die von Alaluf & Stroobants (1994, 50), die Kompetenz als „die Nutzung und Anpassung der individuellen, in der Ausbildung und insbesondere in der schulischen Ausbildung erworbenen Kenntnisse und Fertigkeiten durch die Unternehmen entsprechend ihren Bedürfnissen" verstehen. Kompetent sein bedeutet somit, in der Lage sein, die vom Unternehmen formulierten Anforderungen zu erfüllen. In diesem Kontext steht auch die Definition von Moore & Theunissen (1994, 74), die im Kompetenzbegriff die real vorhandene Fähigkeit eines Einzelnen sehen, die Gesamtheit aller Aufgaben einer Arbeitssituation erfüllen zu können.

In vielen Diskussionen zu Kompetenz, so auch im Bereich der beruflichen Bildung, werden die Bereitschaft und damit auch motivationale Aspekte als für Kompetenz bedeut-

---

[90] Neben dieser Unterscheidung von Kompetenzdefinitionen gibt es sicher weitere Varianten nach denen sich Definitionen von Kompetenz differenzieren lassen, wie beispielsweise nach Anzahl und Art der Kompetenzdimensionen.

sam erachtet (Schwabdorf, 2003, 68; Bader 1989). So wird Handlungskompetenz in den KMK-Handreichungen[91] als „Bereitschaft und Fähigkeit des Einzelnen" definiert, „sich in beruflichen, gesellschaftlichen und privaten Situationen sachgerecht durchdacht sowie individuell und sozial verantwortlich zu verhalten" (KMK-Handreichungen, 1996, 8). Damit ist die *Bereitschaft* als ein zentraler Aspekt von Kompetenz angesprochen. Indem Heyse & Erpenbeck (1997, 51) Handlungskompetenz als „Integration kognitiver, emotional-motivationaler, volitiver und sozialer Aspekte menschlichen Handelns in Arbeitssituationen" definieren, berücksichtigen sie im Kompetenzbegriff ebenfalls motivationale Aspekte. Auch Vertreter der Arbeitspsychologie wie Frieling (1996, 2, zit. nach Albrecht, 1997) begrenzen Kompetenz nicht auf bloße Fähigkeitspotentiale: „Kompetenz beinhaltet nicht nur die Fähigkeit zur erfolgreichen reaktiven Anpassung, sondern auch den Willen, die Arbeits- und Lebensumwelt im Sinne human- und sozialverträglicher Bedingungen zu verändern". Im Kompetenzbegriff von Frei et. al. (1996) ist die Verwirklichung der individuellen Wünsche, Ziele und Interessen enthalten. Auch damit wird sich gegen eine rein kognitive Ausrichtung des Kompetenzbegriffs gewendet. Denn Kompetenz bedeutet nicht nur das bloße Vorhandensein von bestimmtem Wissen, Fähigkeiten und Fertigkeiten, sondern berücksichtigt auch Aspekte wie Ziele, Bedürfnisse, Werte und Einstellungen. Diese beeinflussen die Art und Weise wie eine Person ihre Ressourcen zur Lösung von Problemen einsetzt (Frei et. al., 1996, 14). Auch der Umstand, dass Kompetenz einer ständigen Veränderung und Entwicklung unterliegt (vgl. 2.1) bekräftigt ein Kompetenzverständnis, in dem Komponenten wie „Wollen" oder „Dürfen" im Sinne von Bereitschaften und Möglichkeiten als Bestandteile von Kompetenz anzusehen sind (Flasse & Stieler-Lorenz, 2000).

Im Verlauf der bisherigen Ausführungen wurde herausgestellt, dass Handeln die Kategorie ist, in der Kompetenz zum Ausdruck kommt und sich auch weiterentwickeln kann. Dabei wurde zugleich verdeutlicht, dass individuelles Handeln auch mit motivationalen Aspekten verbunden ist, weshalb auch Kompetenz als Handlungsdisposition mit motivationalen Aspekten verbunden sein muss. Aus diesen Gründen schließe ich mich der zweiten Position an, nach der motivationale Aspekte als ein Bestandteil von Kompetenz zu betrachten sind. Im Folgenden werden nun einige Definitionen angeführt, aus denen die angenommene Strukturierung von Kompetenz in die Wissen, Fähigkeiten/Fertigkeiten, Motive und emotionale Dispositionen abgeleitet werden kann:

Weinert (2001b, 27f.) definiert Kompetenz als „die bei Individuen verfügbaren oder durch sie erlernbaren kognitiven Fähigkeiten und Fertigkeiten, um bestimmte Probleme zu lösen, sowie die damit verbundenen motivationalen, volitionalen und sozialen Bereitschaften und Fähigkeiten, um die Problemlösungen in variablen Situationen erfolgreich und verantwortungsvoll nutzen zu können".[92] Die individuelle Ausprägung von Kompetenz wird nach Auffassung von Weinert durch die Facetten Fähigkeit, Wissen, Verstehen, Können, Handeln, Erfahrung und Motivation bestimmt (DIPF, 2003, 59).

Im Verständnis von *Erpenbeck & Heyse* (1996; 1999) ist Kompetenz multimodal und schließt kognitive, emotional-motivationale, volitive und aktionale Komponenten ein. Ihren

---

[91] In diesen ist die Herausbildung und Förderung von Handlungskompetenz als zentraler Bildungsauftrag definiert.
[92] In seinem Gutachten für die OECD verweist Weinert auf die Notwendigkeit mindestens sieben verschiedene Verwendungsweisen von Kompetenz zu unterscheiden (Weinert, 2001c, 46ff.). Abschließend hält er einige Punkte für eine pragmatische Nutzung von Kompetenz fest. In diesem Kontext wird nochmals deutlich, dass Motivation als ein Bestandteil von Kompetenz zu betrachten ist „it should be used when the necessary prerequisites for successfully meeting a demand are comprised of cognitive and (in many cases) motivational, ethical, vocational, and/or social components" (Weinert, 2001c, 62).

Sinn erhalten die Komponenten durch die Rückbindung in ein Wertesystem (Erpenbeck & Heyse, 1996, 39). In dieser Verknüpfung wird Kompetenz als „von Wissen fundiert, durch Werte konstituiert, als Fähigkeiten disponiert, durch Erfahrungen konsolidiert, auf Grund von Willen realisiert" betrachtet (Erpenbeck & Heyse, 1999, 162). Anhand dieser Definition werden auch die durch die Autoren angenommenen Kompetenzelemente deutlich, nämlich Wissen, Werte, Fähigkeiten, Erfahrungen und Willen.

Frei et al. (1996, 14) betrachten Kompetenz „als Möglichkeit eines Individuums, in Abhängigkeit von seinen Lebensbedingungen seine kognitiven, sozialen und verhaltensmäßigen Fähigkeiten so zu organisieren und einzusetzen, dass es seine Wünsche, Ziele und Interessen verwirklichen kann". In diesem Sinne sehen sie Kompetenz als ein Zusammenspiel aus den Faktoren: 1) Werte, Einstellungen; 2) Bedürfnisse, Motive, Ziele; 3) Fähigkeiten, Fertigkeiten, Wissen und 4) Erfahrungen, die das menschliche Verhalten und Handeln beeinflussen (ebd., 16).

Knöchel (1996) unterscheidet vier Ansätze hinsichtlich der Zusammensetzung des Aufbaus von Kompetenz: (1) aus psychologischer Sicht, (2) aus der Diskussion um die Qualifikationsentwicklung heraus, (3) die Unterteilung beruflicher Handlungskompetenz sowie (4) eine Differenzierung nach Hurrelmann die auf verschiedene Dimensionen des Handelns unter Berufung auf neuere handlungstheoretische Ansätze zurück geht (Knöchel, 1996, 11ff.). Für unsere Betrachtungen ist vor allem die Differenzierung aus psychologischer Perspektive von Interesse, da diese in allen weiteren Differenzierungen enthalten ist. Diese differenziert Kompetenz in Wissen, Fähigkeiten/Fertigkeiten, Werte (Wertbewusstsein) und Selbstbild (Selbstkonzept) (ebd., 11f.).[93]

Staudt et. al. (2002b, 40) nehmen eine Differenzierung in a) kompetenzbestimmende Elemente (Fähigkeiten, Motivation, Selbstbild, Wissen, Fertigkeiten), b) kompetenzbeschreibende Elemente (inhaltliche Aspekte wie Fachkompetenz, Methodenkompetenz etc.) und c) in organisatorische Erklärungen (Zuständigkeit, Aufgabenkompetenz, Befugnisse) vor. Für die hiesige Fragestellung nach den Bestandteilen von Kompetenz, ist die erste Differenzierung in kompetenzbestimmende Elemente von Bedeutung. Sie benennt Aspekte die auch schon in den vorherigen Ansätzen zum Ausdruck kamen.

Der Kompetenzbegriff von *Oerter* (1991) ist stark an dem Konzept der Fähigkeit orientiert. Für ihn ist Kompetenz jenes, was zur Lösung von Aufgaben notwendig ist. Der Unterschied zwischen Kompetenz und skills, sei der Einbezug von emotionalen Spannungen und Problemen (ebd., 167). Nach seiner Auffassung beinhaltet Kompetenz als Leistung auch die Fähigkeit, Probleme zu bewältigen, in die man selbst involviert sei. Eine solche „Ichbeteiligung" und die damit verbundene Emotionalität „erfordern neben kognitiven Fähigkeiten und bestimmten Handlungsfertigkeiten auch Leistungen der Kontrolle von Emotionen und die Fähigkeit, sich trotz emotionalen Beteiligtseins von der eigenen Position distanzieren zu können" (ebd.).

---

[93] *Wissen* wird als grundlegendste Komponente von Kompetenz betrachtet, da Kompetenzentwicklung nicht ohne die Aneignung von Wissen erfolgen kann. Die *Fähigkeiten/Fertigkeiten* werden als Grundlagen jeglicher Handlungskompetenz erachtet. Auch *Werte* und darauf beruhende Motive, Emotionen und Einstellungen werden als Aspekte einer ganzheitlichen Kompetenz gefasst. Für die Herausbildung „beruflicher Identität" hat insbesondere das *Selbstbild (Selbstkonzept)* eine zentrale Bedeutung. Schließlich werden noch *komplexe Fähigkeiten (Fähigkeitsbündel)*, wie die Befähigung zur Handlungsregulation, die Befähigung zur individuellen Selbstorganisation und die Befähigung zum selbstständigen Lernen benannt, welche die eigentlichen Kennzeichen menschlicher Kompetenz darstellen (Knöchel, 1996, 11f.).

Aus den dargestellten Differenzierungen, wobei sich sicher noch weitere Ansätze mit ähnlichen Differenzierungen finden ließen, können vereinfacht die Aspekte *Wissen*, *Fähigkeiten/Fertigkeiten*, *Motive* und *emotionale Dispositionen* als Elemente von Kompetenz festgehalten werden.[94] Die in den vorgestellten Ansätzen genannten Aspekte, die nicht direkt in diese Differenzierung eingehen, fließen indirekt in die herausgestellten Elemente von Kompetenz ein. So kann beispielsweise Verstehen und Erfahrung dem Element Wissen zugeordnet werden (vgl. 5.2.1.1). Werte, Einstellungen und Wille wiederum können unter dem Aspekt Motive mitbetrachtet werden (vgl. 5.2.1.3). Das in den Ansätzen von Knöchel als auch von Staudt et. al. benannte Selbstbild, wird hier nicht als ein separates Element von Kompetenz, sondern als ein Resultat aus vorhandener Kompetenz betrachtet.

Für die folgenden Ausführungen wird Kompetenz somit als Konglomerat aus den Elementen Wissen, Fähigkeiten/Fertigkeiten, Motive und emotionale Dispositionen betrachtet. Die Elemente sind damit zugleich Kriterien im Analyseraster für Kompetenzerfassungsverfahren. Dabei ist auf der Ebene des Kompetenzverständnisses zu fragen, ob diese Elemente berücksichtigt wurden, wie dies jeweils realisiert wird und wie sie in den Messverfahren prüfbar gemacht werden. Dazu wird in den nachfolgenden Abschnitten die Position der Autorin über die Bedeutung der Elemente zum Ausdruck gebracht.

5.2.1.1   Wissen

Die bisherigen Ausführungen zeigen, dass Wissen ein zentrales Element von Kompetenz ist, da es eine Voraussetzung für die Bewältigung von Situationen darstellt. Wissen entsteht durch die geistige Verarbeitung von Informationen, so dass für die Person eine „sinnhafte von ihm bewertete Wissensstruktur entsteht" (Erpenbeck & Heyse, 1999, 33). In seiner allgemeinen Bestimmung betrachten es Berger & Luckmann (1980, 1) als „die Gewissheit, dass Phänomene wirklich sind und bestimmbare Eigenschaften haben" (zit. nach Hof, 2002b, 81). Daraus schlussfolgert Hof, dass Wissen keine ‚objektive' Beschreibung der Phänomene, sondern das Ergebnis von Konstruktionsprozessen darstellt. Damit wären zwei Momente von Wissen aufgegriffen: a) der Bezug des Wissens auf Kenntnisse, Fakten, Informationen, Theorien – also Annahmen über die Welt und b) die Herausstellung von Zusammenhängen (ebd.).

Aus einer handlungstheoretischen Perspektive kann Wissen als personelle Handlungsoption angesehen werden, die zugleich als Resultat von Lernprozessen zu verstehen ist (vgl. Luhmann, 1987, 447ff.). Wissen stellt somit einen Vorrat an Handlungsmöglichkeiten dar, auf den bei Bedarf zurückgegriffen werden kann. Die Auseinandersetzung mit dem Wissensbegriff zeigt, dass Wissen ein komplexer Begriff ist, der sich hinsichtlich der Aspekte Inhalt, Internationalisierungsgrad, Verfügbarkeit, Entwickel- und Vermittelbarkeit sowie Nutzbarkeit differenzieren lässt (Staudt et. al., 2002b, 46). Für die Analyse von Kompetenzerhebungsverfahren ist es von Bedeutung, die verschiedenen Differenzierungsmöglichkeiten von Wissen zu kennen. Die wohl bekannteste Differenzierung von Wissen, ist die in deklaratives (knowing that) und prozedurales (knowing how) Wissen, welche auf Ryle (1969) zurückzuführen ist. Deklaratives *Wissen* umfasst Faktenwissen und ist meist explizit

---

[94] Als Elemente von Kompetenz werden hier Motive und emotionale Dispositionen ausgewiesen. Diese charakterisieren im Gegensatz zu Motivation und Emotion – die aktuelle Zustände beschreiben – Dispositionen von Personen zur Ausführung von Handlungen.

vorhanden. Prozedurales *Wissen* hingegen stellt das Know-how für die Wissensanwendung dar und ist oft implizit, d.h. Personen können es oft nicht verbal äußern. In dieser Definition wird die klassische Unterscheidung von Wissen in implizites und explizites Wissen angesprochen (Polanyi, 1958). *Implizites Wissen*[95] umfasst dabei das Wissen einer Person aufgrund ihrer Erfahrungen, ihrer Geschichte, ihrer Praxis und ihres Lernens. Es wird implizit genannt, weil der Person nicht unbedingt bewusst sein muss, dass sie über dieses Wissen verfügt. Es ist vielmehr zum Großteil unbewusst vorhandenes Wissen (Willke, 1998, 13). *Explizites Wissen* hingegen ist der Person bewusstes Wissen und kann dementsprechend artikuliert, formuliert und dokumentiert werden. Die Person weiß, dass sie dieses Wissen besitzt und kann darüber sprechen (ebd.). Mit dem impliziten Wissen ist zugleich ein Aspekt von Wissen verbunden, der oft auch als eigene Art von Wissen benannt wird, das *Erfahrungswissen*. Plath (2002, 518) definiert Erfahrungswissen als eine „hoch entwickelte Form des Handlungswissens"[96], dass sowohl in expliziter als auch in impliziter Form vorliegt. Dabei ist Erfahrungswissen sowohl auf Sachverhalte als auch auf Vorgehensweisen bezogen. Umfassend betrachtet spiegelt Erfahrungswissen die Kenntnis von vergleichbaren "Fällen", zahlreichen verschiedenartigen „Situationen" sowie vergangenen Erfahrungen wieder (ebd.). Plath nimmt an, dass die Ausprägung des Erfahrungswissens in Abhängigkeit vom Tätigkeitsalter zu sehen ist, was als interessanter Aspekt auch für den Ausprägungsgrad von Kompetenz zu prüfen wäre (ebd., 522).

Neben diesen Differenzierungen gibt es weitere. Zu nennen wäre beispielsweise das Wissensklassifikationssystem von De Jong & Ferguson-Hessler (1969, 106ff.), welches vier Arten von Wissen unterscheidet: Situationswissen, Begriffliches Wissen, Verfahrenswissen und strategisches Wissen. Das *Situationswissen* beinhaltet die Kenntnis von Situationen, wie sie normalerweise in einer speziellen Domäne auftreten. Dadurch kann die Person relevante Merkmale aus der Problemerklärung herausfiltern und – wenn notwendig – ergänzende Informationen sammeln und betrachten. *Begriffliches Wissen* umfasst die Kenntnis von Fakten, Konzepten und Prinzipien, die innerhalb einer bestimmten Domäne zutreffen. Es dient als zusätzliche Information, die Problemlöser zum Suchen der Lösung verwenden. Das *Verfahrenswissen* enthält Wissen über Handlungen innerhalb einer Domäne und hilft beim Lösen von Problemen. *Strategisches Wissen* nützt bei der Organisation und Realisierung des Problemlösungsprozesses selbst.

Aus berufspädagogischer Sicht ist zum Aufbau von Kompetenz „*Handlungswissen*" erforderlich, dass sich in Verfahrenswissen, Faktenwissen, Begründungswissen und Einsatzwissen unterscheiden lässt (Schelten, 1994, 7ff.). Das *Fakten- oder Begriffswissen* bezieht sich auf Begriffe, Objekte, Tatbestände oder Situationen, wie z. B. genaue Bauteilbezeichnungen oder Kenngrößen. *Begründungswissen* beinhaltet Wissen über Zusammenhänge von Sachverhalten und deren wechselseitig wirkenden Beziehungen. Es wird zur Vertiefung, Erläuterung, Ergänzung, Erweiterung und Systematisierung herangezogen. Mit Hilfe des *Verfahrenswissens* kann Fakten- und Begründungswissen in eine Handlung umgesetzt werden. Es beinhaltet damit das Strategiewissen, wie Fakten- und Begründungswissen in die Ausführung einer beruflichen Handlung umgesetzt werden können. Das *Einsatz-*

---

[95] Diese Art von Wissen ist der direkten Erfassung nur sehr schwer bzw. gar nicht zugänglich. Möglichkeiten der Erhebung bestehen daher nur über indirekte Vorgehensweisen. Es ist daher zu vermuten, dass es sich bei dem im Kontext von Kompetenzerfassung erfassten Wissen vorrangig um explizites Wissen handelt.

[96] Das Handlungswissen kann im Gegensatz zum theoretischen Wissen, als das praktische Wissen verstanden werden, welches das Können darstellt (vgl. Ryle, 1969; Baumgartner, 1993)

wissen betrifft letztlich den Zugriff auf das Fakten-, Begründungs- und Verfahrenswissen bei der Durchführung einer Handlung. Mit Hilfe dieses Wissens kann die Aktivierung der anderen Wissensarten in Bezug auf die Lösung einer Aufgabe gesteuert und kontrolliert werden.

Angesichts der ausgewiesenen Bedeutung von Wissen, ist bei der Analyse von Verfahren zur Kompetenzerfassung darzustellen, ob ein Verfahren das Element Wissen berücksichtigt und welche Art von Wissen ggf. erfasst wird. Dabei kann angenommen werden, dass es sich bei dem erfassten Wissen überwiegend um explizites Wissen handelt, da implizites Wissen nur schwer erfassbar ist.

5.2.1.2   Fähigkeiten/Fertigkeiten

Ebenso wie bei den anderen Elementen gibt es verschiedene Definitionen im Hinblick auf die Bedeutung von Fähigkeiten/Fertigkeiten.[97] Dabei verrät ein Blick ins pädagogische Wörterbuch, dass Fähigkeiten als „hypothetisches Konstrukt zur Bezeichnung der Gesamtheit der psychischen und physischen Bedingungen als Voraussetzung für die Ausführung von körperlichen und geistigen Leistungen" (Böhm, 1994, 168) betrachtet werden und damit die Grundlage für individuelle Handlungen bilden. Dabei gelten als Fähigkeit nur die für eine Leistung unbedingt erforderlichen Bedingungen, nicht aber erleichternde Aspekte wie Übung oder Erfahrung (ebd.). Strube (1996, 185) bezeichnet eine Fähigkeit als „die Gesamtheit der notwendigen personenbezogenen Voraussetzungen, die für das Erbringen einer bestimmten Leistung erforderlich sind. Eine Fähigkeit kann spezifisch oder generell sein. Die Bedeutung einer postulierten Fähigkeit wird durch die Beziehung zu anderen Konstrukten im Netz der theoretischen Begriffe bestimmt". Die Definitionen von Fähigkeiten/Fertigkeiten bringen zum Ausdruck, dass diese nur über erbrachte Leistungen zu erschließen sind.

Fähigkeiten/Fertigkeiten sind somit – vereinfacht ausgedrückt – Voraussetzungen für das Ausführen von Handlungen. Das heißt aber auch, es kann so viele Fähigkeiten/Fertigkeiten wie Handlungen geben. Damit weisen Fähigkeiten/Fertigkeiten immer einen inhaltlichen Bezugspunkt auf. Dementsprechend existiert eine Vielzahl unterschiedlicher Fähigkeiten/Fertigkeiten wie beispielsweise motorische, emotionale, intellektuelle, kognitive aber auch ganz spezifische wie Kommunikationsfähigkeit oder Lernfähigkeit. Damit bilden die Fähigkeiten/Fertigkeiten – ebenso wie Wissen – einen Pool von Handlungsoptionen zur Bewältigung von Handlungssituationen. Sie bestimmen wie eine Person aufgrund ihrer Fähigkeiten/Fertigkeiten handeln kann. Darüber hinaus sind Fähigkeiten/Fertigkeiten hinsichtlich ihres Ausprägungs- und Entwicklungsgrades unterscheidbar[98]. So werden bestimmte Entwicklungsstufen von Fähigkeiten/Fertigkeiten unterschieden, die gleichzeitig als Beurteilungskriterium bei der Erfassung herangezogen werden könnten.

---

[97] Die Begriffe „Fähigkeiten" und „Fertigkeiten" werden in der Wissenschaft teils getrennt, teils gemeinsam verwendet. In der Berufspädagogik wird häufig von Fähigkeiten und Fertigkeiten gesprochen. So soll auch im Rahmen dieser Arbeit und bei der Analyse der Kompetenzerfassungsverfahren keine weitere Differenzierung erfolgen, weshalb Fähigkeiten und Fertigkeiten als ein Element zusammengefasst sind.

[98] Eine Differenzierung nach bestimmten Ausprägungsgraden oder Entwicklungsstufen, ist auch bei Kompetenz zu finden. So werden beispielsweise bei PISA für die Lesekompetenz von Schülern fünf verschiedene Ausprägungsstufen festgelegt (vgl. Baumert u. a., 2000).

In der Literatur lassen sich verschiedene Differenzierungsmöglichkeiten von Fähigkeiten finden. So werden einerseits verschiedene Arten von Fähigkeiten (Gange` 1973; Gange` & Briggs, 1992) und andererseits verschiedene Entwicklungsstufen von Fähigkeiten – die in der Regel das Ergebnis von Lernprozessen sind – unterschieden (Dreyfus & Dreyfus, 1987). Hinsichtlich der Arten von Fähigkeiten differenzieren Gange` (1973) und Gange` & Briggs (1992, 12f., 43ff.) zwischen fünf „Hauptkategorien" von zu erreichenden Lernergebnissen, die zur Unterscheidung menschlicher Fähigkeiten herangezogen werden können: Intellektuelle Fähigkeiten, Kognitive Strategien, Verbale Informationen, Motorische Fertigkeiten und Einstellungen.

Eine Differenzierung nach Entwicklungsstufen von Fähigkeiten/Fertigkeiten ist bei Dreyfus & Dreyfus (1987, 43ff.) zu finden (vgl. Rauner, 2002).[99] Diese erarbeiteten ein Modell mit fünf Entwicklungsstufen vom Novizen zum Experten. Hierin sollen sich Fähigkeiten/Fertigkeiten „vom analytischen Verhalten eines distanzierten Subjektes, dass seine Umgebung in erkennbare Elemente zerlegt und dabei Regeln folgt, hin zu einem teilnehmenden Können, das sich auf frühere konkrete Erfahrungen stützt und auf ein unbewusstes Erkennen von Ähnlichkeiten zwischen neuen und früheren Gesamtsituationen", entwickeln (Dreyfus & Dreyfus, 1987, 61). Die *erste Stufe ist die des Novizen* (Neulings), der durch Instruktionen lernt, wie unterschiedliche objektive Fakten und relevante Muster zu erkennen sind. Die Person erlernt kontextfreie Regeln aufgrund dessen sie die Fakten und Muster ihrer Handlungen bestimmen kann (ebd., 43). In der *zweiten Stufe, beim fortgeschrittenen Anfänger* (Advanced Beginner), hat die Person bereits ausgedehnte Erfahrungen hinsichtlich der Bewältigung mit wirklichen Situationen gesammelt. Es werden zudem praktische Erfahrungen mit situationalen Elementen erworben, die neben den kontextfreien Regeln ebenfalls das Verhalten bestimmen (ebd., 45). Die *dritte Stufe, die der Kompetenz* (Competence), zeichnet sich dadurch aus, dass die Person eine Vielzahl von kontextfreien und situationalen Elementen erkennt. Um auch mit komplexen Situationen umgehen zu können, beherrscht die Person die Anwendung von hierarchisch geordneten Entscheidungsprozessen. Die Person trifft Entscheidungen aufgrund von Erfahrungswerten und kann dementsprechend Prioritäten setzen (ebd., 46ff.). Auf der *vierten Ebene, der Gewandtheit* (Proficiency) nimmt die Person Anteil an ihrer Aufgabe und betrachtet diese aus dem Blickwinkel der jeweils aktuellen Ereignisse. Sie erkennt besonders wichtige Merkmale einer Situation und lässt andere in den Hintergrund treten. Das Handeln der Person basiert nicht aufgrund distanzierter Entscheidungen oder Überlegungen, sondern vielmehr intuitiv auf Basis von Erinnerungen und Erfahrungen, die in vergangenen ähnlichen Situationen erworben wurden (ebd., 51ff.). Die *letzte Stufe kennzeichnet das Expertentum* (Expertise) und ist durch engagiertes Handeln geprägt, bei dem das Können Teil der Person geworden ist (ebd., 54ff.).

Die dargestellten Differenzierungsansätze sollten mögliche Varianten zur Differenzierung von Fähigkeiten/Fertigkeiten aufzeigen, die im Rahmen der Analyse von Kompetenzerfassungsverfahren herangezogen werden können. Es ist jedoch anzunehmen, dass die Verfahren zur Erfassung von Kompetenz jeweils eigene Differenzierungen hinsichtlich erreichter Ausprägungsgrade festlegen, anhand dessen die erfassten Daten eingeschätzt und bewertet werden (vgl. Baumert u. a., 2000; Klieme, u. a., 2001). Daher erscheint es im

---

[99] Diese Differenzierung wird häufig auch im Rahmen von Kompetenzentwicklung herangezogen. Dies ist zulässig, da im Rahmen von Kompetenzentwicklung die Entwicklung ihrer Elemente – also auch der Fähigkeiten/Fertigkeiten – von Bedeutung ist.

Hinblick auf eine Analyse der Verfahren nicht sinnvoll, sich einer der hier vorgestellten Differenzierungen – die für das Verständnis der Problematik allerdings unverzichtbar sind – anzuschließen. Von zentraler Bedeutung für die Analyse der Verfahren ist allerdings der jeweilige inhaltliche Bezugspunkt der Fähigkeiten/Fertigkeiten. Als Handlungsoptionen für die Bewältigung von Situationen werden diese im Hinblick auf die in einer Handlungssituation erforderlichen Anforderungen konkretisiert, wie z. B. die Fähigkeit/Fertigkeit zum künstlerischen Gestalten oder die Fähigkeit/Fertigkeit zum Lösen von Problemen. Werden in einem Verfahren der Kompetenzerfassung Konkretisierungen hinsichtlich der zu erfassenden Fähigkeiten/Fertigkeiten vorgenommen, so sind diese bei der Analyse anzugeben, da sie wichtige Hinweise bezüglich der Verwendung der erhobenen Daten beinhalten. Eine je nach Bezugspunkt vorgenommene inhaltliche Differenzierung der Fähigkeiten/ Fertigkeiten, ist im Rahmen der Analyse von Kompetenzerfassungsverfahren anzustreben.

5.2.1.3 Motive

Die Motivationspsychologie befasst sich mit der Suche nach Erklärungen für ungleiches Verhalten von Personen. Diesbezüglich sind nicht nur Unterschiede zwischen verschiedenen Personen, sondern auch „innerhalb" einer Person zu beobachten. So soll die Motivationspsychologie „Richtung, Ausdauer und Intensität von Verhalten" erklären (Rheinberg, 2000, 13). Die systematische Verfolgung von Zielen ist ein Zeichen für das Vorhandensein von Motivation. Auch die Suche nach den angestrebten Zielzuständen ist eine typische Analyseperspektive der Motivationspsychologie (ebd., 19). Zu verschiedenen Zeitpunkten kann eine Person jeweils andere Ziele verfolgen, was unterschiedliche Verhaltensweisen bewirkt (Schneider & Schmalt, 2000, 11). Die individuellen Zielstellungen resultieren aus der jeweiligen Bedeutung, die eine Person einer Situation und den damit verbundenen Zielzuständen zuschreibt. Die differierenden Motive (Bewertungsdimensionen) der einzelnen Personen sind dabei eine Ursache für die unterschiedlichen Zielbewertungen (ebd., 12).

In diesem Zusammenhang ist die Unterscheidung von Motivation und Motiven zu erwähnen. Die Motivation beschreibt das gegenwärtige aktuelle gefühlsmäßige Befinden der Person in einer Situation und bestimmt deren Handeln. Die (aktuelle) Motivation ergibt sich aus der jeweiligen Situation und den in der Person begründeten Motiven. Motive kennzeichnen latente Dispositionen, die das Verhalten auf bestimmte Ziele ausrichten. Sie beeinflussen, wie eine Person bestimmte Handlungssituationen wahrnimmt und bewertet. Damit sind sie Ursache für die unterschiedliche Bewertung von Sachverhalten, was dazu führt, dass Personen verschiedene Ziele verfolgen. Sie „drängen zu Handlungen, bedingen Zielsetzungen und determinieren die Bewertung der angestrebten Ziele, aber auch anderer handlungsrelevante Momente, z. B. die Beurteilungen der Realisierungschancen einer Zielsetzung" (ebd., 13). Festzuhalten ist demnach, dass die Motive nicht direkt auf das Handeln von Personen wirken, sondern nach „passender situativer Anregung zunächst zur aktuellen Motivation führen", die letztlich das Handeln beeinflusst (Rheinberg, 2004, 21).

Die Motivationsforschung unterscheidet drei Motivgruppen: das Leistungsmotiv, das Machtmotiv und das Anschlussmotiv (Rheinberg, 2000; Langens, Sokolowsky & Schmalt, 2003). Jede dieser Motivgruppen enthält Potentiale für die Aktivierung und den Erwerb von Kompetenz, welche durch inhaltliche Bezugspunkte spezifiziert wird (Langens, Sokolowski & Schmalt, 2003, 76). Demnach würden Personen mit einem starken Leistungsmotiv in einem größeren Ausmaß Kompetenz zur Selbstregulation erwerben, weil diese helfe, leistungsbezogene Ziele zu erwerben. Machtmotivierte Personen hingegen seien geschickt darin, andere Menschen für sich einzuspannen, Bündnisse einzugehen und Verhandlungen zu führen. Menschen mit einem starken Einfühlungsvermögen die häufig bei Konflikten vermitteln, hätten ein stark ausgeprägtes Anschlussmotiv (Langens, Sokolowski & Schmalt, 2003, 76). Im Kontext von Kompetenz betrachtet, kennzeichnen Motive demnach die grundlegenden Bereitschaften zur Ausführung von Handlungen. Sie sind häufig Anlass für das Handeln von Personen und lenken dieses auf bestimmte Ziele. Damit sind sie sowohl für die Handlungssteuerung und -energetisierung als auch für die zielbezogene selektive Informationsverarbeitung verantwortlich (ebd., 71).

Bei der Erklärung des Verhaltens werden in der Motivationsforschung, in Anlehnung an die Erkenntnisse von Lewin (1936) und Murray (1938), sowohl Aspekte der Person als auch der Situation herangezogen. „Weder Triebe, Gewohnheiten, Bedürfnisspannungen allein noch situative Reize, Zwänge, Verlockungen können Verhalten zufriedenstellend erklären. Man muss stets beide Faktorengruppen zugleich berücksichtigen" (Rheinberg, 2000, 47). Das Verhalten wird demnach als Resultat von Wechselbeziehungen zwischen den Aspekten Person und Situation betrachtet (Rheinberg, 2000, 2004)[100]. Dabei ist zu berücksichtigen, dass die situativen Gegebenheiten das Verhalten nicht direkt bestimmen. Vielmehr werden diese, basierend auf den vorhandenen Motiven, durch die Person wahrgenommen und interpretiert. Auf diese Weise erhält die Situation eine Bedeutung, die schließlich das Verhalten beeinflusst und motiviert (Heckhausen, 1989, 112). Die Aktivierung von Motiven erfolgt somit erst durch das Vorhandensein entsprechender situativer Momente, die das Motiv ansprechen und die Ausbildung der Motivation bewirken. Diese werden als Anreize bezeichnet (Schneider & Schmalt, 2000, 17). Demnach werden Motive nur verhaltenswirksam, wenn eine Situation potentielle Anreize und Handlungsgelegenheiten bietet, die inhaltlich zum Motiv passen (Rheinberg, 2004, 21). Die Aktivierungswirkung der Anreize erfolgt dabei über die Interaktion zwischen Umwelt und Individuum. Aus dem Angebot der Anreize werden aufgrund der jeweils subjektiven selektiven Wahrnehmung diejenigen Anreize ausgewählt, die den individuellen Bedürfnissen und Motivstrukturen der Person am ehesten entsprechen (Staudt & Kriegesmann, 1999, 46).

Die Ausführungen zur Motivationsforschung sollten zeigen, wie die Motive die Durchführung einer Handlung mitbestimmen. Motive bilden die Basis für die Bereitschaft von Personen eine Handlung auszuführen. Die jeweils handlungsauslösenden Motive können dabei verschieden sein. Deutlich wurde auch, dass sie als Bestandteil von Kompetenz zu betrachten und daher im Rahmen von Kompetenzerfassung zu berücksichtigen sind.[101]

---

[100] Diese Wechselbeziehungen zeigen sich auch bei der Kompetenz. Dies kann auch nicht anders sein, da Motive ein Element von Kompetenz darstellen. Für entsprechende Verfahren der Kompetenzermittlung ist es demnach unabdingbar, situative Aspekte angemessen zu berücksichtigen. Aus diesem Grund findet sich in dem hier entwickelten Analyseraster der Situations- und Erfassungskontext als eine Analyseebene wieder (vgl. 5.3).

[101] Hier ist anzumerken, dass es für die Erfassung von Motiven eine Vielzahl von psychologisch diagnostischen Instrumenten gibt, die auch im Rahmen von Kompetenzerfassung von Interesse sind (vgl. Rheinberg, 2004).

5.2.1.4 Emotionale Dispositionen

In der Psychologie gibt es sehr vielfältige Definitionen von Emotion. Dabei können die jeweiligen Definitionsversuche nur unter Berücksichtigung des jeweiligen theoretischen Kontextes angemessen verstanden und auf ihre Brauchbarkeit hin eingeschätzt werden (Ullich & Mayring, 2003, 51). Aus einer Analyse von etwa 100 Emotionsdefinitionen brachten Kleinginna & Kleinginna (1981; zit. nach Otto, Euler & Mandl, 2000, 15) eine Arbeitsdefinition hervor, die den Erkenntnisfortschritt der Emotionspsychologie hinsichtlich der Verschiebung zu mehr affektiven, kognitiven und mehrere Aspekte umfassenden Emotionsauffassungen entsprechend berücksichtigt:

„Emotion ist ein komplexes Interaktionsgefüge subjektiver und objektiver Faktoren, das von neuronalen/hormonalen Systemen vermittelt wird, die (a) affektive Erfahrungen, wie Gefühle der Erregung oder Lust/Unlust, bewirken können; (b) kognitive Prozesse, wie emotional relevante Wahrnehmungseffekte, Bewertungen, Klassifikationsprozesse, hervorrufen können; (c) ausgedehnte physiologische Anpassungen an die erregungsauslösenden Bedingungen in Gang setzen können; (d) zu Verhalten führen können, welches oft expressiv, zielgerichtet und adaptiv ist".

Wenn Emotionen in Beziehung mit einer Handlungsausrichtung betrachtet werden, wird häufig ein Zusammenhang mit motivationalen Gegebenheiten hergestellt (Ullich & Mayring, 2003, 53). Izard (1981, 63) vertritt die Auffassung, Emotionen bilden das primäre Motivationssystem der Menschen und begründet seine Auffassung anhand der *differentiellen Emotionstheorie*. Er bezieht sich u. a. auf die Ausführungen von Lerntheoretikern wie Mowrer (1960a, 307), der den Emotionen eine zentrale Rolle bei den Veränderungen in Verhalten und Lernen zuweist (Izard, 1981, 19).

Einige Forscher unterscheiden zwei Erscheinungsformen von Emotion: Emotion als Eigenschaft und Emotion als Zustand (Catell & Scheier, 1962; Spielberger, 1966; zit. nach Izard, 1981, 21). Emotion als Eigenschaft drückt die Tendenz eines Individuums aus, ein bestimmtes Gefühl häufig in seinem täglichen Leben zu erleben. Die Emotion als Zustand hat eine größere Intensitätsspanne als die Emotion in Form einer Eigenschaft. Der Zeitraum eines Emotionszustandes kann Sekunden, aber auch Stunden anhalten, wobei die Intensität ebenfalls variabel ist. Darüber hinaus wird in der Regel zwischen positiven und negativen Emotionen unterschieden (Izard, 1981).

Die Vielzahl der Emotionsdefinitionen lässt sich in Ein- und Mehrkomponentendefinitionen differenzieren. Fast alle Definitionen betrachten Emotionen als spezifisches subjektives Erleben, wobei die Einkomponentendefinitionen den Emotionsbegriff darauf begrenzen. Die Mehrkomponentendefinitionen hingegen erweitern den Emotionsbegriff um Aspekte wie motorische Komponenten, Ausdruckskomponenten oder physiologische Aktivierung (Pauls, 1999, 29; Pekrun, 1988, 98). Es ergeben sich schließlich zwei Varianten hinsichtlich der Verwendung des Emotionsbegriffs. Zum einen kann Emotion als komplexer, zusammengesetzter Sachverhalt definiert werden, dem (mindestens) die genannten Komponenten zugeordnet sind, über deren Einbeziehung weitgehend Einigkeit erzielt werden konnte. Die zweite Variante reduziert den Emotionsbegriff ausschließlich auf die Komponente subjektiven, emotionalen Erlebens (Pekrun, 1988, 99). Pekrun (ebd.), der sich auf die zweite Variante stützt[102], definiert Emotion „als ein spezifisch ganzheitliches Erleben, das bis zu drei Komponenten umfassen kann: (a) einen für die jeweilige Emotion spezifischen, nicht-repräsentatorischen Erlebensanteil (affektive Komponenten); (b) für die jeweilige Emotion spezifische Kognitionen (kognitive Komponente); und (c) Wahrnehmungen physiologischer und expressiver Abläufe (körperperzeptive Komponente)".[103]

Der Zusammenhang zwischen Emotion und Motivation ist damit nicht nur begrifflicher Art, sondern kennzeichnend für eine „funktionale und strukturelle Beziehung zwischen zwei unterschiedlichen Klassen psychischer Prozesse" (Pekrun, 1988, 100). Emotionen als Motivationssystem verstanden, determinieren menschliche Verhaltensweisen und geben der menschlichen Existenz Sinn und Bedeutung (Izard, 1981, 63). Auch wenn somit Emotionen bei der Handlungsregulation eine zentrale Rolle spielen und zu Handlungen motivieren, müssen diese nicht unbedingt ausgeführt werden. So kommt es in bestimmten Situationen auch zu einer Unterdrückung des emotionalen Ausdrucksverhaltens.

> z. B.: Eine Person schlägt nicht immer zu, auch wenn sie wütend ist und dies gerne tun würde. Sie weiß, dass diese Handlungsweise gesellschaftlich wenig erwünscht ist und zudem meist nicht weiterhilft. Daher entscheidet sie sich für eine andere Art der Situations-/Konfliktbewältigung.

Vor diesem Hintergrund führte Arnold (1960) den Begriff der „Handlungstendenz" ein, womit er zum Ausdruck bringen will, dass Emotionen zwar mit Handlungsimpulsen einhergehen, diese sich aber nicht immer in offenem Verhalten zeigen (Abele-Brehm & Gendolla, 2000, 298). Demnach spiegeln Emotionen aktuelle Person-Umwelt-Beziehungen wieder und signalisieren Impulse bezüglich möglicher oder notwendiger Veränderungen (ebd.).

Die Beeinflussung des Handelns durch Emotionen kann dabei auf unterschiedliche Weise erfolgen. So hat die gleiche Emotion „unterschiedliche Auswirkungen auf verschiedene Menschen und sogar unterschiedliche Auswirkungen auf denselben Menschen in unterschiedlichen Situationen." (Izard, 1981, 26).

> z. B.: Eine Person die Angst erlebt, kann darauf in unterschiedlicher Weise reagieren. Es ist beispielsweise möglich, dass diese wütend und aggressiv wird. Sie könnte aber auch weglaufen und sich auf diese Weise der Gefahr entziehen. Ob eine Person so oder anders reagiert kann auch davon abhängen, ob sie der vermeintlich gefährlichen Situation allein ausgesetzt ist oder sich in Begleitung befindet.

Ebenso haben Emotionen Einfluss auf das Gedächtnis und das Denken. Eine Person in Angst kann nur schwer die komplette Situation betrachten. Emotionen binden folglich einen Teil der Aufmerksamkeit der Person, so dass diese für die erforderliche aufgabenbezogene Aufmerksamkeit verloren gehen kann (ebd.).

---

[102] Pekrun reduziert den Emotionsbegriff auf das subjektive Erleben, um terminologische Probleme ausschließen zu können. Die aus seiner Sicht mit einem Mehrkomponentenbegriff verbundenen Nachteile und Probleme sind in Pekrun (1988, 89f.) geschildert.

[103] Eine Reduzierung des Emotionsbegriffs auf das subjektive Erleben scheint im Kontext von Kompetenz sehr hilfreich. Hier ist anzunehmen, dass das subjektive Erleben mitentscheidet, welche der vorhandenen Kompetenzdimensionen nutzbar gemacht und damit angewandt werden, so dass sie sich im Handeln niederschlagen und entsprechend erfassbar werden.

Die Ausführungen aus der Emotionsforschung zeigen die komplexen Zusammenhänge und Wirkungsfaktoren von Emotion. Im Rahmen der Betrachtungen ist die Unterscheidung in Emotionen als aktuelle Zustände und emotionale Dispositionen, die die Tendenz eines Individuums für bestimmtes emotionales Handeln bezeichnen, zu berücksichtigen. Situationale Kontexte können emotionale Dispositionen aktivieren und damit zu einer aktuellen Emotion werden lassen, welche das Handeln einer Person beeinflusst. Umgekehrt sind emotionale Dispositionen auch eine Grundlage für die individuelle Interpretation und Wahrnehmung eines gegebenen situativen Kontextes.

5.2.1.5   Zusammenspiel der Elemente

Die Elemente von Kompetenz Wissen, Fähigkeiten/Fertigkeiten, Motive und emotionale Dispositionen sind nicht als unabhängig voneinander zu betrachten. So ist das Wissen über mögliche Handlungsweisen in einer Situation notwendig, um eine Situation bewältigen zu können. Das Wissen allein ist jedoch nicht hinreichend, vielmehr sind auch Fähigkeiten/Fertigkeiten erforderlich, um das Wissen tatsächlich in Handeln umsetzen zu können. Schließlich wird Handeln zudem durch Motive und emotionale Dispositionen mitbestimmt. So beeinflussen die mit einer Situation zusammenhängenden Motive sowie damit einhergehende emotionale Dispositionen (z. B. Freude, Ärger) die Aufnahme und die Durchführungsqualität einer Handlung. Die mit den Kompetenzelementen zu beschreibenden Handlungsvoraussetzungen können von Situation zu Situation differieren. Denkbar ist somit, dass das Wissen und die Fähigkeiten/Fertigkeiten für die Bewältigung einer Handlungssituation stärker ausgeprägt sein müssen als für eine andere Handlungssituation. Ebenso können die mit einer Situation verbundenen Motive und emotionalen Dispositionen variieren.

Eine umfassende Erklärung sozialen Handelns kann aufgrund der Elemente von Kompetenz allein nicht vollzogen werden. Hierzu ist es notwendig, auch die jeweils situativen Kontexte in das Erklärungsmodell einzubeziehen. Aus diesem Grund wird bei der Analyse der zu betrachtenden Kompetenzerfassungsverfahren die Ebene des Situations- und Erfassungskontextes eingeführt (vgl. 5.3).

5.2.2   *Varianten im Kompetenzverständnis*

In Kapitel 4 konnten als Ergebnis der theoretischen Diskussion hinsichtlich des Verständnisses von Kompetenz funktionale und sinnbezogene, verstehende Betrachtungsweisen unterschieden werden. Es wurde auch gezeigt, dass es für die Analyse von Kompetenzerfassungsverfahren wichtig ist, das jeweilige Verständnis von Kompetenz offen zu legen. Neben den mit den Verfahren erfassbaren Elementen von Kompetenz ist daher auch die Betrachtungsweise von Kompetenz von Bedeutung, da diese zum einen jeweils bestimmte methodische Vorgehensweisen bezüglich der Erfassung impliziert und zum anderen Aussagen über den Verwendungskontext der erfassten Daten zulässt. Für die analytischen Betrachtungen im Rahmen eines Analyserasters sind daher im Hinblick auf mögliche Diffe-

renzierungen des Kompetenzverständnisses, funktionale und verstehende Betrachtungsweisen zu unterscheiden[104]:

Eine *funktionale Betrachtungsweise* von Kompetenz orientiert sich an einem funktionalen, zweckrationalen Handeln, dass primär auf die Erfüllung von situativen Anforderungen ausgerichtet ist. Daran anknüpfend werden im Hinblick auf die Erfassbarkeit von
Kompetenz, vor allem erfahrungswissenschaftliche Methoden herangezogen. Dabei wird
von einer Operationalisierbarkeit von Kompetenz ausgegangen und es werden Kategorien
und Indikatoren definiert, nach denen Kompetenz – im Sinne der vorgenommenen Operationalisierung – beschrieben und beurteilt werden kann.

Eine *sinnbezogene verstehende Betrachtungsweise* von Kompetenz knüpft an einem
sinnbezogenen Handeln an. Dabei wird angenommen, dass sich Kompetenz als eine mit
Sinn verbundene Kategorie im Handeln selbst entwickelt. Zur Erfassung von Kompetenz
werden aufgrund der hermeneutischen Wurzeln dieser Sichtweise, eher Methoden genutzt,
in denen Prozesse des Verstehens und Deutens von Bedeutung sind. Verfahren zur Kompetenzerfassung müssten in Anlehnung an ein solches Kompetenzverständnis, Handlungs-
und Gestaltungsmöglichkeiten vorsehen, die durch die Probanden miterzeugt werden können. Dies müsste sich auch in den Auswertungsmethoden wieder finden.

Für den Kontext des beruflichen Handelns kann eine unterschiedliche Verwertbarkeit
der erfassten Daten angenommen werden. Es ist zu vermuten, dass eine funktionale Betrachtungsweise stark auf die jeweils betrieblichen Anforderungen eingehen kann. So sind
Aussagen darüber möglich, inwiefern eine Person, die in einer Situation gestellten Handlungsanforderungen bzw. -erwartungen erfüllen kann. Kompetenzerfassungsverfahren, die
sich an einer sinnbezogenen verstehenden Betrachtungsweise von Kompetenz orientieren,
implizieren bei der Erfassung Handlungs- und Gestaltungsmöglichkeiten für die Probanden.
Dadurch wird den Personen ein individueller Handlungsspielraum gewährt und es werden
prinzipiell verschiedene Handlungswege als zielführend in einer (Handlungs-)Situation
angenommen. Eine solche Vorgehensweise ermöglicht Aussagen über das Handeln einer
Person in bestimmten (Handlungs-)Situationen.

Für eine Analyse der Kompetenzerfassungsverfahren soll die hier vorgeschlagene Differenzierung bezüglich des Kompetenzverständnisses ausreichen. Für die zu betrachtenden
Verfahren bedeutet dies, dass die jeweils zugrunde gelegte Kompetenzdefinition sowohl im
Hinblick auf die Berücksichtigung der angeführten Kompetenzelemente als auch bezüglich
der Zuordnung zu einer Variante im Kompetenzverständnis zu prüfen ist.

5.3 Situations- und Erfassungskontext

In der theoretischen Diskussion wurde der Situationsbezug als Merkmal von Kompetenz
herausgearbeitet und aufgezeigt, warum dieser bei der Erfassung von Kompetenz bedeutsam und sowohl bei der Entwicklung von Kompetenzerfassungsverfahren als auch bei
deren Analyse zu berücksichtigen ist. Dabei wurde herausgestellt, dass das Handeln nicht
nur durch personelle Aspekte (Kompetenz), sondern auch durch situative Aspekte (Situation) bestimmt wird. Zudem findet Handeln in sozialen Situationen statt und kann dementsprechend nicht unabhängig von den situationalen Bedingungen verstanden und erklärt

---

[104] Es ist nicht auszuschließen, dass neben diesen beiden Differenzierungen weitere existieren, die insbesondere
„Mischformen" aus den genannten Varianten berücksichtigen.

werden (Magnusson, 1981, 9ff.; zit. nach Pauls, 1999, 17). Dabei ist von einer Wechselbe-ziehung zwischen individuellen und situationalen Faktoren auszugehen, wobei Handeln immer auf der Basis einer individuell wahrgenommenen und interpretierten Situation er-folgt (Euler, Reemtsma-Theis, 1999, 170; Esser, 1996, 2). Diese basiert auf individuellen Dispositionen und Sinnstrukturen und wird als subjektive Dimension einer Situation be-zeichnet (vgl. 3.3.2). Die Situation wird dabei als subjektive Konstruktionsleistung der Akteure sowie als Produkt sozialen Handelns verstanden. Außerdem ist sie biographisch bestimmt, da die im Lebensverlauf gewonnenen Erfahrungen Bestandteil des Wissensvor-rates sind, durch den eine Situation definiert und bewältigt wird (Schütz & Luckmann, 2003, 149f.). Sie kennzeichnet immer nur einen bestimmten Abschnitt der Lebenswelt, wodurch sie durch zeitliche und soziale Strukturen begrenzt ist (ebd., 153f.).

Von dieser handlungsleitenden subjektiven Dimension einer Situation, ist eine objek-tive Dimension zu unterscheiden (vgl. 3.3.2). Die objektive Dimension einer Situation ba-siert auf Objektivierungen, die die Welt regulieren und uns ein gemeinsames Leben und Handeln ermöglichen (Berger & Luckmann, 1994, 26). Objektivierungen resultieren aus einem gesellschaftlichen Wissensvorrat auf dessen Basis Situationen einschätzbar sind und gleichzeitig auch deren Grenzen erkennbar werden. In einer Gesellschaft geltende Normen, Werte aber auch Sprache und Symbole kennzeichnen die Objektivierungen und verweisen auf eine bestimmte Bedeutung der jeweiligen gesellschaftlichen Bedingungen (vgl. Parsons, 1994). Eine Situation ist damit „sozial objektiviert" (Schütz & Luckmann, 2003, 169) und der gesellschaftliche Wissensvorrat ermöglicht eine „Ortsbestimmung" der Indi-viduen in der Gesellschaft (Berger & Luckmann, 1994, 43).[105] Bei der Situationsbestim-mung ist es denkbar, dass die individuelle Konstruktion der Situation der objektiven Situa-tionsvorstellung gleicht. Es sind bestimmte Parallelitäten anzunehmen, da die jeweils in einer Gesellschaft geltenden Normen und Werte nicht nur die Objektivierungen prägen, sondern auch die Wahrnehmung und Interpretationsmuster durch ihre Individuen.

In Abschnitt 3.3.2 konnten hinsichtlich der Situation zwei Bezugsebenen herausge-stellt werden, die bei der Erfassung von Kompetenz von Bedeutung sind. Dies ist zum ei-nen die Ebene der Feststellung, die primär den Erfassungskontext darstellt und die Bedin-gungen der Kompetenzerhebung widerspiegelt. Zum anderen ist die Handlungsebene zu nennen, die die Situation charakterisiert, die durch das Kompetenzerfassungsverfahren selbst angesprochen wird. Diese Bezugsebenen der Situation verfügen jeweils über eine subjektive und eine objektive Dimension. Bei der Analyse von Verfahren der Kompetenz-erfassung, ist es jedoch nicht möglich beide Dimensionen gleichermaßen zu berücksich-tigen. Die subjektive Dimension der Situation – also die Art und Weise, wie die jeweilige Situation wahrgenommen, gedeutet und weiter konstruiert wird – ergibt sich durch den jeweiligen Probanden und kommt in dessen Handeln (z. B. seinen Antworten) zum Aus-druck. Damit spiegelt sich die subjektive Dimension der Situation, in den jeweils mit einem Verfahren erfassten Daten wieder. Da bei der Analyse von Kompetenzerfassungsverfahren nicht die jeweils erfassten Daten, sondern das Verfahren selbst von Interesse ist, kann die subjektive Dimension einer Situation nicht Gegenstand einer solchen Analyse sein. Die Analyse der zu betrachtenden Kompetenzerfassungsverfahren bezieht sich daher auf die objektive Dimension der Situation, die durch Objektivierungen der Lebenswelt gekenn-zeichnet ist.

---

[105] Hierbei ist zu berücksichtigen, dass der gesellschaftliche Wissensvorrat zwischen verschiedenen Gesellschaften differieren kann (z. B. unterschiedliche Definitionen und Vorstellungen von Armut).

Abbildung 2:   *Situation im Kontext von Kompetenzerfassung*

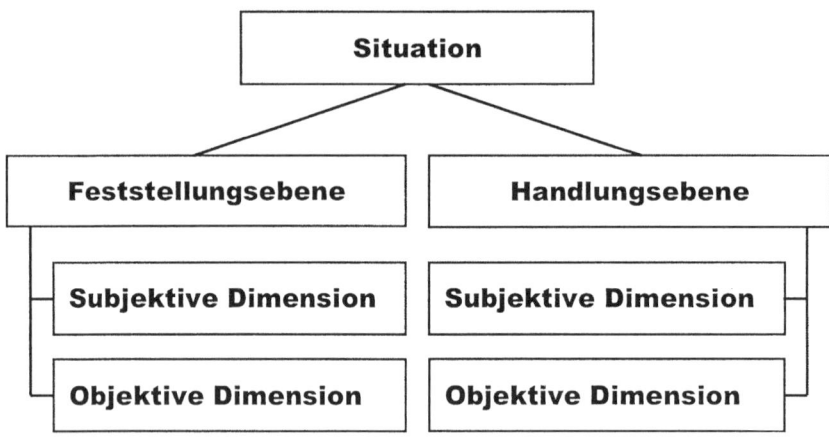

Im Folgenden ist nun zu klären, welches die Elemente sind, mit denen eine Situation beschrieben werden kann. Für die Analyse von Kompetenzerfassungsverfahren sind vor allem die Elemente von Interesse, die eine Situation beschreibbar machen. Eine sozialwissenschaftliche Untersuchung findet in einer definierbaren Erhebungssituation statt, weshalb die Ergebnisse der Untersuchung immer auch das Produkt des Kontextes sind, in dem die Untersuchung stattfand. Als Elemente der Erhebungssituation können der Anlass, der Zeitpunkt, der Ort, die Dauer, die Medien, die Anwesenden, die Rollen sowie die Art der Beziehung genannt werden (Friedrichs, 1990, 149ff.). Nach Einschätzung von Gebert & Rosenstiel (1996, 26) sind Situationen im Hinblick auf verschiedene Aspekte beschreibbar. So könne eine Situation beispielsweise durch den Entscheidungsspielraum[106] charakterisiert werden, über den ein Mitarbeiter verfügt. Aber auch der bei der Arbeitserfüllung jeweils gegebene Zeitdruck, sei ein Aspekt bei der Charakterisierung einer Situation (Gebert & Rosenstiel, 1996, 26). Vor diesem Hintergrund kann eine Definition von Pervin (1978a) herangezogen werden, die Aufschluss über die Aspekte von Situationen gibt. Darin wird eine Situation als „Ort/Zeit-Einheit" betrachtet, die mehrere Objekte und/oder andere Organismen (einschließlich deren Verhalten) umfasst und sich über einen gewissen Zeitraum erstreckt. Des Weiteren werde eine Situation durch (1) die einbezogenen Akteure, inklusive der Möglichkeit, dass der Akteur allein ist *(Akteure)*, (2) dem Ort wo sich die Aktion abspielt *(Rahmenbedingungen)* sowie (3) durch die Natur der Aktion oder der sich ereignenden Aktivitäten *(Anforderungen)* bestimmt (Pervin, 1978a, zit. nach Patry, 1991, 112).

Diese Definition verweist auf die zentralen Elemente einer Situation die zu ihrer Beschreibung notwendig sind. So ist zu bestimmen, wer in eine Situation jeweils einbezogen ist, was im Element *Akteur* zusammengefasst wird. Die Bedingungen unter denen sich eine Situation abspielt, können als *Rahmenbedingungen* beschrieben werden. Die Aktion selbst

---

[106] Hier ist darauf hinzuweisen, dass dieser in einem Erhebungsverfahren ein anderer sein kann, als im realen Arbeitsprozess, was sich auch auf das Handeln der Probanden auswirken kann.

und die sich ereignenden Aktivitäten lassen sich unter dem Aspekt *Anforderungen* zusammenfassend darstellen. Damit sind drei Elemente einer Situation benannt, die sie beschreibbar machen. Diese ergeben sich nicht nur aus den theoretischen Überlegungen, sondern auch aus den zu betrachtenden Kompetenzerfassungsverfahren. Dort wird jeweils eine Anforderung benannt oder beschrieben, welche die Person zu bewältigen hat. Zudem ist die Situation (Feststellungs- und Handlungssituation) durch bestimmte (organisatorische) Rahmenbedingungen gekennzeichnet, die bei der Kompetenzerfassung gegeben sind. Falls weitere Akteure in die Situation eingebunden sind, werden diese benannt und deren Funktion geschildert (vgl. 6).

Für das zu entwickelnde Analyseraster sind für die Analyseebene Situations- und Erfassungskontext schließlich die drei Kriterien Anforderungen, (organisatorische) Rahmenbedingungen sowie die Akteure festzuhalten. Die mit einem Verfahren verbundene Situation, ist somit jeweils anhand dieser Kriterien zu beschreiben. Was sich im Einzelnen hinter den Elementen verbirgt, wird in den nachfolgenden Abschnitten erläutert. Da der Kontext der vorliegenden Arbeit auf berufliches Handeln abzielt, erfolgt die Spezifizierung der Situationselemente vor diesem Hintergrund.

5.3.1   Anforderungen

Die sich im Rahmen der Kompetenzerfassung ergebenden Anforderungen an die Personen, resultieren in erster Linie aus den in den jeweiligen Verfahren definierten Aufgabenstellungen. Die dort enthaltenden Auftrags- und Ausführungsbestimmungen[107], ergeben auch die Bedingungen für die Regulation und Organisation der erforderlichen Tätigkeiten (Frieling & Sonntag, 1999, 165). Als „Mindestsachverhalte", die eine Aufgabe beschreiben, benennt Hacker (1995, 24) die auszuführende Tätigkeit, die dabei zu bearbeitenden physischen oder informationellen Arbeitsgegenstände mit den zu beachtenden Eigenschaften und Eigengesetzlichkeiten, die auszuführende Person mit ihren Zielen, Ansprüchen, Fähigkeiten, Kenntnissen und Fertigkeiten sowie die Ausführungsbedingungen.[108] Die Arbeitsaufgabe bestimmt, welche Kompetenz zur Bewältigung der (Arbeits-)Situation erforderlich ist und damit auch sichtbar werden kann. Nicht geforderte Kompetenz bleibt ungenutzt und kann sich nicht im Handeln niederschlagen, weshalb sie auch bei der Erfassung verborgen bleibt. In vorangegangen Kapiteln wurde bereits darauf hingewiesen, dass die Aufgabenstellung auch die Möglichkeiten zur Entwicklung von Kompetenz bestimmt (vgl. 3.1 und 3.2). In diesem Zusammenhang verweist Bergmann (2000b, 48) auf eine Untersuchung von Benninghaus (1987, 343) die ergab, dass eine Zunahme der Aufgabenvielfalt mit einer Zunahme der Arbeits- und Jobzufriedenheit, des Selbstwerts- und Kompetenzgefühls sowie des physischen und psychischen Wohlbefindens einhergeht.[109] Als gestaltbare Dimensionen einer Arbeitsaufgabe werden der Tätigkeitsspielraum, die Anforderungsvielfalt sowie die Transparenz angeführt (Wardanjan, 2000, 133).

---

[107] Die Ausführungsbedingungen werden unter dem Kriterium (organisatorische) Anforderungen beschrieben.

[108] Hacker (1995, 24) führt an dieser Stelle auch an, dass Menschen eine Aufgabe selten exakt so übernehmen, wie sie gemeint ist. Sie bilden sich vielmehr eine eigene subjektive Interpretation der Aufgabe, die er als Redefinition von Aufgaben bezeichnet.

[109] Es ist zu vermuten, dass eine Zunahme der Aufgabenvielfalt unter Stressbedingungen (z. B. Zeitdruck) nicht unbedingt zu den genannten Effekten führt. Daher sind nicht nur die Aufgaben selbst, sondern immer auch die jeweiligen Rahmenbedingungen für die Bewältigung zu untersuchen.

Des Weiteren kann zwischen vollständigen und unvollständigen Aufgaben unterschieden werden, wobei die Vollständigkeit der Arbeitsaufgaben hinsichtlich der Möglichkeiten zur Kompetenzentwicklung von Bedeutung ist. Vollständige Aufgaben können durch folgende Merkmale gekennzeichnet werden:

„(1) Das selbstständige Setzen von Zielen, die in übergeordnete Ziele eingebettet werden können.

(2) Selbstständige Handlungsvorbereitungen im Sinne der Wahrnehmung von Planungsfunktionen.

(3) Auswahl der Mittel einschließlich der erforderlichen Interaktion zur adäquaten Zielerreichung.

(4) Ausführungsfunktionen mit Ablauffeedback zur auffälligen Handlungskorrektur.

(5) Kontrolle mit Resultatfeedback und der Möglichkeit, Ergebnisse der eigenen Handlungen auf Übereinstimmung mit den gesetzten Zielen zu überprüfen." (Ulich, 1999, 125).

Die Bewältigung einer Aufgabe, einer Arbeitstätigkeit ist immer mit definierbaren Anforderungen an die Person verbunden. Diese „ergeben sich durch den Bezug der Aufgabe einschließlich ihrer objektiven Arbeitsbedingungen (Arbeitsmittel, Arbeitsgegenstände, Verfahrensweisen, raum-zeitlichen sowie Umgebungsbedingungen) auf jeden Teil der personellen Arbeitsbedingungen, die als Leistungsvoraussetzungen bezeichnet werden" (Hacker, 1973, 44). Die zur Bewältigung der jeweils objektiven Aufgabenstellung notwendigen allgemeinen personellen Leistungsvoraussetzungen, sind damit als Anforderungen zu verstehen. Die Höhe derartiger Anforderungen wird auch als Schwierigkeitsgrad bezeichnet und ergibt sich nur in Zusammenhang mit den jeweils tatsächlich gegebenen Leistungsvoraussetzungen einer Person (ebd.). Der Schwierigkeitsgrad einer Aufgabenstellung kann somit für jede Person ein anderer sein. Die Art der Anforderungsbewältigung wird zudem durch weitere Aspekte beeinflusst, wie beispielsweise dem Bekanntheitsgrad der Anforderung (neu vs. bekannt) oder aber durch die jeweils gegebenen Rahmenbedingungen. Die Anforderungsmerkmale unterscheiden sich dementsprechend je nach Aufgabenstellung in

a. der Anforderungsvielfalt (Anzahl der in einer Situation vorhandenen Aufgaben und den damit verbundenen Anforderungen),

b. der Häufigkeit, Dauer und damit der Wiederholungsrate von Anforderungsarten sowie

c. dem Auftreten, also in Art und Umfang von Kommunikations- und Kooperationserfordernissen und -möglichkeiten (Hacker, 1995b, 102f.).

Zur Ermittlung der in einer Situation gestellten Anforderungen können Arbeitsanalyseverfahren herangezogen werden. Diese sind im Hinblick auf die Analyse, nach mindestens zwei Sachverhalten zu unterscheiden. Zum einen sind die Arbeitsinhalte, als Inhalts- und Kontextmerkmale zu nennen. Hier wird analysiert was, wozu und mit welchen Folgen durchgeführt wird. Zum anderen gibt es die Ausführungsbedingungen der Arbeit, wobei geprüft wird wo, wann und mit welchen Bedingungen die Arbeit bewältigt werden kann. Auf diese Bedingungen wird unter dem Punkt (organisatorische) Rahmenbedingungen (vgl. 5.3.2) näher eingegangen (ebd., 23).

Bei Betrachtung einzelner Arbeitsanalyseverfahren ergeben sich Fragestellungen im Hinblick auf Aufgaben und Tätigkeiten, die auch im Rahmen der hier angedachten Analysearbeit von Interesse sind. Das *Tätigkeitsbewertungssystem* (Hacker, 1995a) arbeitet beispielsweise mit den Bewertungskriterien: Vielfalt und Variabilität der Tätigkeiten, Routinegrad, Beeinflussbarkeit, Kooperation, Verantwortung sowie den Qualifikations- und Lernerfordernissen. Der *Job Diagnostic Survey (JDS)* von Hackmann und Oldham (1975) verwendet die Dimensionen Anforderungsvielfalt, Ganzheitlichkeit der Aufgaben, Bedeutsamkeit der Aufgabe für das Leben und der Arbeit anderer, Autonomie sowie die Rückmeldung von der Aufgabenbewältigung (zit. nach Frieling & Sonntag, 165). Diese Aspekte geben Aufschluss darüber, worauf bei der Analyse von Arbeitstätigkeiten zu achten ist und können als eine Art „Checkliste" zur Beschreibung von Anforderungen im Kontext von Kompetenzerfassung herangezogen werden. In einem Analyseraster für Verfahren der Kompetenzerfassung muss jedoch auch klar sein, dass nicht alle der genannten Aspekte durch die Analyse beschreibbar werden. Ziel der Analyse kann daher nur eine möglichst genaue und umfassende Darstellung, der mit einem Kompetenzerfassungsverfahren verbundenen Anforderungen sein.

5.3.2   (Organisatorische) Rahmenbedingungen

In der geführten Diskussion zu Kompetenz (vgl. 2 und 3) konnte gezeigt werden, dass die jeweils gegebenen Rahmen- und Kontextbedingungen sowohl einen Einfluss auf die Entwicklung von Kompetenz haben als auch auf die Möglichkeit diese zu zeigen und anzuwenden. Auch unter dem Aspekt der Situation wurde herausgestellt, dass die Entwicklungsmöglichkeiten von Kompetenz neben der Aufgabenstellung auch von den gegebenen Rahmenbedingungen abhängig sind.

Unter dem Fokus des beruflichen Kontextes wird angenommen, dass die Entwicklung von Kompetenz zu einem großen Teil durch Lernprozesse während der Arbeit erfolgt. Im Rahmen der Kompetenzerfassung sind somit die lern- bzw. kompetenzbeeinflussenden Aspekte zu betrachten. Diese bestimmen nicht nur die Entwicklung von Kompetenz, sondern auch die Kompetenzdimensionen, die bei einer Kompetenzerfassung überhaupt sichtbar und damit erfassbar werden können. Spezifische Bedingungen bezüglich der Lernförderlichkeit von Arbeit konnten beispielsweise in einem Forschungsprojekt der TU Dresden „Individuelle Kompetenzentwicklung durch Lernen im Prozess der Arbeit" ermittelt werden. Dabei steht die Eigenaktivität beim Lernen an oberster Stelle. Ebenso beinhalten die vorhandenen Lernunterstützungen im Arbeitsfeld sowie die Anforderungsvielfalt der Tätigkeit bedeutsame Gestaltungsspielräume (Wardanjan, 2000, 175). Die größten Gestaltungsreserven hinsichtlich der Lernförderlichkeit von Arbeit werden in den Bereichen der Wertschätzung von Selbstständigkeit und Verantwortungsübernahme sowie bei den sozialen Beziehungen unter Kollegen vermutet (ebd., 176). Hervorzuheben ist auch, dass die Lernförderlichkeit der Arbeitssituation aus Sicht der Beschäftigten ebenfalls motivationsförderliche Potentiale für Lernprozesse enthält (ebd.). Sie besitzt zudem einen hohen Vorhersagewert hinsichtlich der Zufriedenheit von Personen mit Arbeit und Beruf (ebd., 175). Die Ergebnisse der Untersuchung zeigen aber auch, dass die Lernförderlichkeit der Arbeit zwar eine basale Voraussetzung für Kompetenzentwicklung ist, diese aber nicht garantiert. Dafür scheint weiterhin von Bedeutung, dass Eigenaktivitäten beim Lernen aufgebracht werden, die im Zusammenhang mit beruflichen Zielen stehen und die das Selbstbild des Kompetenzträgers prägen (Fritsch, 2000).

Pietrzyk (2002, 195) konnte in ihrer Dissertation zeigen, dass hohe Ausprägungen in den lernrelevanten Arbeitsmerkmalen mit hohen Ausprägungen im Selbstkonzept beruflicher Kompetenz einhergehen. Auch ließen sich signifikante Unterschiede in lernförderlichen Arbeitsaufgaben und in korrespondierenden Unterschieden des Selbstkonzeptes beruflicher Kompetenz nachweisen. Weiter konnte gezeigt werden, dass unterschiedlich lernhaltige Arbeitsaufgaben in signifikanten Unterschieden der Lebenszufriedenheit sowie in den Ansprüchen bezüglich der Lernhaltigkeit zukünftiger Aufgaben zum Ausdruck kommen. Im Ergebnis kann somit die Lernhaltigkeit der Arbeit als ein Ausgangspunkt für berufliche Kompetenzentwicklung betrachtet werden, wobei eine geringe Lernhaltigkeit ein Risiko im Hinblick auf die Entwicklung von Kompetenz darstellt (ebd., 211). Die Lernförderlichkeit der Arbeitssituation stellt außerdem eine notwendige Voraussetzung für den Transfer, der in Weiterbildungsveranstaltungen erworbenen Kenntnisse auf die eigene Arbeit dar. Sie beeinflusst somit die Möglichkeiten der zu erreichenden Kompetenzzuwächse (Wardanjan, 2000, 254f.).[110]

Die Ausführungen verweisen auf Rahmenbedingungen unter denen sich Kompetenz entwickeln kann. Dies sind zugleich auch die Bedingungen, unter denen vorhandene Kompetenz sichtbar und damit erfassbar werden kann. Bei der hier angestrebten Analyse von Verfahren der Kompetenzerfassung sind daher unter dem Punkt *(organisatorische) Rahmenbedingungen,* die Ausführungsmöglichkeiten bei der Bewältigung der jeweils gestellten Anforderungen zu betrachten. Ungünstige Rahmenbedingungen können dazu führen, dass eine Kompetenz, obwohl sie vorhanden ist, nicht gezeigt und damit auch nicht erfasst werden kann. Dieser Aspekt unterstreicht die Notwendigkeit die Rahmenbedingungen bei der Analyse von Kompetenzerfassungsverfahren entsprechend mit einzubeziehen.

5.3.3   Akteure

Alle in einer Situation passiv oder aktiv beteiligten Personen werden als Akteure betrachtet. Die Akteure einer Situation füllen jeweils verschiedene Funktionen aus, die mit unterschiedlichen Interessen und Zielsetzungen verbunden sein können (vgl. 2.2 und 5.1). Die jeweils mit einer Situation verbundenen Zielstellungen sind zugleich Grundlage für den mit einer Situation verbundenen Sinn (vgl. 3.3.3). Parsons (1994, 46) geht davon aus, dass Aktion und Situation sowie Zweck und Mittel in einer symbolischen Beziehung stehen und normativen Sinn erzeugen. Im Handeln, welches basierend auf den jeweils definierten Sinn erfolgt, wird demzufolge versucht, spezifischen Sinn durch normative Muster zum Ausdruck zu bringen. Der Akteur ist in einer Situation einer Vielzahl von Orientierungsmöglichkeiten ausgesetzt, die ihn zu Selektionen zwingen, um der Situation einen entsprechenden Sinn zu zuweisen (ebd., 53). Demgegenüber stehen Auffassungen von Sinn, die dessen Entstehung vor allem in der Interaktion sehen. Für Mead (1995, 115) entsteht Sinn in der gegenseitigen Anpassung von Handlungen verschiedener Akteure, die durch Kommunikation (z. B. durch Gesten oder Symbole) abgewickelt werden. Sinn wäre demnach

---

[110] Ein umfassender Aufbau von Kompetenz ist daher nur im Rahmen eines Arbeitskontextes möglich, so dass Personen die sich nicht in einem Arbeits- oder Tätigkeitsprozess befinden, im Hinblick auf Kompetenzerwerb als benachteiligt anzusehen sind (Bergmann, 2000, 23). Der Verlust von Arbeit beinhaltet somit ein erhebliches Risiko für die Entwicklung beruflicher Kompetenz (Lempert, 1998, 140ff.). In diesem Zusammenhang konnte nachgewiesen werden, dass der subjektiv erlebte Abbau von Kompetenz bei Erwerbslosigkeit höher ist, als in nicht-qualifikationsgerechter Arbeit (Pietrzyk, 2002, 221).

die Entwicklung einer objektiv gegebenen Beziehung zwischen bestimmten Phasen der gesellschaftlichen Handlung (Mead, 1995, 115.). Das Wesen des Sinns ist dabei in die Struktur der gesellschaftlichen Handlung impliziert, die sich durch die Beziehungen der drei grundlegenden Komponenten ergibt. Gemeint ist damit die „dreiseitige Beziehung zwischen der Geste eines Individuums, einer Reaktion auf diese Geste durch ein zweites Individuum und der Vollendung der jeweiligen gesellschaftlichen Handlung, die durch die Geste des Individuums eingeleitet wurde" (ebd., 121). Luhmann (1987, 93) verbindet mit jedem Sinn zudem einen Selektionszwang und nimmt an, Sinn qualifiziert sich dadurch, dass er bestimmte Anschlussmöglichkeiten nahe legt und andere unwahrscheinlich, schwierig oder weitläufig macht bzw. ganz ausschließt. Sinn sei demnach ein laufendes Aktualisieren von Möglichkeiten, womit Sinn immer auch auf weiteren Sinn verweise. Für die weiteren Betrachtungen wird davon ausgegangen, dass sich Sinn durch die Interaktion von Akteuren entwickelt und anschlussfähiges Handeln angestrebt wird, welches Selektionen zwischen verschiedenen Handlungsalternativen erfordert.

Sinn befindet sich somit immer in einem Entwicklungsprozess, in dem er ständig verändert und angepasst werden kann. Da Personen mit Situationen unterschiedliche Interessen und Ziele verbinden, kann auch eine unterschiedliche Sinngebung durch verschiedene Personen angenommen werden. Zudem bleibt festzuhalten, dass das Handeln von Individuen durch den Sinn den diese einer Situation zuschreiben mitbestimmt wird. Differenzen in der Sinngebung können sich somit in unterschiedlichem Handeln von Personen, auch in „objektiv gleichen Situationen", niederschlagen. Da die Kompetenz im Handeln zum Ausdruck kommt, kann weiter angenommen werden, dass auch der Sinn den Personen mit einer Situation verbinden, indirekt Rückschlüsse auf Kompetenz zulässt.

Darüber hinaus beeinflusst auch die soziale Beziehung der Akteure untereinander deren Handeln. So kann beispielsweise angenommen werden, dass das Handeln eines Angestellten möglicherweise ein anderes ist, wenn der Vorgesetzte anwesend ist, als wenn dies nicht der Fall wäre. Ebenso könnte vermutet werden, dass ein konstruktives Arbeitsklima unter den Akteuren ein anderes Handeln nach sich zieht, als ein destruktiver Arbeitskontext. Die Beziehung der Akteure untereinander kann zudem Einfluss auf die Kongruenz zwischen gemeinten und verstandenen Sinn haben. Dies wird auch als Intersubjektivität bezeichnet (vgl. 3.3.3.2), welche ein gegenseitiges Handeln der Individuen in der Gesellschaft ermöglicht.

Für die Analyse von Verfahren der Kompetenzerfassung, wird eine Betrachtung der in der Situation beteiligten Akteure notwendig, da diese das Handeln der Personen beeinflussen. Dabei ist insbesondere deren Funktion und die sich daraus für die Situation ergebende Zielsetzung der jeweiligen Akteure von Bedeutung. Es kann weiter davon ausgegangen werden, dass ein Erhebungsverfahren „Sinn" im Luhmannschen Sinne voraussetzt und diesen in der Anschlussfähigkeit des Handelns sieht (z. B. „kompetentes" Erfüllen der Arbeitsaufgaben). Im Rahmen der Verfahrensanalyse sind also die beteiligten Akteure sowie deren Aufgabe und Funktion darzustellen.

Die vorgeschlagene Differenzierung zur Beschreibung von Situationen, bildet die Grundlage für die Analyse der zu betrachtenden Verfahren der Kompetenzerfassung. Neben dieser vorgeschlagenen Einteilung sind sicher auch andere Varianten zur Differenzierung einer Situation denkbar. Vor dem Hintergrund der angeführten Merkmale von Kompetenz, den daraus resultierenden Konsequenzen im Hinblick auf deren Erfassbarkeit (vgl. 4) und dem Blickwinkel des beruflichen Handelns, kann die gewählte Differenzierung einer Situation als für die Zielstellung angemessen betrachtet werden.

5.4 Methodologie

Aussagen über die Anwendbarkeit eines Kompetenzerfassungsverfahrens, die erreichten Qualitätsstandards sowie die Verwertbarkeit der jeweils erhobenen Daten können nur getroffen werden, wenn auch die Methodologie der Verfahren entsprechend analysiert wird. Die Entscheidung hinsichtlich der methodischen Vorgehensweise bei der Erfassung von Kompetenz resultiert aus den Ergebnissen der anderen Analyseebenen und wird demnach von dem Ziel der Kompetenzerfassung, dem jeweils zugrunde gelegten Kompetenzverständnis sowie der jeweiligen Erhebungssituation bestimmt. Die Entscheidung für die Anwendung einer bestimmten Methode richtet sich also nach den jeweils gegebenen Voraussetzungen und Bedingungen. Die gewählte Methode beeinflusst wiederum die Verwendungsmöglichkeiten und die Qualität der erhobenen Daten. Die Analyse von Kompetenzerfassungsverfahren soll sich auf die Kriterien *Beurteilungsform*, *Forschungsmethode* sowie die mit dem Verfahren erreichten *Qualitätsstandards* beziehen. Bevor diese Kriterien näher erläutert werden, erscheint es zunächst hilfreich, die Unterscheidung in quantitative und qualitative Forschung zu erläutern, da diese für das Verständnis und die Einordnung der Kriterien bedeutsam ist.

Die *quantitative Forschung* orientiert sich an naturwissenschaftlichen Methoden und arbeitet mit den Methoden des Zählens und Messens. Im Vordergrund stehen Überlegungen, wie die jeweils zu erhebenden Merkmale operationalisiert bzw. quantifiziert werden können (Bortz & Döring, 1995, 127). Die Messung bzw. Quantifizierung von Ausschnitten der Beobachterrealität ist damit charakteristisch für quantitative Forschung (ebd., 271). Die *qualitative Forschung* hat ihre Wurzeln in der Hermeneutik und versucht, die zu erhebenden Merkmale oder Sachverhalte verstehend und in ihrer Komplexität zu erschließen. Sie will ihre Methoden so offen wie möglich gestalten, um der jeweiligen Komplexität des Gegenstandes gerecht zu werden (Flick, 2000, 14). Dieser Forschungsansatz arbeitet mit „Verbalisierungen der Erfahrungswirklichkeit", die interpretativ ausgewertet werden sollen (Bortz & Döring, 1995, 271). In manchen Diskussionen wird quantitative und qualitative Forschung gegenübergestellt und einander ausschließend betrachtet. Diese Vorstellung ist als nicht mehr haltbar einzustufen. So erfordern einige Untersuchungen gerade die Kombination von quantitativen und qualitativen Forschungsmethoden, um die verschiedenen Vorgehensweisen ergänzend miteinander zu verbinden. Zusammenfassend kann keinem der beiden Ansätze ein Vorrang gewährt werden. Beide haben ihre Berechtigung und weisen bestimmte Stärken und Schwächen auf. Auch im Rahmen von Kompetenzerfassung sollten somit sowohl quantitative als auch qualitative Methoden berücksichtigt werden.

Exkurs: Eignungsdiagnostik (vgl. 3.2.4)

Die Betrachtungen zu Kompetenz und Kompetenzerfassung in dieser Arbeit erfolgen unter dem Blickwinkel des beruflichen Kontextes. In der psychologischen Diskussion zu Kompetenz wurde die Bedeutsamkeit der beruflichen Eignungsdiagnostik im Rahmen der Kompetenzerfassung bereits herausgestellt. An dieser Stelle soll noch einmal auf methodologische Hinweise aus Sicht der Eignungsdiagnostik eingegangen werden.

Die berufliche Eignungsdiagnostik umfasst die „Methodologie der Entwicklung, Prüfung und Anwendung psychologischer Verfahren zum Zwecke eignungsbezogener Erfolgsprognosen und Entscheidungshilfen im beruflichen Kontext" (Schuler & Höft, 2001, 94). Die Anwendung eignungsdiagnostischer Verfahren ist nur dann sinnvoll, wenn einige Grundannahmen als gegeben betrachtet werden. So muss angenommen werden, dass Tätigkeiten von verschiedenen Personen unterschiedlich erfolgreich ausgeführt werden. Weiter wird von Merkmalen der Person ausgegangen, die mit den Differenzen in der Tätigkeitsausführung einhergehen und bezüglich derer sich Personen unterscheiden. Die Arbeit mit eignungsdiagnostischen Methoden setzt weiter voraus, dass diese Merkmale zumindest partiell konstant sind oder ihre Validität prognostizierbar ist (Schuler, 1998, 21). Die Eignungsdiagnostik kann somit als „Bemühen gesehen werden, Zusammenhänge zwischen menschlichen Merkmalen und Ausprägungen beruflichen Erfolgs aufzuklären" (ebd., 24).

Die Berufseignungsdiagnostik steht damit vor sehr komplexen Anforderungen. Es wird schnell deutlich, dass diese Anforderungen durch eine einzelne Methode nicht angemessen erfüllt werden können. Es ist schwierig mit einer Methode gleichzeitig mehr als einen Fähigkeitsfaktor zu erfassen (ebd., 171). Die mit einem Verfahren erzielten Ergebnisse werden zum Teil auch durch die Erhebungsmethode und den damit verbundenen Besonderheiten bestimmt (Schuler, 2000, 53). Dies gilt in gleicher Weise für die Erfassung von Kompetenz, weshalb auch die Betrachtung der verwendeten Methodologie Gegenstand eines Analyserasters für Kompetenzerfassungsverfahren sein muss. Aus diesem Grund wird eine Multimodalität bei der Erfassung empfohlen, d.h. ein Merkmal würde mit verschiedenen Verfahren erhoben (Schuler, 2000, 53; Schuler, 2001a, 95)[111]. Damit wäre eine erhöhte Generalisierbarkeit der erfassten Daten in Bezug auf zukünftiges berufliches Handeln sowie eine erhöhte Reliabilität und Validität der erzielten Ergebnisse möglich (Schuler, 2001a, 96).

In den folgenden Abschnitten sollen nun die genannten Kriterien zur Analyse von Verfahren der Kompetenzerfassung näher erläutert werden.

5.4.1   Beurteilungsform

Ein Beurteilungsprozess erfolgt immer aufgrund der individuellen Wahrnehmung. Dies kann dazu führen, dass bestimmte Informationen als besonders bedeutsam und andere als weniger bedeutsam eingestuft werden. Auch Informationen, die unter objektiven Gesichtspunkten eher nachrangig sind, können darüber in den Mittelpunkt der Aufmerksamkeit gerückt werden. Andere Informationen hingegen bleiben unberücksichtigt (Kanning, 2002, 21). Entscheidend für die Wahrnehmungsselektion ist, nach welchen Kriterien zwischen wichtigen und unwichtigen Informationen unterschieden wird. Da Personen Vorgänge unterschiedlich wahrnehmen können, ist es möglich, dass eine Person von zwei Beurteilern unterschiedlich eingeschätzt wird. Die Differenz in der Beurteilung kann dabei verschiedene Gründe haben: So ist es denkbar, dass beide Beurteiler unterschiedliches Verhalten

---

[111] Dies gilt auch für Kompetenzdimensionen oder Elemente von Kompetenz, die jeweils mit verschiedenen Verfahren erhoben werden müssten, um aussagekräftige Daten mit guter Reliabilität und Validität zu gewinnen.

beobachtet haben; dass sie zwar das gleiche Verhalten beobachtet, aber unterschiedliche Eindrücke gewonnen haben oder aber, dass Verhalten und Eindruck übereinstimmen, die Beobachter aber in ihren Aussagen über das beobachtete Verhalten voneinander abweichen (Schuler, 1998, 42).

Die Aspekte die das Urteil von Personen beeinflussen liegen nach Ansicht von Schuler (ebd.) auf drei Ebenen. Als erste Ebene könne man Parameter sehen, die das *Verhalten* der beurteilenden Person selbst beeinflussen. Dies seien personen-interne Verhaltensursachen und anregungsbedingende Elemente der Handlungssituation (wie z. B. andere Personen) sowie Wechselwirkungen dieser beiden Determinantenklassen. Zudem seien auch Einflussfaktoren zu berücksichtigen, die außerhalb der zu beobachtenden Situation liegen, wie beispielsweise Ausbildung, Arbeitsbedingungen oder Familiensituation (Schuler, 1998, 42). Eine zweite, das Urteil beeinflussende Größe sei die des *Eindrucks*. So bestimmen auch die Merkmale des Beurteilers selbst, wie z. B. dessen Interessen, Fähigkeiten, Erfahrungen, Einstellungen, Erwartungen und Bedürfnisse, welche Ausschnitte des Verhaltens registriert würden. Ebenso könnten Vorinformationen durch Dritte das Urteil beeinflussen. Die *Aussage des Beurteilers* sei schließlich die dritte Einflussgröße hinsichtlich des zu fällenden Urteils. Diese sei eine aktive Gestaltungsaufgabe, deren Ausführung von den sprachlichen Fähigkeiten sowie den Strategien des Beurteilers bestimmt werde (ebd., 43).

Die Ausführungen zeigen, dass eine Beurteilung bestimmten Aspekten unterliegt, die diese beeinflussen können. Die Kenntnis der beeinflussenden Aspekte ist für den Umgang und die Verwendung der getroffenen Beurteilung von großer Bedeutung. Neben den genannten Faktoren ist schließlich noch wichtig, *wer* die Beurteilung vornimmt, weshalb im Folgenden zwischen Fremd- und Selbstbeurteilung unterschieden wird. Dabei werden insbesondere die mit den jeweiligen Beurteilungsformen erreichten Qualitätsstandards kontrovers diskutiert und bilden den Gegenstand vieler Untersuchungen.

5.4.1.1   Fremdbeurteilung

Bei der Fremdbeurteilung wird das Handeln durch eine oder mehrere andere Personen beurteilt. Im beruflichen Kontext geschieht dies häufig im Rahmen von Personalauswahl oder Personalentwicklung. Fremdeurteilungen sind auf einen kleinen Ausschnitt beschränkt, da die Beurteiler nur in ausgewählten Situationen, wie z. B. dem Arbeitskontext, mit der Person zusammen treffen (Kanning, 2004, 95). Dennoch gelten sie häufig als zuverlässiger und insgesamt qualitativ besser als Selbstbeurteilungen. Für den Beurteilungsprozess im Rahmen einer Fremdbeurteilung gelten die unter 5.4.1 angeführten Aspekte für eine Beurteilung.[112]

5.4.1.2   Selbstbeurteilung

Bei der Selbstbeurteilung ist die Person selbst aufgefordert ihr Handeln zu beurteilen. Im Kontext von Kompetenzerfassung werden Selbstbeuteilungen unter der Prämisse einge-

---

[112] Diese gelten auch für Selbstbeurteilungen. Doch im Gegensatz zu Fremdbeurteilungen müssen sich Selbstbeurteilungen stärker mit Akzeptanz- und Qualitätskritiken auseinander setzen.

setzt, dass eine Person ihr Handeln selbst am besten einschätzen und beurteilen könne (Kanning, 2004, 95; Frey & Balzer, 2003b).

Dennoch werden Selbstbeurteilungen, vor allem wenn sie im Rahmen beruflicher Einschätzungen verwendet werden, mit einem hohen Maß an Skepsis betrachtet (Moser, 2004). Die den Selbstbeurteilungen entgegengebrachte Skepsis ist jedoch näher zu betrachten, insbesondere deshalb, weil nach einer Metaanalyse zu Selbstbeurteilungen von Harris & Schaubroeck (1988) auch Vorteile durch Selbstbeurteilungen erwartet werden können (zit. nach Moser et. al., 1994, 475). Harris & Schaubroeck (1988) folgend würden durch Selbstbeurteilungen Mitarbeiter für die Ziele und Inhalte ihrer Arbeit sensibilisiert, so dass im Falle einer differentiellen Arbeitsgestaltung Einfluss auf die Tätigkeitsgestaltung genommen werden könne. Des Weiteren könne durch Selbstbeurteilung die persönliche Entwicklung gefördert werden, indem z. B. eigene Schwächen bewusst würden und Personalentwicklungsbedarf artikuliert werden könnte. Selbstbeurteilungen könnten außerdem dazu führen, dass die Kommunikation(-sbasis) zwischen Mitarbeitern und Vorgesetzten verbessert werde. Bei komplexen Aufgaben könne vermutet werden, dass die Validität von Selbstbeurteilungen höher sei, als die der Vorgesetztenbeurteilung. Dies resultiere daraus, dass Vorgesetzte oft nicht mit den spezifischen Aufgaben der einzelnen Mitarbeiter betraut seien. In bestimmten Anwendungsfeldern, wie beispielsweise der Berufswahl, könnten Selbstbeurteilungen zudem gar nicht durch Vorgesetztenbeurteilungen ersetzt werden (Moser et. al., 1994, 475).

Trotz dieser Aspekte erweist sich die Validität von Selbstbeurteilungen in den Metaanalysen von Harris & Schaubroeck (1988) und von Mabe & West (1982) als vergleichsweise gering. Ursachen können mögliche Fehlerquellen sein. Dazu gehört z. B. die *soziale Erwünschtheit,* wobei davon ausgegangen wird, dass Personen nicht sich selbst beurteilen, sondern so antworten, wie sie denken, dass es von ihnen erwartet wird. Als weitere Fehlerquellen sind *Zustimmungstendenzen* sowie die *Bevorzugung extremer oder mittlerer Antwortkategorien* zu nennen (Hossiep, Paschen & Mühlhaus, 2000, 59ff.).

Im Hinblick auf die Validität konnten eine Reihe von Bedingungsfaktoren ermittelt werden, durch die diese beeinflusst werden kann. Die Bedingungsfaktoren lassen sich in Personenfaktoren, Organisations- und Tätigkeitsbezogene Faktoren sowie Durchführungsbedingungen unterteilen (Moser et. al., 1994, 478ff.; Moser, 1999, 19ff.).[113] Die herausgearbeiteten Bedingungsfaktoren enthalten vielfältige Ansatzpunkte, um die Validität von Selbstbeurteilungen zu erhöhen und diese damit zu einer wichtigen und angesehenen Forschungsmethode zu gestalten. So ist gerade in der Forschungspraxis die Selbstbeurteilung und auch die Selbstauskunft (beispielsweise in Form von Fragebögen und Interviews) oft die einzige Variante, um (ökonomisch und effektiv) Daten zu gewinnen. Dies gilt auch im Rahmen von Kompetenzerfassung. Vor diesem Hintergrund kann die Selbstbeurteilung, unter Berücksichtigung der dargestellten Bedingungsfaktoren, zu einer wichtigen Vorgehensweise bei der Erfassung von Kompetenz werden.

---

[113] An diese anknüpfend formuliert Moser Empfehlungen bezüglich der Validität von Selbstbeurteilungen. Demnach seien diese „valider, wenn eine Instruktion zu sozialem Vergleich gegeben wird, Anonymität gewährleistet wird, die Beurteiler Erfahrungen mit Selbstbeurteilungen haben, eine Validierung der Urteile angekündigt wird, dimensionierte vs. globale Urteile erhoben werden, verhaltensorientierte im Unterschied zu merkmalsorientierten Dimensionen bei der Beurteilung Verwendung finden" (Moser, 1999, 21).

5.4.2   Forschungsmethoden

In diesem Abschnitt sollen die Erhebungsmethoden dargestellt werden, die im Rahmen von Kompetenzerfassung Bedeutung besitzen und in den derzeit verwendeten Verfahren angewandt werden. Dabei steht nicht die präzise Beschreibung und Erläuterung aller Erhebungsmethoden im Vordergrund, denn dazu gibt es ausreichend Methodenbücher (z. B. Bortz & Döring, 1995; Friedrich, 1990; Atteslander, 2000; Kromrey, 2000). Vielmehr sollen die für Kompetenzerfassung bedeutsamen Spezifika der einzelnen Methoden herausgearbeitet werden. Durch die Kenntnis der jeweiligen Besonderheiten, soll vor allem die Auswahl einer für eine bestimmte Zielstellung geeigneten Methode erleichtert werden. Die Entscheidung für die Verwendung einer bestimmten Erhebungsmethodemethode kann immer nur im Zusammenhang mit dem Forschungsgegenstand und dem Forschungsziel getroffen werden. Grundsätzlich können die einzelnen Methoden auch erweitert und miteinander kombiniert werden (Friedrich, 1990, 189ff.).

5.4.2.1   Befragung

Die Befragung ist mit einem Umfang von etwa 90 % an allen Datenerfassungen, die am häufigsten angewandte Methode (Bortz & Döring, 1995, 216). Sie kann in schriftlicher (Fragebögen) oder mündlicher Form (Interviews) erfolgen. Die Entscheidung für eine der Befragungsformen, ist in Abhängigkeit vom Gegenstand und Ziel der Befragung zu entscheiden. Der wichtigste Unterschied der beiden Befragungsarten liegt in der jeweiligen Erhebungssituation. Die schriftliche Befragung wird i. d. R. von den Befragten als anonymer erlebt, was sich positiv auf die Bereitschaft zur wahrheitsgetreuen Beantwortung der Fragen auswirken kann. Bei der mündlichen Befragung hingegen ist der Interviewer gefordert, günstige Begleitumstände zu schaffen und ein Vertrauensverhältnis zum Befragten aufzubauen. Im Folgenden sollen die beiden Varianten weiter spezifiziert werden.

a)   Schriftliche Befragung

Die schriftliche Befragung ist die kostengünstigste Variante der Datenerhebung und eignet sich für die Befragung von homogenen Gruppen. Neben dem Kostenfaktor sind der relativ geringe Zeitaufwand, die Chance zur Befragung geographisch weit voneinander entfernten Personen, der entfallende Interviewereinfluss sowie die Zeitfreiheit für die Befragten bei der Beantwortung der Fragen, als positive Aspekte zu nennen (Friedrichs, 1990, 237). Die unkontrollierte Erhebungssituation, beispielsweise bei postalischen Befragungen, ist als Nachteil einzustufen. Durch die gleichzeitige Befragung von mehreren Untersuchungsteilnehmern (z. B. Schulklassen, Werksangehörige) unter Anwesenheit eines Untersuchungsleiters kann dieser jedoch entgegengewirkt werden (Bortz & Döring, 1995, 231).

Im Rahmen von Kompetenzerfassung werden schriftliche Befragungen in Form von Selbstbeurteilungen verwendet, um Persönlichkeitsmerkmale, Einstellungen oder individuelle Handlungsweisen in bestimmten Situationen zu erfassen (vgl. 6). Die Entscheidung, ob Fragen mit standardisierten Antwortalternativen oder aber offene Fragen verwendet werden, ist neben dem Ziel der Erhebung auch vom zugrunde gelegten Kompetenzverständnis abhängig. In einem funktionalen Verständnis von Kompetenz entsprächen Fragen mit festgelegten Antwortalternativen den theoretischen Vorstellungen (vgl. 4). Die Befragten haben wenig eigenen Entscheidungs- und Handlungsspielraum hinsichtlich des Umgangs mit den Fragestellungen. Sie können nur zwischen den vorgegebenen Antwortalternativen wählen. Wird diese Art der Befragung im Rahmen von Kompetenzerfassung verwendet, so muss eine Operationalierbarkeit von Kompetenz in definierte Soll-Kategorien vorausgesetzt werden. Eine Person würde dann in dem Maße als kompetent gelten, in dem sie die, in den Kategorien festgehaltenen Erwartungen erfüllt.

Die Verwendung von offenen Fragen stünde hingegen eher in der Tradition eines sinnbezogenen verstehenden Kompetenzverständnisses (vgl. 4). Eine offene Befragungsform gewährt den Personen bei der Beantwortung der Fragen Handlungs- und Gestaltungsspielräume. Die Art der Beantwortung wird nicht durch vorgegebene Antwortalternativen beeinflusst oder mitbestimmt. Wenn Kompetenz im Rahmen von sinnbezogenem Handeln betrachtet wird, womit Offenheit in Bezug auf die Situation und auf Handlungsalternativen impliziert ist, entspräche eine offene Befragung zur Erfassung von Kompetenz den theoretischen Anforderungen.

b) mündliche Befragung

Die mündliche Befragung wird in Form von Interviews realisiert. In der Forschungspraxis gibt es eine Vielzahl von Interviewformen, die in einem einzigen Kategoriensystem nur unvollständig dargestellt werden können (Bortz & Döring, 1995, 217). Als Unterscheidungskriterien der Interviewformen könnten

- das Ausmaß der Standardisierung,
- der Autoritätsanspruch des Interviewers,
- die Art des Kontaktes,
- die Anzahl der befragten Personen,
- die Anzahl der Interviewer oder
- die Funktion des Interviews herangezogen werden (ebd.).

In Zusammenhang mit Kompetenzerfassung ist die mündliche Befragung in verschiedener Hinsicht von Interesse. So können ebenso wie bei der schriftlichen Befragung unterschiedliche Grade der Standardisierung angenommen werden. Die Verwendung einer eher standardisierten oder einer eher offenen Vorgehensweise, impliziert die gleichen theoretischen Annahmen und Konsequenzen wie bei der schriftlichen Befragung (s. o.). Prinzipiell ist jedoch davon auszugehen, dass die mündliche Befragung eher in einem sinnbezogenem Verständnis von Kompetenz angewandt wird, da die Erfassung in einem Dialog stattfindet, der Handlungs- und Gestaltungsspielräume für die Person impliziert. Das Ausmaß der gewährten Handlungs- und Gestaltungsspielräume differenziert allerdings zwischen den unterschiedlichen Formen der mündlichen Befragung. So sind diese in standardisierten Interviewformen geringer als bei Intensiv- oder Tiefeninterviews. Bei den Intensiv- oder Tiefeninterviews ist das *narrative Interview* hervorzuheben, welches als eine Form des Intensivinterviews, maßgeblich durch Fritz Schütz entwickelt wurde (Mayring, 1996, 54). Dabei sollen die Probanden zum freien Erzählen animiert werden. Für Kompetenzerfassung ist dabei die Grundidee der Interviewform interessant. So wird angenommen, dass es subjektive Bedeutungsstrukturen gibt, die im freien Erzählen zum Vorschein kommen. Hier sind deutliche Bezüge zur Handlungstheorie (z. B. Typisierungen) und zum pädagogischen Deutungsmusteransatz (vgl. Arnold 1985; Schüßler, 2000) erkennbar. Daher ist davon auszugehen, dass sich durch die Erschließung von subjektiven Bedeutungsstrukturen deutliche Hinweise auf die Kompetenz einer Person ergeben. An dieser Stelle soll auch auf biographische Befragungen verwiesen werden, die für Kompetenzerfassung von besonderer Bedeutung sind. Sie beruhen auf der Annahme, dass Fakten aus der Vergangenheit und Gegenwart einer Person, Aufschluss über deren künftiges Verhalten/Handeln geben, da sich in ihnen zeitlich stabile Merkmale der Person widerspiegeln (Kanning, 2004, 392).

Im Vergleich zu schriftlichen Befragungen ist die mündliche Befragung sehr zeitaufwendig und wesentlich stärker durch den Interviewer beeinflusst. Auch solche Aspekte beeinflussen die Entscheidung für die Wahl einer Befragungsvariante zur Erfassung von Kompetenz.

5.4.2.2 Beobachtung

Wie Beobachtung als Forschungsmethode verstanden werden kann, ist in folgender Definition zusammengefasst: „Beobachtung im engeren Sinne nennen wir das Sammeln von Erfahrungen in einem nichtkommunikativen Prozess mit Hilfe sämtlicher Wahrnehmungsmöglichkeiten. Im Vergleich zur Alltagsbeobachtung ist die wissenschaftliche Beobachtung stärker zielgerichtet und methodisch kontrolliert – sie zeichnet sich durch die Verwendung von Instrumenten aus, die die Selbstreflektiertheit, Systematik und Kontrolliertheit der Beobachtung gewährleisten und Grenzen unseres Wahrnehmungsvermögens auszudehnen helfen" (Laatz, 1993, 169; zit. nach Bortz & Döring, 1995, 240). Die Beobachtungsmethode beruht auf der Annahme, dass Handlungsweisen nur über Beobachten erschließbar sind. Interviews oder auch Erzählungen könnten nur Darstellungen über die Handlungsweisen anbieten (Flick, 2000, 152). Mit Hilfe von Beobachtung sollen jedoch Aussagen über die tatsächlichen Abläufe von Handlungsprozessen ermittelt werden. Dabei ist zu beachten, dass ein Beobachtungsprozess immer nur auf bestimmte Teile eines komplexen Handlungsprozesses fokussiert und damit sehr spezifisch ist. Eine systematische wissenschaftliche Beobachtung erfolgt anhand eines Beobachtungsplanes, in dem festgehalten ist

- „was (und bei mehreren Beobachtern auch von wem) zu beobachten ist,
- was für die Beobachtung unwesentlich ist,
- ob bzw. in welcher Weise das Beobachtete gedeutet werden darf,
- wann und wo die Beobachtung stattfindet und
- wie das Beobachtete zu protokollieren ist" (Bortz & Döring, 1995, 241).

Der Beobachtungsplan soll die Aktivitäten bei der Beobachtung lenken. Er enthält Beobachtungsitems (also die zu beobachtenden Ereignisse), die Kategorien der Beobachtung (das, worauf bei der Beobachtung zu achten ist) sowie generelle Angaben wie z. B. Dauer, Ort und Zahl der anwesenden Personen (Friedrichs, 1990, 275). Die Anforderungen an die Beobachtungskategorien sind nach Auffassung von Friedrichs grundsätzlich die gleichen wie bei der Befragung. Darüber hinaus sei zu berücksichtigen, dass die Kategorien explizit sind und sich an dem beobachteten Handeln orientieren (ebd.).

Die Anwendung der Beobachtungsmethode empfiehlt sich nach Einschätzung von Bortz & Döring (1995, 240) vor allem dann, wenn man damit rechnen muss, dass verbale Selbstdarstellungen der Untersuchungsteilnehmer das interessierende Handeln bewusst oder ungewollt verfälschen würden, wie möglicherweise bei der Schilderung eigenen Handelns. Vor diesem Hintergrund scheint die Beobachtungsmethode für die Erfassung von Kompetenz als geeignet.

Die Methode der Beobachtung ermöglicht also das Handeln der Personen direkt, d.h. ohne Umwege über Dritte wie z. B. Schilderungen von Vorgesetzten oder Selbstbeschreibungen durch die Person, zu erfassen. Dies ist von Bedeutung, da Kompetenz nur über das Handeln erschlossen werden kann (vgl. 4). Durch eine Beobachtung des Handelns der Personen in ihrem realen Umfeld, werden diesen zugleich entsprechende Handlungs- und Gestaltungsspielräume gewährt. Es müssen also keine Einschränkungen aus methodischen Gründen vorgenommen werden. Dadurch kann das Handeln der Personen unmittelbar in ihrem spezifischen Umfeld verfolgt werden.

Bei der Einschätzung und Beurteilung des beobachteten Handelns kommt dem Beobachter eine bedeutende Rolle zu. Dabei sind die subjektiven Einflüsse durch den Beobachter, wie z. B. die selektive Wahrnehmung, so gering wie möglich zu halten. Ziel sollte eine „objektive Einschätzung" sein, d.h. verschiedene Beobachter müssten zu gleichen oder zumindest ähnlichen Einschätzungen kommen. Um dies zu erreichen, sind neben den bereits erwähnten Beobachtungskategorien auch Schulungen der Beobachter erforderlich.

Beobachtungen finden in sozialen Situationen statt, was bedeutet sie können nicht wiederholt werden (vgl. 3.3.2). Damit ist es auch nicht möglich die Retest-Reliabilität von Beobachtungen zu bestimmen. Dies gilt auch bei der Erfassung von Kompetenz. Aufgrund des herausgestellten Situations- und Kontextbezuges und der Veränderbarkeit von Kompetenz (vgl. 2.1) sind zuverlässige Aussagen hinsichtlich der vorhandenen Kompetenz einer Person jeweils nur über zeitpunktbezogene Erfassungen möglich. Eine langfristige Gültigkeit der Daten kann aufgrund der Veränderbarkeit von Kompetenz nicht angenommen werden und auch die Übertragbarkeit der ermittelten Daten auf andere Situationen ist jeweils zu prüfen. Die Ermittlung der Retest-Reliabilität kann vor diesem Hintergrund vernachlässigt werden.

Fehlerquellen bei der Durchführung einer Beobachtung können im Instrument, in der Situation oder beim Beobachter selbst liegen (Friedrichs, 1990, 287). Durch eine angemessene Beobachterschulung können die Fehler, die beim Beobachter liegen, minimiert werden. Eine zu starke Differenziertheit oder gar unvollständige Beobachtungskategorien sind ebenfalls mögliche Fehlerquellen (ebd., 288). Die Reliabilität von Beobachtungen bildet damit ein mehrschichtiges Problem, dass sich anhand von „a) ungleichen Beobachtungsstichproben durch verschiedene Beobachter (jeder achtet auf etwas anderes); b) unsystematischen Codierungen aufgrund von unklaren Beobachtungskategorien; c) Veränderungen der Situation während des Beobachtungszeitraumes" und „d) Veränderung der beobachteten Personen" zeigt (ebd.).

Für die Erfassung von Kompetenz scheint die Beobachtung eine geeignete Methode zu sein. Sie setzt direkt am Handeln der Personen an und erfüllt zudem die Anforderungen an Verfahren im Sinne eines sinnbezogenen Kompetenzverständnisses. Als nachteilig muss allerdings der hohe Zeit- und Kostenaufwand erwähnt werden.

5.4.2.3   Tests

Tests sind Erhebungsmethoden die ihren Ursprung in der psychologischen Forschung haben und vorrangig auch dort zum Einsatz kommen. Nach Brandstätter (1979, 82) kann man
einen psychologischen Test als ein „standardisiertes, routinemäßig anwendbares Verfahren
zur Messung individueller Verhaltensmerkmale auffassen, aus dem Schlüsse auf Eigenschaften der betreffenden Person oder auf ihr Verhalten in anderen Situationen gezogen
werden können" (zit. nach Schuler & Höft, 2001, 96). In Anlehnung an Grubitzsch findet
sich eine ähnliche Definition, in der Tests als Verfahren verstanden werden, „die in wissenschaftlich abgesicherter Form Informationen über Personen, deren Fähigkeiten, intellektuelle Möglichkeiten, Arbeitsauffassung, individuelle Qualifikation oder emotionale Verar-
beitungsverfahren erbringen" (Hanft, 1999, 277). Unter stärker methodischen Gesichtspunkten definiert Lienert (1998, 1) einen Test als „wissenschaftliches Routineverfahren zur
Untersuchung eines oder mehrerer empirisch abgrenzbarer Persönlichkeitsmerkmale mit
dem Ziel einer möglichst quantitativen Aussage über den relativen Grad der individuellen
Merkmalsausprägung".
      Am häufigsten werden Testverfahren im Bereich der Eignungsdiagnostik eingesetzt,
um die Eignung einer Person hinsichtlich bestimmter Anforderungen einschätzen und deren
künftiges Verhalten/Handeln vorhersagen zu können. Durch die Anwendung von Tests
sollen Rückschlüsse auf Personenmerkmale ermöglicht werden, die den Anforderungen
einer bestimmten Arbeitstätigkeit entsprechen (Hanft, 1999, 277). Der Einsatz von Tests
verfolgt also das Ziel, „ein oder mehrere psychische Merkmale zu messen, um Unterschiede zwischen Personen oder einer Person zu verschiedenen Zeitpunkten messend zu erfassen" (Grubitzsch, 1999, 186). Mit Hilfe von Tests ist es somit möglich „psychometrisch
vergleichbare und gültige Informationen über Verhalten und Erleben einzelner Personen"
zu erhalten (Hossiep, Paschen & Mühlhaus, 2000, XVI).
      Der Einsatz von Tests erstreckt sich über alle Berufsbereiche und beruflich relevanten
Fähigkeiten. Aufgrund des großen Anwendungsbereiches gibt es eine Vielzahl verschiedener Arten von Tests, die in der Eignungsdiagnostik angewandt werden. Dazu zählen
beispielsweise allgemeine Intelligenztest, Tests für spezifische kognitive Fähigkeiten,
Aufmerksamkeits- und Konzentrationstests, Tests zur Bestimmung sensorischer und motorischer Leistung, sonstige Leistungstests, allgemeine und spezifische Persönlichkeitstests
sowie Einstellungs- Motivations- und Interessentests (Schuler, 2001, 96). In Anbetracht
dieser Vielzahl von Testarten hat sich eine Grobklassifizierung in Leistungs- und Persönlichkeitstests durchgesetzt. Die *Leistungstests* beziehen sich stärker auf die kognitiven Aspekte und messen Fähigkeiten und Fertigkeiten von Personen. Sie beinhalten Aufgaben, die
objektiv „richtig" oder „falsch" zu beantworten sind, so dass damit ein Beurteilungsmaßstab vorliegt (Bortz & Döring, 1995, 175). Zu der Gruppe der Leistungstests zählen Intelligenztests, allgemeine Leistungstests sowie spezielle Funktionsprüfungstests (Hanft, 1999,
277; Hossiep, Paschen & Mühlhaus, 2000, XVI). Der Einsatz von Intelligenztests im Kontext der Kompetenzerfassung wird von Lang v. Wins (2003, 600) vor allem in Bereichen
empfohlen, in denen eine schnelle Entwicklung von Kompetenz von Bedeutung ist. Leis-
tungstest können im Rahmen von Kompetenzerfassung dann erfolgsversprechend eingesetzt werden, „wenn bestimmte spezifische Kompetenzmuster erfasst werden sollen (bzw.
die ihnen vorhergehenden Bedingungen)" (ebd., 601). Zudem gehen Lang v. Wins & Rosenstiel (2000; zit. nach Lang v. Wins, 2003, 601) davon aus, dass durch einen kombinier-

ten Einsatz von Intelligenz- und Leistungstests die Vorhersagekraft des prognostischen Urteils beträchtlich gesteigert werden kann.

Persönlichkeitstests erfassen nicht-leistungsmäßige Eigenschaften. Beurteilungsmaßstäbe spielen keine Rolle, da eher typische Charaktermerkmale einer Person, wie beispielsweise Eigenschaften, Motive, Interessen, Einstellungen, Werthaltungen sowie die psychische Gesundheit im Vordergrund stehen (Bortz & Döring, 1995, 176). Der Gruppe der Persönlichkeitstests können Persönlichkeits-Struktur-Tests, Einstellungstests sowie Interessentests zugeordnet werden (Hanft, 1999, 277; Hossiep, Paschen & Mühlhaus, 2000, XVI). Lang v. Wins (2003, 602) folgend, ermöglichen Persönlichkeitsmerkmale Aussagen darüber, wie sich Personen unter bestimmten Umständen verhalten werden, in welcher Weise sie ihre Kompetenz anwenden werden bzw. in welchen Situationen sie Kompetenz entwickeln werden.[114]

An dieser Stelle sind auch situative Tests zu nennen, die für die Erfassung von Kompetenz als besonders bedeutsam herausgestellt werden können. Bei einem solchen Test wird die Person mit einer Situation aus dem Berufsalltag konfrontiert und aufgefordert, zu schildern, wie sie in der Situation handeln würde bzw. welches Handeln „das richtige" wäre. Dabei bezöge sich die erste Frage auf die individuelle Handlungsorientierung der Person, während die zweite auf das Wissen der Person hinsichtlich des „richtigen Handelns" abziele (Kanning, 2004, 371).[115] Der Situation in situativen Tests komme immer ein Problemcharakter zu, da es darum gehe Aussagen darüber zu treffen, wie die Person die berufliche Aufgabe meistern würde (ebd., 372). Solche Tests weisen einen hohen Realitätsbezug auf, da sie an Alltagssituationen anknüpfen und Wissensaspekte oder Handlungsorientierungen erfassen, die für das Bewältigen alltäglicher Situationen von Bedeutung sind (ebd., 376). Aufgrund dieser Schilderungen erweisen sich situative Tests vor allem für die Kompetenzerfassung im beruflichen Kontext als praktikable Methode. Dabei ist jedoch zu berücksichtigen, dass die Erfassung von „richtigen" Wissensaspekten stark an normativ, funktionale Vorstellungen anknüpft und nur in den jeweiligen Kontexten gültig ist. Solche normativ, funktionalen . Zielt der Einsatz von situativen Tests eher auf die Handlungsorientierungen einer Person, kann dies auch aufgrund eines sinnbezogenen Handlungs- und Kompetenzverständnisses erfolgen.

Die Qualität eines Tests wird weitestgehend durch die Art der Items und deren Zusammensetzung bestimmt. Eine möglichst hohe Testobjektivität ist am ehesten durch Items mit Antwortvorgaben oder halboffenen Fragen erreichbar. Neben der Objektivität hat ein guter Test allerdings eine Reihe von weiteren Qualitätsanforderungen zu erfüllen. Dies sind neben den klassischen Qualitätskriterien Validität und Reliabilität beispielsweise auch die Normierung, Fairness, Akzeptanz und Vergleichbarkeit (Grubitzsch, 1999, 189ff.). Die Testbedingungen können die Qualität eines Testes erheblich beeinflussen. Dazu zählen sowohl die gegeben Durchführungsbedingungen als auch der Testleiter, der u. a. durch seine Personenmerkmale wie Geschlecht, Alter, Rasse, Hautfarbe, Körperbau, beruflicher

---

[114] Die Ergebnisse von Persönlichkeitstests können für die Kompetenzerfassung jedoch nur bedeutsam sein, wenn sie im Hinblick auf spezifische Anforderungen interpretierbar sind. Für einen sinnvollen Einsatz von Persönlichkeitstest im Rahmen von Kompetenzerfassung wird daher empfohlen, spezifische und differenzierte Hypothesen über die Zusammenhänge bestimmter Persönlichkeitseigenschaften bzw. -strukturen und den entsprechenden Kompetenzmustern aufzustellen (Lang v. Wins, 2003, 602).

[115] Es ist anzumerken, dass eine Unterscheidung in „richtiges" und „falsches" Handeln nur in Anlehnung an ein normatives Handlungsverständnis möglich ist. Grundsätzlich ist so eine strikte Differenzierung kritisch zu hinterfragen.

Status sowie seine „Erscheinung", die Person – wenn auch unbeabsichtigt – bei der Testbe-
arbeitung beeinflusst (Grubitzsch, 1999, 203). Neben den bereits genannten Einflussquellen
wären als wichtigste Fehlerquellen bei der Durchführung von Tests, die Selbstdarstellung,
die soziale Erwünschtheit und die Gefahr von Antworttendenzen zu nennen (Bortz &
Döring, 1995, 211ff.).

In den Ausführungen wurden die Bedeutung von Testverfahren bei der Erfassung von
Kompetenz sowie die mit dem Einsatz von Tests verbundenen methodischen Besonderheiten veranschaulicht. Die jeweilige Bedeutung von einzelnen Testverfahren ist jedoch von
vielfältigen Faktoren abhängig. In erster Linie wäre auf das jeweilige Verständnis von
Kompetenz zu verweisen (vgl. 5.2). Es ist zu vermuten, dass in Abhängigkeit vom Kompetenzverständnis eher Leistungs- oder Persönlichkeitstests sowie auch eher Items mit Antwortvorgaben oder halboffene Items gewählt werden.

5.4.2.4   Arbeitsproben

Die Arbeitsprobe ist eine der ältesten Methoden der Personaldiagnostik und ist den simulationsorientierten Verfahren zuzuordnen (vgl. Höft & Funke, 2001). Bei ihr „werden wichtige Ausschnitte der Arbeitstätigkeit simuliert und das Verhalten der Probanden in diesen
Situationen sowie das Arbeitsergebnis einer systematischen Beobachtung unterzogen"
(Kanning, 2004, 425). Arbeitsproben können als standardisierte Aufgaben bezeichnet werden, welche „inhaltlich valide und erkennbar äquivalente Stichproben des erfolgsrelevanten
beruflichen Verhaltens" darstellen (Schuler, 1998, 115). Die Person wird dabei mit realen
Arbeitsaufträgen aus dem beruflichen Alltag konfrontiert, wobei untersucht wird, wie gut
diese die Arbeitsaufträge bewältigen kann. Die Art und Weise der Aufgabenbearbeitung
sowie das Ergebnis der Bearbeitung werden dazu einer systematischen Beobachtung und
Bewertung durch Fachkräfte unterzogen (Kanning, 2004, 425). Das erfolgsrelevante Verhalten wird demnach über die direkte Beobachtung erfasst. Lang v. Wins (2003, 597) verweist zudem auf eine Unterscheidung von Arbeitsproben in *individualisierte*, wie beispielsweise die Drahtbiegemethode von Lienert, und in *interaktionsbezogene Arbeitsproben*, wie z. B. Gruppendiskussionen als Bestandteil von Assessment Centern. Nach seiner
Einschätzung sind die Einsatzmöglichkeiten von Arbeitsproben zur Erfassung von Kompetenz, in Abhängigkeit von der Komplexität des entsprechenden Realitätsbereiches zu sehen.
So seien Arbeitsproben dazu geeignet, isolierte Realitätsausschnitte abzubilden und die
dafür erforderliche klar definierte Kompetenz zu analysieren. Eine Erfassung des Gesamt-
bildes hingegen könnten sie nicht leisten (ebd.). Auch Kanning (2004, 427) unterstützt
diese Einschätzung und erklärt, dass spezifische Fähigkeiten/Fertigkeiten, wie beispielsweise die Bedienung einer Maschine, relativ einfach mit Hilfe von Arbeitsproben erfasst
werden könnten. Komplexe Merkmale, wie z. B. Kommunikationsfähigkeit, seien hingegen
schwierig zu erfassen, da hier mehrere Indikatoren eine Rolle spielten. In diesem Zusammenhang benennt Lang v. Wins (2003, 598) „begrenzte Realitätsbereiche, die in ihrer Stellung zum Gesamtgefüge klar definiert werden können" und „in denen isolierte Teilkompetenzen eine erfolgskritische Bedeutung haben", als eine Voraussetzung für den Einsatz von
Arbeitsproben zur Erfassung von Kompetenz. Sollen jedoch alle Bereiche einer Tätigkeit
erfasst werden, sei der Einsatz von weiteren Verfahren der Kompetenzerfassung notwendig.

Die Vorteile der Methodik sind vor allem in der hohen Validität zu sehen (Kanning, 2004, 429). Die starke inhaltliche Validität und der damit verbundene Realitätsbezug führten jedoch dazu, dass die Ergebnisse von Arbeitsproben im Vergleich zu Fähigkeitstests weniger generalisierbar seien (Schuler, 1998, 118). Als nachteilig sei anzusehen, dass die Anwendung von Arbeitsproben bereits erste berufliche Erfahrungen voraussetze, so dass der Einsatz bei Berufsanfängern eher schwierig sei. Hier müsste mit besonderer Sensibilität vorgegangen werden. Als weiterer problematischer Aspekt sei auch der relativ hohe Kostenaufwand zu nennen, der sich sowohl auf die Entwicklung als auch auf die Durchführung erstrecke. Ebenso sei die eher schwierige Anwendung bei komplexen Aufgaben zu beachten (Kanning, 2004, 430).

Zusammenfassend kann festgehalten werden, dass mit Hilfe von Arbeitsproben Fähigkeiten/Fertigkeiten und Wissen in Bezug auf den Handlungsprozess erfasst werden können. Dies entspricht der Anforderung an Verfahren der Kompetenzerfassung, Kompetenz im Handeln zu erfassen. Aufgrund der Spezifität von Arbeitsproben kann jeweils nur ein Bereich von Kompetenz in einer spezifischen Situation erfasst werden. Für umfassende ganzheitliche Kompetenzbetrachtungen sind daher weitere Verfahren heranzuziehen. Die hohe Validität und Akzeptanz von Arbeitsproben spricht jedoch für die Anwendung solcher Verfahren zur Erfassung von Kompetenz.

5.4.2.5   Zusammenfassung

Es wurden mehrere Erhebungsmethoden vorgestellt, die zur Erfassung von Kompetenz herangezogen werden können. Dabei konnten die jeweils mit einer Methode verbundenen Vor- und Nachteile und deren Bedeutung im Rahmen von Kompetenzerfassung herausgestellt werden. Die Entscheidung für die Verwendung einer bestimmten Methode, kann nur unter Berücksichtigung der jeweiligen Zielstellung erfolgen. Besteht das Ziel der Kompetenzerfassung darin, möglichst umfassende Aussagen zur Kompetenz einer Person treffen zu können, wird die Kombination mehrerer Methoden empfohlen. Damit bestünde die Chance die Vorteile der Methoden zu kumulieren, womit die Nachteile kompensiert werden könnten (Kanning, 2004, 131). Einige der vorgestellten Methoden (z. B. schriftliche Befragungen, Arbeitsproben) werden mittlerweile auch computer- oder onlinegestützt durchgeführt. An diese Vorgehensweise sind allerdings besondere Bedingungen geknüpft, wie beispielsweise das Vorhandensein und Beherrschen von EDV-Technik.

Abschließend sei darauf hingewiesen, dass eine vollkommene „objektive" Erfassung des subjektiven Kompetenzkonstrukts, unabhängig von der verwendeten Methode, nicht realistisch erscheint. Die erfasste Kompetenz kann damit immer nur eine „relative Objektivität" widerspiegeln (Erpenbeck & Heyse, 1999, 176).

5.4.3   Qualitätsstandards

Zur Analyse von Kompetenzerfassungsverfahren sind Betrachtungen zur Qualität der einzelnen Verfahren unerlässlich. Die Qualität eines Verfahrens hat wesentlichen Einfluss auf dessen Bedeutsamkeit und Akzeptanz sowie hinsichtlich der Verwendbarkeit der mit dem Verfahren erzielten Daten. In der empirischen Sozialforschung sind deshalb Gütekriterien (so genannte Qualitätsstandards) entwickelt worden, anhand derer verschiedene Verfahren hinsichtlich ihrer Qualität verglichen werden können.

In der Literatur gibt es einige Studien, die sich ausschließlich mit der Qualität von Forschung und den dort einzuhaltenden Standards beschäftigen. Eine Auswahl solcher Arbeiten, die ihren Fokus auf pädagogische und psychologische Messverfahren legen, soll hier kurz skizziert werden.

1. Das Committee to Develop Standards for Educational and Psychological Testing erarbeitete die „Standards for Educational and Psychological Testing" (vgl. AERA, 1999)[116]. Die erarbeiteten Standards beziehen sich auf die Bereiche Testkonstruktion, Evaluation und Dokumentation, die Fairness beim Testen sowie die konkrete Testanwendung. Die Standards und deren Bezugspunkte verdeutlichen die Gesichtspunkte, die nach Ansicht der Entwickler von Bedeutung sind. Gleichzeitig weisen sie auch darauf hin, dass die Entscheidung, ob ein Test akzeptabel ist, nicht von der Erfüllung aller genannten Standards abhängt, die in Form einer Checkliste zu prüfen wären. Die Bedeutung der einzelnen Standards ergäbe sich vielmehr aus den jeweiligen besonderen Umständen (Häcker, Leutner & Amelang, 1998, 3).[117]

2. Das deutsche Institut für Normung verabschiedete 2002 eine DIN 33430 in der Anforderungen an Verfahren und deren Einsatz bei berufsbezogenen Eignungsbeurteilungen enthalten sind. Diese Norm „beschreibt Qualitätskriterien und -standards für berufsbezogene Eignungsbeurteilungen sowie Qualifikationsanforderungen an die an der Eignungsbeurteilung beteiligten Personen" (Berufsverband deutscher Psychologen, 2002, 3). Es werden Festlegungen und Leitsätze für Verfahren und deren Einsatz bei berufsbezogenen Eignungsbeurteilungen getroffen. Der Wert eines Verfahren kann dabei „nur im Rahmen seiner spezifischen Anwendung beurteilt werden" (ebd., 4).

3. Die Standards des „Joint Committee on Standards for Educational Evaluation" sind vor allem in der Evaluationsforschung von Interesse (Sanders, 1999). Die definierten Kriterien sollen eine Orientierung für Evaluationen von pädagogischen Programmen, Projekten und Materialien sein und zu systematischen Beurteilungen von Evaluationen anleiten (ebd., 8, 23). Die entwickelten Standards beziehen sich auf die vier wichtigsten Eigenschaften einer Evaluation: die Nützlichkeit, die Durchführbarkeit, die Korrektheit und die Genauigkeit (ebd., 26ff.).

Die hier ausgewählten Studien zu Qualitätsstandards sollten auf die vielfältigen Überlegungen zur Qualität von Untersuchungen und deren Forschungsergebnissen verweisen. Die Bedeutung der beiden ersten Studien im Hinblick auf die Erfassung von Kompetenz scheint unmittelbar einsichtig. Beide beziehen sich ausdrücklich auf Verfahren – nämlich pädagogische und psychologische Tests sowie Eignungsbeurteilungen – die auch im Kontext von Kompetenzerfassung eine Bedeutung besitzen. Die letzte Studie hingegen beschäftigt sich allgemeiner mit Evaluationsstandards. Betrachtet man die Kompetenz einer Person als ein Ergebnis aus vorangegangenen und aktuellen Lern- und Handlungsprozessen, kann Kompe-

---

[116] Das Committee setzt sich aus einer Forschergruppe der Organisationen The American Educational Research Association (AERA), The American Psychological Association (APA) und The National Council on Measurement in Education (NCME) zusammen. Zu einer früheren Version der Standards gibt es eine deutsche Übersetzung, die 1998 im Huber Verlag von Häcker, H.; Leutner, D. & Amelang, M. herausgegeben wurde.

[117] Diese können z. B. der Einsatzbereich des Verfahrens, die verwendete Methode oder das mit dem Verfahren angestrebte Ziel sein.

tenzerfassung als Evaluation dieser aufgefasst werden. Somit erhalten auch die in der Studie aufgeführten Standards ihre Bedeutung im Kontext der Erfassung von Kompetenz. Zur Beurteilung der Qualität der zu analysierenden Kompetenzerfassungsverfahren, ist es nicht möglich, eigene Untersuchungen durchzuführen. Die Analyse der Qualitätsstandards bezieht sich deshalb auf die von den Verfahrensentwicklern getroffenen Qualitätsangaben, die entsprechend dokumentiert werden. Da kein Verfahren alle der genannten Kriterien gleichermaßen erfüllt, ist es notwendig zu klären, welches die im Kontext von Kompetenzerfassung bedeutsamen Kriterien sind. Zu diesen zählen neben den klassischen Gütekriterien Objektivität, Reliabilität und Validität auch die Fairness, der Nutzen, die Ökonomie sowie die Anwendbarkeit eines Verfahrens, die im Folgenden näher erläutert werden.

5.4.3.1 Objektivität

Die Objektivität eines Verfahrens beschreibt den Grad der Unabhängigkeit der Ergebnisse vom Untersuchenden. Sie bezieht sich darauf, inwieweit die Messung durch die durchführende Person beeinflusst und damit verfälscht werden kann (Kanning & Holling, 2002, 76). Ein Verfahren ist demnach objektiv, wenn verschiedene Untersucher zu den gleichen Ergebnissen gelangen (Lienert & Raatz, 1998, 7). Je mehr es also gelingt, die Einflüsse die jeweils vom Untersucher ausgehen auszuschließen, desto objektiver wird ein Verfahren. Hinsichtlich der Objektivität wird zwischen Durchführungs-, Auswertungs- und Interpretationsobjektivität unterschieden (Lienert & Raatz, 1998, 8; Bortz & Döring, 1995, 180f.).

Im Rahmen qualitativer Forschung kann die Objektivität durch einen interpersonalen Konsens erreicht werden. Ziel ist dabei ebenfalls, dass unterschiedliche Forscher bei der Untersuchung desselben Sachverhalts mit denselben Methoden vergleichbare Ergebnisse erlangen. Dies erfordert eine konkrete Beschreibung des Vorgehens während des Untersuchungsprozesses sowie eine gewisse Standardisierung (Bortz & Döring, 1995, 302).

5.4.3.2 Reliabilität

Die Reliabilität oder auch Zuverlässigkeit eines Verfahrens gibt den Grad der Genauigkeit bzw. die Stabilität an, mit dem das zu messende Merkmal tatsächlich gemessen wird (Weiß, 1999a, 448). Die Reliabilität ist allerdings nur auf den beobachteten Messwert bezogen und berücksichtigt nicht, ob tatsächlich das erhoben wird, was das Verfahren beansprucht (Validität) (Lienert & Raatz, 1998, 9). Eine vollständige Reliabilität kann bei der Erfassung von Kompetenz aufgrund deren Situations- und Kontextbezuges und ihrer Veränderbarkeit, nicht erreicht werden. Es kann jedoch bestimmt werden, in welchem Maß ein Verfahren derartige Messfehler aufweist. Um die Reliabilität eines Verfahrens zu bestimmen, werden verschiedene Methoden wie die Retest-Reliabilität, die Paralleltest-Reliabilität, die Interne Konsistenz oder die Testteilung (Testhalbierungs-Reliabilität; Konsistenzanalyse) herangezogen (Bortz & Döring, 1995, 182ff; Lienert & Raatz, 1998, 9ff.).

Es gibt unterschiedliche Auffassungen darüber, welche Reliabilitätswerte ein gutes Verfahren vorweisen sollte. Dies könnte damit begründet werden, dass die Möglichkeiten hinsichtlich der zu erzielenden Reliabilitätswerte von der jeweiligen Untersuchungsmethode und den Untersuchungsbedingungen abhängen. Bortz & Döring (1995, 184) fordern für ein gutes Verfahren eine Reliabilität von über 0.8. Reliabilitäten zwischen 0.8 und 0.9 seien als mittelmäßig anzusehen und Reliabiliäten von über 0.9 als hoch. Bei diagnostischen Verfahren muss berücksichtigt werden, dass neben dem Verfahren, auch die Stabilität des zu erfassenden Merkmals bestimmten Schwankungen unterliegt (z. B. politische Meinungen in Abhängigkeit von gegenwärtigen politischen Geschehen). Dies könnte erklären, warum Schuler (1998, 51) für diagnostische Verfahren nur eine Retest-Reliabilität von 0.5, besser jedoch von 0.7 oder 0.8 fordert. Für handelsübliche Verfahren gelten nach Ansicht von Kanning & Holling (2002, 67) Werte zwischen 0.7 und 0.9 als zufrieden stellend, womit deren Anwendung in der Praxis als gerechtfertigt anzusehen sei.

Ob die Reliabilität auch in der qualitativen Forschung ein notwendiger Qualitätsstandard sein soll, wird kontrovers diskutiert. Forscher, welche die Einzigartigkeit, die Individualität sowie die historische Unwiederholbarkeit von Situationen und deren kontextabhängige Bedeutung betonen, lehnen das Prinzip der Retest-Reliabilität ab (Bortz & Döring, 1995, 302). Kritisch sei dabei vor allem, dass sowohl die Personen als auch die situativen Bedingungen sich kontinuierlich verändern und damit einem sozialen Wandel unterliegen (Mayring, 1996, 116).[118] Andererseits könne die Reliabilität qualitativer Daten trotz aller Bedenken nicht leichtfertig aufs Spiel gesetzt werden. Die Ergebnisse seien ebenfalls an Maßnahmen und Interventionen geknüpft, die für die Betroffenen angemessen und verbindlich zu gestalten seien (Bortz & Döring, 1995, 302). Es gibt daher Überlegungen, wie die Forderungen der Reliabilität auch in der qualitativen Forschung eingehalten werden können. So könnten nach Auffassung von Flick (2000, 242) beispielsweise Interviewerschulungen, eine Überprüfung der Leitfäden in Pretests sowie Schulungen im Hinblick auf die Interpretation der Daten die Reliabilität von qualitativen Interpretationen erhöhen. Eine reflexive Dokumentation des Vorgehens die verdeutlicht, welches die Aussage der zu untersuchenden Person ist und wo die Interpretation des Forschers beginnt könne ebenfalls zur Reliabilität beitragen (ebd., 243).

Zusammenfassend kann festgehalten werden, dass die Reliabilität Auswirkungen auf die Qualität der erzielten Ergebnisse hat. Eine geringe interne Konsistenz[119] würde beispielsweise bedeuten, dass mit dem Verfahren ein sehr heterogenes Konzept erfasst werde. Dies sei dann problematisch, wenn dies nicht Ziel der Untersuchung sei, sondern vielmehr die Erfassung eines bestimmten Merkmals (Richter, 2000b, 93). Darüber hinaus verweist Schuler (1998, 51) darauf, dass ausreichende Reliabilitätswerte zwar eine notwendige aber letztlich keine hinreichende Bedingung für die Erfüllung des eigentlichen Messziels sind. Aussagen darüber, inwieweit ein Messziel erfüllt ist, können nur anhand der erreichten Validität getroffen werden (ebd.).

---

[118] Das sind Aspekte die auch für das Kompetenzkonstrukt zutreffen.
[119] Dieser Wert kann durch die Methode der Testhalbierung bestimmt werden.

5.4.3.3 Validität

Die Validität oder Gültigkeit eines Verfahrens wird meist als das wichtigste Qualitätskriterium angesehen. Sie trifft Aussagen über den Grad der Genauigkeit mit dem ein Personenmerkmal oder eine Verhaltensweise gemessen bzw. vorhergesagt wird (Lienert & Raatz, 1998, 10). Vollkommen valide ist ein Verfahren dann, wenn die Ergebnisse einen unmittelbaren und fehlerfreien Rückschluss auf den Ausprägungsgrad der zu erfassenden Persönlichkeits- oder Verhaltensmerkmale zulassen (ebd.). Zudem muss gewährleistet sein, dass mit dem Verfahren auch das erhoben wird, was dies beabsichtigt (Kromrey, 2000, 170; Bortz & Döring, 1995, 185).[120]

Davon ausgehend, dass es in einem Forschungsprozess immer sowohl abhängige als auch unabhängige Variablen gibt, wird zwischen interner und externer Validität unterschieden (Bortz & Döring, 1995, 52; Friedrichs, 1990, 352f.; Lamnek, 1993, 159f.). Die interne Validität macht Aussagen über die Eindeutigkeit der Ergebnisse. Von externer Validität kann gesprochen werden, wenn die erzielten Ergebnisse auf andere Personen, Situationen oder Zeitpunkte generalisiert werden können (Bortz & Döring, 1995, 53). Die Bestimmung der Validität ist sehr aufwendig, da i. d. R. zusätzliche Untersuchungen erforderlich sind. Auch hier lassen sich verschiedene Methoden der Validitätsprüfung wie Inhaltsvalidität, Kriteriumsvalidität oder Konstruktvalidität unterscheiden (vgl. Bortz & Döring, 1995, 185ff.; Lienert & Raatz, 1998, 10ff.).

Ähnlich wie bei der Reliabilität gibt es auch bei der Validität unterschiedliche Auffassungen darüber, ab wann ein Verfahren als valide anzusehen ist. Dies kann nicht pauschal beantwortet werden, da jeweils die Rahmenbedingungen und Ziele der Untersuchung zu berücksichtigen sind. Nach Einschätzung von Kanning (2004, 183) komme es zudem darauf an, welche Validitätsart bestimmt werde. Nach Weise (1975, 219; zit. nach Bortz & Döring, 1995, 187) gelten Validitäten zwischen 0,4 und 0,6 als mittelmäßig und ab 0,6 als hoch. Bei der Bestimmung der prognostischen Validität[121] könne man, nach Ansicht von Kanning (2004, 193) im Unterschied zur kriterienbezogenen Validität mit niedrigeren Werten zufrieden sein. Erstrecke sich der betreffende Zeitraum dabei über mehrere Jahre, so könne ein Koeffizient von 0.2 bis 0.3 durchaus als gut bezeichnet werden. Nach Einschätzung von Schuler liege die prognostische Validität, die mit einem Verfahren erzielt werden könne bei max. 0.5. Durch den Einsatz mehrerer Verfahren könne diese auf max. 0.7 steigen (ebd.). Bezüglich der Validitätshöhe kann prinzipiell festgehalten werden, dass diese umso höher sein sollte, je wichtiger die Entscheidungen sind, die aufgrund der erfassten Aussagen getroffen werden.

Die bisher genannten Methoden zur Bestimmung der Validität sind nicht direkt auf qualitative Forschung übertragbar. Vielmehr sind Varianten zu finden, die an die Spezifik der Methode angepasst sind. So sind beispielsweise Vergleiche von unterschiedlichen Teilen desselben Materials (wie z. B. widersprüchliche Äußerungen im Interview), Vergleiche zwischen Personen (z. B. unglaubwürdig wirkende Äußerungen) oder aber Hintergrundinformationen von Bedeutung (Bortz & Döring, 1995, 303). Zur Bestimmung der Validität können im Rahmen der qualitativen Forschung die interpersonelle Konsensbil-

---

[120] Gemeint ist, ob beispielsweise ein Intelligenztest tatsächlich auch Intelligenz erfasst.

[121] Die prognostische Validität ist vor allem in der Personalauswahl oder der Berufseignungsdiagnostik und damit auch im Kontext von Kompetenzerfassung von Interesse. So ist der Nutzen eines eignungsdiagnostischen Verfahrens an die erreichte prognostische Validität geknüpft (Schuler, 1998, 53).

dung (konsensuelle Validierung), die kommunikative Validierung, die argumentative Validierung, die kumulative Validierung und die ökologische Validierung herangezogen werden (Flick, 2000; Bortz & Döring, 1995; Lamneck, 1993).

Zur Erhöhung der Validität einer Erhebung wird die Kombination mehrerer Methoden empfohlen (vgl. s. o. Multimodalität)[122]. Schuler (1998, 171) verweist in diesem Kontext darauf, dass sich als Obergrenze für die Validität bei einem einzelnen Verfahren ein Wert von etwa 0.5 erwiesen hat. Bei einer Kombination von Verfahren lägen die Grenzen etwa bei 0.7. Mit der Anwendung verschiedener Methoden im Hinblick auf die Erfassung eines Merkmalsbereiches, können also nicht nur unterschiedliche Aspekte besser berücksichtigt werden, sondern auch die Gültigkeit der erhobenen Daten.

5.4.3.4 Fairness

Bei der Anwendung von Tests sollte auch die *Fairness* gewährleistet sein und zwar sowohl bei der Durchführung als auch bei der Auswertung und Interpretation der Daten. Fairness ist dann gegeben, wenn alle Personen die gleiche Chance haben, das Verfahren ausreichend transparent ist und eine Rückmeldung der Ergebnisse erfolgt (Weiß, 1999a, 448). Im Handbuch für Evaluationsstandards (Sanders, 1999, 28) wird in diesem Kontext von Korrektheitsstandards gesprochen, wobei verlangt wird, dass die gesetzlichen Regelungen zum Schutz der Privatsphäre den Forschern bekannt zu sein haben und eingehalten werden müssen. Auch in der von den Psychologen herausgegebenen DIN 33430 bezüglich der Anforderungen an berufsbezogene Eignungsbeurteilungen, ist die Fairness als ein Standard aufgeführt. Darunter wird die „Chancengleichheit für Angehörige verschiedener (z. B. ethnischer, soziokultureller, geschlechtsspezifischer) Gruppen bei der Eignungsbeurteilung" verstanden, „wobei Fairness nach einem normativ gesetzten externen Kriterium beurteilt wird" (Berufsverband deutscher Psychologen, 2002, 20).

Neben diesen anwendungstechnischen Anforderungen ist Fairness auch bei der Auswertung ein wesentliches Kriterium. Diese sollte vor allem vollständig sein und sowohl alle negativen als auch positiven Aspekte beinhalten (Sanders, 1999, 133). Die Personen sind zudem, nach dem gleichen Maßstab zu beurteilen. In den "Standards for educational and psychological testing" wird dies wie folgt festgehalten: „In testing, the principle that every test taker should be assessed in an equitable way" (AERA, 1999, 175). Darüber hinaus ist in den Standards dem Aspekt der Fairness ein gesamtes Kapitel gewidmet, indem sich ausführlich mit der Thematik auseinander gesetzt wird.

5.4.3.5 Nutzen

Lienert & Raatz (1998, 13) bewerten ein Verfahren dann als nützlich, wenn es ein Merkmal oder eine Verhaltensweise erfasst oder vorhersagt, für dessen Untersuchung ein praktischer Bedarf besteht. Ob ein Verfahren tatsächlich nützlich ist, hängt von verschiedenen Faktoren ab. Hier ist insbesondere zu prüfen, ob der notwendige Aufwand im Hinblick auf den möglichen Erkenntnisgewinn gerechtfertigt ist. Dabei ist immer auch das mit dem Einsatz des

---

[122] Dies gilt sowohl für die quantitative als auch für die qualitative Forschung, wobei dies im Rahmen der qualitativen Forschung als Triangulation bezeichnet wird (vgl. Bortz & Döring, 1995; Lamnek, 1993, Flick, 2000).

Verfahrens verbundene Ziel im Auge zu behalten, denn an dessen Erreichung kann der Nutzen eines Verfahrens eingeschätzt werden. Im Handbuch für Evaluationsstandards (Sanders, 1999, 28, 49ff.) sind Nützlichkeitsstandards formuliert. In diesen wird mehrfach darauf hingewiesen, sich an den Informationsbedürfnissen der Betroffenen zu orientieren, die im Vorfeld einer Evaluation zu ermitteln seien. Für die Anwendung von Kompetenzerfassungsverfahren kann daraus geschlossen werden, dass es unbedingt erforderlich ist, die an die Anwendung eines Verfahrens geknüpften Zielsetzungen zu kennen. Allein anhand derer ist es schließlich möglich, den Nutzen eines Verfahrens einzuschätzen.

5.4.3.6   Ökonomie

Ein Verfahren kann als ökonomisch betrachtet werden, wenn der mit dem Ergebnis verbundene Nutzen den dazu erforderlichen Aufwand nicht überschreitet (Weiß, 1999a, 448). Die Kosten stehen also in einem angemessenen Verhältnis zum erzielten Nutzen (Kanning, 2004, 205). Lienert & Raatz (1998, 12) definieren einige Kriterien, die für ein ökonomisches Verfahren gelten sollten. Dazu zählen: eine kurze Durchführungszeit, wenig Materialverbrauch, einfache Handhabbarkeit, die Möglichkeit das Verfahren als Gruppenverfahren einzusetzen sowie eine schnelle und bequeme Auswertung. Auch in den Evaluationsstandards (Sanders, 1999, 28) ist bei den Durchführungsstandards auf die Kostenwirksamkeit von Evaluationen – hier Verfahren – hingewiesen worden. Eine einfache und leichte Anwendung des Verfahrens (auch für Laien) ist ebenfalls ein Aspekt, den ein ökonomisches Verfahren erfüllen sollte.

5.4.3.7   Akzeptanz

Die Akzeptanz eines Verfahrens entscheidet auch über dessen Nutzen und ist insbesondere bei Kompetenzerfassungsverfahren, unter verschiedenen Gesichtspunkten zu betrachten. Die Erfassung von Kompetenz wird aus unterschiedlichen Zielstellungen heraus verfolgt (vgl. 2.1 und 5.1), so dass ein Verfahren auch von unterschiedlichen Akteursgruppen (z. B. Unternehmen, Personen) akzeptiert werden muss, denn nur so können die mit einem Verfahren erzielten Ergebnisse einen Nutzeneffekt entfalten. Ist die Akzeptanz nicht gegeben, kann es sein, dass die Ergebnisse angefochten oder gar ignoriert werden. Damit wäre der durch die Verfahrensanwendung angestrebte Nutzen verloren.

5.4.3.8   Zusammenhänge/Wechselbeziehungen zwischen den einzelnen Qualitätskriterien

Die angeführten Qualitätsstandards können nicht als isolierte Faktoren betrachtet werden, da von Zusammenhängen zwischen den einzelnen Standards auszugehen ist. So ist beispielsweise die Reliabilität eines Verfahrens ein durchaus notwendiges Qualitätskriterium, aber keinesfalls ausreichend. Noch so reliable Ergebnisse haben keine Bedeutung, wenn die Indikatoren des Verfahrens nicht valide sind. Ein solches Verfahren würde dann zuverlässig die falschen Merkmale erfassen (Kromrey, 2000, 243). Ebenso beeinflusst eine mangelnde Objektivität die Reliabilität (Zuverlässigkeit) eines Verfahrens, weshalb die Reliabilität maximal so hoch sein kann wie dessen Objektivität (Bortz & Döring, 1995, 185). Auch bei den „weichen Qualitätsstandards" sind Zusammenhänge erkennbar. So ist anzunehmen, dass die Anwendbarkeit und die Ökonomie eines Verfahrens häufig nah beieinander liegen. Die Akzeptanz eines Verfahrens hat wiederum Einfluss auf den mit einem Verfahren erzielbaren Nutzen.

In den Ausführungen wurde auch darauf hingewiesen, dass eine generelle Verbesserung der Qualität der erfassten Daten durch einen multimodalen Methodeneinsatz erreicht werden kann. Prinzipiell ist zu fragen, ob es Kriterien gibt, die unbedingt erfüllt sein müssen, damit man von einem akzeptablen Verfahren sprechen kann. Hier sind die klassischen Standards wie Objektivität, Reliabilität und Validität zu nennen. Dabei gibt es allerdings differenzierende Ansichten über die erforderliche Höhe der zu erreichenden Standards. Ob die anderen Standards in jedem Fall erfüllt sein müssen, ist in Abhängigkeit vom Ziel des Verfahrens und dem geplanten Verwendungszweck der Daten jeweils neu zu entscheiden.

5.5 Zusammenfassung

Im dargestellten Analyseraster sind Analyseebenen und -kriterien dargestellt, die für eine vergleichende Analyse von Verfahren der Kompetenzerfassung von Bedeutung sind und sich aus den Besonderheiten des Kompetenzkonstruktes ableiten lassen. Anhand der Aspekte wird eine vergleichende Analyse von Kompetenzerfassungsverfahren möglich, die zugleich die Spezifika der einzelnen Verfahren entsprechend berücksichtigt. Die mit dem jeweiligen Verfahren erzielten Ergebnisse können bei der Analyse allerdings nicht berücksichtigt werden.

Das primäre Ziel der Analyse ist nicht eine pauschale Differenzierung nach „guten" oder „schlechten" Verfahren, sondern eine Differenzierung hinsichtlich der Bedingungen, unter denen ein Verfahren gewinnbringend angewandt werden kann. Das Analyseraster soll also die Auswahl und Entscheidung für den Einsatz eines Verfahrens unter Berücksichtigung der Zielstellungen, des angenommenen Kompetenzverständnisses und den jeweiligen situativen Bedingungen unterstützen.

Insofern die Qualitätsstandards und die selbstgesetzten Ansprüche eines Verfahrens annähernd erfüllt sind, kann angenommen werden, dass alle Verfahren eine Berechtigung haben. Es ist allerdings denkbar, dass ein Verfahren die Ansprüche die an die Erfassung von Kompetenz geknüpft sind nicht hinreichend erfüllt. Dies ist beispielsweise der Fall, wenn das zugrunde gelegte Kompetenzverständnis stark am Qualifikationsbegriff angelehnt ist und angenommen werden muss, dass mit dem Verfahren eher Qualifikation als Kompetenz erfasst werden kann. In einem solchen Fall ist möglicherweise das Verfahren in Ordnung, aber der zugrunde gelegte Kompetenzbegriff eher schmal.

6 Analyse ausgewählter Verfahren der Kompetenzerfassung

In diesem Kapitel sollen ausgewählte Verfahren der Kompetenzerfassung, anhand der im Analyseraster für Kompetenzerfassungsverfahren entwickelten Kriterien, analysiert werden. Dadurch soll ein Einblick in die Vielfalt und Unterschiedlichkeit der im Rahmen von Kompetenzerfassung verwendeten Verfahren gewährt werden. Durch die Analyse können Aussagen darüber getroffen werden, inwiefern das Verfahren selbst den mit Kompetenzerfassung verbundenen Ansprüchen gerecht wird und wie diese umgesetzt werden. Des Weiteren ermöglicht die Analyse vergleichende Aussagen bezüglich der für Kompetenzerfassung bedeutsamen Aspekte. Dadurch kann die Entscheidung für die Anwendung eines Verfahrens unter bestimmten Zielstellungen und Bedingungen unterstützt werden. Schließlich soll mit der hiesigen Analyse auch geprüft werden, ob irgendwelche Tendenzen über die verschiedenen Verfahren hinweg erkennbar werden, z. B. die Präferenz von Kompetenzelementen, die erfasst werden. Hier ist allerdings auch klar, dass dies aufgrund der vorgenommenen Auswahl von Verfahren, keine repräsentativen Aussagen sein können.

Im Vorfeld der Analyse ist zu erläutern, in welchen Forschungs- und Praxisbereichen Verfahren der Kompetenzerfassung zu finden sind und nach welchen Aspekten die hier dargestellten Verfahren ausgewählt wurden.

6.1 Darstellung des Forschungsfeldes und Auswahl der zu analysierenden Verfahren

Die Suche nach Verfahren der Kompetenzerfassung[123] hat sich an den herausgestellten Merkmalen von Kompetenz sowie den daraus resultierenden Anforderungen an entsprechende Erhebungsverfahren zu orientieren (vgl. 2 und 4). Folgt man in diesem Sinne der Annahme, Kompetenz sei ein Konglomerat aus den Elementen Wissen, Fähigkeiten/Fertigkeiten, Motiven und emotionalen Dispositionen (vgl. 2.1 und 5.2) und geht gleichzeitig davon aus, dass Kompetenz mit einem multimodalen Verfahrenseinsatz zu erfassen ist (vgl. 5.4), sind alle Verfahren von Interesse, die die Erfassung eines oder mehrerer Elemente von Kompetenz beanspruchen.[124]

---

[123] Dazu wurden auch psychologische (z. B. PSYNDEX PLUS) und sozialwissenschaftliche (z. B. SOLIS, FORIS) Datenbanken genutzt.

[124] Die Verfahren zur Erfassung eines Elementes von Kompetenz sind jeweils separat zu prüfen, wobei insbesondere auf den Verwendungskontext (vgl. 5.1) zu achten ist, der sich im Einzelnen stark unterscheiden kann. Zudem ist zu berücksichtigen, dass der alleinige Einsatz eines solchen Verfahrens für die Erfassung von Kompetenz keinesfalls ausreichend sein kann.

Aus diesen Annahmen ergibt sich ein breites Untersuchungsfeld, welches verschiedene Forschungsrichtungen berücksichtigt, in denen für Kompetenzerfassung bedeutsame Verfahren zu finden sind. Dieses umfasst im Einzelnen:[125]

- Im Bereich der *Personaldiagnostik* können vielfältige Verfahren zur Erfassung von Persönlichkeitsmerkmalen, Fähigkeiten/Fertigkeiten, Einstellungen usw. gefunden werden, die insbesondere im Rahmen von Personalauswahl und -entwicklung von Bedeutung sind. Hierzu zählen vor allem psychologische Testverfahren, die im beruflichen Kontext zur Anwendung kommen. Das sind sowohl Intelligenz-, Leistungs- als auch Persönlichkeitstests (vgl. Lang von Wins, 2003).

- Im Bereich der Motivationsdiagnostik (Rheinberg, 2004) und der Emotionspsychologie (Ullich & Mayring, 2003) lassen sich zahlreiche Ansätze zur Erfassung von Motivation und Emotion finden. So können in der Motivationsforschung zwei Fragestellungen hinsichtlich des Erkenntnisinteresses unterschieden werden. Die Erfassung von Motiven, Interessen oder Bedürfnissen ermöglicht eine längerfristige Vorhersage für eine breitere Klasse thematisch passender Situationen. Wird hingegen eine möglichst genaue Feststellung des aktuellen Motivationszustandes angestrebt, muss die Erfassung für jede interessierende Situation und für jeden relevanten Zeitpunkt neu vorgenommen werden (Rheinberg, 2004, 21). Beispiele für Verfahren der Motivationsdiagnostik, sind ebenfalls bei Rheinberg (2004) zu finden. Bei den Instrumenten zur Erfassung von Emotion ist in Folge der vorgestellten Komponentenansätze zu unterscheiden, an welcher Ebene die Erfassung ansetzt. Diesbezüglich ist zwischen der Erfassung subjektiven Erlebens, das für die Erfassung von Kompetenz von Bedeutung ist, der Erfassung des Ausdrucksverhaltens sowie der Erfassung physiologischer Emotionsindikatoren zu differenzieren (Ullich & Mayring, 2003, 33ff.). Zur Ermittlung des subjektiven Erlebens werden in erster Linie standardisierte Skalen herangezogen. Darüber hinaus werden Eigenschaftswörterlisten, offene Fragebögen, offene Interviewtechniken und auch grafische Methoden verwendet (vgl. ebd.).

- Im Bereich der „*Praxis*", damit sind spezifische Anwendungsfelder von Kompetenzerfassungsverfahren gemeint, sind ebenfalls zahlreiche Verfahren zu finden, die bezüglich der Erfassung von Kompetenz angewandt werden. Hier finden sich z. B. Bilanzierungsverfahren, die häufig von Bildungseinrichtungen verwendet werden. Zudem gibt es vielfältige Aktivitäten, die sich darum bemühen, informelle Lernergebnisse zu dokumentieren. Voraussetzung dafür ist zunächst, die erworbene Kompetenz sichtbar zu machen. Die Zahl, der in diesem Kontext laufenden Vorhaben, die unter verschiedenen Bezeichnungen, wie beispielsweise Kompetenzbilanz, Qualifikationsportfolio oder Bildungspass erfolgen, beläuft sich nach Bretschneider & Preißer (2003, 33) auf über fünfzig. Es ist davon auszugehen, dass die Anzahl solcher Aktivitäten inzwischen weiter gestiegen ist. In diese Kategorie fallen auch Verfahren, die von Unternehmen entwickelt wurden. Diese sind meist sehr speziell auf die Belange des Unternehmens

---

[125] Die Verfahren sind teilweise in Handbüchern zusammengefasst. Einige seien hier beispielhaft genannt: Erpenbeck & Rosenstiel (2003) (Hrsg.): Handbuch Kompetenzmessung; Straka (2003) (Hrsg.): Zertifizierung non-formell und informell erworbener beruflicher Kompetenzen; Sarges & Wottawa (2001) (Hrsg.): Handbuch wirtschaftspsychologischer Testverfahren; Brähler, Holling, Leutner, Petermann (2002) (Hrsg.): Brickenkamp Handbuch psychologischer und pädagogischer Tests; Kanning & Holling (2002) (Hrsg.): Handbuch personaldiagnostischer Instrumente; Dunckel (1999) (Hrsg.): Handbuch psychologischer Arbeitsanalyseverfahren

zugeschnittene Verfahren, die überwiegend im Rahmen der Personalarbeit verwendet werden.

- *Verfahren der Arbeitsanalyse* sind von Bedeutung, um die situativen Bedingungen im Kontext der Kompetenzerfassung abzustecken. Des Weiteren enthält dieses Forschungsfeld zahlreiche Verfahren zur Tätigkeits- und Anforderungsanalyse, die zur Erfassung von Fähigkeiten/Fertigkeiten und Wissen herangezogen werden können.
- Im Rahmen der *Kompetenzforschung* hat sich ein „einschlägiges Forschungsfeld etabliert". Hier sind Verfahren entwickelt wurden, deren ausdrückliches Ziel, die Erfassung von Kompetenz ist. Solche Verfahren sind in allen der bisher genannten Bereiche zu finden.

Die bisherigen Erläuterungen zum Forschungsfeld von Verfahren der Kompetenzerfassung verdeutlichen dessen Reichweite und Heterogenität. Die hier angedeutete Verfahrensvielfalt im Kontext von Kompetenzerfassung war ein Anlass zur Entwicklung des im vorherigen Kapitel dargestellten Analyserasters. Anhand der dort speziell für Kompetenzerfassung als bedeutsam herausgestellten Kriterien, können die vielfältigen Verfahren einer vergleichenden Analyse unterzogen werden, die einen Überblick über das Feld erlaubt.

Im Rahmen dieser Arbeit können weder alle von Interesse scheinenden Verfahren vollständig aufgelistet und schon gar nicht einer Analyse unterzogen werden. Daher erfolgt eine exemplarische Darstellung von Verfahren, dessen Auswahl nach folgenden Gesichtspunkten erfolgte: Zentrale Auswahlkriterien sind vor allem, dass das Verfahren auch tatsächlich zumindest eines der Kompetenzelemente erfasst, dass das Verfahren im beruflichen Kontext verwendbar ist und ausreichende Informationen zugänglich sind. Von besonderem Interesse sind Verfahren, die im berufspädagogischen Kontext entstanden oder zumindest in dessen Rahmen verwendbar sind. Des Weiteren soll die Auswahl der Verfahren dazu beitragen, die bestehende Vielfalt unterschiedlichster Kompetenzerfassungsverfahren zu veranschaulichen. Aus diesem Grund wurden verschiedenartige Verfahren gewählt. Die Unterscheidungsmerkmale betreffen die Zielstellung, die zu erfassenden Kompetenzelemente, die verwendete Forschungsmethode sowie den Verwendungskontext, wobei hier Unterschiede im beruflichen Kontext gemeint sind. Es wurden folgende Verfahren ausgewählt, die diese Aspekte erfüllen:

1. Beurteilungsbogen zu sozialen und methodischen Kompetenzen – smk99 (Frey & Balzer)
2. Betriebliche Entwicklungs- bzw. Evaluierungsaufgaben (Projektgruppe am ITB Bremen)
3. Das Kasseler Kompetenzraster (Frieling, Kauffeld & Grote)
4. Die Fragebögen zum Selbstkonzept beruflicher Kompetenz (Bergmann und Mitarbeiter)
5. Arbeitsproben und situative Fragen zur Messung arbeitsplatzbezogener Kompetenzen (Schaper)
6. Das situative Interview (Sonnentag)
7. Das Leistungsmotivationsinventar (Schuler & Prochaska)
8. Die Kompetenzbilanz (Erler u. a.)
9. Die Kompetenzbiographie (Erpenbeck & Heyse)

Diese Verfahren der Kompetenzerfassung werden im Folgenden anhand des entwickelten Rasters analysiert. Die nachfolgende Tabelle enthält stichwortartig die Charakteristika der Verfahren und soll zur Orientierung dienen.

Tabelle 2: Übersicht zu Charakteristika der zu analysierenden Kompetenzerfassungsverfahren

Verfahren	Ziel und Zweck	Kompetenzverständnis	Situations- und Erfassungskontext	Methodologie
Beurteilungsbögen zu sozialen und methodischen Kompetenzen – smk99 (Frey & Balzer)	Erfassung sozialer und methodischer Kompetenz	Wissen, Fähigkeiten/Fertigkeiten; funktionales Kompetenzverständnis	retrospektive subjektive Einschätzung Dauer: 15-20 Min.; Einzel- oder Gruppentestung; Testunapen u. ä. Untersuchungsleiter; ggf. weitere Testpersonen	Selbst- und Fremdbeurteilung, standardisierter Fragebogen Objektivität, Reliabilität, Validität, leichte Anwendbarkeit, hoher Nutzen
Betriebliche Entwicklungs- bzw. Evaluierungsaufgaben (Projektgruppe am ITB Bremen)	Messung von Kompetenzentwicklung und Identitätsentwicklung von Auszubildenden mit Evaluierungsaufgaben	Wissen, Fähigkeiten/Fertigkeiten; sinnbezogenes Kompetenzverständnis	Konfrontation mit realen beruflichen Anforderungen Dauer: ca. 4 Std.; konzeptionelle Darlegung der Lösungen; Durchführung am Arbeitsplatz	Fremdbeurteilung, Arbeitsprobe, entwicklungstheoretische Evaluierungsansätze, keine Angaben zu Qualitätsstandards
Kasseler Kompetenz Raster (Frieling, Kauffeld, Grote)	Erfassung beruflicher Handlungskompetenz von Mitarbeitern beim Problemlösen in Gruppen	Wissen, Fähigkeiten/Fertigkeiten, Motive, emotionale Dispositionen; sinnbezogenes Kompetenzverständnis	Bearbeitung einer Optimierungsaufgabe Dauer: 60-90 Min.; Videoaufzeichnung; reale Bedingungen am Arbeitsplatz; Gruppenmitglieder aus realen Arbeitszusammenhängen; teilnehmende Beobachter	Fremdbeurteilung, objektives Beobachtungsverfahren, Objektivität, Interrater-Reliabilität, Inhaltsvalidität, Konstruktvalidität, Ökonomie, Nutzen, Anwendbarkeit
Fragebögen zum Selbstkonzept beruflicher Kompetenz (Bergmann und Mitarbeiter)	Erfassung des Selbstkonzeptes beruflicher Kompetenz	Wissen, Fähigkeiten/Fertigkeiten, Motive; Funktionales Kompetenzverständnis	Einzel- oder Gruppenerhebungen; Dauer ca. 40 Min Untersuchungsleiter; ggf. weitere Testpersonen	Selbstbeurteilung, standardisierter Fragebogen, Objektivität, teilweise Reliabilität und Validität
Arbeitsproben und situative Fragen zur Messung arbeitsplatzbezogener Kompetenzen (Schaper)	Messung beruflicher Kompetenz und Kompetenzentwicklung auf der Verhaltens- und Wissensebene bei Auszubildenden Industriefacharbeitern an Lernorten der Fertigung	Wissen, Fähigkeiten/Fertigkeiten; sinnbezogenes Kompetenzverständnis	Bearbeitung von Aufgaben Durchführung: am Arbeitsplatz in einem festen Zeitrahmen Maschinen, Werkstücke Versuchsleiter	Fremdbeurteilung, Arbeitsprobe und situative Fragen, Objektivität; sonst keine weiteren Angaben

Verfahren	Ziel und Zweck	Kompetenzverständnis	Situations- und Erfassungskontext	Methodologie
Situatives Interview (Sonnentag)	Erfassung von Kompetenz im Bereich arbeitsbezogener Kooperation	Wissen; sinnbezogenes Kompetenzverständnis	Entwicklung von Lösungsmöglichkeiten für vorgegebene Szenarien Einzelinterviews 1 Interviewer	Selbstbeurteilung, (situatives) Interview, Objektivität, Inhaltsvalidität, Realitätsnähe, gute Erlernbarkeit
Das Leistungsmotivationsinventar (LMI) (Schuler & Prochaska)	Erfassung relevanter Dimensionen eines breit angelegten Konzeptes der Leistungsmotivation	Motive; funktionales Kompetenzverständnis	Einschätzung von Aussagen Dauer: 30 – 40 Min. Einzel- und Gruppenerhebungen möglich Untersuchungsleiter und ggf. weitere Testpersonen	Selbstbeurteilung, standardisierter Fragebogen, Objektivität, Reliabilität, Validität, Ökonomie, Anwendbarkeit, Nutzen
Die Kompetenzbilanz (Erler u. a.)	Erfassung außerberuflich erworbener Kompetenz	Wissen, Fähigkeiten/Fertigkeiten; sinnbezogenes Kompetenzverständnis	Reflexion der Entwicklungs- und Lernprozesse Selbsteinschätzung; Dauer: ca. 2 bis 5 Std.; Arbeitsheft teilweise Anwesenheit von weiteren Akteuren	Selbst- und Fremdbeurteilung, teilstandardisierte Fragebögen, keine Angaben zu Objektivität, Reliabilität und Validität; einfache Anwendbarkeit
Die Kompetenzbiographie (Erpenbeck & Heyse)	Ermittlung von in der Biographie erworbener Kompetenz; auch Ermittlung der Lernorte	Wissen, Fähigkeiten/Fertigkeiten, Motive, emotionale Dispositionen; sinnbezogenes Kompetenzverständnis	subjektive Rekonstruktionsprozesse über die Lerngeschichte (Biographie) Erhebungsbögen; Tonbandmitschnitt; Dauer: ca. 2 Std Interviewer und Versuchsperson	Selbstbeurteilung, multimodaler Methodeneinsatz, teilweise Angaben zu den Qualitätsstandards

6.2 Analyse ausgewählter Verfahren der Kompetenzerfassung

Die Analyse der Verfahren bezieht sich auf die in Kapitel 5 herausgearbeiteten Aspekte, die eine vergleichende Darstellung der Verfahren ermöglichen sollen. Im Anschluss an die jeweilige Verfahrensanalyse erfolgt eine Einschätzung durch die Autorin sowohl in Bezug auf die vergleichenden Aspekte als auch dahingehend, ob das Verfahren die selbstgesetzten Ziele erreichen konnte.

6.2.1 Beurteilungsbogen zu sozialen und methodischen Kompetenzen – smk99 (Frey & Balzer)

Das Verfahren steht explizit im berufspädagogischen Kontext und wurde auch unter diesem Blickwinkel erarbeitet. Es ist außerdem darauf hinzuweisen, dass bezüglich der erzielten Reliabilitätswerte der Erfassungsdimensionen in verschiedenen Veröffentlichungen der Autoren, jeweils andere Werte zu finden waren.

6.2.1.1 Ziel und Zweck des Verfahrens

Mit Hilfe der entwickelten Beurteilungsbögen der smk-Reihe, die sowohl im Aus- und Weiterbildungssektor als auch im Bereich der Personalentwicklung eingesetzt werden können, soll die soziale und methodische Kompetenz von Personen ermittelt werden. Ziel ist ein einfach zu handhabender Diagnosebogen zur Selbst- und Fremdeinschätzung von Personen, mit dem Lehrkräfte, Ausbilder, Dozenten, Führungskräfte und Personalentwickler Aus- und Weiterbildungeinheiten effektiv und effizient evaluieren können. Schließlich sollen mit Hilfe des Verfahrens Ist-, Soll-, Fremd- und Entwicklungsprofile innerhalb von Personalentwicklungsprozessen hergestellt und Kompetenzmuster über potentielle Mitarbeiter angefertigt werden (Frey & Balzer, 2003a, 323). Die smk-Reihe soll damit als valides und reliables Diagnoseinstrument zur Beurteilung von verschiedenen Kompetenzdimensionen bei Personen aus unterschiedlichen Arbeitsfeldern und Hierarchieebenen zum Einsatz kommen. Des Weiteren unterstützen die Ergebnisse die Bestimmung des Kompetenzentwicklungsbedarfes sowie die Ableitung von Kompetenzentwicklungsmaßnahmen auf Individual- und Gruppenebene. Und schließlich können Aus- und Weiterbildungseinheiten mit Hilfe der smk-Reihe auf ihren kurz-, mittel- und langfristigen Erfolg hin untersucht werden (Frey & Balzer, 2003a, 324; Frey & Balzer, 2002, 3). Aufgrund der geschilderten Zielstellungen des Verfahrens, in denen vordergründig Entwicklungspotentiale und -bedarfe der Personen identifiziert werden sollen, lässt es sich den eher entwicklungsorientierten Ansätzen zuordnen.

6.2.1.2 Kompetenzverständnis

Die Autoren verstehen Kompetenz als „körperliche und geistige Dispositionen im Sinne von Potentialen, die eine Person als Voraussetzung benötigt, um anstehende Aufgaben oder Probleme zielorientiert zu lösen, die gefundenen Lösungen zu bewerten und das eigene

Repertoire an Handlungsmustern weiterzuentwickeln" (Frey & Balzer, 2003a, 323).[126] Kompetent ist nach Ansicht der Autoren derjenige, der handlungsfähig ist und so tätig werden kann, „dass er eine Absicht, ein Ziel oder einen Zweck unter Beachtung von Handlungsprinzipien, Werten, Normen und Regeln, mit Bezug auf konkrete, die jeweilige Handlungssituation bestimmende Bedingungen, zu erreichen vermag" (Frey & Balzer, 2003b, 150). Zudem könne eine kompetente Person auch Situationen bewältigen, die zum Zeitpunkt der Ausbildung der entsprechenden Kompetenz noch nicht klar vorherzusehen seien (ebd.).

Mit Hilfe der smk-Reihe soll soziale und methodische Kompetenz erfasst werden, die von den Autoren wie folgt definiert werden:

„Unter Sozialkompetenz ist je nach Situationslage und Aufgabe die Befähigung einer Person zu verstehen, selbstständig oder in Kooperation mit anderen eine gestellte Aufgabe verantwortungsvoll zu lösen. Sind an einem Lösungsprozess – auch nur zeitweise – mehr als eine Person beteiligt, so kommen auf den oder die Handelnden weitere Verhaltensdispositionen zu, die der Konflikt- und Kommunikationsfähigkeit zuzuordnen sind und gewährleisten sollen, dass das konstruktive und zielorientierte Arbeiten effektiv und effizient verläuft.

Als Methodenkompetenz wird die Fähigkeit einer Person bezeichnet, innerhalb eines definierten Sachbereichs denk- und handlungsfähig zu sein. Hierunter fällt die Fähigkeit, fachgerecht und reflektiert mit Arbeitsgegenständen umzugehen, Arbeitsprozesse zu strukturieren, Wissen und Sachverstand über die Arbeitsgegenstände, Arbeitsbedingungen und Interaktionspartner sowie über individuell und sozial wirksame Arbeitszusammenhänge zu besitzen, diese auch einzusetzen und gegebenenfalls zu erweitern." (Frey & Balzer, 2003a, 324).

Aus diesen Kompetenzdefinitionen geht hervor, dass die Elemente Fähigkeiten/Fertigkeiten und Wissen Bestandteil der Kompetenzdefinition sind und mit der smk-Reihe erfasst werden sollen. Zur Erfassung dieser Kompetenzbereiche wurden jeweils Operationalisierungen vorgenommen. Dabei wurde die Sozialkompetenz in folgende sieben Dimensionen untergliedert: Selbstständigkeit, Verantwortung, Kooperation, Konfliktfähigkeit, Kommunikation, Führung und situationsgerechtes Auftreten. Die Methodenkompetenz soll anhand der fünf Dimensionen Analysefähigkeit, Flexibilität, zielorientiertes Handeln, Arbeitstechniken und Reflexivität erfasst werden (Frey, 2003, 151).

Das von den Autoren zugrunde gelegte Kompetenzverständnis kann der funktionalen Variante zugeordnet werden. Dies geht zum einen direkt aus der Kompetenzdefinition hervor, in der die Berücksichtigung von Handlungsprinzipien, Werten, Normen und Regeln explizit gefordert wird. Zum anderen gehen die Autoren neben dem Ist-Profil (der individuell vorhandenen Kompetenz) von einem Soll-Profil von Kompetenz aus, dass auf bestimmte Anforderungen bezogen ist.

---

[126] In diesem Kontext sehen Frey & Balzer auch die Forderung von Betrieben und Berufsschulen verstärkt soziale und methodische Kompetenz von Auszubildenden zu trainieren und entsprechende Handlungskompetenz herauszubilden.

6.2.1.3   Situations- und Erfassungskontext

Die smk-Reihe ist für den Einsatz im Rahmen von Aus- und Weiterbildungsprozessen konzipiert wurden. Hinsichtlich der *Anforderungen* des Verfahrens kann festgehalten werden, dass die Personen aufgefordert sind, vorgegebene Items zu den Kompetenzdimensionen Sozial- und Methodenkompetenz auf einer sechsstufigen Likertskala einzuschätzen. Dabei sind Aussagen wie beispielsweise „Anderen zuhören können", „Selbstständig arbeiten", „über das eigene Handeln kritisch nachdenken" oder „Andere ausreden lassen" zu beurteilen (Frey & Balzer, 2003b, 158). Mit dieser Anforderung wird gleichzeitig vorausgesetzt, dass die Person sich retrospektiv realistisch einschätzen kann.

Als *(organisatorische) Rahmenbedingung* auf der Feststellungsebene, sollte ein großer und freundlicher Raum mit genügend Arbeitsplätzen zur Verfügung stehen. Der Fragebogen kann sowohl im Papierformat als auch über das Internet am PC bearbeitet werden. Für das Verfahren existieren Testmappen mit Beurteilungsbögen, Handanweisungen, Auswertungsschablonen und ein Analyseschema (Frey & Balzer, 2002, 32). Es sind etwa 15 bis 20 Minuten für die Bearbeitung einzuplanen, wobei keine Zeitbegrenzung für die Bearbeitung vorgegeben ist. Wird der Test selbst ausgewertet, sind weitere 10 bis 15 Minuten erforderlich (Frey & Balzer, 2003a, 327). Die Anwendung des Verfahrens kann einzeln oder in der Gruppe erfolgen. Zudem sollte ein Testleiter bei der Bearbeitung anwesend sein, der im Umgang mit Tests und in der Interpretation statistischer Werte geübt ist (ebd.).

6.2.1.4   Methodologie

Beurteilungsform

Die Instrumente der smk-Reihe liegen in verschiedenen Versionen vor, so dass Ist-, Soll- und Fremdeinschätzungen bezüglich der vorhandenen Kompetenz einer Person erfasst werden können. Dabei wird sowohl die Methode der Selbst- als auch der Fremdbeurteilung verwendet (Frey & Balzer, 2002, 5ff.). Die Selbstbeurteilung steht jedoch im Vordergrund, wobei der Fokus „in der Anwendung des in den einzelnen Aussagen beschrieben Verhaltens in spezifischen Situationen, beispielsweise in der Berufsausbildung, der Weiterbildung oder dem Berufsalltag" liegt (Frey & Balzer, 2003a, 324).

Die Autoren gehen davon aus, dass eine Person über ihre berufliche Kompetenz selbst am besten Auskunft geben könne. Auch bei einer objektiv fehlerhaften Selbsteinschätzung, könne von einer handlungsleitenden Wirkung dieser Selbstbeurteilung ausgegangen werden, womit diese für die Beschreibung von Verhalten in jedem Fall bedeutsam sei. Bei der Erfassung der Kompetenzbereiche müsse den Personen gegenüber gewährleistet sein, dass die Auswertungen der Kompetenzeinschätzungen nicht zu negativen Konsequenzen führen (Frey & Balzer, 2003b, 155; Frey, 2003, 149).

Erhebungsmethode

Das smk ist ein standardisiertes Fragebogenverfahren, welches aus den Erhebungsbögen smk^{-Soll} zur Erstellung von Soll-Profilen, dem smk^{-Ist} für die Erfassung von Ist-Profilen und dem smk[-Fremd] für die Erstellung von Fremd-Profilen besteht.[127] Mit ihm werden die Kompetenzbereiche Sozial- und Methodenkompetenz anhand der bereits genannten Dimensionen erfasst.[128] Die Aussagen zu den Kompetenzdimensionen werden von den befragten Personen auf einer sechsstufigen Likertskala („1 = triff gar nicht zu" bis „6 = trifft völlig zu") beurteilt (Frey & Balzer, 2003a, 324).

Der Aufbau der smk-Reihe ermöglicht nach Aussagen der Autoren eine modulartige Anwendung. Das bedeutet, der praktische Einsatz des Verfahrens kann dadurch erleichtert werden, dass nur solche Dimensionen erhoben werden, die für die jeweilige Anwendungssituation von Bedeutung sind und tatsächlich interessieren (Frey & Balzer, 2003a, 330). Für einen sinnvollen Einsatz empfehlen die Autoren die Erstellung von Kompetenzprofilen auf Gruppen- und Individualebene. Die soziale und methodische Kompetenz wird dabei über Selbst-, Fremd- und/oder Gruppenbeurteilungen erhoben. Es werden Kompetenzprofile erstellt und Fördermaßnahmen initiiert bzw. erläutert (ebd.). Liegen sowohl Fremd- als auch Selbstbeurteilungen zur Kompetenz einer Person vor, kann ein Entwicklungsprofil, welches Fördermaßnahmen für Kompetenzbereiche enthält, entworfen werden, dass sich an einem zu entwickelnden Soll-Profil orientiert. Eine solche Erhebung bietet bei wiederholter Anwendung zugleich die Möglichkeit die Entwicklungsverläufe einer Person zu verfolgen, weshalb die smk-Reihe besonders im Rahmen von Aus- und Weiterbildungsprozessen von Bedeutung ist (ebd., 331).

Qualitätsstandards

Nach Einschätzung der Autoren kann das Verfahren als *objektiv* eingestuft werden, wenn die vorliegenden Anweisungen und Schablonen für die Durchführung, Auswertung und Interpretation ordnungsgemäß verwendet werden (ebd., 325).

Mittels *Reliabilitätsanalysen* konnten Kennwerte für interne Konsistenzen der einzelnen Kompetenzdimensionen ermittelt werden:

---

127 Zur Erstellung der Soll-Profile (Ist-Profil und Fremd-Profil werden durch die Beantwortung der Fragestellung erfasst) wird von den Autoren auf zwei Vorgehensweisen verwiesen. Zum einen kann mittels des smk-Soll eine kriteriumsorientierte Soll-Profil-Erhebung durchgeführt werden, wobei die vorgegebenen Verhaltensdispositionen bezüglich ihrer Wichtigkeit für die berufliche Tätigkeit eingeschätzt werden. Eine zweite Variante zur Bestimmung eines Soll-Profils ist die normorientierte Erhebung durch den smk[-Ist]. Dabei schätzen Personen ihre individuellen Ausprägungsgrade hinsichtlich der für eine berufliche Tätigkeit vorgegebenen Verhaltensdispositionen ein. Die ermittelten Ist-Daten werden dann mit Hilfe statistischer Methoden (vgl. Normung psychologischer Testverfahren) zu Soll-Profilen transformiert (Frey & Balzer, 2002, 20f.).

[128] In anderen Veröffentlichungen (z. B. im Handbuch Kompetenzmessung von Erpenbeck & Rosenstiel, 2003) wird von 6 Dimensionen für Sozial- und 8 Dimensionen für Methodenkompetenz gesprochen.

Tabelle 3: Reliabilitäten der smk-Unterdimensionen für die Erstellung des Ist-Profils durch Selbsteinschätzung der Personen (Frey & Balzer, 2003b, 160)

Sozialkompetenz	α	Methodenkompetenz	α
Selbstständigkeit	.76	Analysefähigkeit	.82
Verantwortungsbereitschaft	.80	Flexibilität	.78
Kooperationsfähigkeit	.76	Zielorientiertes Handeln	.79
Konfliktfähigkeit	.76	Arbeitstechniken	.72
Kommunikationsfähigkeit	.75	Reflexivität	.82
Führungsfähigkeit	.80		
Situationsgerechtes Auftreten (SA)	.75		

Die Reliabilitäten, welche insgesamt im Bereich zwischen .72 und .82 liegen, verweisen nach Einschätzung der Autoren auf ein „befriedigendes bis gutes Maß an interner Konsistenz der einzelnen Unterdimensionen" (Frey & Balzer, 2003b, 160).

Die *Inhaltsvalidität* des Verfahrens wurde durch 15 Expertenbefragungen definiert. Diese belegten, dass die Kompetenzdimensionen das Feld von sozialer und methodischer Kompetenz abdecken und es sich bei den Items um wichtige Kompetenzindikatoren handele (ebd., 161).

Bezüglich der *strukturellen Validität*, welche die Struktur eines Messverfahrens untersucht, konnte gezeigt werden, dass die Kompetenzdimensionen der Kompetenzbereiche Methoden- und Sozialkompetenz nicht unabhängig voneinander sind, sondern Zusammenhänge existieren (ebd.). Die Abhängigkeiten der einzelnen Dimensionen waren Ausgangspunkt für eine (schiefwinklige) Faktorenanalyse. Im Ergebnis zeigte sich eine 2-faktorielle Lösung, die die einzelnen Dimensionen in Sozial- und Methodenkompetenzbereiche trennt. Diese 2-faktorielle Lösung entspricht der bereits vollzogenen theoretischen Zuordnung und klärt 67,4 % der beobachteten Varianz auf (ebd., 163).

Die Autoren untersuchten auch die *differentielle Validität,* die Aussagen darüber zulässt, in welchem Maß ein Messverfahren zwischen verschiedenen Subgruppen differenziert. Diesbezüglich wurden weibliche mit männlichen und kaufmännische mit gewerblichen Lehrlingen verglichen. Beim Vergleich der Mittelwerte mit Hilfe von t-Tests bzw. Welch-Tests, ergaben sich bei den weiblichen und männlichen Lehrlingen für 3 der 12 Unterdimensionen auf dem 5 %-Niveau (p<.05) signifikante Mittelwertsunterschiede. Demnach weisen sich die weiblichen Lehrlinge in den Dimensionen „Verantwortungsbereitschaft", „Kooperationsfähigkeit" und „Situationsgerechtes Auftreten" signifikant bessere Kompetenzwerte zu als ihre männlichen Kollegen (ebd., 164). Beim Vergleich der kaufmännischen und gewerblichen Lehrlinge zeigen sich ebenfalls in 3 der 12 Dimensionen signifikante Mittelwertsunterschiede auf einem 5 %-Niveau (p<.05). Hier schreiben sich die kaufmännischen Lehrlinge in den Dimensionen „Konfliktfähigkeit", „Situationsgerechtes Auftreten" und „Flexibilität" bessere Kompetenzwerte zu als die gewerblich-technischen Lehrlinge (ebd., 165).

Anhand des Effektstärkemaßes ω^2 wurde weiter überprüft, inwiefern die ermittelten statistischen Unterschiede auch praktisch bedeutsam sind. Durch ein erzieltes ω^2 um je .01 können den statistischen Gruppenunterschieden kleine Effekte zugewiesen werden, was auch auf praktisch bedeutsame Gruppenunterschiede hindeute (ebd., 166).

Zur Ermittlung der *Kriteriumsvalidität* wurde ein Vergleich der smk-Daten mit dem zu erwartenden Berufserfolg[129] sowie der Selbstwirksamkeitsskala von Schwarzer (1994) gerechnet. Die ermittelten Korrelationen hinsichtlich des Berufserfolges schwanken zwischen .20 und .33. Für die Selbstwirksamkeitsskala von Schwarzer liegen die Korrelationen im Bereich zwischen r = .30 und r = .49 (Frey & Balzer, 2003b, 166).[130] Anhand einer Regressionsanalyse wurde weiter untersucht, inwiefern der Berufserfolg und die Selbstwirksamkeit mit Hilfe der Sozial- und Methodenkompetenz erklärt werden könne. Die Analyseergebnisse zeigen, dass die Selbstwirksamkeit mit 35 % der Varianz gut erklärt werden kann. Für den Berufserfolg hingegen trifft dies mit nur 13 % Varianz nicht zu (ebd.).

Mit Blick auf die *Anwendbarkeit* des Verfahrens sind, nach Einschätzung der Autoren, das Auswertungsverfahren des smk sowie die Erstellung von Kompetenzprofilen auch für wissenschaftsferne Anwender leicht erlernbar. Voraussetzung dafür seien allerdings Grundkenntnisse in der Anwendung statistischer Verfahren, Textverarbeitungskenntnisse sowie Kenntnisse in Präsentationsprogrammen (Frey & Balzer, 2003a, 329).

Der durch die smk-Reihe erzielbare *Nutzen* wird von den Autoren, aufgrund der effektiven und effizienten Erfassung von sozialer und methodischer Kompetenz, im Sinne pädagogischer Diagnostik als hoch eingestuft. Zudem könnten aus den Ergebnissen Folgerungen für den Erfolg von Aus- und Weiterbildungssettings abgeleitet werden, was ebenfalls zur Steigerung des Nutzens beitrage (Frey & Balzer, 2003b, 329).

6.2.1.5   Zusammenfassende Einschätzung — *Analyse !*

Die Fragebögen der smk-Reihe sind vor einem berufspädagogischen Hintergrund entwickelt worden. Das zugrunde gelegte Kompetenzverständnis orientiert sich entsprechend an der bildungspolitischen Forderung nach der Herausbildung von Handlungskompetenz und kann einem funktionalen Verständnis von Kompetenz zugeordnet werden. Angestrebt wird die Erfassung der Kompetenzelemente Wissen und Fähigkeiten/Fertigkeiten in den Kompetenzdimensionen Sozial- und Methodenkompetenz.

Die Anwendung des Verfahrens ist hauptsächlich für den Bereich von Aus- und Weiterbildungsprozessen vorgesehen. Ein konkreter Situationsbezug ergibt sich aus dem Verfahren allerdings nicht. Gerade im Bereich der Aus- und Weiterbildung wären jedoch situative Aspekte im Hinblick auf die jeweils gegeben Möglichkeiten der Kompetenzentwicklung von Interesse.

Die smk-Reihe ermöglicht eine Gegenüberstellung von Selbst- und Fremdbeurteilungen, die in erster Linie zur Bestimmung von Qualifizierungs- und Entwicklungsbedarfen von Bedeutung ist. Darüber hinaus gestattet das Verfahren auch einen Vergleich von Ist- und Soll-Profilen, wodurch der Kompetenzentwicklungsbedarf einer Person bzw. einer Gruppe ermittelt werden kann. Solche Vergleiche sind auch im Rahmen der Personalauswahl von Interesse, wenn es darum geht, die Eignung einer Person für eine bestimmte Position zu prüfen.

---

[129] Dieser wurde durch das Item „Wie schätzen Sie Ihren zukünftigen Berufserfolg ein" operationalisiert (Frey & Balzer, 2003b, 166).

[130] In der Veröffentlichung von Frey (2003, 153) wurden für den Berufserfolg Korrelationen zwischen .28 und .43 und bezüglich der Selbstwirksamkeitsskala von Schwarzer Korrelationen zwischen .28 und .61 angegeben.

Zur Bestimmung der Qualität des Verfahrens wurde von den Autoren eine Reihe von durchgeführten Untersuchungen angeführt, deren Ergebnisse als gut zu betrachten sind.

Die smk-Reihe kann also zur Bestimmung sozialer und methodischer Kompetenz im Bereich der Aus- und Weiterbildung verwendet werden. Die daraus abgeleitete Bestimmung von Qualifizierungsbedarfen und entsprechenden Maßnahmen ist ein stark am Individuum orientierter Prozess. Aus diesem Grund scheint es fraglich, ob man dieser Zielstellung durch eine funktionale Erfassungsweise, anhand der Einschätzung von vorgebenden Antwortalternativen, gerecht werden kann. Das Verfahren enthält keine Möglichkeiten für individuelle Äußerungen bezüglich der sozialen und methodischen Kompetenz oder Qualifizierungsbedarfen. Dieser Aspekt ist kritisch zu überdenken.

Insgesamt kann festgehalten werden, dass die Verfahrensentwickler ihre mit dem Verfahren verbundenen selbstgesetzten Zielstellungen erreichen konnten.

6.2.2 Berufliche Entwicklungs- bzw. Evaluierungsaufgaben (Projektgruppe am Institut für Technik und Bildung - ITB)

Die beruflichen Entwicklungs- und Evaluierungsaufgaben wurden im Rahmen eines durch das BiBB und der BLK geförderten Modellversuches „Geschäfts- und arbeitsprozessbezogene, dual-kooperative Ausbildung in ausgewählten Industrieberufen mit optimaler Fachhochschulreife (GAB)" entwickelt[131]. Am Modellvorhaben waren Auszubildende aus fünf industriellen Berufen: „Industriemechaniker, Industrieelektroniker, Werkzeugmechaniker, Automobilmechaniker und Industriekaufmann" beteiligt (Bremer & Haasler, 2004, 163).

6.2.2.1 Ziel und Zweck des Verfahrens

Das Verfahren steht im Kontext der beruflichen Erstausbildung und verfolgt in einem Längsschnittansatz, anhand von Entwicklungs- und Evaluierungsaufgaben, die „Messung" von Kompetenzentwicklung und Identitätsbildung bei Auszubildenden. Mit Hilfe dieser Evaluierungsaufgaben soll der Frage nachgegangen werden, wie und über welche Stadien und mit welchen Aussichten sich jemand entwickelt, der fachliche Kompetenz erst noch erwerben muss (Bremer & Haasler, 2004, 163). Das Verfahren kann sowohl den entwicklungs- als auch den anforderungsorientierten Ansätzen zugeordnet werden. So wird einerseits die Entwicklung der Personen verfolgt und gefördert. Anderseits wird diese durch anforderungsorientierte Kriterien überprüft.

6.2.2.2 Kompetenzverständnis

Die Autoren weisen darauf hin, dass sie Kompetenz aus dem Kontext der Berufsbildungsforschung betrachten, womit ihrer Einschätzung nach der Fokus auf Kompetenz liegt, die für souveränes Handeln im Beruf bedeutsam ist (Haasler & Beelmann, 2005, 602). Sie führen weiter an, dass der Kompetenzbegriff sich auf Resultate von Ausbildung und Quali-

---

[131] Der Modellversuch wurde vom Institut für Technik und Bildung (ITB) der Universität Bremen durchgeführt. Es waren mehrere Mitarbeiter in die Bearbeitung involviert.

fikation, wie z. B. auf Fähigkeiten, Einstellungen, Wissen und Verhaltensweisen beziehen solle, wenn er nicht zu einer Tautologie verfallen wolle (ebd., 623).

Eine unmittelbare Messung von Kompetenz schätzen die Entwickler als schwierig ein, da Fähigkeiten/Fertigkeiten nicht direkt beobachtbar seien und ohne domänenspezifischen Bezug bedeutungslos blieben. Daher nehmen sie weiter an, eine empirische Äußerung von Kompetenz zeige sich nur in der Expertise bzw. der Performanz, weshalb Kompetenz nur indirekt und im kontextgebundenen Handeln erfassbar sei. Auf Grund dieser Annahmen halten sie es für „sinnvoll und forschungslogisch, berufsbedeutsame Kompetenzen im beruflichen Alltagshandeln zu erheben oder aber charakteristische berufliche Aufgabenstellungen experimentell so einzusetzen, dass sie über das berufliche Können der Probanden begründete Aussagen zulassen" (Haasler & Beelmann, 2005, 623). Eine solche Vorgehensweise habe den Vorteil, sich an konkreten beruflichen Aufgabenstellungen zu orientieren und möglichst nahe an betrieblichen Erfordernissen und Anforderungen zu liegen. Dadurch könnten zugleich wertvolle Hinweise für die Gestaltung der Berufsbildungspraxis abgeleitet werden. Da die berufliche Handlungsfähigkeit für die Erfassung von Kompetenz von Bedeutung ist, präferieren die Autoren Erfassungsverfahren die eine maximale Nähe zum realen Arbeitsprozess aufweisen.

Mit den beruflichen Entwicklungs- und Evaluierungsaufgaben können die Kompetenzelemente Fähigkeiten/Fertigkeiten und Wissen erfasst werden. Dazu nehmen die Entwickler an, dass die fachliche Kompetenz in den realen Fähigkeiten und Kenntnissen zum Ausdruck kommt. Neben der fachlichen Kompetenz soll auch die subjektbezogene Kategorie der „beruflichen Identität" erfasst werden, von der angenommen wird, sie werde sich in den erworbenen Fähigkeiten ausprägen (Bremer, 2003; zit. nach Bremer & Haasler, 2004, 164). Hinsichtlich der Entwicklung fachlicher Kompetenz und beruflicher Identität unterstellen die Autoren, dass diese das Ergebnis der Elaborierung von den Konzepten zum beruflichen Lernen, zum beruflichen Arbeiten und der beruflichen Zusammenarbeit sind.[132]

Das zugrunde gelegte Kompetenzverständnis der Autoren lässt sich einem sinnbezogenen Verständnis von Kompetenz zuweisen. Im Verfahren selbst wird dies berücksichtigt, indem die Autoren keine „richtige Lösung bzw. richtigen Lösungsweg" für die Bewältigung der Evaluierungsaufgaben festlegen. Sie gewähren den Personen Handlungsspielraum und freie Gestaltungsmöglichkeiten. Diese Zuordnung wird durch die Ansicht der Autoren unterstützt, dass es nicht möglich ist, in den Domänen ein Entwicklungsresultat normativ vorwegzunehmen, weshalb die Entwicklungsstände der Personen auch nicht an diskreten Fähigkeiten gemessen würden (ebd., 163).

6.2.2.3   Situations- und Erfassungskontext

Die Autoren nehmen einen Situations- und Kontextbezug von Kompetenz an, weshalb sie mit der Erfassung von Kompetenz möglichst nahe an den betrieblichen Erfordernissen und Anforderungen anzuknüpfen versuchen.

Bei dem Verfahren der Entwicklungs- und Evaluationsaufgaben werden die Auszubildenden mit beruflichen *Anforderungen* konfrontiert, die starke Verknüpfungen zu realen beruflichen Aufgaben ihres Kontextes aufweisen. Diese sind knapp und sachlich formuliert, ohne explizite Hilfen oder Hinweise in die Aufgabenstellung zu integrieren. Durch

---

[132] Diese Konzepte werden bei der Auswertung der erhobenen Daten herangezogen (6.2.2.4).

diese Aufgaben werden die Auszubildenden mit bisher für sie unbekannten Problemlagen konfrontiert (Haasler & Beelmann, 2005, 625). Die in der Aufgabenstellung enthaltenen Leistungsanforderungen determinieren und implizieren Lösungspfade, ohne jedoch eine bestimmte Lösung zu privilegieren (Bremer & Haasler, 2004, 165). Entscheidend sei vielmehr die Art und Weise, mit der die Personen an die Lösung der Aufgaben herangingen, weil dadurch ihre beruflichen Handlungskonzepte sichtbar würden (Haasler & Beelmann, 2005, 625).

Am Beispiel des Industriekaufmanns soll die Gestaltung der Entwicklungs- und Evaluierungsaufgabe veranschaulicht werden:

Abbildung 3:   *Kurzform der Aufgabenstellung für die 1. Evaluierungsaufgabe im Berufs des Industriekaufmann (Bremer & Haasler, 2004, 168)*

Aufgabenstellung für den Beruf Industriekaufmann
- Vorbereitung einer Vorstandssitzung. - Der Vorstandsvorsitzende hat alle Vorstandsmitglieder zur Diskussion der Umsetzung der Modell- und Verkaufsstrategie des Unternehmens eingeladen. - Die Sitzung soll außerhalb des Werkes am Hauptsitz des Unternehmens stattfinden. - Termin: Donnerstag in vier Wochen; Dauer: 10.00 bis 18.00 Uhr; abschließende Pressekonferenz um 18.00 Uhr; Gemeinsames Abendessen um 20.00 Uhr. - Erstellung von Planungsunterlagen.

Neben dieser Aufgabeninstruktion wurden die Auszubildenden darauf hingewiesen, die Planungsunterlagen so zu erstellen, dass diese von anderen, z. B. im Falle von Krankheit, weiterbearbeitet werden könnten.

Zur Bearbeitung der Aufgabenstellung stand den Auszubildenden ein halber Arbeitstag (4 Stunden) zur Verfügung, den sie frei einteilen konnten. Da die Lösungen der ersten drei Evaluierungsaufgaben konzeptionell, durch die Beschreibung einer nachvollziehbaren anschließenden Realisierungsphase, dargelegt werden sollten, war die Bereitstellung von Werkzeugen oder Anlagen nicht erforderlich. Als Hilfsmaterialien waren Tabellenbücher und PC's mit arbeitsplatztypischer Ausstattung zugelassen (Bremer & Haasler. 2004, 164).

Die Bearbeitung der Aufgaben fand während der Arbeitszeit in separaten Schulungsräumen des Unternehmens statt. Während der Bearbeitungszeit war ein Wissenschaftler anwesend, der kurz einleitete und die Aufgaben verteilte. Es wurde keine Aufsicht geführt und Ausbilder waren ausdrücklich nicht anwesend. Die Auszubildenden konnten demnach in der vorgesehenen Bearbeitungszeit auch rauchen, trinken, essen oder ohne Abmeldung den Raum verlassen.

6.2.2.4   Methodologie

Beim Verfahren der beruflichen Entwicklungsaufgaben werden die erzielten Lösungen durch Experten, also per Fremdbeurteilung, ausgewertet.

Das Verfahren kann der Methode der Arbeitsprobe zugeordnet werden. Die Autoren selbst sprechen von einem entwicklungstheoretischen Evaluationsansatz, mit dem die Kompetenzentwicklung von Auszubildenden erfasst und bewertet werden kann. Die relevanten beruflichen Anforderungen für die jeweils typischen Geschäfts- und Arbeitsprozesse wurden aus einer Vorstudie ermittelt, die die Ergebnisse von über 230 Fachexperten aus den Geschäftsfeldern der hier betrachteten Bereiche darlegt (Bremer, Rauner & Röben, 2001; zit. nach Bremer & Haasler, 2004, 163). Methodisch sind die Überlegungen zu den Evaluierungsaufgaben auf Havinghurst (1972) und Gruschka (1985) zurückzuführen. So entwickelte Gruschka, aufbauend auf dem Konzept von Havinghurst, domänenspezifische Entwicklungsaufgaben, die erstmals bei der beruflichen Erstausbildung von Erziehern als Evaluationsinstrument zum Einsatz kamen. Dieser Ansatz wurde von der Projektgruppe des ITB aufgegriffen und auf die gewerblich-technische Ausbildung übertragen (Haasler & Beelman, 2005, 625). Die jeweiligen Kompetenzentwicklungsstände der Personen werden nicht unmittelbar an den diskreten Fähigkeiten erfasst, sondern an Konzepten, „die sich maßgeblich in der Form der wachsenden Bereitschaft zur Beherrschung beruflicher Aufgaben ausdrücken und damit mittelbar auch ein Fähigkeitsniveau zu erkennen geben" (Bremer & Haasler, 2004, 163).

Um die Entwicklung der Auszubildenden verfolgen zu können, war die Beobachtung als Längsschnittstudie angelegt, in der die Auszubildenden in einem zehnmonatigen Abstand mit insgesamt vier Evaluierungsaufgaben konfrontiert wurden (ebd., 164). Die Auswertung der ersten drei Evaluierungsaufgaben erfolgte nach den zugrunde gelegten Konzepten des Lernens und Arbeitens. Die vierte Aufgabe wurde vergleichend charakterisiert und zusätzlich nach dem Konzept der beruflichen Zusammenarbeit ausgewertet (ebd., 165).

Hinsichtlich der mit den Evaluierungsaufgaben erzielten *Qualität* der Ergebnisse liegen bisher keine Angaben von Seiten der Entwickler vor. Als selbstkritische Anmerkungen führen diese jedoch an, dass mit dem Ansatz unterstellt werde, dass mit den praktisch relevanten Aufgaben aus dem beruflichen Handlungsfeld, mit denen die Personen konfrontiert würden, prototypisch für die Anforderungen des Berufes seien. Offen bleibe auch, inwieweit die Fähigkeiten der Person zur theoretischen Durchdringung der Aufgaben, Rückschlüsse auf deren tatsächliche berufliche Handlungsfähigkeit zulassen. Eine über die Bewertung der Auszubildenden hinaus gehende Nutzungschance sehen die Entwickler in der Möglichkeit, Handlungsempfehlungen aus der Interpretation und den Befunden abzuleiten, die Eingang in die Gestaltung von Ausbildungsformen und -umgebungen finden könnten (Haasler & Beelmann, 2005, 628).

6.2.2.5   Zusammenfassende Einschätzung

Die Entwickler legen ihren Arbeiten ein sinnbezogenes Verständnis von Kompetenz zugrunde. Dies wird bei der Kompetenzerfassung berücksichtigt, indem den Personen Handlungs- und Gestaltungsspielräume eingeräumt werden. Mit Hilfe der Entwicklungsaufgaben können die Kompetenzelemente Fähigkeiten/Fertigkeiten und Wissen in Anlehnung an den jeweiligen Beruf erfasst werden. Da das Verfahren als Längsschnittstudie angelegt ist, können auch Entwicklungsverläufe von Personen betrachtet werden.

Der Situations- und Kontextbezug von Kompetenz wird durch die Entwickler ebenfalls explizit berücksichtigt, da die entworfenen Entwicklungs- und Evaluierungsaufgaben direkt am Arbeitshandeln der Personen ansetzen. Zu berücksichtigen ist allerdings, dass durch die theoretische Bewältigung der Entwicklungs- und Evaluierungsaufgaben nur indirekt auf die tatsächliche berufliche Handlungsfähigkeit der Personen geschlossen werden kann. Unklar bleibt, inwiefern und wodurch sich die mit den Entwicklungs- und Evaluierungsaufgaben erzielten Ergebnisse von denen einer Qualifikationsprüfung unterscheiden.

Zu den mit dem Verfahren erreichbaren Qualitätsstandards liegen bisher keine Aussagen vor. Da mit dem Verfahren jedoch eher prognostische Aussagen ermöglicht werden, sind weiterführende Studien zur Qualitätssicherung, die den Einsatz des Verfahrens rechtfertigen, unbedingt erforderlich.

Die selbstgesetzten Ziele der Verfahrensentwickler können als erfüllt betrachtet werden.

6.2.3   Das Kasseler Kompetenzraster – KKR (Frieling, Kauffeld, Grote)

Das Kasseler-Kompetenz-Raster (KKR) entstand im Rahmen eines von der ABWF geförderten Projektverbundes „Kompetenzentwicklung für d en wirtschaftlichen Wandel – Strukturveränderungen betrieblicher Weiterbildung", in dem der Frage nachgegangen wurde „welchen Einfluss spezifische Merkmale von Unternehmen auf die Kompetenz und Flexibilität der Mitarbeiter haben" (Frieling, u. a., 2000, 11). Dies warf die Frage nach der Kompetenz der Mitarbeiter und ihrer Erfassung auf. Vor diesem Hintergrund entstand das KKR – ein Beobachtungsverfahren für das Problemlösen in Gruppen.

6.2.3.1   Ziel und Zweck des Verfahrens

Die Entwickler streben mit dem KKR ein möglichst valides Instrument zur Beurteilung verschiedener Kompetenzdimensionen (Fach-, Methoden-, Sozial- und Selbstkompetenz) bei Mitarbeitern aus unterschiedlichen Unternehmen an. Das KKR versteht sich somit als „ein Vorschlag für eine neuartige Form der Messung beruflicher Handlungskompetenz der Mitarbeiter beim Problemlösen in Gruppen" (Kauffeld, 2000, 33). Das Verfahren soll auf verschiedenen Analyseebenen wie der des Individuums, der Gruppe und der Organisation[133] einsetzbar sein. Mit Hilfe des KKR sollen die Stärken und Schwächen der Mitarbeiter erkennbar werden, so dass entsprechende Kompetenzentwicklungsbedarfe identifiziert und gezielte Kompetenzentwicklungsmaßnahmen abgeleitet werden könnten (Kauffeld, Grote & Frieling, 2003, 262). Vor dem Hintergrund dieser Zielstellung kann das Verfahren den entwicklungsorientierten Ansätzen zugeordnet werden.

---

[133] Sollen Aussagen zur Kompetenz auf Organisationsebene getroffen werden, empfehlen die Entwickler „mindestens zwei – besser vier – Gruppen eines Betriebes in die Datenerhebung einzubeziehen" (Kauffeld, Grote & Frieling, 2003, 265).

6.2.3.2   Kompetenzverständnis

Mit dem KKR sollen die Kompetenzdimensionen Fach-, Methoden-, Sozial- und Selbstkompetenz erfasst werden. Um die einzelnen Kompetenzdimensionen beobachten und beschreiben zu können, wurden diese operationalisiert und Aspekte und Kriterien festgelegt[134]. Bei der Operationalisierung der einzelnen Kompetenzdimensionen orientierten sich die Entwickler des KKR an der konkreten Situation „Bewältigung von Optimierungsaufgaben in Gruppen"[135]. Im Folgenden sind die Definitionen der einzelnen Kompetenzdimensionen sowie die aus der Operationalisierung hervorgehenden Beobachtungsaspekte und -kriterien dargestellt.[136]

Fachkompetenz

Die Fachkompetenz wurde mit sechs Aspekten operationalisiert: Differenziertheit Probleme, Vernetztheit Probleme, Differenziertheit Lösungen, Vernetztheit Lösungen, Äußerungen zur Organisation sowie Äußerungen zum Wissensmanagement (Kauffeld, 2000, 42).
      Der Aspekt *Differenziertheit Probleme* beschreibt die Äußerungen von Personen zu Problemen, mit denen sich diese auseinander setzen müssen. Er ist aufgegliedert in die Kriterien Problem und Problemerläuterung. Ein Problem beschreibt die „explizite Nennung oder Identifikation eines Problems oder des Teils eines komplexeren Problems" (ebd., 43). Bei der Problemerläuterung steht „die Veranschaulichung des bestehenden Missstandes durch Beispiele oder problemrelevante Informationen und generelle Ausführungen zu einem Problem" im Vordergrund (ebd.).
      Der Aspekt *Differenziertheit Lösungen* beschreibt die Äußerungen der Personen zu Problemen und gliedert sich in die Kriterien Sollentwurf, Lösung und Lösungserläuterung. Im Sollentwurf wird eine „Vision" zur Problemlösung beschrieben, ohne jedoch auf Vorschläge oder Schritte zur Umsetzung einzugehen. Das Kriterium Lösung bietet Ansätze zur Umsetzung der Lösungsvorschläge, wobei sich diese nur auf Teilprobleme beziehen können. Bei der Lösungserläuterung wird die Lösung ausgeführt und detailliert beschrieben (ebd.).
      Der Aspekt *Vernetztheit Probleme* wird anhand der Kriterien „Problem mit Lösung" und „Vernetzung mit Lösung" operationalisiert. Mit beiden Aspekten wird verdeutlicht, dass „sowohl im Lösungs- als auch im Problembereich Informationen aufeinander bezogen, Folgen, Ursachen, Lösungen und Probleme verknüpft" sind und „Zuordnungen vorgenommen werden" (ebd.).
      Allgemeine Äußerungen mit informierendem Charakter zur Organisation, zu Prozessen, Abläufen, Arbeitsmitteln etc. werden unter dem Aspekt *Wissen über die Organisa-*

---

[134] Eine zusammenfassende Darstellung des Kompetenzrasters mit Facetten, Aspekten und Kriterien findet sich beispielsweise in Kauffeld (2005, 130).
[135] Diese Orientierung bietet einen guten Ansatzpunkt, um der Situationsspezifik von Kompetenz gerecht zu werden.
[136] Für die Operationalisierung der Kompetenzdimensionen wurde überlegt, welche Fach-, Methoden-, Sozial- und Selbstkompetenz bei der „Bewältigung einer Optimierungsaufgabe in Gruppen" erforderlich ist. Darüber hinaus wurden zur Formulierung der Kriterien folgende bereits existierende Diagnoseinstrumente herangezogen: die Interaktions-Prozess-Analyse - IPA (Bales, 1950); das System zur mehrstufigen Beobachtung von Gruppen – SYMLOG (Bales, Cohes, 1982) sowie die Konferenzcodierung von Fisch (1994) (zit. nach Kauffeld, 2000, 41).

tion zusammengefasst. Die Zuordnung dieses Aspektes zu der Dimension Fachkompetenz basiert auf der Annahme, dass das Organisationswissen durch die „Handlungsmöglichkeiten" einer Person „in einem definierten Realitätsbereich" bestimmt wird (ebd.).

Das Ausschöpfen von Informationsquellen, Fragen nach Inhalten, Erfahrungen und Meinungen sowie das Wissen darüber, wen man zu bestimmten Fragen oder Problemen ansprechen kann, wird dem Aspekt *Äußerungen zu Wissensmanagement* zugeordnet.

Tabelle 4:   Aspekte und Kriterien der Fachkompetenz (Kauffeld, 2000, 42)

Kompetenzfacette	Aspekt	Kriterien
„Unter Fachkompetenz sind in unserem Verständnis organisations-, prozess-, aufgaben und arbeitsplatzspezifische berufliche Fähigkeiten und Kenntnisse zu verstehen sowie die Fähigkeit, organisationales Wissen sinnorientiert einzuordnen und zu bewerten, Probleme zu identifizieren und Lösungen zu generieren" (Kauffeld, 2000, 36).	Differenziertheit der Probleme	Problem
		Problemerläuterung
	Vernetztheit Probleme	Verknüpfung bei der Problemanalyse
	Differenziertheit Lösungen	Sollentwurf
		Lösung
		Problem mit Lösungen
	Vernetztheit Lösungen	Verknüpfung mit Lösung
		Problem mit Lösung
	Äußerungen zur Organisation	Beschreibung von z. B. Abläufen, Prozessen, Maschinen und Arbeitsmitteln in der Organisation
	Äußerungen zu Wissensmanagement	Informationen, wer was weiß und hinzugezogen werden muss (Wissen Wer)
		Frage nach Inhalten, Erfahrungen, Meinungen

Methodenkompetenz

Die Methodenkompetenz wird operationalisiert durch positive und negative Äußerungen hinsichtlich der Strukturierung. Eine „ausgeprägte Methodenkompetenz im beruflichen Bereich zeichnet sich durch Äußerungen zur Strukturierung der Diskussion aus, wie die Benennung der wichtigsten Ziele, Klärung und Konkretisierung von Beiträgen, Verfahrensvorschläge und -fragen und die Zusammenfassung von Informationen sowie deren Bewertung (Entscheidungsfindung oder Prioritätensetzung) für das anstehende Problem" (Kauffeld, 2000, 44). Darüber hinaus ist Methodenkompetenz gekennzeichnet durch eine Beachtung der Zeitressourcen, das Verteilen und Festhalten von wesentlichen Ergebnissen sowie Kosten-Nutzen-Abwägungen hinsichtlich verschiedener Aspekte. Eine weniger stark ausgeprägte oder wie hier bezeichnet, „negative Methodenkompetenz", spiegelt sich in einem unsystematischen Springen zwischen den Themen und einem Verlieren in Details und Beispielen wieder (ebd.).

Tabelle 5:   Aspekte und Kriterien der Methodenkompetenz (Kauffeld, 2000, 42)

Kompetenzfacette	Aspekt	Kriterien
„Methodenkompetenzen be-schreiben die Fähigkeit, situa-tionsübergreifend und flexibel kognitive Fähigkeiten zum Beispiel zur Problemstrukturie-rung oder Entscheidungsfin-dung einzusetzen" (Kauffeld, 2000, 36).	Positive Äußerungen zur Strukturierung	Ziel
		Klärung und Konkretisierung von Beiträgen
		Verfahrensvorschlag
		Verfahrensfrage
		Entscheidung / Priorität
		Aufgabenverteilung
		Visualisierung
		Zusammenfassung
		Zeitmanagement
		Kosten-/Nutzen-Abwägung
	Negative Äußerungen zur Strukturierung	Themenspringen
		Verlieren in Details und Bei-spielen

Sozialkompetenz

Der Sozialkompetenz von Personen werden „wertende Äußerungen gegenüber Personen und ihren Handlungen" zugeordnet (Kauffeld, 2000, 44), die wiederum in positiv und nega-tiv wertende Äußerungen untergliedert werden. Die positiven Aspekte der Sozialkompe-tenz umfassen u. a. „ermunternde Direktansprache stillerer Teilnehmer, unterstützende Beiträge, Lob oder Verständnis für andere, atmosphärische Auflockerungen, die Trennung von Meinungen und Tatsachen sowie die Ansprache von Gefühlen" (ebd.). Inhaltlicher Widerspruch, der ohne Abwertung einer Person oder Schuldzuweisungen erfolgt sowie Rückmeldungen in der Gruppe, werden als sozial kompetent bewertet (ebd.). Tadel, abwer-tende Äußerungen und Seitengespräche hingegen symbolisieren „negativ wertende Äuße-rungen" im Bereich der Sozialkompetenz (ebd.).

Tabelle 6:   Aspekte und Kriterien der Sozialkompetenz (Kauffeld, 2000, 42)

Kompetenzfacette	Aspekt	Kriterien
Sozialkompetenz umfasst die „Fähigkeit, kommunikativ und kooperativ selbstorganisiert zum erfolgreichen Realisieren oder Entwickeln von Zielen und Plänen in sozialen Interaktionssituationen" zu handeln (Sonntag, Schaper, 1992, 188; zit. nach Kauffeld, 2000, 36).	Positive wertenden Äußerungen gegenüber Personen oder ihren Handlungen	Ermunternde Direktansprache
		Zustimmung /Unterstützung
		inhaltliche Ablehnung
		Rückmeldung
		Lob / Verständnis
		atmosphärische Auflockerungen
		Trennung von Meinungen und Tatsachen
		Ansprache von Gefühlen
	Negativ wertende Äußerungen gegenüber Personen oder ihren Handlungen	Tadel / Abwertung
		Reputation
		Unterbrechung
		Seitengespräch

Selbstkompetenz

Die Entwickler operationalisieren die Kompetenzdimension Selbstkompetenz durch positive und negative „Äußerungen zur Mitwirkung". Positive Äußerungen zur Mitwirkung betonen ein Interesse an Veränderungen und sind durch eine „appellative Forderung nach der Selbststeuerung der Gruppe oder der Eigenverantwortlichkeit jedes einzelnen Gruppenmitglieds" geprägt (Kauffeld, 2000, 44). Das Planen von Maßnahmen, die einen Beitrag zur Problemlösung leisten, wird als ein weiterer Bestandteil der Selbstkompetenz betrachtet (ebd.). Zu den „negativen Äußerungen der Mitwirkung" können „Killerphrasen; Rechtfertigungen und Erklärungen, warum alles so bleiben muss, wie es ist; das Ignorieren von Problemen; die Neigung von Veränderungsbedarf; Schwarzmalerei; Jammern; Schuldigensuche oder Allgemeinplätze" gezählt werden (ebd., 44f.).

Tabelle 7:   Aspekte und Kriterien der Selbstkompetenz (Kauffeld, 2000, 42)

Kompetenzfacette	Aspekt	Kriterien
Die Selbstkompetenz kann verstanden werden „als Disposition, sich selbst einzuschätzen und Bedingungen zu schaffen, um sich im Rahmen der Arbeit zu entwickeln und zu lernen. Es geht um die Selbstwahrnehmung, das bewusste Reflektieren der eigenen Fähigkeiten sowie die Bewertung der eigenen Handlungen und zugleich die Offenheit für Veränderungen, das Interesse aktiv zu gestalten" (Kauffeld, 2000, 36).	Positive Äußerungen zur Mitwirkung	Interesse an Veränderungen
		Eigenverantwortlichkeit
		Maßnahmeplanung
	Negative Äußerungen zur Mitwirkung	Kein Interesse an Veränderung
		Jammern
		Schuldigensuche
		Betonung autoritärer Elemente
		Allgemeinplätze
		Abbruch

Aus den Darstellungen der mit dem KKR zu erfassenden Kompetenzdimensionen geht hervor, dass alle Dimensionen Fähigkeiten/Fertigkeiten erfassen, die jedoch auf jeweils andere Aspekte bezogen und in einem anderen Kontext zu betrachten sind. Mit der Fachkompetenz werden so spezifische berufliche Fähigkeiten/Fertigkeiten angesprochen, mit der Methodenkompetenz hingegen eher allgemeine methodische Fähigkeiten/Fertigkeiten hinsichtlich des Strukturierens und Organisierens. Die Sozialkompetenz zielt auf Fähigkeiten/Fertigkeiten für selbstgesteuerte Kommunikation und Interaktion, während mit Selbstkompetenz Fähigkeiten/Fertigkeiten zur Selbstwahrnehmung, der bewussten Selbstreflektion, der Bewertung eigener Handlungen sowie dem Interesse an Veränderungen und deren aktiven Gestaltung verbunden sind.

Die Kriterien der Dimensionen Fach-, Methoden-, und Sozialkompetenz verweisen zudem auf das Element Wissen. Hierbei zielt die Fachkompetenz vorrangig auf deklaratives Faktenwissen ab, welches berufsbezogenen Hintergrund besitzt. Bei der Methoden- und Sozialkompetenz werden hingegen eher prozedurale Wissensanteile angesprochen, welche Wissen umfassen, dass sich auf den Handlungsprozess bezieht (z. B. methodisches Wissen, Wissen über soziales Handeln). Die Dimension Selbstkompetenz beinhaltet Bestandteile hinsichtlich der Motive sowie der emotionalen Dispositionen der handelnden Personen. Motive spiegeln sich möglicherweise in den Äußerungen hinsichtlich der Interessen wieder. Emotionale Aspekte fließen beispielsweise in das Kriterium *Jammern* ein.

Die Verfahrensentwickler vertreten die Auffassung, die Definition von Kriterien zur Erfassung von Kompetenz müsse am Kompetenzbegriff ansetzen. Daher sei zunächst zu klären, was unter Kompetenz verstanden werde und welche Kompetenzdimensionen voneinander abzugrenzen seien (Kauffeld, 2000, 34). Im Verständnis der Entwickler ist Kompetenz an die Bewältigung konkreter Arbeitsaufgaben gekoppelt. Sie grenzen sich damit von einem Kompetenzverständnis ab, welches sich in den Bereich von funktionsübergreifenden Anforderungen verflüchtige und mit einer Annäherung an das Konzept der Persönlichkeit verbunden wäre (ebd., 37). Vielmehr vertreten sie die Auffassung, Kompetenz könne nicht abstrakt definiert und überprüft werden, sondern stets nur berufsbezogen und im Kontext der jeweiligen Handlungssituation (Kauffeld, 2000, 37). Daher seien für die Erfassung von Kompetenz Situationen zu schaffen, in denen die Akteure ihre Kompetenz zeigen könnten. Zudem sei Kompetenzerfassung und -bewertung immer im Zusammenhang mit dem Handlungskontext zu betrachten. Die Entwickler erfassen Kompetenz daher, indem sie die Personen in einer Handlungssituation beobachten und ihnen Handlungs- und Gestaltungsspielräume gewähren. Vor diesem Hintergrund kann das KKR der sinnbezogenen Variante im Kompetenzverständnis zugeordnet werden.

6.2.3.3   Situations- und Erfassungskontext

Die Erfassung von Kompetenz mit dem KKR geschieht durch die „Bearbeitung einer aktuellen, unternehmens- und mitarbeiterrelevanten Optimierungsaufgabe in Gruppen" (Frieling, 2000, 15). Unter Optimierungsaufgaben verstehen die Entwickler des KKR eine Problemstellung, die aktuellen Bezug zum Tagesgeschäft der betreffenden Personengruppe hat. Eine einheitliche Arbeitsaufgabe hat sich aufgrund unterschiedlicher Relevanz und Akzeptanz der Thematik nicht bewährt. Die Optimierungsaufgabe orientiert sich deshalb immer an den jeweiligen Bearbeitern, wobei berücksichtigt wird, dass die Personen gefordert aber nicht überfordert werden (Kauffeld, 2000, 39). Die Aufgabe ist zudem als „Entscheidungs- und Beratungsaufgabe" zu verstehen, für die es keine eindeutige und objektiv richtige Lösung gibt (ebd., 40). Ziel der Aufgabenbearbeitung ist es daher nicht, „eine eindeutige, objektiv richtige Lösung zu entdecken, sondern eine für alle Beteiligten sinnvolle Lösung zu erarbeiten, die im Vorfeld unbekannt ist und erst im Verlauf des Prozesses kreativ erzeugt wird" (Kauffeld, Grote & Frieling, 2003, 263). Die Optimierungsaufgabe ist zudem so gewählt, dass es möglich ist, innerhalb von ein- bis eineinhalb Stunden Lösungsansätze zu finden und erste Maßnahmen zu planen. Im Vorfeld der Gruppendiskussion müssen sowohl Vorgesetzte als auch Mitarbeiter der Bearbeitung der ausgewählten Thematik zustimmen (Kauffeld, 2000, 39).

Die Personen sollen mindestens 60 bis maximal 90 Minuten die ausgewählte Optimierungsaufgabe bearbeiten. Der Verlauf der Gruppendiskussion wird per Video aufgezeichnet. Trainer und Wissenschaftler nehmen die Rolle von teilnehmenden Beobachtern ein. Die Personen werden aufgefordert, die Aufgaben so zu bearbeiten, „wie sie es sonst auch tun würden" und die Anwesenheit der Beobachter zu ignorieren (ebd., 40). Die Bearbeitung der Optimierungsaufgabe erfolgt unter realen Bedingungen, d.h. während der Arbeitszeit und am Arbeitsort der beteiligten Personen. Für die Durchführung der Gruppendiskussion sollte ein ausreichend großer Raum zur Verfügung stehen, der einen problemlosen Medieneinsatz (Videokamera, Flip-Chart, Pinwand) zulässt.

Die Bearbeitung der ausgewählten Optimierungsaufgabe erfolgt im Rahmen einer Gruppendiskussion, wobei die Gruppenmitglieder jeweils über reale Arbeitszusammenhänge miteinander verbunden sind und keine „hierarchischen Unterstellungsverhältnisse" bestehen (ebd., 39). Die Anzahl der Gruppenmitglieder umfasst etwa fünf bis sieben Personen. Bei der Auswahl der Gruppen ist zu beachten, dass repräsentative Gruppen und keine „Problem- oder Vorzeigegruppen" ausgewählt werden (ebd.).

Wissenschaftler bzw. Trainer übernehmen während der Gruppendiskussion die Rolle der teilnehmenden Beobachter. Trotz deren Anwesenheit konnte kein Einfluss von den

Entwicklern auf die „Echtheit" der Situation festgestellt werden. Vielmehr machten diese die Erfahrung, dass sich die Akteure schnell an die „Situation" gewöhnten und sich für diese „typisch" verhielten. Diese Vermutung wurde durch teilweise mangelnde Besprechungsdisziplin, wie beispielsweise klingelnde Handys oder Seitengespräche bestätigt (Kauffeld, 2000, 40; Kauffeld, Grote, Frieling, 2003, 271).

6.2.3.4 Methodologie

Beurteilungsform

Das KKR ist ein objektives Verfahren, dass sich der Methode der Fremdeinschätzung durch Beobachter bedient. Die Kompetenzeinschätzung erfolgt anhand der bereits dargestellten Aspekte und Kriterien sowie der per Video aufgezeichneten Gruppendiskussionen. In der betrieblichen Praxis soll das KKR vor allem durch Berater und Personaler zu einer verbreiteten Anwendung finden.

Erhebungsmethode

Das KKR wird von den Autoren selbst als objektives Beobachtungsverfahren bezeichnet. Der Untersuchungsablauf ist in folgendem Schaubild dargestellt:

Abbildung 4:   Untersuchungsverlauf des KKR

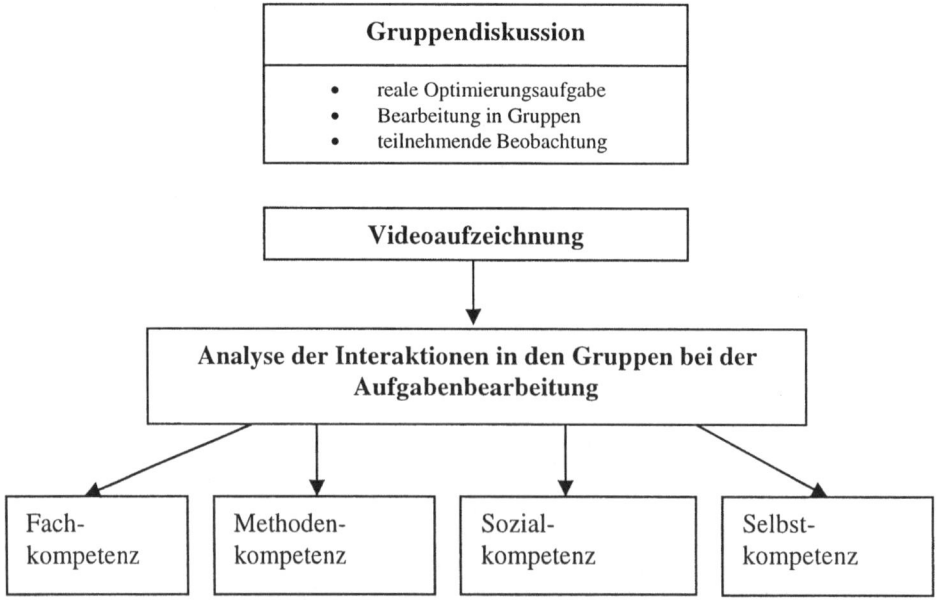

Das KKR umfasst die Analyse einer Gruppendiskussion über eine „aktuelle, unternehmens-
und mitarbeiterrelevante Problemstellung", die mit dem jeweils aktuellen Tagesgeschäft
der Personen in Zusammenhang steht (Kauffeld, 2000, 39). Je nach Unternehmen und
Gruppe werden verschiedene Themen bearbeitet. Die Auswahl der Themen erfolgt anhand
von Kriterien, die unter Berücksichtigung von Nießens Arbeiten (1977) im Vorfeld festgelegt wurden:

- Aktualität zum Tagesgeschäft,
- es gibt keine eindeutige, objektiv richtige Lösung der Aufgabe, sondern es handelt
  sich um eine „Entscheidungs- und Beratungsaufgabe", die Problemstellung ist teil-
  nehmerspezifisch und
- in etwa 1 bis 2 Stunden können Lösungsansätze gefunden werden (Kauffeld, 2000,
  40).

Die Gruppendiskussion wird per Video aufgezeichnet, anschließend protokolliert und
durch zwei Personen unabhängig voneinander analysiert (codiert). Dies erfolgt anhand der
erarbeiteten Aspekte und Kriterien (vgl. 6.2.3.2). Dabei wird nur das Handeln der Personen, konkret deren Äußerungen, herangezogen. Die erzielte Lösung der Gruppe wird bei
der Kompetenzeinschätzung nicht berücksichtigt.

Bei der Analyse der Videoaufzeichnungen stehen die Interaktionen der Gruppenmit-
glieder im Fokus. Die einzelnen Äußerungen der Teilnehmer werden jeweils der Fach-,
Methoden-, Sozial- oder Selbstkompetenz zugeordnet. Zur Analyse und Auswertung der
Gruppendiskussionen wird eine Codetabelle herangezogen.

Tabelle 8:   Codetabelle zur Auswertung einer Gruppendiskussion im Rahmen des KKK
(Kauffeld, 2000, 46)

Nr.	Tn.	Kommunikation	Zu wem	Code	Anmerkung
1	A	Ich denke …		IB	
2	E	Personalprobleme		P	
3	A				
4	D				

Die „Nr." gliedert die Videoaufzeichnung in einzelne Sinneinheiten. Dies erfolgt nach einer
„Akt für Akt Kodierung", was bedeutet „eine zu kodierende Einheit umfasst einen Satz,
einen Gedanken, eine in sich geschlossene Aussage, einen thematischen Bezug, eine Sinneinheit" (Kauffeld, 2000, 41). Eine solche Sinneinheit dauert jedoch höchstens 20 Sekunden. Ist eine Schilderung nicht abgeschlossen, wird sie dennoch neu kodiert, um den zeitlichen Verlauf der Diskussion in etwa nachvollziehen zu können (ebd.). In der Spalte „Tn"
wird gekennzeichnet, welche Aussage von welcher Person getroffen wird. Durch diese
Aufschlüsselung ist es möglich, die Äußerungen einzelner Personen zusammenzustellen
und somit Rückschlüsse auf die individuell vorhandene Kompetenz zu ziehen. Unter
„Kommunikation" wird der genaue Wortlaut der Aussagen wiedergegeben. Die vorgenommene Codierung kann so dem genauen Wortlaut gegenübergestellt werden, wodurch
der Auswertungsprozess für Dritte nachvollziehbar wird. Weiterhin wird dokumentiert „Zu
wem" eine Äußerung gerichtet war. Eine solche Zuordnung erfolgt nur dann, wenn die
Äußerung einer bestimmten Person und nicht der gesamten Gruppe galt. In der Spalte

„Code" werden die Äußerungen den definierten Kriterien zugeordnet. Bei der Auswertung der Gruppendiskussion wird so jeder Sinneinheit ein Code (dieser steht für ein Kriterium) zugewiesen. Über die definierten Kriterien hinaus wurden vereinzelt weitere Codes für Äußerungen vergeben, die sich nicht zuordnen ließen, wie z. B. PA für Pause, LA für gemeinsames Lachen oder UNV für unverständlich (vgl. Handbuch KKR in: Kauffeld, 2005). Eine letzte Spalte „Anmerkungen" dient dazu, Besonderheiten oder Auffälligkeiten der Situation oder Person festzuhalten. Ergeben sich bei der Zuordnung der Äußerungen zu den Kompetenzdimensionen Unschlüssigkeiten, so wird nach der Funktion bzw. dem Sinn der betreffenden Aussage gefragt. So ist beispielsweise zu ermitteln, ob es sich um eine fachliche Aussage oder eher um die Steuerung von Gruppenprozessen und damit um eine methodische Funktion handelt. Die Funktion der Aussagen lässt sich oft nur aus dem Kontext der Diskussion bestimmen. Entscheidungen innerhalb der Dimension Fachkompetenz sind insbesondere für Außenstehende, fachfremde Personen nicht immer einfach zu treffen (Kauffeld, 2000, 45).

Qualitätsstandards

Die *Objektivität* des KKR wird von den Entwicklern als gegeben betrachtet. Die Durchführungsobjektivität sei durch ein einheitliches Setting der Kompetenzmessung gewährleistet. Hinsichtlich der Auswertungsobjektivität könne festgehalten werden, dass Beobachtung und Auswertung getrennt sind und zudem eindeutige Auswertungsregeln festgelegt wurden. Die Interpretationsobjektivität könne durch die Verwendung von quantitativen Daten, der Vorgabe von Vergleichswerten sowie Schulungen der Beurteiler erreicht werden (Kauffeld, 2005, 151).

Zur Ermittlung der Reliabilität wurden vielfältige Überlegungen und Untersuchungen angeführt, die im Folgenden nur kurz dargestellt werden:

Es wurde die *Inter-Rater-Reliabilität* untersucht, durch die angegeben werden kann, inwieweit zwei oder mehrere Beurteiler mit gleichem Wissensstand, ähnliche Kodierungen vornehmen. Dabei hätten die Rater beim KKR im Vergleich zu anderen Verfahren nur geringe Interpretationsspielräume (ebd.). So konnten hohe Interrater-Übereinstimmungen nachgewiesen werden, wobei Werte von Cohens Kappa von .60 für „wenig geübte Beurteiler" bis Cohens Kappa .90 für Experten in der Anwendung des KKR erzielt wurden (Kauffeld, 2000, 45; Kauffeld, Grote & Frieling, 2003, 263).

Hinsichtlich der Bestimmung der *Internen Konsistenz* erwarteten die Autoren, dass diese „auf Ebene der Aspekte und Facetten ausreichende Werte erreicht" und, „dass ein integrierter Kompetenzwert eine akzeptable interne Konsistenz aufweist" (Kauffeld, 2005, 151). Im Ergebnis der Untersuchungen zeigte sich, dass „die internen Konsistenzen der Facetten des KKR variieren, von α = .73 für die Methodenkompetenz, über α =.66 für die Fachkompetenz und α = .52 für die Selbstkompetenz bis zu α = .04 für Sozialkompetenz" (ebd., 165). Daraufhin stufen die Autoren die Facetten der Fach- und Methodenkompetenz als ausreichend akzeptabel, die der Selbstkompetenz als kritisch ein. Eine Abbildung der Facette Sozialkompetenz sehen sie als nicht gerechtfertig (ebd.). Für die Ebene der Aspekte konnten weitgehend akzeptable Reliabilitäten herausgestellt werden (ebd.).

Die zwischen den Aspekten des KKR herausgestellten *Interkorrelationen* können „höchstens als moderat" bezeichnet werden (ebd., 165ff.). Über die Facettengrenzen hinweg konnten weitere Korrelationen nachgewiesen werden. So zeigten die Ergebnisse, dass die Facetten der Fach- und Methodenkompetenz mit dem KKR als voneinander unabhängig erfasst werden können (Kauffeld, 2005, 166). Bezüglich der Korrelationen der überfachlichen Kompetenzaspekte bemerken die Autoren, dass vor allem die negativen Aspekte moderat bis hoch miteinander korrelieren (ebd.).

Auf die Bestimmung der *Retest-Reliabilität* wird für das Beobachtungsverfahren KKR verzichtet. Wiederholungsmessungen für Kompetenz erweisen sich als schwierig, da Veränderungen von Kompetenz zum einen Merkmal des Kompetenzkonstruktes sind und zum anderen auch Ziel dieser Messungen sein können (vgl. 5.4.2.2; Kauffeld, 2005, 151f.). Beim KKR komme hinzu, dass bereits die Bewältigung von Optimierungsaufgaben als Prozess aktiver und lernender Auseinandersetzung mit einer Problemsituation definiert werden kann (ebd.).

Hinsichtlich der Validität des KKR sind ebenfalls verschiedene Untersuchungen durchgeführt wurden, die ebenfalls kurz angeführt werden sollen:

Zur Gewährleistung der *Inhaltsvalidität,* als nicht numerisches Kriterium, wurden die Beobachtungskategorien des KKR theoretisch hergeleitet und zudem Expertendiskussionen unterzogen (ebd., 155).

Die *Konstruktvalidität* wird als das entscheidende Gütemaß für das KKR angesehen, da sie angibt, inwiefern die intendierten Konstrukte auch tatsächlich erfasst werden (ebd.). Vor diesem Hintergrund verweisen die Autoren auf folgende Überlegungen (ebd., 155f.): Es wird angenommen, dass mit Hilfe von *Qualifikationsspiegeln* oder *Teiltätigkeitslisten* fachliche Kompetenz auf Gruppenebene erfasst werden könne. Die Autoren nehmen also an, dass „der Qualifikationsstand einer Gruppe mit den Aspekten der Fachkompetenz in Zusammenhang steht" (ebd.). Dies konnte in den Ergebnissen nachgewiesen werden, wobei sich ein positiver Zusammenhang zwischen Qualifikationsstand und dem Aspekt des organisationalen Wissens zeigt (r=.56, p<.05) (ebd., 168). Weiter wurde gezeigt, dass der Qualifikationsstand, der auch als Engagement und Einsatzbereitschaft der Gruppe verstanden werde, „signifikant positiv mit dem Aspekt der positiven Selbstkompetenz (r=.56, p<.05)" korreliert (ebd.).

Die Autoren gehen davon aus, dass „die Bereitschaft von Mitarbeitern, über die vertragsmäßige Erfüllung der Aufgaben hinaus sich in der Arbeit zu engagieren"[137], Verbindungen zu Selbstkompetenz aufweist (ebd., 156). Zur Überprüfung wird ein Fragebogen „Organizational Citizenship Behaiviour (OBC)" von Staufenbiel & Hartz (2000) eingesetzt (zit. nach Kauffeld, 2005, 163). Die Autoren vermuten Zusammenhänge zwischen der Skala Hilfsbereitschaft und den beiden Aspekten der Sozialkompetenz sowie zwischen Eigeninitiative und Selbstkompetenz (ebd., 156). Im Ergebnis zeigt sich ein „moderat positiver Zusammenhang" zwischen „der Skala Hilfsbereitschaft und dem positiven Aspekt der Sozialkompetenz (r=.35, p<.05)" (ebd., 168). Des Weiteren zeigen sich Zusammenhänge „zwischen der Hilfsbereitschaft und der Differenzierten Problemdarstellung (r=.43, p<.05) sowie dem positiven Aspekt der Selbstkompetenz (r=.47)" (ebd.). Ebenfalls signifikant positive Ergebnisse zeigen sich für die Eigeninitiative der Gruppe und der Selbstkompetenz (r=.49, p<.01) (ebd.).

Die Autoren nehmen ebenfalls an, dass organisationale Faktoren die Kompetenz der Mitarbeiter beeinflussen. Demnach müsste sich das *Innovationsklima* auf das Verhalten der Personen auswirken, was sich z. B. bei der Bewältigung von Optimierungsaufgaben im

---

[137] Diese wird im englischen als „organisational citizenship behaivor (OBC) bezeichnet" (Kauffeld, 2005, 156).

Team zeigen würde (Kauffeld, 2005, 156). Zur Bestimmung des Innovationsklimas wurde der Fragebogen „Innovationsklima (INNO)" herangezogen (Kauffeld, et. al. 2004). Bei einer Korrelation der Ergebnisse des Fragebogens zum Innovationsklima mit denen des KKR konnten „moderate Zusammenhänge zur Methodenkompetenz (positive Aspekt: $r=.30$, $p<.01$; negative Aspekt: $r=.-.43$, $p<.01$) und zum Aspekt Vernetztheit Probleme ($r=.37$, $p<.01$)" nachgewiesen werden (Kauffeld, 2005, 168). Ebenfalls sichtbar wurde ein mittlerer negativer Zusammenhang zwischen Innovationsklima und dem negativen Aspekt der Selbstkompetenz ($r=.56$, $p<.01$) (ebd.).

Zur *ökonomischen* Einsetzbarkeit des KKR wurde das EDV-Programm „Interact" entwickelt, dass eine wesentliche Vereinfachung der Anwendung ermöglicht. So kann beispielsweise auf die aufwendige Protokollierung verzichtet werden, da das Videomaterial und die Kodierung miteinander verkoppelt sind. Dies führe zu einer Verkürzung der Bearbeitungszeit einer Videostunde von 30 bis 40 Stunden auf 11,5 Stunden. Die Konstruktion einer Tastatur zur Auswertung des KKR trug nochmals zur Reduzierung der Auswertungszeit bei, die sich damit auf 5 Minuten für eine Videominute beläuft (ebd., 169ff.).

Im Hinblick auf den mit dem KKR erzielbaren *Nutzen* lässt sich festhalten, dass das KKR nach Einschätzung der Autoren neben Diagnose- und Evaluationsmöglichkeiten auch interessante und differenzierte Möglichkeiten hinsichtlich eines Praxiseinsatzes eröffnet. Hinweise auf Kompetenzentwicklungsbedarfe könnten transparent gemacht werden, wodurch geeignete Maßnahmen ableitbar würden. Neben seminaristischen Maßnahmen könnten dies vor allem arbeitsnahe Formen der Kompetenzentwicklung sein. Dabei sollte auch herausgearbeitet werden, welche organisationalen Gegebenheiten zu ändern seien, damit Mitarbeiter ihre Kompetenz entfalten und aufbauen könnten (Kauffeld, Grote & Frieling, 2003, 275ff.).

Mit Blick auf die *Anwendbarkeit* lassen die Kriterien des KKR insgesamt wenig Interpretationsspielraum. Daher genüge, nach Erfahrung der Autoren, eine halbtägige Einweisung in das KKR sowie die Kontrolle und Diskussion von zwei bis drei Auswertungen, um eine akzeptable Interraterübereinstimmung zu erreichen. Für die Nutzung der KKR-Software, wären weitere drei Schulungsstunden erforderlich. Um das KKR in der Praxis anzuwenden, empfehlen die Entwickler, „die Interpretation der Ergebnisse und das Generieren von Kompetenzentwicklungsmaßnahmen aus der Betrachtung der absoluten und relativen Ausprägung der Kriterien zu üben" (ebd., 278).

Der Erfolg der angestrebten Kompetenzdiagnose ist nicht zuletzt von der *Akzeptanz* des KKR durch die Gruppen abhängig. Für diese werde die Beteiligungsquote als Indikator angenommen. Es zeigten sich keine Ablehnungen der Teammitglieder hinsichtlich der Teilnahme an der Diskussion, was auf eine sehr gute Akzeptanz schließen lasse. Für einen wiederholten Einsatz des KKR erwiesen sich zwischenzeitliche Gestaltungsempfehlungen auf Basis der ermittelten Kompetenzdaten als akzeptanzförderlich. Auch eine Entscheidung über die Einsicht der erhobenen Daten sowie die Transparenz des Verfahrens sind förderlich für die Akzeptanz des KKR (Kauffeld, 2005, 172f.).

Die *Grenzen* des KKR werden von den Autoren selbst kritisch aufgezeigt. Durch die mittelbare Erfassung der Kompetenz über das Verhalten der Personen, blieben Fragen nach Handlungsursache, Motiven und steuernden Faktoren unbeantwortet (ebd.). Die Bewältigung von Optimierungsaufgaben ziele nur auf „*eine* Situation der betrieblichen Realität", in der die Kompetenz von Personen gefordert und somit erfassbar gemacht wurde. Dies impliziere eine „reduzierte Operationalisierbarkeit des Kompetenzkonstruktes" (Kauffeld,

2005, 187). Zudem könnten Forschungsergebnisse aus Gruppendiskussionen nicht auf andere betriebliche Situationen übertragen werden (Kauffeld, 2002; Kauffeld, Grote & Frieling, 2003, 264). Bedenklich sei auch, dass die durchgeführten Validierungsstudien zum Qualifikationsspiegel (N=11) und das OCB (N=25) nur auf sehr kleinen Stichproben basieren (Kauffeld, 2005, 189). Beachtet werden müsse ebenfalls, dass Handlungsexperten möglicherweise keine Verbalisierungsexperten seien, was sich in dem beobachteten Verhalten der Gruppendiskussion niederschlagen könne (ebd., 187). Nonverbale Fähigkeiten und Fertigkeiten könnten ebenfalls kaum berücksichtigt werden. Als Bedingung für den Einsatz des KKR sei eine „vertrauensvolle Atmosphäre" erforderlich, „um eine typische, unverfälschte Arbeitssituation als Datenmaterial für die Auswertung zu erhalten" (ebd., 188). Damit das KKR einem größeren Anwenderkreis zugänglich gemacht werden kann und dennoch die Güte des Verfahrens gewährleistet bleibt, sind 2tägige Trainingskurse inkl. Lizenzierung für das KKR angedacht (Kauffeld, Grote & Frieling, 2003, 278).

6.2.3.5   Zusammenfassende Einschätzung

Mit dem KKR, das versucht vier Kompetenzdimensionen gleichzeitig abzubilden, soll die Kompetenz von Gruppen und Personen erfasst werden. Die einzelnen Dimensionen erfassen jeweils nur bestimmte Elemente der Kompetenz (Fähigkeiten/Fertigkeiten und Wissen oder Fähigkeiten/Fertigkeiten und Motiv bzw. emotionale Dispositionen). Durch die Kombination der vier Dimensionen in einem Verfahren kann dennoch ein recht umfassendes Bild über die vorhandene Kompetenz erstellt werden.

Das dem KKR zugrunde liegende Kompetenzverständnis kann der sinnbezogenen Variante im Kompetenzverständnis zugeordnet werden und ist an die Bewältigung offener Problemstellungen geknüpft. Dabei wird keine „objektiv richtige Lösung" angenommen, sondern davon ausgegangen, dass sich die Lösung erst im Prozess entwickelt. Damit enthält das Verfahren auch Handlungs- und Gestaltungsspielräume für die Personen. Dies ist beabsichtigt, da die Personen in einer möglichst „realen Situation" beobachtet werden sollen. Diese Handlungsfreiheit berücksichtigt damit die Ansprüche eines sinnbezogenen Handelns. Die Bewertung des beobachteten Handelns, in dem sich die Kompetenz niederschlägt und das sich hier auf die Äußerungen der Personen beschränkt, basiert allerdings auf klar operationalisierten Kategorisierungen und Kriterien. Dabei ist kritisch anzumerken, dass die Bewertung nur aufgrund von Handlungsabsichten beruht. Die Äußerungen der Person werden zudem nur quantitativ betrachtet. Eine qualitativ, inhaltliche Auswertung des Handelns (der Äußerungen) erfolgt nicht. Dies ist ein Kritikpunkt am KKR und bleibt zu hinterfragen.

Die Entwickler verweisen eindeutig auf die Grenzen des Verfahrens, die in der Spezifik der Erhebungssituation und der damit verbundenen eingeschränkten Einsetzbarkeit zu sehen sind. Das KKR beschränkt sich auf eine betriebliche Situation, in der eine Optimierungsaufgabe im Rahmen einer Gruppendiskussion diskutiert wird. Die so erzielten Ergebnisse lassen sich nicht per se auf andere Situationen übertragen und besitzen nur in diesem speziellen Kontext Aussagekraft hinsichtlich der Kompetenz.

Im Hinblick auf die Qualität des Verfahrens konnte Objektivität bescheinigt werden. Bezüglich der Reliabilität wurde auf eine sehr gute Interrater-Reliabilität und akzeptable interne Konsistenzen verwiesen. Auch die Inhaltsvalidität des Verfahrens wird als gegeben betrachtet. Die Validierungsstudien basieren auf relativ kleinen Stichproben, so dass weitere Untersuchungen anzustreben sind. In den bisherigen Ergebnissen zeigen sich jedoch erste Hinweise auf die Validität des Verfahrens.

Die mit dem KKR angestrebten Ziele können als erreichbar betrachtet werden. Die Vorgehensweise Kompetenz durch beobachtetes Handeln zu erfassen, entspricht der Handlungsorientierung von Kompetenz und berücksichtigt zugleich den Situations- und Kontextbezug. Allerdings muss festgehalten werden, dass sich die hier dargestellte Beobachtung auf eine Diskussion bezieht. Das bedeutet, es sind nur Handlungsabsichten, nicht aber deren Umsetzung beobachtbar. Die Qualität der in der Gruppe erarbeiteten Lösungen wird bei der Bestimmung der Kompetenz, die sich nur auf die Äußerungen der Personen stützt, nicht berücksichtigt, was ebenfalls kritisch zu hinterfragen ist.

6.2.4 Fragebögen zum Selbstkonzept beruflicher Kompetenz (Bergmann und Mitarbeiter)

Die hier dargestellten Verfahren zur „Erfassung des Selbstkonzeptes beruflicher Kompetenz" (Bergmann, 2003, 229ff.) kennzeichnen mehrere Einzelverfahren, die das Ergebnis des Forschungsprojektes „Individuelle Kompetenzentwicklung durch Lernen im Prozess der Arbeit" an der TU Dresden sind. Die einzelnen Verfahren sind jeweils unabhängig voneinander einsetzbar. Zu nennen sind:

1. Fragebogen zum Lernen in der Arbeit (LIDA) (vgl. 6.2.4.5),
2. Fragebogen zu einigen fachlichen Fähigkeiten und dem Umgang mit anderen (FASO) (vgl. 6.2.4.6),
3. Fragebogen zum Vorgehen in Problemsituationen (PROLÖ) (vgl. 6.2.4.7) und der
4. Fragebogen zu lernrelevanten Merkmalen der Arbeitsaufgabe (FLMA).[138]

Zunächst erfolgt eine am Analyseraster orientierte Beschreibung des Gesamtverfahrens. Daran anschließend werden in Einzelanalysen die speziellen Zielsetzungen und Besonderheiten der Fragebögen herausgestellt.

6.2.4.1 Ziel und Zweck des Verfahrens

Ziel des Projektes (s. o.) war es, Zusammenhänge zwischen der Arbeitssituation der Beschäftigten und dem Selbstkonzept ihrer beruflichen Kompetenz herzustellen (Bergmann u. a., 2000a, 9). Dazu sollte ein möglichst großer Bereich verschiedener Arbeitsaufgaben in unterschiedlichen Branchen einer Analyse unterzogen werden. Mit den Untersuchungen wurde eine „möglichst ökonomische und berufs- und branchenübergreifende Erfassung von lernrelevanten Merkmalen der Arbeitssituation und der Person des Arbeitenden bei einer

---

[138] Dieser Fragebogen wurde von Uhlemann & Wardanjan (1997) entwickelt. Mit ihm sollen „für Lernen relevante Merkmale der konkreten Arbeitsaufgabe" erfasst werden (Richter, 2000b, 69). Bergmann (2003, 234) spricht von einer Skala zur Erfassung des „Anspruches an die Lernhaltigkeit einer Arbeitsaufgabe".
Bei den hiesigen Betrachtungen soll dieses Verfahren ausgeklammert werden, da es primär die Erfassung lernrelevanter Merkmale der Arbeitsaufgabe verfolgt und nicht die Erfassung von Kompetenz bzw. Kompetenzelementen. Zur Bestimmung der situativen Kontexte im Rahmen von Kompetenzentwicklung und Kompetenzerfassung ist dieses Verfahren jedoch von Interesse.

möglichst großen Stichprobe von Berufstätigen" angestrebt (Richter, 2000b, 57). Die zu analysierenden Merkmale beschränkten sich auf die „für arbeitsimmanente Kompetenzentwicklung relevanten Merkmale der konkreten Arbeitsaufgabe und der Organisation" (ebd., 56). Darüber hinaus wurden auch personenbezogene Merkmale einbezogen, die sich jedoch ausschließlich auf Eigenschaften beziehen, die aus Untersuchersicht für Lernen und Kompetenzentwicklung von Interesse sind (ebd.).

Die Verfahren können zur Ermittlung des Selbstkonzeptes beruflicher Kompetenz, welches durch Zerlegung in einzelne Kompetenzdimensionen erhoben werden soll, herangezogen werden (Bergmann, 2003, 230). Dabei wird nicht das Ziel der Individualdiagnose verfolgt, sondern vielmehr die Abschätzung von Effekten arbeitsimmanenter Kompetenzentwicklung sowie die Begründung von Veränderungsbedarf hinsichtlich arbeitsimmanenter Kompetenzentwicklung (Bergmann, 2003, 331). Aus dieser Zielsetzung heraus werden die Verfahren gemeinsam mit Instrumenten zur Analyse der Arbeitssituation eingesetzt und Gruppenauswertungen vorgenommen (ebd.).

Für die Verfahren lassen sich verschiedene Einsatzbereiche ableiten. So können die Verfahren *(1)* zur *Evaluierung der Kompetenzentwicklung in unterschiedlichen Beschäftigungsformen und Erwerbsverläufen* angewendet werden. In Folge gesellschaftlicher Veränderungsprozesse steigen die Vielfalt von Beschäftigungsformen und die Pluralität von Erwerbsbiographien. Mit Hilfe der Verfahren können Gruppen von Arbeitenden ermittelt werden, die Schwierigkeiten hinsichtlich der Entwicklung von Kompetenz aufweisen (ebd., 246). Dies ist von Bedeutung, da unterschiedliche Typen von Erwerbsverläufen zu unterschiedlichen Wirkungen auf das Selbstkonzept von Kompetenz führen (Göpfert, 2000; zit. nach Bergmann, 2003, 246). Als weiterer Anwendungsbereich der Verfahren kann die *(2) Evaluierung beruflicher Veränderungen* genannt werden. Hier sind insbesondere die Wirkungen auf Kompetenzentwicklung von Interesse, da die Entwicklung von Kompetenz als eine Voraussetzung für die Sicherung von Beschäftigungsfähigkeit angesehen wird. Für solche Evaluationsaufgaben erweise sich „die arbeitsplatz- und branchenübergreifende verallgemeinerte Erfassung von Eigenschaften beruflicher Kompetenz" als vorteilhaft (Bergmann, 2003, 247). Die Verfahren können darüber hinaus auch *(3)* zur *Begründung von Kompetenzentwicklungsbedarf durch Trainings- und Weiterbildungsmaßnahmen* genutzt werden. Die entwickelten Screeninginstrumente können die Richtung für erforderliche Feinanalysen ermitteln, mit denen Trainings- und Weiterbildungsinhalte zu begründen sind (ebd.). Die Verfahren beziehen sich damit auf die Erfassung von Kompetenzentwicklung in unterschiedlichen Beschäftigungsformen und Erwerbsverläufen sowie auf die Kompetenzentwicklung von Arbeitenden in unterschiedlichen Arbeitssituationen zu unterschiedlichen Zeitpunkten, also auch retrospektiv (ebd.).

Aufgrund der dargestellten Zielstellungen könnten die Verfahren einerseits dem anforderungsorientierten Ansatz (Evaluierung von Kompetenzentwicklung und beruflicher Veränderung) und andererseits dem entwicklungsorientierten Ansatz (Begründung von Trainings- und Weiterbildungsbedarf) zugeordnet werden.

6.2.4.2   Kompetenzverständnis

Die Entwickler verstehen Kompetenz als „Motivation und Befähigung zur selbstständigen Weiterentwicklung von Wissen und Können, so dass dabei eine hohe Niveaustufe erreicht wird, die mit Expertise charakterisiert werden kann" (Bergmann, 2000a, 21). Dabei sei das selbstorganisierte Lernen ein wesentlicher Mechanismus der Kompetenzentwicklung (Bergmann, 2003, 233). Dieses setze wiederum eine hohe Motivation auf Seiten der Person voraus, welche persönliche Lernbedarfe selbst erkennen muss. Im selbstorganisierten Lernen ist auch die Begründung zu sehen, warum den motivationalen Aspekten des Selbstkonzeptes eine hohe Bedeutung zukommt (ebd.). Des Weiteren sehen die Entwickler „Wissen in einem Gebiet" als „notwendiges Fundament von Kompetenz" (Bergmann, 2000a, 21). Dabei handele es sich allerdings nicht nur um explizites Wissen, sondern auch um implizites Wissen, welches die Wissensbasis bezeichnet, „die sich im Können zeigt, aber nicht vollständig oder nicht angemessen sprachlich rekonstruiert werden kann" (Neuweg, 1999, 2; zit. nach Bergmann, 2000a, 22). Das implizite Wissen gilt als der „durch Erfahrung erwerbbare Anteil oder Reifegrad von Kompetenz", der dem „Theoretiker fehlt, um explizites Wissen zum Laufen zu bringen" (Neuweg, 1999, 6; zit. nach Bergmann, 2000a, 22). Letztlich umfasst Kompetenz die Kapazität bzw. das Potential einer Person zur erfolgreichen Bewältigung von Aufgaben (Bergmann, 2003, 229; Richter, 2000b, 63). Dabei besteht eine enge Verknüpfung von differenziertem Fachwissen und der Motivation (Bergmann, 2000a, 24). Es wird weiter angenommen, dass Kompetenz immer auf einen bestimmten Bereich bezogen ist, wobei i. d. R. die vier Kompetenzdimensionen Fach-, Methoden, Sozial- und Personalkompetenz unterschieden werden (Richter, 2000b, 63).

Bei der Konstruktion des Verfahrens berücksichtigten die Entwickler die Erkenntnis, dass die ausgeführte Arbeit bzw. Tätigkeit einer Person sowie deren Gestaltung einen deutlich erkennbaren Einfluss auf die Entwicklung von Kompetenz ausübt. Die berufliche Handlungskompetenz wird daher nicht nur als eine Personeneigenschaft betrachtet, sondern auch als ein Resultat von Aufgaben- und Organisationsgestaltung im Unternehmen (Bergmann, 2003, 236). Aus diesem Verständnis begründen die Autoren, warum Kompetenzerfassung nicht nur die Individualdiagnose zum Ziel haben kann. Vor diesem Hintergrund sei es ebenso erstrebenswert, die Kompetenzentwicklung von Arbeitsgruppen und Unternehmen zu unterstützen und diesbezüglich aus Kompetenzerhebungen heraus, Veränderungsbedarfe bei Arbeits- und Organisationsgestaltung zu begründen. Dies ist das vordergründige Ziel der hier vorgestellten Verfahren. Um es realisieren zu können, ist der Einsatz der Verfahren zur Bestimmung des Selbstkonzeptes mit der Anwendung von Verfahren zu verknüpfen, die Analysen hinsichtlich der Lernhaltigkeit von Arbeitssituationen erlauben (ebd., 237).

Die Erfassung der beruflichen Handlungskompetenz ist nach Ansicht der Entwickler durch eine Zerlegung in mehrere Kompetenzdimensionen und deren Operationalisierung möglich (ebd., 229). Durch die Verfahren sollen die Dimensionen Fach-, Methoden-, Sozial- und Selbstkompetenz erfasst werden (ebd., 234). Die Entwickler verweisen jedoch darauf, dass eine vollständige Abbildung von Handlungskompetenz durch die entwickelten Skalen nicht erreicht werden könne (ebd., 232).[139]

Aufgrund der bisherigen Ausführungen kann festgehalten werden, dass mit den Verfahren die Kompetenzelemente Wissen, Fähigkeiten/Fertigkeiten und Motive erfassbar

---

[139] Die Autoren führen nicht aus, was ihrer Ansicht nach bei der Abbildung von Handlungskompetenz offen bleibt.

sind. Welche Kompetenzelemente im Einzelnen mit welchem Verfahren erfasst werden, ist Gegenstand der Einzelanalysen.

Die hier verfolgte Betrachtungsweise von Kompetenz kann einem funktionalen Kompetenzverständnis zugeordnet werden. Dies wird durch die methodische Vorgehensweise der Verfahren deutlich, die mit Operationalisierungen von Kompetenz arbeitet (vgl. 6.2.4.4). Lediglich in einigen offenen Fragen ist die Möglichkeit enthalten, individuelle Antwortvarianten bezüglich der Fragestellungen zu ergänzen (Bergmann, 2003, 256ff.).

6.2.4.3 Situations- und Erfassungskontext

Hinsichtlich der *Anforderungen* der Verfahren ist festzuhalten, dass die Personen aufgefordert sind, eine Selbstbeurteilung ihrer Kompetenz anhand vorgegebener standardisierter Fragestellungen vorzunehmen. Als branchenübergreifende Analysemethoden sind die Items sehr allgemein formuliert, so dass sie auch von Personen mit unterschiedlichem beruflichen Hintergrund zu beantworten sind.[140]

Die Verfahren können als Gruppenerhebung in einem ruhigen Raum außerhalb des Arbeitsplatzes, aber im Unternehmen, angewandt werden und beanspruchen etwa einen Zeitrahmen von 40 Minuten (Bergmann, 2003, 232).[141]

Die Beantwortung der Fragen kann durch die Anwesenheit von *Akteuren* (Untersuchungsleiter, Vorgesetzte oder andere Kollegen) beeinflusst werden. So wirkt sich beispielsweise die Funktion eines Akteurs oder das Verhältnis zwischen befragter Person und Akteur (vertrauensvoll vs. konfliktgeladen) auf das Antwortverhalten der Personen aus.

6.2.4.4 Methodologie

Beurteilungsform

Alle Verfahren beruhen auf der Methodik der Selbstbeurteilung. Die Entscheidung für den gewählten Messansatz basiert auf der Annahme, „dass Arbeitende als Experten ihrer Tätigkeiten, deren Bedingungen, Ziele und Resultate in Form von Leistungen und von Verbesserungsbedarf dieser Leistungen einschätzen können" (ebd., 230). Subjektive Methoden seien praktikabel anwendbar und können für berufs- und branchenübergreifende Analyseebenen entwickelt werden (ebd.). Dabei würden die Selbstbeurteilungen von den konkreten Kompetenzinhalten am Arbeitsplatz abstrahieren. Eine domänenspezifische Kompetenzbeschreibung werde nicht vorgenommen. Sollte diese notwendig sein, wären die Selbstbeurteilungen durch arbeitsplatzbezogene Feinanalysen zu ergänzen. Die Auswahl der Bereiche

---

[140] Mit einer allgemeinen Formulierung der Items beabsichtigen die Autoren ein Verfahren zu entwickeln, dass branchenübergreifend, also in verschiedenen Wirtschaftszweigen, einsetzbar ist. Im Hinblick auf das Verständnis von Kompetenz weisen die Autoren jedoch darauf hin, dass Kompetenz immer auf einen bestimmten Bereich bezogen ist. Bei dem hier angestrebten „branchenübergreifenden" Erfassungsansatz kann die „Bereichsspezifität von Kompetenz" nicht hinreichend berücksichtigt werden.

[141] Die Personen befinden sich bei einem solchen Ablauf in einer Erhebungssituation, die mit einer Prüfungssituation vergleichbar ist. Dies könnte unter Umständen zu Unbehagen bei einzelnen Personen führen, dass sich auf die Beantwortung der Fragestellungen niederschlägt.

auf die sich die Feinanalysen zu beziehen hätten, könne mit Selbstbeurteilungen praktikabel begründet werden (Bergmann, 2003, 232).

Des Weiteren wird angenommen, dass von der Selbstbeurteilung ein regulativer Effekt zu erwarten ist. So gehe man davon aus, dass bei positiver Einschätzung der Handlungskompetenz, die Übernahme neuer Aufgaben wahrscheinlicher sei. Dies wird aus einer handlungstheoretischen Perspektive begründet, aus der eine Mobilisierung persönlicher Ressourcen eher anzunehmen ist, wenn individuelle Aufwand – Nutzen – Kalkulationen einen Erfolg wahrscheinlich erscheinen lassen. Dies sei dann der Fall, wenn die Kompetenz als ausreichend für einen erfolgreichen Umgang mit neuen und schwierigen Aufgaben eingeschätzt wird (ebd., 233f.).

Erhebungsmethode

Bei den Verfahren handelt es sich um standardisierte schriftliche Befragungen. Dabei werden die Personen aufgefordert eine Selbsteinschätzung zu verschiedenen Dimensionen von Kompetenz anhand standardisierter Erhebungsinstrumente vorzunehmen. Die Einschätzung erfolgt mit Hilfe einer sechsstufigen Antwortskala (von „trifft völlig zu" bis „trifft gar nicht zu"). Die Fragebögen sind jeweils mit einer Instruktion für die Personen versehen, die den Erhebungszweck schildert. Der Einsatz der Verfahren sollte mit Verfahren zur Selbstanalyse der Arbeitssituation kombiniert werden.[142] Zudem erfolgte auf einem separaten Bogen die Erhebung von personenbezogenen Daten (ebd., 248).

Die Verfahren sind für die Analyse einer „branchenübergreifenden von der Aufgabenstellung und von der Lernkultur der Organisation abhängigen arbeitsimmanenten Kompetenzentwicklung" konstruiert (ebd., 230). Die Auswertung der erhobenen Daten erfolgt daher nicht personenbezogen, sondern anonym und bezieht sich „auf Gruppen von Erwerbstätigen in bestimmten Arbeitssituationen" (ebd., 248). Interpretationen von Effekten arbeitsimmanenter Kompetenzentwicklung könnten auf der Basis von signifikanten Niveauunterschieden in verschiedenen Facetten des Selbstkonzeptes beruflicher Kompetenz vorgenommen werden. Für Gruppen von Arbeitenden könnten zudem Alterskorrelationen verschiedener Dimensionen des Selbstkonzeptes gerechnet werden. Dies erscheint nach Auffassung der Entwickler sinnvoll, da arbeitsimmanente Kompetenzentwicklung ein langfristiger Prozess sei, so dass aus ihr hervorgehende Resultate tendenziell eher bei älteren Personen sichtbar würden (Bergmann, 2003, 230). Im Ergebnis der Auswertungen sollten Bedingungen in der Arbeitssituation herausgestellt werden, die arbeitsimmanente Kompetenzentwicklung positiv oder negativ beeinflussen (ebd., 248). Eine solche Bestandsaufnahme zum Kompetenzstatus ermögliche zudem die Identifizierung von Problemgruppen (ebd., 249).

Die Einzelverfahren sind flexibel einsetzbar, d.h. mit dem Einsatz verbundene Zielstellungen können ebenso variieren, wie die Kombination mit weiteren Analysemethoden zur Arbeitssituation (ebd.). Die Auswertungen stützen sich daher nicht nur auf die Ausprägung individueller Werte, sondern auch auf die „Streuung der Werte in der jeweiligen Bezugsgruppe. Für einen Rückschluss auf Risiken der Kompetenzentwicklung in bestimmten Analyseeinheiten ist die Berechnung von Alterskorrelationen wichtig" (ebd.).

---

[142] Die Autoren verweisen diesbezüglich jedoch nicht auf konkrete Verfahren.

Qualitätsstandards

Da die Erfassungen auf standardisierten Erhebungsinstrumenten basieren und ein quantifizierendes Antwortformat vorgegeben ist, kann die *Objektivität* für alle Verfahren als gegeben betrachtet werden.

Hinsichtlich der zu erreichenden *Reliabilitätswerte* entschieden sich die Entwickler, die Kriterien nicht zu hoch anzusetzen, da die Fragebögen in einer Felduntersuchung angewendet werden. So wurden Koeffizienten ab 0.70 als akzeptabel und ab 0.85 als hoch festgelegt (Richter, 2000a, 87f.).

Mit Blick auf die *Anwendbarkeit* des Verfahrens verweisen die Entwickler darauf, dass die Einsatzflexibilität des Verfahrens und die Anwendung als Gruppenuntersuchung erfahrene Anwender erfordert. Die Notwendigkeit von erfahrenen Anwendern ergibt sich auch daraus, dass die Auswertung der erhobenen Daten nicht an einem Normprofil erfolgt, sondern je nach Untersuchungsfragestellung, weitere Analysen sowie der jeweils konkrete Kontext zu berücksichtigen sind (Bergmann, 2003, 249). Des Weiteren empfehlen die Entwickler die Anwendung des Verfahrens nur für berufserfahrene Personen, da Untersuchungen zeigen, dass die Selbstbeurteilungen von Auszubildenden allgemein positiver ausfallen als die Fremdeinschätzungen. Daher sei die Validität von Selbstbeurteilung Berufserfahrener höher (ebd., 235). Und schließlich verweisen die Entwickler darauf, dass der Einsatz der Verfahren eine Kombination mit Verfahren zur Analyse der (Arbeits-)Situation erfordert (ebd., 237, 253).[143]

Die Angabe der konkret erreichten Qualitätsstandards erfolgt bei der Darstellung der Einzelverfahren.

Bei der folgenden Analyse der Einzelverfahren wird nur auf Aspekte eingegangen, die sich von den hier bereits dargestellten unterscheiden. Das betrifft insbesondere die Zielstellung, die zu erfassenden Kompetenzelemente und die erreichten Qualitätsstandards. Die geschilderte Erhebungssituation der Verfahren gilt im Wesentlichen für alle Verfahren.

6.2.4.5   Fragebogen zum Lernen in der Arbeit (LIDA)

6.2.4.5.1 Ziel und Zweck des Verfahrens

Der Fragebogen wurde von Wardanjan, Richter & Uhlemann (2000a) und Uhlemann (1996a, b; 1997) (zit. nach Richter, 2000b, 72) entwickelt und dient neben der Erfassung von „lernrelevanten Merkmalen der Person" auch der zur Ermittlung „lernrelevanter Aspekte der Arbeitsorganisation" (ebd.). Die im Fragebogen enthaltene Erfassung von lernrelevanten Aspekten der Arbeitsorganisation ist für die Einordnung der erhobenen Kompetenz von Relevanz. Der Fragebogen ist als ein „Screeninginstrument" (Reihenuntersuchung) zu betrachten, der zu Diskussionen anregen und auf Gestaltungsbedarf verweisen kann (Wardanjan, Richter, Uhlemann, 2000b, 189).

---

[143] Diesbezüglich sind keine speziellen Arbeitsanalyseverfahren genannt, was bedeutet, dass die Entscheidung für die Anwendung eines Arbeitsanalyseverfahrens bei dem jeweiligen Anwender liegt.

6.2.4.5.2 Kompetenzverständnis

Ausgehend von dem hier zugrunde gelegten funktionalen Kompetenzverständnis werden zum einen lernrelevante Merkmale der Person erfasst. Dies erfolgt anhand der Abschnitte „Ziele für das Lernen" und „Vorgehen beim Lernen".

a.   Ziele für das Lernen

Der Abschnitt *Ziele für das Lernen* wird durch die Skala Entwicklungsziele abgebildet, die sich auf die Motivation einer Person hinsichtlich der eigenen Weiterentwicklung am Arbeitsplatz bezieht (Richter, 2000b, 74). Die Skala erfasst damit inwiefern Personen lernen, um mehr Verantwortung oder neue Aufgaben zu übernehmen oder mehr Anerkennung bzw. bessere Aufstiegschancen zu erhalten (Bergmann, 2003, 234). Konkret gefragt wird beispielsweise „Ich lerne, um mehr Verantwortung zu übernehmen." oder „Ich lerne, um bessere Aufstiegschancen zu erhalten" (ebd., 256).

b.   Vorgehen beim Lernen

Der Abschnitt *Vorgehen beim Lernen* ist in die Skalen Beziehungsorientiertes Lernen und Individuelles Problemlösen untergliedert. Der über beide Skalen zu ermittelnde Gesamtwert wird als Eigenaktivität beim Lernen bezeichnet (Richter, 2000b, 75).

Abbildung 5:   Vorgehen beim Lernen (vgl. Richter, 2000b, 75)

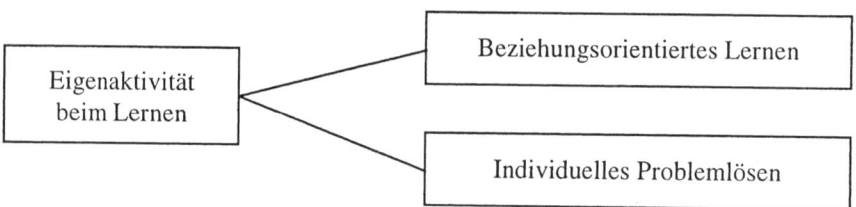

Anhand der Skala beziehungsorientiertes Lernen wird die Vorgehensweise des Lernens im sozialen Kontext, d.h. das Lernen in Kooperation mit anderen Personen, erfragt (ebd.). Beim Lernen durch individuelles Problemlösen steht vor allem die Vorgehensweise der Befragten bei der Bearbeitung von Problemen im Mittelpunkt der Betrachtungen (ebd.). Die Gesamtskala Eigenaktivität beim Lernen erstreckt sich über beide Skalen und erfasst die Bemühungen der Personen zur Weiterentwicklung der Kompetenz insgesamt (ebd.). Es werden selbst initiierte Lernunterstützungen ermittelt, wie beispielsweise „das Fragen von Kollegen nach fehlendem Wissen, das gezielte Beobachten der Arbeitsmethoden von Kollegen bei bestimmten Aufgaben" oder „das Lernen in der Freizeit" (Bergmann, 2003, 234). Konkrete Fragestellungen dieses Abschnittes sind beispielsweise:

> „Um für meine Arbeit etwas zu lernen, tue ich Folgendes:
> Ich nutze Bücher, Anleitungen und Ähnliches.
> Ich frage meine Kollegen.
> Ich zeige und erkläre das, was zu lernen ist, anderen.
> ..." (Bergmann, 2003, 256).

Die erfragten Merkmale zur Person sind nach Aussagen der Entwickler der Personalkompetenz zuzuordnen (Richter, 2000b, 72). Die dargestellten Abschnitte *Ziele des Lernens* und *Vorgehen beim Lernen* werden zudem als operationalisierte Bestandteile von Selbstkompetenz betrachtet (Bergmann, 2003, 234).[144] Mit diesen beiden Abschnitten des Fragebogens können demnach die Kompetenzelemente Motive und Fähigkeiten/Fertigkeiten erfasst werden. Hinweise auf Motive ergeben sich aus dem Abschnitt zu den *Zielen des Lernens*. Fähigkeiten/Fertigkeiten können anhand des Abschnittes *Vorgehen beim Lernen* erfasst werden (ebd., 256).

Zum anderen erfasst der Fragebogen auch „lernrelevante Aspekte der Arbeitssituation". Dies erfolgt anhand der Abschnitte „Lernrelevante Bedingungen im Unternehmen" und „konkret vorhandene Unterstützungen für Lernen im Prozess der Arbeit".

c.   Lernrelevante Bedingungen im Unternehmen
Der Abschnitt *Lernrelevante Bedingungen im Unternehmen* ist in vier Skalen unterteilt, die zu einem Gesamtwert „Lernförderung durch die Organisation" zusammengefasst werden.

Abbildung 6:   Lernrelevante Bedingungen im Unternehmen (vgl. Richter, 2000b, 73)

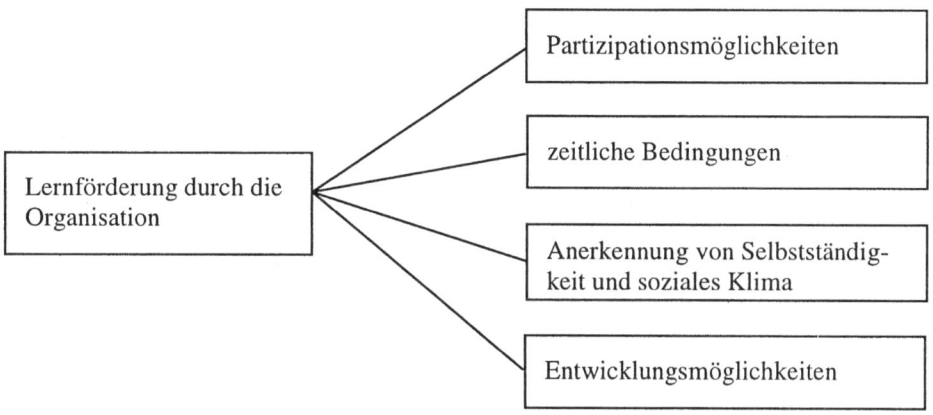

Die Skala *Partizipationsmöglichkeiten* erfasst inwieweit die Mitarbeiter in betriebliche Entscheidungsprozesse einbezogen werden. So wird beispielsweise gefragt, ob die Personen „bei Veränderungsmaßnahmen gefragt werden", oder ob Vorgesetzte auf neue Ideen reagieren (Richter, 2000b, 73).

Die Skala *zeitliche Bedingungen* erfasst durch die Arbeitsorganisation vorhandene zeitliche Freiräume zum Lernen. Diesbezüglich sollen die Personen z. B. einschätzen, ob genügend Zeit zum Austausch vorhanden ist und Zeiträume vorhanden sind, um sich während der Arbeitszeit neue Dinge anzueignen (ebd.).

Mit der Skala *Anerkennung von Selbstständigkeit und soziales Klima* wird nach der Art der Zusammenarbeit zwischen den Kollegen und der Wertschätzung selbstständigen

---

[144] Zu Selbstkompetenz zählt außerdem der Anspruch, den eine Person an die Lernhaltigkeit der Aufgabe stellt. Dieser wird in einem separaten „Fragebogen zu lernrelevanten Merkmalen der Arbeitsaufgabe" (FLMA) erfasst (vgl. Richter, 2000b, 69 ff.; Richter & Wardanjan, 2000; Bergmann, 2003, 229 ff.).

Handelns durch die Vorgesetzten gefragt. Erfasst wird dabei z. B. ob die Beziehungen zwischen den Kollegen in Ordnung sind oder das selbstständige Handeln geschätzt wird (Richter, 2000b, 73).

Die Skala *Entwicklungsmöglichkeiten* umfasst die Chance der Arbeitnehmer zur Weiterentwicklung der eigenen Fähigkeiten am Arbeitsplatz. Hierzu wird beispielsweise das Weiterbildungsangebot sowie die Zufriedenheit mit Lohn/Gehalt ermittelt (ebd., 73f.).

d.   Konkret vorhandene Lernunterstützungen im Unternehmen
In diesem Abschnitt wird nach konkret vorhandenen Lernunterstützungen im Unternehmen gefragt. Dazu zählen beispielsweise geplante Treffen mit Kollegen zur Ideenfindung oder Problemlösung, Arbeit an gemeinsamen Produkten, Möglichkeiten mit erfahreneren Kollegen zusammenzuarbeiten, Hinweise durch Vorgesetzte oder aber nach dem Zugang zu Büchern und Broschüren (ebd., 74f.).

Durch die Abschnitte zur Erhebung der Arbeitskontextaspekte wird die Situationsbezogenheit von Kompetenz berücksichtigt (ebd., 72). Die Angaben ermöglichen bei der Auswertung die Zuordnung der personenbezogenen Daten (Kompetenzdaten) zu einem bestimmten Arbeitskontext, was die Einschätzung und Beurteilung der erfassten Daten erleichtert bzw. überhaupt erst ermöglicht.

6.2.4.5.3 Situations- und Erfassungskontext

Mit Blick auf die Anforderungen des Verfahrens ist festzuhalten, dass die Items des Fragebogens sich auf mit dem Lernen verbundene Ziele, auf Vorgehensweisen beim Lernen und jeweils gegebene Lern- bzw. Arbeitsbedingungen beziehen. Die Personen sind aufgefordert anhand der Antwortskala einzuschätzen, in welchem Maße die Aussagen für sie zutreffend sind. Die Bearbeitung des Fragebogens durch die Personen erfolgt dreimal aus jeweils verschiedenen Perspektiven. Das bedeutet, die Befragten bearbeiten den Fragebogen zum einen bezogen auf ihre jetzige Arbeitsaufgabe und zum anderen retrospektiv im Hinblick auf ihren Berufsstart sowie die Mitte ihres Berufslebens (ebd.).

6.2.4.5.4 Methodologie

Das Verfahren verwendet die Methode der standardisierten schriftlichen Befragung, die sowohl gegenwartsbezogen als auch retrospektiv zum Einsatz kommt. Die Selbstbeurteilung der Befragten erfolgt anhand der angeführten Aussagen, die auf einer sechsstufigen Antwortskala von „trifft völlig zu" bis „trifft gar nicht zu" einzuschätzen sind (Bergmann, 2003, 256).

Qualitätsstandards

Die *Objektivität* dieses Verfahrens ist durch die standardisierte Datenerfassung mittels Fragebogen gegeben. Die Daten werden mit Hilfe statistischer Verfahren ausgewertet und sind somit als unabhängig vom Untersucher anzusehen (Richter, 2000b, 85).

Zur Bestimmung der *Reliabilität* wurden sowohl die internen Konsistenzen als auch die Retest-Reliabilitäten bestimmt. Zur Ermittlung der Retest-Reliabilität bearbeiteten 66 Personen den Fragebogen innerhalb von drei Wochen zweimal. Als Ergebnis kann festgehalten werden, dass die Skala *Entwicklungsziele* des Abschnittes *Ziele für das Lernen* für alle drei Zeitpunkte hinreichend konsistent ist. Für die Retest-Reliabilität kann allerdings nur für die Berufsmitte ein akzeptabler Wert erreicht werden (Richter, 2000b, 92).

Tabelle 9: Reliabilität und interne Konsistenz für den Abschnitt „Ziele für das Lernen"
(Richter, 2000b, 90)

Skalen	Interne Konsistenz Cronbachs α	Retest-Reliabilität
Entwicklungsziele		
Gegenwart	0,78	0,62
Berufsstart	0,76	0,69
Berufsmitte	0,77	0,74

Das Skala *Beziehungsorientiertes Lernen* des Abschnittes Vorgehen beim Lernen verweist auf hinreichend konsistente und stabile Werte. Lediglich für den Berufsstart liegen die Werte knapp darunter (interne Konsistenz: 0,69; Retest-Reliabilität: 0,68). Die zweite Skala des Abschnittes Vorgehen beim Lernen, das *Individuelle Problemlösen*, verfügt insgesamt über Werte, die den gesetzten Anforderungen nicht entsprechen. Der Gesamtwert über beide Skalen, die *Eigenaktivität beim Lernen*, kann auf hinreichend konsistente und stabile Werte verweisen (ebd.).

Tabelle 10: Reliabilität und interne Konsistenz für den Abschnitt „Vorgehen beim Lernen"
(Richter, 2000b, 91)

Skalen	Interne Konsistenz Cronbachs α	Retest-Reliabilität
Gegenwart		
Beziehungsorientiertes Lernen	0,70	0,78
Individuelles Problemlösen	0,64	0,74
Gesamtwert: Eigenaktivität	0,70	0,80
Berufsstart		
Beziehungsorientiertes Lernen	0,69	0,68
Individuelles Problemlösen	0,69	0,65
Gesamtwert: Eigenaktivität	0,71	0,70
Berufsmitte		
Beziehungsorientiertes Lernen	0,72	0,71
Individuelles Problemlösen	0,72	0,69
Gesamtwert: Eigenaktivität	0,75	0,70

Der ermittelte Gesamtwert, für die aus vier Teilskalen bestehende Skala Lernförderung durch die Organisation, weist zu allen betrachteten Zeitpunkten (gegenwärtige Tätigkeit,

Berufsstart und Berufsmitte) eine hohe interne Konsistenz sowie eine akzeptable bis hohe Retest-Reliabilität auf. Die Subskalen *Partizipationsmöglichkeiten* sowie *Anerkennung von Selbstständigkeit und soziales Klima* zeigen zu allen drei Zeitpunkten eine hinreichende Konsistenz und Stabilität. Eine Ausnahme bildet lediglich die Retest-Reliabilität für die Berufsmitte der Skala *Anerkennung von Selbstständigkeit und soziales Klima* (0,64). Für die Subskalen *zeitliche Bedingungen* und *Entwicklungsmöglichkeiten* liegen die ermittelten Werte teilweise unter dem von den Untersuchern angestrebten Wert (Richter, 2000b, 88f.).

Tabelle 11: Reliabilität und interne Konsistenz für den Abschnitt „Lernförderung durch die Organisation" (Richter, 2000b, 90)

Skalen	Interne Konsistenz Cronbachs α	Retest-Reliabilität
Gegenwärtige Arbeitsaufgabe		
Partizipationsmöglichkeiten	0,85	0,76
zeitliche Bedingungen	0,60	0,74
Anerkennung von Selbstständigkeit und soziales Klima	0,71	0,76
Entwicklungsmöglichkeiten	0,62	0,79
Gesamtwert: Lernförderung durch die Organisation	0,84	0,87
Berufsstart		
Partizipationsmöglichkeiten	0,86	0,76
zeitliche Bedingungen	0,69	0,83
Anerkennung von Selbstständigkeit und soziales Klima	0,76	0,76
Entwicklungsmöglichkeiten	0,65	0,72
Gesamtwert: Lernförderung durch die Organisation	0,87	0,84
Berufsmitte		
Partizipationsmöglichkeiten	0,86	0,72
zeitliche Bedingungen	0,67	0,72
Anerkennung von Selbstständigkeit und soziales Klima	0,78	0,64
Entwicklungsmöglichkeiten	0,67	0,67
Gesamtwert: Lernförderung durch die Organisation	0,88	0,80

Der Abschnitt *Lernunterstützung* kann als hinreichend konsistent und stabil bezeichnet werden. Lediglich für die Gegenwart liegt die Retest-Reliabilität knapp unter dem anzustrebenden Wert.

Tabelle 12: Reliabilität und interne Konsistenz für den Abschnitt „Lernunterstützung"
(Richter, 2000b, 92)

Skalen	Interne Konsistenz Cronbachs α	Retest-Reliabilität
Gegenwart	0,70	0,68
Berufsstart	0,77	0,79
Berufsmitte	0,77	0,73

Zusammenfassend bewerten die Autoren die Reliabilitäten der Skalen „Stärke der Eigenaktivität", „Partizipationsmöglichkeiten", „soziales Klima und Anerkennung von Selbstständigkeit", „Lernförderung durch die Organisation" sowie „die Lernunterstützung" als akzeptabel bis gut (Richter, 2000b, 94). Die Reliabilitäten der Skalen „beziehungsorientiertes Lernen" und „individuelles Problemlösen" erwiesen sich als gering, lägen aber dennoch überwiegend im akzeptablen Bereich. Die Skalen „Zeitliche Bedingungen" und „Entwicklungsmöglichkeiten" sind nach Einschätzung der Autoren, bei Vernachlässigung von geringen internen Konsistenzen, verwendbar. Die Ergebnisse der Skala „Entwicklungsziele" seien jedoch als kritisch einzuschätzen (ebd., 93).

Zur *Validierung* der Skalen des Fragebogens wurden Zusatzuntersuchungen in Form einer kriteriumsbezogenen Validierung durchgeführt und ausgewertet. Zur Untersuchung von Einschätzungen der Arbeitssituation erfolgte eine Differenzierung in Personen mit und ohne Leitungsfunktion. Dabei wurde angenommen, dass Personen mit Leitungsfunktion bezüglich ihrer Arbeitssituation einen höheren Tätigkeitsspielraum und eine höhere Anforderungsvielfalt erleben. Zur Überprüfung dieser Annahmen wurden vier Gruppen von Berufstätigen unterschieden: 1) Berufstätige ohne Leitungsfunktion, 2) Berufstätige mit einem Verlust von Leitung, die jetzt nicht leitend angestellt sind, 3) Berufstätige mit Leitungsfunktion lediglich in der jetzigen Tätigkeit und 4) Berufstätige, die jetzt und während ihrer Berufsbiographie in Führungspersonen standen (ebd., 96). Hinsichtlich der Ergebnisse der Untersuchung wurde u. a. erwartet, dass eine Verschiebung des Anspruchsniveaus und des Vergleichsmaßstabs bei Berufstätigen mit Leitungsverlust zu beobachten ist und diese ihre Arbeitssituation als weniger lernförderlich erleben als Berufstätige, die nie eine leitende Funktion ausübten (ebd.). Auf eine ausführliche Darstellung der Ergebnisse soll an dieser Stelle verzichtet werden (siehe Richter, 2000b, 97f.). Diese zeigen allerdings, dass die Annahmen weitestgehend bestätigt werden konnten. Damit liefern die Untersuchungsergebnisse Hinweise auf die Validität des Abschnittes *Lernförderung durch die Organisation* und verweisen zugleich auf die Bedeutung subjektiver Wertvorstellungen. Eine Ausnahme bildet die Teilskala „zeitliche Bedingungen", für die keine Validitätshinweise ermittelt werden konnten (ebd., 98). Da die erfassten Unterschiede auch auf andere Faktoren zurückgeführt werden könnten, weisen die Entwickler auf die Notwendigkeit weiterer Untersuchungen mit homogeneren Teilnehmern hin. Eine Validierung der retrospektiven Einschätzungen kann nicht vorgenommen werden. In den untersuchten Verläufen von Arbeitsmerkmalen und Unternehmensbedingungen zeigen sich allerdings Hinweise darauf, dass die befragten Personen in der Lage sind, verschiedene Tätigkeiten ihrer Berufsbiographie differenziert einzuschätzen (ebd., 99).

Für die Abschnitte *Ziele des Lernens* und *Vorgehen beim Lernen* wurden sowohl für die Gegenwart als auch retrospektiv für die Zeitpunkte Berufsstart und Berufsmitte Validitätsuntersuchungen durchgeführt. Ausgangspunkt der Untersuchungen bildet die Annahme, die Lernmotivation beeinflusst die Bereitschaft der Personen sich weiterzuentwickeln. Im Wettbewerb eines Unternehmens sollten sich demnach die Hochmotivierten eher behaupten, als die weniger Motivierten. Um dies zu untersuchen, wurden die Teilnehmer neu klassifiziert, wobei neben dem Innehaben einer Führungsfunktion auch die Berufswechsel berücksichtigt wurden. Im Ergebnis der Untersuchungen zeigen sich Hinweise auf die Validität der Skalen „Entwicklungsziele" und „Lernen durch individuelles Problemlösen" (Richter, 2000b, 102). Zur Überprüfung der retrospektiven Einschätzungen wurde angenommen, dass eine höhere Lernmotivation auch ein höheres Ausmaß an beruflichem Erfolg zum Ergebnis haben sollte. Als Kriterien für beruflichen Erfolg wurden das Innehaben einer Führungsfunktion sowie die fachliche Weiterentwicklung herangezogen. Im Ergebnis dieser Untersuchungen können Hinweise auf die Validität der retrospektiven Einschätzungen von beruflichen „Entwicklungszielen" sowie von „Lernen durch individuelles Problemlösen" festgehalten werden (ebd., 104). Hinsichtlich der Skala „Beziehungsorientiertes Lernen" sowie der Gesamtskala „Eigenaktivität beim Lernen" konnten in den Untersuchungen keine Validitätshinweise nachgewiesen werden.

Zu weiteren Qualitätsfaktoren des Verfahrens werden von den Entwicklern kaum Aussagen getroffen. Aus den Ausführungen geht jedoch hervor, dass die Anwendbarkeit des Verfahrens für wissenschaftsferne Anwender eher problematisch ist, da bei der Auswertung keine Norm als Bezugsgröße angenommen wird (Bergmann, 2003, 249).

6.2.4.5.5 Zusammenfassende Einschätzung

Der Fragebogen LIDA basiert auf einem funktionalen Kompetenzverständnis. Er beabsichtigt die Erfassung von lernrelevanten Merkmalen einer Person, die nach Ansicht der Entwickler den Kompetenzdimensionen Personal- und Selbstkompetenz zuzuordnen sind. Es können die Kompetenzelemente Fähigkeiten/Fertigkeiten und Motive erfasst werden.

Die Konstruktion des Verfahrens berücksichtigt die Situationsbezogenheit von Kompetenz, indem zwei Abschnitte enthalten sind, mit denen lernrelevante Bedingungen im Unternehmen erfasst werden können. Auf diese Weise können die erfassten personenrelevanten Merkmale in einen situativen Kontext eingeordnet werden. Die Fragen sind allerdings allgemein und situationsunspezifisch formuliert. Es wird keine bestimmte Situation zugrunde gelegt, sondern es werden allgemeine Situationsmerkmale im Hinblick auf Lernmöglichkeiten sowie die dazu interessierenden Personenmerkmale, wie z. B. Ziele und Vorgehen beim Lernen, erfasst. Damit streben die Autoren eine branchenübergreifende Einsetzbarkeit des Verfahrens an. Inwiefern dies in Anbetracht des Situations- und Kontextbezuges von Kompetenz überhaupt möglich ist, bleibt kritisch zu prüfen.

Durch die Standardisierung des Verfahrens bleiben individuelle Zielstellungen und Vorgehensweisen beim Lernen, die in den vorgegeben Antwortkategorien nicht enthalten sind, unberücksichtigt. Die Personen haben jedoch prinzipiell die Möglichkeit, diese unter dem Punkt „Sonstiges" zu ergänzen (Bergmann, 2003, 256).

Hinsichtlich der erzielten Qualitätsstandards bleibt festzuhalten, dass diese in fast allen Bereichen als ausreichend eingestuft werden konnten. Bezüglich der kritischen Skalen, sind weitere Untersuchungen zu empfehlen. Neben den klassischen Gütekriterien wurden kaum weitere Aussagen zu Fairness, Nutzen oder Ökonomie getroffen.

Der LIDA-Fragebogen kann unter der Annahme eines funktionalen Kompetenzverständnisses als Konzept eingestuft werden, dass Ergebnisse hinsichtlich der Entwicklung von Personen sowie zur Gestaltung von Arbeits- bzw. Lernumgebungen verspricht. Präferiert man allerdings ein sinnbezogenes Verständnis von Kompetenz, wird dieser Fragebogen den Anforderungen nicht hinreichend gerecht. Die Personen haben nur ansatzweise die Möglichkeit, die vorgegebenen Antwortalternativen zu ergänzen, was dem erforderlichen Handlungs- und Gestaltungsspielräumen nicht entspricht.

Die selbstgesetzten Ziele der Entwickler können unter Berücksichtigung der hier vorgestellten Vorgehensweise als erreicht betrachtet werden. Durch die gleichzeitige Erfassung von situativen Aspekten kann auch der Situationsbezug von Kompetenz berücksichtigt werden, der allein durch die allgemein formulierten Fragestellungen nicht gewährleistet wäre. Ob der fehlende Situationsbezug der Fragestellungen durch die separate Erfassung der situativen Aspekte allerdings ausreichend berücksichtigt werden kann, ist weiterhin kritisch zu prüfen.

6.2.4.6 Fragebogen zu einigen fachlichen Fähigkeiten und dem Umgang mit anderen (FASO)

6.2.4.6.1 Ziel und Zweck des Verfahrens

Der Fragebogen FASO wurde von Richter (2000a) und Wardanjan (1997) mit dem Ziel entwickelt, fachliche und soziale Kompetenz möglichst branchenübergreifend, gemeint ist berufsunspezifisch, zu erheben.

6.2.4.6.2 Kompetenzverständnis

Mit dem FASO-Fragebogen soll fachliche und soziale Kompetenz erfasst werden. Die Skala *Fachkompetenz* umfasst „alle Fähigkeiten, Fertigkeiten und Kenntnisse, die für die Bewältigung der konkreten beruflichen Aufgabe notwendig sind. Fachkompetenz bezieht sich somit auf das Wissen und den Umgang mit Arbeitsgeräten wie auch auf das Wissen über effektive Vorgehensweisen" (Richter, 2000a, 77). Die Entwickler strebten bei der Erfassung der Fachkompetenz, trotz der sich je nach ausgeübter Tätigkeit unterscheidenden relevanten fachlichen Fähigkeiten, eine möglichst berufsunspezifische Erfassung an. Um dies zu erreichen, verwenden sie für die Formulierung der Items sehr allgemeine Aussagen, wie beispielsweise „umfassende fachliche Kenntnisse", „mit vielen Geräten umgehen können" oder „viel Zeit benötigen zum Erlernen neuer Handgriffe/Techniken" (Richter, 2000b, 78).

„Die Skala *Sozialkompetenz* bezieht sich auf Fähigkeiten, die im Umgang mit Kollegen und Mitarbeitern wichtig sind. Es geht darum, einen gesunden Kompromiss zwischen Selbstverwirklichung und sozialer Anpassung zu finden. Dazu gehören Fähigkeiten wie Kommunikationsfähigkeit, Kooperationsbereitschaft und Kompromissbereitschaft." (ebd., 77). In diesem Verfahren wird die Kooperationsfähigkeit in den Mittelpunkt gestellt, worunter die Autoren den sozialen Umgang der Personen mit Kollegen und Mitarbeitern verstehen (vgl. Richter, 2000a, 76). Die Kooperationsfähigkeit soll mit Items wie z. B.

„Schwierigkeiten, arbeitsbezogene Dinge verständlich mitzuteilen", „Abneigung vor Gruppen- oder Teamarbeit" oder „Fehler offen eingestehen können" erfasst werden (Richter, 2000a, 78).

Aufgrund der Beschreibung der beiden Kompetenzdimensionen kann angenommen werden, dass hinsichtlich fachlicher Kompetenz die Kompetenzelemente Wissen und Fähigkeiten/Fertigkeiten erfasst werden. Mit Blick auf die soziale Kompetenz wird das Kompetenzelement Fähigkeiten/Fertigkeiten ermittelt.

6.2.4.6.3 Situations- und Erfassungskontext

Die Personen sind aufgefordert ihre Kompetenz anhand vorgegebener Items auf einer sechsstufigen Antwortskala einzuschätzen. Diese beziehen sich auf fachliches Wissen und fachliche Fähigkeiten/Fertigkeiten sowie auf kooperierendes Handeln in Zusammenarbeit mit anderen.

6.2.4.6.4 Methodologie

Der FASO-Fragebogen ist ein standardisierter schriftlicher Fragebogen, bei dem die Personen per Selbsteinschätzung vorgegebene Antwortalternativen auf einer sechsstufigen Skala von „trifft völlig zu" bis „trifft gar nicht zu" beantworten.

Die Entwicklung der Items erfolgte in Anlehnung an einen Fragebogen zur „Selbsteinschätzung beruflicher Kompetenzen bei der Evaluierung von Bildungsmaßnahmen" von Sonntag & Schäfer-Rauser (1993). Der Stellenwert von sozialer und fachlicher Kompetenz besitzt in verschiedenen Berufen eine unterschiedliche Relevanz. In der beruflichen Praxis gibt es zahlreiche Tätigkeiten die Abstimmung und Zusammenarbeit mit anderen Menschen erfordern. Die Arbeitstätigkeit ist dann durch eine Verknüpfung von fachlicher und sozialer Kompetenz bestimmt. Aus diesen Gründen erschien es für die Entwickler sinnvoll, neben den einzelnen Skalen, auch einen Gesamtwert *Selbstkonzept beruflicher Fach- und Sozialkompetenz* über beide Skalen zu bilden (Richter, 2000b, 77).

Qualitätsstandards

Hinsichtlich der erreichten Qualitätsstandards des FASO-Fragebogens wurden von den Autoren folgende Angaben getroffen:

Die *Objektivität* des Fragebogens kann durch die Verwendung eines standardisierten Fragebogens als gegeben betrachtet werden (ebd., 85).

Es wurden Koeffizienten für die *interne Konsistenz* sowie für die *Retest-Reliabilität* bestimmt. Diesbezüglich können die Skalen alle auf akzeptable Werte verweisen (ebd., 92):

Tabelle 13: Reliabilitäten für den Fragebogen FASO (Richter, 2000b, 91)

Skalen	Interne Konsistenz Cronbachs α	Retest-Reliabilität
Sozialkompetenz	0,74	0,85
Fachkompetenz	0,73	0,79
Gesamtwert FASO	0,80	0,83

Zur Überprüfung der *Validität* des Fragebogens wurden verschiedene Untersuchungen durchgeführt, die im Folgenden kurz erläutert werden.

Es wurde eine *kriterienbezogene Validierung von Selbsteinschätzungen* vorgenommen, wobei der berufliche Erfolg als Außenkriterium angenommen wurde. Dabei wurde davon ausgegangen, dass eine Leitungsfunktion an bestimmte Voraussetzungen gebunden ist, die sich zunächst auf vorhandene Qualifikationen beziehen. Eine Person könne schließlich als kompetent eingestuft werden, wenn sie sich in einer solchen Leitungsfunktion bewähre. Aus diesen Überlegungen heraus wird für Personen mit Leitungsfunktion eine höhere Ausprägung des Selbstkonzeptes beruflicher Kompetenz erwartet (Richter, 2000b, 101). Ein Vergleich der Selbsteinschätzungen beruflicher Kompetenz bei Berufstätigen mit unterschiedlichen Karriereverläufen zeigt für den Fragebogen FASO keine Unterschiede (ebd.).

Eine *Validitätsüberprüfung zur Ermittlung von Zusammenhängen mit anderen Formen der Selbsteinschätzung* erfolgte im Rahmen einer weiteren Zusatzuntersuchung. In dieser sollten die Befragten ihre Kompetenz bezogen auf konkrete Arbeitsanforderungen (Profileinschätzung) einschätzen. Im Ergebnis zeigten sich bei der fachlichen Kompetenz positive signifikante Zusammenhänge zwischen Profil- und Selbsteinschätzung (0.52). Bei der sozialen Kompetenz konnte kein Zusammenhang zwischen Profil- und Selbsteinschätzung nachgewiesen werden (ebd., 106). Daraus leiten die Entwickler ab, dass die Ergebnisse eine konvergente Validität „für die beiden Formen der Selbsteinschätzung von Fachkompetenz bei gleichzeitiger diskriminanter Validität bezogen auf die Einschätzung von sozialer Kompetenz" zeigen (ebd.). Nach Auffassung der Entwickler ist dies zugleich ein Hinweis darauf, dass mit Hilfe der allgemeinen Kompetenzeinschätzungen im Fragebogen FASO auch wesentliche Aspekte von Fachkompetenz für diese konkrete Tätigkeit erfasst werden (ebd.).

Für einen weiteren Validitätsnachweis wurden die Kompetenzeinschätzungen in ein umfassendes Modell der Persönlichkeit (Big Five von Costa und McCrae, 1985) eingeordnet. Das NEO-Fünf-Faktoren Inventar – NEO-FFI (Borkenau & Ostendorf, 1993) mit den Skalen Neurotizismus, Extraversion, Offenheit, Verträglichkeit und Gewissenhaftigkeit wurde zudem als externer Fragebogen eingesetzt (Richter, 2000b, 108). Korrelationsanalysen für die einzelnen Skalen des Fragebogens zeigen signifikant negative Zusammenhänge mit Neurotizismus und positive mit Extraversion und Gewissenhaftigkeit. Die Selbsteinschätzung der sozialen Kompetenz korreliert zudem mit Verträglichkeit (vgl. Tabelle 2.10 in Richter, 2000b, 109).

Ein anderer Validierungsansatz untersuchte die Zusammenhänge zwischen Kompetenzeinschätzungen, Intelligenztestwerten und anderen objektiven Maßen. Für diese Untersuchung wurde der Kurztest BIS-4 (Jäger, Süß & Beauducel, 1997) herangezogen. Insgesamt konnten keine durchgängig signifikanten Zusammenhänge zwischen den Intelligenztestwerten und den verschiedenen Konzepten der Selbsteinschätzung beruflicher Kompetenz nachgewiesen werden (Richter, 2000b, 109). Durch die Bildung eines zusätzlichen Testwertes über alle Aufgaben zur Erfassung der Bearbeitungsgeschwindigkeit (Konzentration) konnte für die Skalen Fach- und Sozialkompetenz ein tendenziell positiver Zusammenhang (0.27) ermittelt werden (ebd., 109f.).

Als Ergebnis aus den durchgeführten Validitätsuntersuchungen (ebd., 94ff.) verweisen die Entwickler sowohl für die Fach- als auch für die Sozialkompetenz auf eine konvergente Validität (ebd., 110).

Zu anderen Qualitätsstandards wie beispielsweise Fairness oder Nutzen wurden keine Aussagen getroffen.

6.2.4.6.5 Zusammenfassende Einschätzung

Der vorliegende Fragebogen FASO beansprucht fachliche und soziale Kompetenz berufsunspezifisch zu erfassen. Aus diesem Grund entschieden sich die Autoren für eine allgemeine Formulierung der Fragestellungen, ohne Bezug zu konkreten Arbeitstätigkeiten oder -aufgaben. Bei der sozialen Kompetenz wurde lediglich eine Fokussierung auf den Aspekt der Kooperationsfähigkeit vorgenommen.

Mit dem Fragebogen können für die Dimension Fachkompetenz die Kompetenzelemente Wissen und Fähigkeiten/Fertigkeiten und für die Dimension Sozialkompetenz das Element Fähigkeiten/Fertigkeiten erfasst werden. Das Verfahren basiert, wie das Gesamtverfahren, auf einem funktionalen Verständnis von Kompetenz was in der Standardisierung des Fragebogens zum Ausdruck kommt.

Die Entwickler des Verfahrens haben Untersuchungen zur Objektivität, Reliabilität und Validität des Verfahrens vorgenommen. Sie konnten auf Objektivität und konvergente Validität verweisen. Für die Reliabilität liegen ebenfalls akzeptable Werte vor. Angaben zu weiteren Qualitätsstandards fehlen allerdings.

Die von den Autoren selbstgesetzten Zielstellungen sind auf Basis der zugrunde gelegten Annahmen erreicht wurden. Kritisch zu betrachten sind das funktionale Verständnis von Kompetenz und die damit verbundene standardisierte Erfassung. Die aufgrund der angestrebten arbeitsplatz- und berufsunspezifischen Erfassung vorgenommene allgemeine Formulierung der Items, ist ebenfalls skeptisch zu betrachten. Der herausgestellte Situationsbezug von Kompetenz, dem auch die Autoren zustimmen, wird dadurch in dem Verfahren nicht berücksichtigt. Inwiefern dies durch den empfohlenen kombinierten Einsatz mit Verfahren der Arbeitsanalyse ausgeglichen werden kann, ist unklar und differiert vermutlich je nach verwendeten Arbeitsanalyseverfahren. Prinzipiell ist zu hinterfragen, inwiefern und ggf. unter welchen Bedingungen, eine arbeits- und berufsunspezifische Erfassung von Kompetenz überhaupt möglich ist.

6.2.4.7 Fragebogen zum Vorgehen in Problemsituationen (PROLÖ)

6.2.4.7.1 Ziel und Zweck des Verfahrens

Dieser Fragebogen wurde von Richter (2000a) und Uhlemann (1997) entwickelt und dient dazu, das „Selbstkonzept methodischer Kompetenz zu ermitteln" (Richter, 2000b, 78).

6.2.4.7.2 Kompetenzverständnis

Im Fokus von PROLÖ steht das Problemlösen als eine Dimension von Methodenkompetenz. Ein Problem wird von mehreren Autoren übereinstimmend charakterisiert, „durch einen unerwünschten Ausgangszustand, einen erwünschten Zielzustand und den Mangel an hinreichenden Mitteln, um diesen zu erreichen" (Richter, 2000b, 78f.). Ein Problem ist damit eine neuartige Situation, die es zu bewältigen gilt (ebd., 79). Als Kernstück der zu erfassenden Methodenkompetenz wird hier die „Befähigung zum Transfer" betrachtet. Diese wird als die „Fähigkeit verstanden, Wissen und Vorgehensweisen, die in einer Situation erworben wurden, zu generalisieren und somit auf andere Situationen zu übertragen" (ebd., 79).

Im Fragebogen PROLÖ wird die methodische Kompetenz anhand von Items zu folgenden inhaltlichen Konzepten erfragt: metakognitives Wissen, metakognitive Kontrollprozesse, Problemlöseverhalten, Informationsverarbeitungsstrategien, Lern- und Arbeitsverhalten sowie zu kognitiven Merkmalen, wie Kreativität, Denkstil, kognitive Fähigkeiten (ebd.). Die Items des Fragebogens lassen sich in zwei Skalen untergliedern. „Die Skala *methodisches Vorgehen* hat das bewusste Anwenden von bestimmten Strategien bei der Problembewältigung zum Inhalt. Schwerpunkte bilden dabei einerseits das geplante Vorgehen und andererseits der Versuch des bewussten Transfers von Gelerntem auf neue Situationen" (ebd., 80). Die Skala *Kognitive Fähigkeiten* bezieht „sich auf das Wissen um die eigenen Fähigkeiten und um effektive Strategien für Problemlösen" (ebd.). Als Gesamtwert über beide Teilskalen des Fragebogens wird die Skala *Methodische Kompetenz* gebildet. Die Bildung dieses Gesamtwerts berücksichtigt, „dass bestimmte Arbeitsinhalte es nicht ermöglichen, externe Ressourcen in das methodische Vorgehen einzubinden" (ebd.). Durch den Gesamtwert werden „wechselseitige Kompensationen von Defiziten in kognitiven Fähigkeiten und methodischen Vorgehen" angemessener beachtet (ebd.).

Abbildung 7:   *Aufgliederung von Methodischer Kompetenz (Bergmann, 2003, 255;*
                 Richter, 2000b, 81)

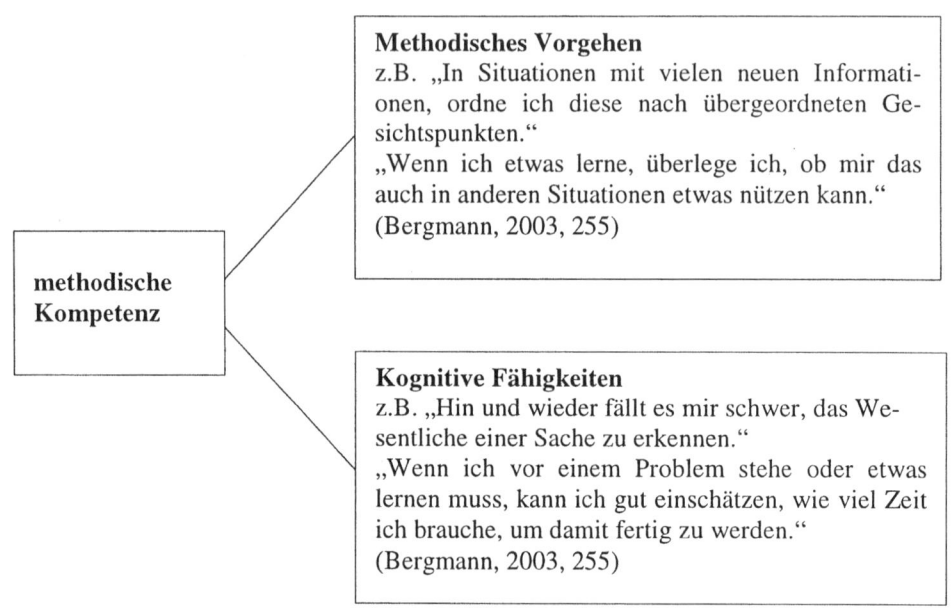

Mit den hier beschriebenen Skalen und dem zugrunde liegenden Kompetenzverständnis
werden die Kompetenzelemente Wissen und Fähigkeiten/Fertigkeiten ermittelt.

6.2.4.7.3 Situations- und Erfassungskontext

Die Personen sind angehalten ihr Vorgehen beim Handeln in Problemsituationen auf einer
sechsstufigen Antwortskala zu beurteilen. Die Items sind dabei nicht auf eine spezielle
Problemsituation bezogen, sondern allgemein im Hinblick auf Problemlösefähigkeit formuliert.

6.2.4.7.4 Methodologie

Bei dem hier zu analysierenden Erhebungsinstrument handelt es sich um einen standardisierten Fragebogen, der schriftlich von den Probanden zu bearbeiten ist. Diese sollen sich
dabei anhand der auf einer sechsstufigen Antwortskala vorgegebenen Antwortalternativen
selbst beurteilen.
   Die entwickelten Items basieren auf einer umfassenden Recherche von Fachliteratur,
Alltagsbeobachtungen sowie der Analyse bereits vorhandener Instrumente (Esser, 1987;
Janowski, Fittau & Rauer, 1994; Metzig & Schuster, 1993; Sonntag & Schäfer-Rauser,
1993; Stäudel 1986; Thiel, Keller & Binder, 1979; zit. nach Richter, 2000b, 79). Die Instrumente gaben Anregungen bezüglich Neuformulierungen. Es wurden aber auch Items

übernommen bzw. adaptiert (Richter, 2000b, 79). Bei der Formulierung der Items achteten die Entwickler darauf, dass sowohl positive als auch negative Items im Hinblick auf das Selbstkonzept der methodischen Kompetenz von Personen erarbeitet wurden (ebd.).

Qualitätsstandards

Die Bedingung der *Objektivität* wird durch den standardisierten Aufbau des Erhebungsinstrumentes erfüllt (ebd., 85).

Die für den Fragebogen ermittelten Koeffizienten für die *interne Konsistenz* sowie die *Retest-Reliabilität* weisen alle akzeptable bis hohe Werte auf (ebd., 92).

Tabelle 14: Reliabilitäten für den Fragebogen PROLÖ (Richter, 2000b, 92)

Skalen	Interne Konsistenz Cronbachs α	Retest-Reliabilität
Methodisches Vorgehen	0.78	0.79
Kognitive Kompetenz	0.78	0.82
Methodische Kompetenz	0.84	0.88

Zum Nachweis der Validität des Fragebogens wurden verschiedene Untersuchungen durchgeführt, die im Folgenden kurz erläutert sind.[145]

Zunächst sollten Zusammenhänge mit anderen Formen der Selbsteinschätzung nachgewiesen werden. Dazu wurden Zusammenhänge zwischen Karrieretypen und Einschätzungen beruflicher Kompetenz untersucht. Ausgangspunkt war die These, dass die Ausübung von Leitungsfunktionen an bestimmte Voraussetzungen gebunden ist und, dass nur diejenigen Personen sich in ihrer Position behaupten können, die sich als kompetent erweisen. Ein Vergleich der Selbsteinschätzungen beruflicher Kompetenz von Personen mit verschiedenen Karriereverläufen führt zu folgenden Ergebnissen (Richter, 2000b, 101): Mit Blick auf die *kognitiven Fähigkeiten* konnte festgestellt werden, dass Berufstätige ohne Leitung signifikant geringere Werte angeben als Berufstätige die jetzt eine Führungsposition ausüben. Für den Gesamtwert *methodische Kompetenz* ergab sich ein „signifikanter Unterschied zwischen allen Berufstätigen, die jetzt keine Führungsposition ausüben und Berufstätigen, die sowohl jetzt als auch in ihrer Berufsbiographie in einer Leitungsfunktion standen" (ebd.). „Diese Ergebnisse können als Hinweise auf die Validität der Selbsteinschätzungen zur methodischen (...) Kompetenz gewertet werden" (ebd., 102).

Ein weiterer Nachweis von Zusammenhängen mit anderen Formen der Selbsteinschätzung erfolgte durch eine Zusatzuntersuchung, in der 20 Personen ihre Kompetenz bezogen auf eine konkrete Anforderung ihrer Arbeitsaufgabe einschätzen sollten. Im Ergebnis konnte ein signifikanter Zusammenhang zwischen Profileinschätzung und Selbsteinschätzung für die Skalen *kognitive Fähigkeiten* (0.57) und *methodische Kompetenz* (0.49) nachgewiesen werden (ebd., 106).

Zur Bestätigung der Validität des Fragebogens dient auch die Untersuchung von Zusammenhängen zwischen dem Selbstkonzept beruflicher Kompetenz und den „als stabiler anzusehenden personalen Kompetenzen" (ebd., 108). Um dies nachzuweisen kam das

---

[145] Dies sind im Wesentlichen die gleichen Untersuchungen, die schon bei FASO dargestellt wurden.

NEO-Fünf-Faktoren Inventar NEO-FFI (Borkenau, Ostendorf, 1993) zum Einsatz. Als Ergebnis konnten negative Zusammenhänge mit Neurotizismus und positive Zusammenhänge mit Extraversion und Gewissenhaftigkeit herausgestellt werden. Die *methodische Kompetenz* korreliert außerdem mit Offenheit (ebd.).

Des Weiteren wurden Zusammenhänge zwischen Kompetenzeinschätzungen und Intelligenztestwerten sowie anderen objektiven Maßen überprüft. Dazu wurde ein Kurztest des BIS-4 (Jäger, Süß & Beauducel, 1997) bei 47 Berufstätigen eingesetzt. „Die Untersuchung erbrachte keine durchgängigen signifikanten Zusammenhänge zwischen Intelligenztestwerten und den verschiedenen Selbstkonzepten beruflicher Kompetenz" (Richter, 2000b, 109). Durch die Bildung zusätzlicher Testwerte über alle Aufgaben zur Erfassung der Bearbeitungsgeschwindigkeit (Konzentration) konnte ein tendenziell positiver Zusammenhang für die Skala *kognitive Fähigkeiten* (0.27) nachgewiesen werden (ebd.).

Im Ergebnis verweisen die durchgeführten Validitätsuntersuchungen (ebd., 94ff.) für die Methodenkompetenz sowohl auf konvergente Validität als auch auf Kriteriumsvalidität (ebd., 110). Zu weiteren Qualitätsstandards wie Ökonomie oder Fairness wurden von den Entwicklern keine Angaben gemacht.

6.2.4.7.5 Zusammenfassende Einschätzung

Der PROLÖ Fragebogen soll zur Erfassung methodischer Kompetenz herangezogen werden, wobei er sich auf Problemlöseprozesse konzentriert. Die Kompetenzelemente Wissen und Fähigkeiten/Fertigkeiten können mit dem Verfahren ermittelt werden. Es wird eine allgemeine berufsunspezifische Erfassung angestrebt, so dass kein Bezug zu spezifischen Problemsituationen besteht. Der Situationsbezug von Kompetenz wird somit durch das Verfahren selbst nicht berücksichtigt. Die Autoren empfehlen daher, den Fragebogen in Kombination mit Verfahren zur Analyse der Arbeitssituation einzusetzen.

Zur Sicherung der Qualitätsstandards führten die Entwickler Untersuchungen zu Objektivität, Reliabilität und Validität durch. Die erzielten Reliabilitätswerte können als akzeptabel bis hoch eingeschätzt werden. Hinsichtlich der Validität konnten konvergente Validität und kriteriumsbezogene Validität bescheinigt werden.

Insgesamt bleibt festzuhalten, dass mit dem Verfahren PROLÖ die selbstgesetzten Untersuchungsziele der Entwickler erreicht wurden. Es ist jedoch anzumerken, dass es sich um ein sehr begrenzt einsetzbares Verfahren handelt, da mit der Problemlösefähigkeit nur ein Aspekt von Methodenkompetenz angesprochen wird. Kritisch zu sehen ist die mangelnde Berücksichtigung des Situationsbezuges von Kompetenz. Inwiefern man dies durch den kombinierten Einsatz mit Verfahren zur Analyse der Arbeitssituation ausgleichen kann, bleibt zu prüfen. Unklar bleibt auch, welcher Nutzen sich aus den allgemein ermittelten Daten tatsächlich ergibt.

6.2.4.8   Gesamteinschätzung des Verfahrens

Die hier vorgestellten Verfahren basieren auf einem funktionalen Kompetenzverständnis. Mit Ausnahme der emotionalen Dispositionen sind alle Kompetenzelemente mit den Verfahren erfassbar.

Die Verfahren streben eine branchenübergreifende, d.h. eine berufsunabhängige, Erfassung von Kompetenz an. Aus diesem Grund entschieden sich die Entwickler für allgemein formulierte Items, ohne Bezug zu einer spezifischen Situation. Mit diesem Vorgehen wird allerdings der Situationsbezug von Kompetenz, von dem auch die Entwickler ausgehen, außer Acht gelassen. Zwar empfehlen die Entwickler, den Einsatz der Kompetenzerfassungsverfahren mit Verfahren zur Analyse der Arbeitssituation zu kombinieren, inwieweit aber dadurch der fehlende Situationsbezug in den Verfahren ausgeglichen werden kann, bleibt unklar. Eine Ausnahme bildet das Verfahren LIDA. Hier sind zwei Abschnitte zur Erfassung von lernrelevanten Merkmalen der Organisation enthalten, so dass mit dem Verfahren selbst situative Aspekte berücksichtigt werden.

Für alle der analysierten Verfahren konnte aufgrund des standardisierten Aufbaus Objektivität bescheinigt werden. Des Weiteren fanden umfangreiche Untersuchungen hinsichtlich Reliabilität und Validität statt, wobei akzeptable Ergebnisse vorzuweisen sind. Nur vereinzelte Skalen unterschreiten die selbstgesetzten Anforderungen an Reliabilität und Validität. Darüber hinaus wurden Angaben über die Anwendbarkeit des Verfahrens getroffen. Aussagen hinsichtlich der Fairness oder des Nutzens der Verfahren sind nicht vorhanden.

Insgesamt kann festgehalten werden, dass die von den Entwicklern gesetzten Ziele erreicht wurden. Die angestrebte branchenübergreifende Erfassung von Kompetenz ist kritisch zu betrachten. Denn es ist unklar, inwiefern der dabei außer Acht gelassene Situationsbezug von Kompetenz, durch den kombinierten Einsatz der Kompetenzerfassungsverfahren mit Verfahren zur Analyse der Arbeitssituation kompensiert werden kann. Der fehlende Bezug zu Situationen ist daher als kritisches Moment der Verfahren einzuordnen.

6.2.5   Arbeitsproben und situative Fragen zur Messung arbeitsplatzbezogener Kompetenzen (Schaper)

Die Arbeitsproben und situativen Fragen zur Messung von Kompetenz wurden im Rahmen eines Modellversuchs zur betrieblichen Berufsausbildung entwickelt und erprobt. Im Rahmen des Modellversuchs wurde angestrebt, das betriebliche Lernsystem in einem Automobilwerk zu verbessern. Ziel war dabei, das arbeitsbezogene Lernen von zukünftigen Facharbeitern in der Ausbildung zu intensivieren und den Übergang von Berufsausbildung zum betrieblichen Einsatz zu verbessern (Schaper, 2003, 191).

6.2.5.1   Ziel und Zweck des Verfahrens

Mit den Arbeitsproben und situativen Fragen sollen berufliche Kompetenz bzw. Kompetenzentwicklung auf der Verhaltens- und Wissensebene bei Auszubildenden Industriefacharbeitern an Lernorten der Fertigung gemessen werden (ebd., 186). Das Verfahren orientiert sich konkret an den jeweiligen Lernzielen und -inhalten[146], die sowohl fachliche, me-

---

[146] Das Vorgehen beruht auf der Annahme, dass ein Zusammenhang zwischen Kompetenz und Lernen besteht. Wie an anderer Stelle dargestellt (vgl. 3.1), kann angenommen werden, dass sich Kompetenz durch Lernprozesse herausbildet und weiterentwickelt. Demnach können Lernziele auch als Kompetenzentwicklungsziele angesehen werden, womit sich ein Ansatzpunkt für die Erfassung von Kompetenz ergibt.

thodische und soziale Kompetenzdimensionen einbeziehen. Hauptziel des Verfahrens ist es, Lerneffekte bzw. Kompetenzveränderungen durch das Arbeiten an diesen Lernorten zu erfassen. Damit erfolgt sowohl eine Evaluation entsprechender Lernarrangements als auch eine Lernerfolgsmessung des individuellen arbeitsbezogenen Lernens von Auszubildenden[147]. Das Verfahren der Arbeitsproben und situativen Fragen bezieht sich auf die inhaltlichen Anforderungen und Tätigkeiten an den arbeitsintegrierten Lernorten und ist zudem in der Lage, die damit verbundenen fachübergreifenden Fähigkeiten zu ermitteln (Schaper, 2003, 186). Die situativen Fragen sollen die Arbeitsproben ergänzen und Kompetenzfacetten erfassen, die mit Arbeitsproben nicht oder nur sehr aufwendig erfasst werden können (ebd., 187).

Mit den genannten Zielstellungen kann das Verfahren auch als Evaluationsverfahren bezeichnet werden. Vor diesem Hintergrund ist das Verfahren dem anforderungsorientiertem Ansatz zuzuordnen, denn es wird eingeschätzt inwieweit eine Person die identifizierten Anforderungen des Arbeitsplatzes erfüllt. Aufgrund der zu erwartenden Ergebnisse und sich daraus ergebenen Nutzeneffekten sind mit dem Verfahren gleichermaßen entwicklungsorientierte Aspekte verbunden (vgl. 6.2.5.4).

6.2.5.2 Kompetenzverständnis

Der Autor versteht Kompetenz „als Dispositionen bzw. im Handeln aktualisierbare, kognitive, sensomotorische, sozialkommunikative, emotional-motivationale Leistungsvoraussetzungen und Persönlichkeitsmerkmale" (Schaper, 2003, 185). Demnach entsprächen sie psychologischen Konstrukten, die nicht direkt beobachtbar sind, sondern nur über Indikatoren bzw. Operationalisierungen erschlossen werden können. Für die berufliche Kompetenz wird angenommen, dass sie an bestimmte Tätigkeiten gebunden und auf Handlungsorientierung gerichtet ist. Somit könne berufliche Kompetenz über den Bezug zu einer konkreten Tätigkeit, Anforderung, Aufgabe oder Problemstellung definiert werden (ebd.).

Bei der Entwicklung des Verfahrens orientierten sich die Entwickler an der Einteilung beruflicher Kompetenz in Fach-, Methoden-, Sozial- und Personalkompetenz (Sonntag & Schaper, 1999). Diese Einteilung ist insbesondere in der Berufsbildungspraxis stark verbreitet. Anhand der entwickelten Arbeitsproben können Fähigkeiten/Fertigkeiten erfasst werden. Das Kompetenzelement Wissen kann sowohl durch die Bewältigung der Arbeitsprobe als auch durch die situativen Fragen erfasst werden. Inwiefern Motive und emotionale Dispositionen mit dem Verfahren berücksichtigt werden, kann aus der Darstellung nicht erschlossen werden.

Im Kompetenzverständnis des Entwicklers wird berufliche Kompetenz über den Bezug zu einer konkreten Tätigkeit, Anforderung oder Aufgabe definiert (Schaper, 2003, 285). Bei der Erfassung der Kompetenzdimensionen Fach- und Methodenkompetenz wird dies berücksichtigt, indem sowohl die Arbeitsproben als auch die situativen Fragen den jeweiligen Lernortbereichen angepasst wurden. Dieses Vorgehen verdeutlicht den ausgeprägten situativen Bezug des Verfahrens. Zur Erfassung der Dimension Sozialkompetenz

---

[147] Im Prinzip werden die erzielten Lernergebnisse (Kompetenz) evaluiert. In einem weiteren Schritt könnte überprüft werden, inwiefern bestimmte Lernarrangements besonders für die Entwicklung von Kompetenz geeignet sind.

sind die Kontextbedingungen breiter angelegt, da eine stärkere Generalisierbarkeit dieser Kompetenzdimension angenommen wird.

Die gewählte methodische Vorgehensweise zur Erfassung von Kompetenz orientiert sich an einem sinnbezogenen Kompetenzverständnis. So sind den Personen für die Bearbeitung der Arbeitsproben und situativen Fragen Handlungs- und Gestaltungsspielräume gegeben. Damit ist das Handeln der Personen nicht im Vorfeld durch Kategorisierungen eingeengt, sondern es besteht Handlungsfreiheit während des Bearbeitungsprozesses. Die Auswertung der ermittelten Daten ist allerdings an ein Kategorisierungssystem geknüpft, welches Annahmen über Kompetenz enthält.

6.2.5.3   Situations- und Erfassungskontext

Um die genannten Kompetenzdimensionen anhand der Arbeitsproben und situativen Fragen erfassen zu können, wurden in die Aufgabenstellungen sowohl Planungs-, Entscheidungs- und Problemlöseanforderungen als auch Kommunikations- und Kooperationserfordernisse integriert. Bei der Bearbeitung der Arbeitsproben wurden die Auszubildenden an bestimmten Stellen zur Begründung ihres Vorhabens angehalten. Anhand der Begründungen sollen Rückschlüsse auf die Form der kognitiven Informationsverarbeitung sowie auf die Vollständigkeit und Richtigkeit der Wissensstruktur gezogen werden (Schaper, 2003, 186).

Die Arbeitsproben sollten möglichst störungsfrei an den jeweiligen Arbeitsplätzen der Auszubildenden durchgeführt werden. Die Bearbeitung der Planungsaufgaben, Wissensfragen und situativen Fragen erfolgt ebenfalls arbeitsplatznah. Dabei wird darauf geachtet, dass eine akustische Verständigung zwischen Auszubildenden und Versuchsleiter möglich ist und nicht durch Maschinenlärm beeinträchtigt wird. Die Maschinen, Werkzeuge und Werkstücke stehen an den Arbeitsplätzen zur Verfügung. Zusätzliche Informationen zur Bearbeitung von Teilaufgaben, zur Protokollierung und zur Auswertung werden den Auszubildenden in Form schriftlicher Unterlagen zur Verfügung gestellt. Die Bearbeitung der Arbeitsproben erfolgt am Arbeitsplatz innerhalb eines festgesetzten Zeitrahmens (ebd., 189).

Sowohl die Arbeitsproben als auch die situativen Fragen werden vom Versuchsleiter einzeln mit der jeweiligen Person durchgeführt. Weitere Akteure sind nicht am Erhebungsprozess beteiligt (ebd.).

6.2.5.4   Methodologie

Beurteilungsform

Die Beurteilung erfolgt in diesem Verfahren in Form von Fremd- und Selbstbeurteilung durch den Versuchsleiter. Zur Beurteilung der Arbeitsaufgabe wurde für jede Aufgabe ein detailliertes Bewertungs- und Punktsystem erarbeitet, anhand dessen die Fremdbeurteilung vorgenommen wird. Die an die Person herangetragenen situativen Fragen werden durch Selbsteinschätzungen bzw. Selbstbeschreibungen der Personen beantwortet.

Erhebungsmethode

Die Kombination von Arbeitsproben und situativen Fragen können einem multimodalen Ansatz zugeordnet werden (vgl. 5.4). Die Methode der teilnehmenden Beobachtung wird verwendet, um die Bearbeitung der Arbeitsproben durch eine Person verfolgen und einschätzen zu können. Der Versuchsleiter ist dabei nicht nur „stiller Beobachter", sondern er fordert die Person während des Beobachtungsprozesses auf, ihr Vorgehen zu begründen. Darüber hinaus wird die Methode des Interviews, speziell die des „situativen Interviews" (vgl. Latham u. a., 1980) in Form von situativen Fragen eingesetzt.

Die verwendeten Arbeitsproben und situativen Fragen wurden aufgrund von arbeitsplatzbezogenen Aufgabenanalysen entwickelt. Durch diese sollten geeignete Aufgabenstellungen und Anforderungen identifiziert werden, anhand der die für die auszuführenden Tätigkeiten erforderliche Fach-, Methoden- und Sozialkompetenz erfasst werden kann. Die identifizierten Anforderungen wurden im weiteren Verlauf hinsichtlich Schwierigkeit und Häufigkeit beurteilt. Aufgaben mittlerer und höherer Schwierigkeit wurden einer hierarchischen Aufgabenanalyse unterzogen, die eine konkrete und strukturierte Beschreibung von effektiven Vorgehensweisen beinhaltet. Durch die hierarchischen Aufgabenanalysen, die eine Erarbeitung der Handlungsstruktur zulassen, konnten sowohl konkrete Aufgabenstellungen für Arbeitsproben als auch die erforderlichen Arbeitshandlungen und Entscheidungsschritte zur Lösungsbeurteilung erarbeitet werden. Damit bilden die Aufgabenanalysen die Grundlage für die Formulierung von Aufgabenstellungen als auch für die Entwicklung von geeigneten Beobachtungs- und Beurteilungskriterien (Schaper, 2003, 192).

Bei der Anwendung des Verfahrens werden die Personen zunächst über den Ablauf der Messung und die dabei stattfindende Form der Beobachtung informiert. Des Weiteren erhalten sie mündliche und schriftliche Instruktionen über die Arbeitsproben. Die Arbeitsproben sind dann in einem vorgegebenen Zeitrahmen am Arbeitsplatz zu bearbeiten. Während der Bearbeitungszeit werden die Personen durch den Versuchsleiter beobachtet und an festgelegten Punkten zu ihrem Vorgehen befragt. Beobachtungen und Befragungen werden in einem vorbereiteten Protokollschema festgehalten. Im Verlauf des Verfahrens sind von den Personen zunächst jeweils zwei Arbeitsproben zu Fachkompetenz, dann zu Methodenkompetenz und schließlich zu Sozialkompetenz zu bearbeiten. Abschließend stellt der Versuchsleiter die situativen Fragen. Der Zeitbedarf für die Durchführung der sechs Arbeitsproben wird mit etwa 75 Minuten veranschlagt. Weitere 20 Minuten werden für die Bearbeitung der situativen Fragen benötigt. Die Auswertung der erhobenen Daten (Arbeitsproben und situative Fragen) anhand des Bewertungs- und Punktesystems erfordert ca. 30 Minuten (Schaper, 2003, 189).

Zur besseren Veranschaulichung des Verfahrens soll im Folgenden beispielhaft eine Arbeitsprobe zur Erfassung von Sozialkompetenz dargestellt werden:[148]

Die Entwickler gehen davon aus, dass die Arbeitsproben und situativen Fragen zur Erfassung von Sozialkompetenz kommunikative und kooperative Kompetenz erfordern. Zur Beurteilung des beobachteten Verhaltens in den Arbeitsproben und der hypothetischen Verhaltensbeschreibungen bei der Beantwortung der situativen Fragen wurden Kriterien herangezogen, die in Anlehnung an Trainingskonzepte aus dem Bereich Kommunikation

---

[148] Dieser Kompetenzbereich wurde zur näheren Beschreibung ausgewählt, da hier nicht zwischen verschiedenen Lernortbereichen unterschieden wurde, wie das bei den anderen beiden Kompetenzbereichen der Fall war. Alle Auszubildenden erhielten dieselben Arbeitsproben und situativen Fragen.

und Kooperation entwickelt wurden (Schaper, 2003, 195). Einen Überblick über die zur Erfassung von Sozialkompetenz eingesetzten Arbeitsproben und situativen Fragen hat der Verfahrensentwickler in folgender Tabelle dargestellt:

Tabelle 15: Übersicht zu den Anforderungen und situativen Fragen zur Erfassung der Sozialkompetenz (Schaper, 2003, 196)

Instrument	Aufgaben / Frageinhalte	Anforderungen
Arbeitsprobe: Erklärung technischer Sachverhalte	- Erklären alltäglicher technischer Sachverhalte (Funktionsweise eines Türschlosses) - Einführung in den Lernort	- Verständliches Erklären technischer oder arbeitsbezogener Sachverhalte - Berücksichtigen der Fragen und Voraussetzungen des Gesprächspartners
Arbeitsprobe: Planen einer Betriebsführung	- Gemeinsames Planen einer mehrstündigen Betriebsführung	- Kooperatives Planen und Aufteilen von Arbeiten
Situative Fragen	- z. B. Reaktion auf die Beschädigung von Arbeitsmitteln, oder - Bemerken fahrlässigen Sicherheitsverhaltens etc.	- z. B. Anbieten von Hilfe, Annehmen von Kritik, Umgang mit Konflikten, Einbeziehen von anderen, Erfragen von Hilfe etc.

Mit der Arbeitsprobe „Planen einer Betriebsführung" wird beispielsweise ermittelt, „welche kooperativen Kompetenzen bzw. Verhaltensweisen bei Anforderungen an gemeinsames Planen und Aufteilen von Arbeiten von Auszubildenden gezeigt werden" (ebd., 197). Um dies zu ermitteln, erhalten zwei Personen (in diesem Fall Auszubildende) die Aufgabe für eine Besuchergruppe eine mehrstündige Betriebsführung gemeinsam zu planen und vorzubereiten. Ziel ist dabei in erster Linie die Erstellung eines Besucherprogramms und eines Zielplans für die Werksbesichtigung. Dabei werden die Personen beobachtet und nach festgelegten Kriterien beurteilt. Die Beurteilungskriterien und Verhaltensanker dieser Arbeitsprobe werden durch den Entwickler wie folgt zusammengefasst:

Tabelle 16: Beurteilungskriterien und Verhaltensanker zur Arbeitsprobe Planen einer
Betriebsführung. (Schaper, 2003, 197)

Beobachtungskategorie	Verhaltensanker
Sich selbst einbringen	- Ideen, Wissen und Fähigkeiten einbringen - anbieten, die Schreibarbeit zu übernehmen
Berücksichtigung / Akzeptanz des Gesprächspartners	- Gesprächspartner zum Einbringen eigener Ideen auffordern - auf Beiträge des Gesprächspartners eingehen - Beiträge des Gesprächspartners weiterentwickeln
Kritik	- Kritik des Gesprächspartners akzeptieren - Kritik höflich formulieren
Gesprächsregeln	- Gesprächspartner Redezeit gewähren - Gesprächspartner ausreden lassen

Qualitätsstandards

Die Anwendung des Verfahrens erfolgt weitestgehend standardisiert und die Zuordnung der einzelnen Testaufgaben zu den Kompetenzbereichen ist festgelegt, so dass die Kriterien für *Objektivität* gegeben sind.

Da die Beurteilung der Arbeitsproben und situativen Fragen anhand eines Beurteilungssystems erfolgte wurde die Beurteilerübereinstimmung überprüft. Dazu wurden die Arbeitsproben und situativen Fragen von 10 Personen durch zwei Beurteiler ausgewertet. Als Übereinstimmungsmaß wurde der weighted kappa (K) nach Cohens angegeben. Die K-Werte liegen dabei zwischen .68 und .95, so dass sie als ausreichend gut bis sehr gut zu bewerten sind. Darüber hinaus wurde ein Gesamt-K-Wert gebildet, der einen Wert von .86 erreicht und somit als zufrieden stellend einzustufen ist (Schaper, 2003, 188).

Zur Bestimmung der *Reliabilität* wurde die Interne Konsistenz der Daten in Bezug auf die Summenwerte für die Bereiche Fach-, Methoden- und Sozialkompetenz ermittelt. Die erreichten Werte für Cronbachs α betragen für die Fachkompetenz $\alpha = .66$, für die Methodenkompetenz $\alpha = .61$ und für die Sozialkompetenz $\alpha = .64$ (ebd.).

Zur Bestimmung der *inhaltlichen Validität* konnten durch die Aufgabenanalysen und die Bewertung der Aufgaben in Bezug auf Schwierigkeit und Häufigkeit Maßnahmen ergriffen werden, um die inhaltliche Validität der Arbeitsproben und situativen Fragen sicherzustellen. Untersucht wurde diesbezüglich, ob die Arbeitsproben und situativen Fragen die relevanten Anforderungen des Arbeitens und Lernens an den untersuchten Lernorten widerspiegeln (ebd.). Zu den Ergebnissen dieser Analyse wurden vom Autor keine weitergehenden Angaben gemacht.

Die begrenzte Reichweite des Verfahrens wird von dem Autor als kritischer Gesichtspunkt angemerkt (ebd.). Die Arbeitsproben und situativen Fragen ließen zunächst nur Aussagen über Kompetenzmessungen an Lernorten zu, in denen sie entwickelt wurden. Die Frage, inwieweit die Ergebnisse der Kompetenzmessung generalisierbar seien, wird ebenfalls als problematisch eingeschätzt. So würde mit dem Verfahren Kompetenz erfasst, die auf die situationsspezifischen Anforderungen an den Lernorten beschränkt sei.[149] Um Aussagen über die Übertragbarkeit der erfassten Kompetenz auf andere Situationen treffen zu können, seien weitere Untersuchungen in Form eines Einsatzes von entsprechenden Transfermessungen bzw. -aufgaben erforderlich.

Darüber hinaus wird angemerkt, dass eine eindeutige Zuordnung der Aufgaben- und Bewertungsaspekte zu den Kompetenzbereichen nicht immer möglich sei.[150] Der Grund hierfür werde in der arbeitsnahen Gestaltung der Arbeitsproben gesehen, der zu einer engen Verknüpfung von fachlichen, methodischen und sozialen Anforderungen bei der Aufgabengestaltung führe (Schaper, 2003, 188).

Der hohe Aufwand sowohl bei der Entwicklung der Arbeitsproben als auch bei der Durchführung wird ebenfalls kritisch gesehen. Allerdings würden durch den aufwendigen Analyse- und Konstruktionsprozess die Lernanforderungen so differenziert betrachtet, dass die Analysen zusätzlich zur Systematisierung und instruktionellen Gestaltung der arbeitsbezogenen Lernprozesse verwendet werden könnten (ebd.).

Der Autor ist insgesamt der Ansicht, dass sich die eingesetzten Arbeitsproben und situativen Fragen als reliable und valide Messinstrumente zur Erfassung des arbeitsbezogenen Kompetenzerwerbs erwiesen (ebd.). Eine systematische Lernerfolgsmessung in der Ausbildungspraxis werde zudem als sinnvoll eingeschätzt, da so gezielt Bedarfe und Lernerfolge im Rahmen solcher Lernorteinsätze diagnostiziert und weitere Lernförderungen abgestimmt werden können.

Eine Weiterentwicklung des Ansatzes sollte vor allem zur Reduzierung des Aufwands sowie zur Vereinfachung der Durchführungs- und Auswertungsbedingungen beitragen.

6.2.5.5 Zusammenfassende Einschätzung

Die Vorgehensweise des Verfahrens basiert auf einem sinnbezogenen Verständnis von Kompetenz. So werden den Personen beim Erfassungsprozess entsprechende Handlungs- und Gestaltungsfreiräume für die Bearbeitung bzw. Beantwortung der Aufgaben- bzw. Fragestellungen eingeräumt. Bei der Auswertung der ermittelten Daten ist jedoch anzunehmen, dass auch funktionale Annahmen über Kompetenz herangezogen werden. Diese Vermutung basiert zum einem darauf, dass die Aufgabenstellungen des Verfahrens an konkretes Arbeitshandeln geknüpft sind und zum anderen ein Beurteilungs- und Kategoriensystem zur Einschätzung des beobachteten Handelns entwickelt wurde. Mit dem Verfahren können die Kompetenzelemente Wissen und Fähigkeiten/Fertigkeiten für die Kompetenzdimensionen Fach-, Methoden und Sozialkompetenz erfasst werden.

Der Situations- und Kontextbezug findet in dem Verfahren starke Beachtung, was sich u. a. in dem Bezug zu konkretem Arbeitshandeln widerspiegelt. Damit sind jedoch auch ein sehr eingeschränkter Gültigkeitsbereich der erhobenen Daten sowie begrenzte Einsatzmöglichkeiten des Verfahrens verbunden.

Die Untersuchungen hinsichtlich der erreichten Qualitätsstandards sind, wie der Autor selbst erwähnt, weiter zu intensivieren. Die mit den bisher erfolgten Untersuchungen erziel-

---

[149] Die Arbeitsproben und situativen Fragen zu Sozialkompetenz sind hiervon ausgenommen, da sie kontextunabhängig gestaltet wurden.
[150] Problematisch ist dies dann, wenn die Zuordenbarkeit als ein Hinweis für Objektivität betrachtet wird.

ten Werte sind positiv einzuschätzen. In diesem Kontext wäre jedoch zu prüfen, ob der hohe Entwicklungs- und Anwendungsaufwand des Verfahrens, durch die mit dem Verfahren erzielbaren Ergebnisse gerechtfertigt werden könne.

Hinsichtlich der vom Entwickler selbstgesetzten Ziele, kann angenommen werden, dass die durch die dargestellte Vorgehensweise erreichbar sind. Aufgrund der direkten Handlungsorientierung und der Berücksichtigung des Situations- und Kontextbezuges werden wesentliche für Kompetenzerfassung bedeutsame Aspekte bei der Erfassung berücksichtigt. Arbeitsproben und situative Fragen stellen damit einen Ansatz dar, der im Rahmen von Kompetenzerfassung weiter verfolgt werden sollte. Diesbezüglich sollte allerdings auch die Frage der Transferierbarkeit von Kompetenz in die Untersuchungen einbezogen werden, um auch für umfassendere Kompetenzbestimmungen den erforderlichen Erfassungsaufwand abstecken zu können.

6.2.6   Das situative Interview (Sonnentag)

6.2.6.1   Ziel und Zweck des Verfahrens

Mit dem Verfahren des „Situativen Interviews" soll Kompetenz im Bereich der arbeitsbezogenen Kooperationen erfasst werden, wobei der Schwerpunkt auf dem Wissensaspekt von Kompetenz liegt. Es wird erhoben, was Personen über die Bewältigung problematischer Kooperationsbeziehungen wissen. Damit steht die Erfassung der „kognitiven Repräsentativität von Handlungsmöglichkeiten" in schwierigen Kooperationsbeziehungen im Vordergrund (Sonnentag, 2003, 140). Ziel des Verfahrens ist also die Erfassung des verbalen Wissens über Handlungsmöglichkeiten in problematischen Kooperationsbeziehungen. Die tatsächliche Umsetzung dieses Wissens in reales Handeln wird mit dem Verfahren somit nicht erfasst.

Auch vorhandenes Wissen, dass nicht verbalisiert wird, kann mit dem Verfahren nicht erhoben werden (ebd., 142). Die vorliegende Verfahrensversion bezieht sich auf technische Berufsfelder, in denen Arbeitsaufgaben in kooperativen Settings und Teamarbeit zu bewältigen sind (ebd., 141). Das Verfahren beinhaltet allerdings Entwicklungsmöglichkeiten, durch die es auf andere Berufsbereiche und dort übliche Kooperationssituationen angepasst werden kann. Dazu ist allerdings die Identifizierung typischer Kooperationssituationen und die Entwicklung situationsangepasster Szenarien erforderlich (ebd., 144).

Zur Verwendung der erhobenen Daten werden keine klaren Aussagen getroffen. Bei der abschließenden Nutzeneinschätzung des Verfahrens durch die Entwickler wird allerdings erwähnt, dass dies im Bereich der beruflichen und betrieblichen Weiterbildung einsetzbar sei. Dort könne es zur Identifizierung von Defiziten im Bereich der sozialen Kompetenz genutzt werden. Das Verfahren kann somit dem entwicklungsorientierten Ansatz zugeordnet werden.

6.2.6.2 Kompetenzverständnis

Die Entwickler des Verfahrens verstehen Kompetenz „als Handlungsvoraussetzung, die jedoch erst im eigentlichen Handlungsprozess zum Ausdruck kommt" (Sonnentag, 2003, 140). Das hier zugrunde gelegte Kompetenzverständnis basiert in inhaltlicher Hinsicht auf einem theoretischen Rahmenmodell zum individuellen Handeln in Kooperationssituationen. Dabei wird vorausgesetzt, dass Individuen unterschiedliche Handlungen verfolgen müssen, um Arbeitsaufgaben in Kooperationssituationen erfolgreich bewältigen zu können (ebd., 141). So müsse zunächst das Problem analysiert und eine entsprechende Darstellung des Problems skizziert werden. Die Analyse habe dabei sowohl die Arbeitsaufgabe als auch die Kooperationssituation zu umfassen. Des Weiteren sei die eigentliche Arbeitsaufgabe inhaltlich zu bearbeiten und passende Lösungsansätze zu entwickeln. Dabei sei mit den Interaktionspartnern zu kommunizieren, wobei ggf. auch Konflikte thematisiert werden müssen. Dies erfordere eine Auseinandersetzung mit der Arbeitsweise des Kooperationspartners, in dessen Folge das Handeln des Partners zu unterstützen oder zu korrigieren sei (ebd.). Diese Schilderung soll den Umfang des erforderlichen Wissens hinsichtlich denkbarer Handlungsmöglichkeiten in Kooperationssituationen verdeutlichen.

Mit dem vorliegenden Verfahren kann Wissen als ein Element von Kompetenz explizit erfasst werden. Das mit dem Verfahren zu erhebende Wissen, ist dabei auf das Handeln in problematischen Kooperationssituationen bezogen.

Auf Grund der Ausführungen kann von einem sinnbezogenen Kompetenzverständnis ausgegangen werden. Bei der Erfassung wird den Personen die Möglichkeit eingeräumt, selber verschiedene Handlungs- und Gestaltungsmöglichkeiten bezüglich der Kooperationssituation zu entwickeln. Daraus ist zu schließen, dass Kompetenz als eine subjektive Konstruktionsleistung des Akteurs verstanden wird.

6.2.6.3 Situations- und Erfassungskontext

Den Personen werden verschiedene Szenarien vorgelegt, in denen Kooperationsbeziehungen geschildert sind, die eng mit ihrem täglichen Arbeits- und Aufgabengebiet in Verbindung stehen. Diese Szenarien enthalten problematische Kooperationssituationen, zu denen Lösungsmöglichkeiten für eine erfolgreiche Aufgabenbewältigung zu entwickeln sind (ebd., 142). Beispiele für mögliche zu bearbeitende Szenarien sind (ebd., 145):

> „Ein System, an dem Ihr Team arbeitet, steht kurz vor der Auslieferung. Beim Integrationstest wird in einem Modul, das Ihr Kollege erstellt hat, ein gravierender Fehler entdeckt. Nun ist dieser Kollege aber ernsthaft erkrankt und wird in den nächsten Wochen nicht arbeiten können. Somit wird Ihnen die Aufgabe übertragen, die Auslieferung sicher zu stellen. Was tun Sie?

> Sie haben zwei Kollegen in Ihrem 6-köpfigen Team, die das Projektziel offensichtlich nicht unterstützen, von sich aus nichts tun, also wenig motiviert sind. Sie sind aber auf eine enge Zusammenarbeit mit Ihnen angewiesen. Was tun Sie?"

Die Bedingungen der Erhebungssituation sind recht einfach. Ein ruhiger Raum mit Tisch und Stühlen ist ausreichend. Pro Szenario wird ein Zeitrahmen von etwa 3 bis 5 Minuten eingeplant, der sich bei umfangreichen Szenarios entsprechend erhöhen kann (Sonnentag, 2003, 143).

Die Interviews werden einzeln durch einen Interviewer durchgeführt. Es sind keine weiteren Personen anwesend (ebd., 142). Somit liegt es an dem Interviewer durch geschicktes Verhalten eine angenehme Atmosphäre zu schaffen, die ein offenes und stressfreies Antworten der Personen ermöglicht.

6.2.6.4   Methodologie

Beurteilungsform

Das Verfahren lässt sich als Selbstbeurteilungsverfahren einstufen. Die Personen werden aufgefordert zu schildern, wie sie in einer bestimmten betrieblichen Handlungssituation, die in einem Szenario dargestellt ist, handeln würden.

Erhebungsmethode

Das hier vorgestellte Verfahren ist ein Interviewverfahren, dessen Besonderheit im situativen Bezug zu sehen ist (daher auch „situatives Interview"). Nach Ansicht der Autoren, weist das Verfahren deutliche Parallelen zu den in der Personalauswahl verwendeten situativen Interviews auf (Latham et al. 1980, zit. nach Sonnentag, 2003, 141). Die Kompetenzerfassung findet in Einzelinterviews statt, in denen die Befragten Handlungsmöglichkeiten für eine erfolgreiche Aufgabenbewältigung zu geschilderten Szenarios entwickeln sollen. Die schriftlich vorgelegten Beschreibungen von problematischen Kooperationsszenarien sind mit realen Situationen des Arbeitsbereiches der Personen vergleichbar, da die Szenarien spezifisch für jeweilige Berufsbereiche entwickelt werden. Die Entwicklung erfolgte mit Vertretern der jeweiligen Berufsfelder und der Critical Incident Methode (Flanagan, 1954; zit. nach Sonnentag, 2003, 142).

Den befragten Personen werden im Interview zwischen 5 bis 10 verschiedene Szenarios durch einen Interviewer vorgelegt, die offen und narrativ zu beantworten sind. Die von der Person genannten Lösungsmöglichkeiten werden notiert bzw. per Tonband aufgezeichnet. Der Interviewer hat die Aussagen des Befragten nicht zu kommentieren, ihn aber zur weiteren Suche nach Lösungsvarianten anzuregen. Diese Vorgehensweise kann je nach Situation vertieft werden. So ist es beispielsweise denkbar, die Person zu einer Bewertung ihrer Lösungsvorschläge hinsichtlich Wichtigkeit und Realisierbarkeit aufzufordern.

Zur Auswertung der Interviews wurde ein Kategoriensystem zur Analyse der spezifischen Wissensaspekte herangezogen (Sonnentag & Lange, 2002, 497):

1.   Die *Problemanalyse* umfasst das Wissen darüber, wie man eine Situation analysiert und Informationen über das Problem sammelt (Beispielantwort: Ich las die Unterlagen zu dem Modul, um soviel wie möglich über die Funktionalität des Moduls zu erlernen.).

2.   Die Kategorie *direkte Aufgabenbearbeitung* beinhaltet Wissen über die Möglichkeiten der Aufgabenbearbeitung und -lösung (Beispielantwort: grundlegende Funktionen des `Moduls neu entwerfen).

3. Die *Kommunikation mit Kooperationspartnern* enthält Wissen darüber, wie man den Kooperationspartner anspricht, ohne auf spezifische Aufgaben Bezug zu nehmen. (Beispielantwort: Mitarbeiter in einer entspannten Atmosphäre treffen, um Mitarbeiterprobleme öffentlich anzusprechen.)
4. Die Kategorie der *Thematisierung der Aufgabenbearbeitung des Kooperationspartners*, umfasst Wissen hinsichtlich der Aufgabenverteilung unter den Kooperationspartnern sowie über die Art der Aufgabenbearbeitung. (Beispielantwort: Die Aufgabenzuweisung ist in einer Weise zu überdenken, dass unmotivierte Mitarbeiter an Aufgaben mit geringer Bedeutung arbeiten).
5. Lösungsideen die keinem dieser Wissensaspekte zugeordnet werden können, sind in der Kategorie *Sonstiges* bzw. *andere Lösungsideen* zusammengefasst.

Zur einfachen Auswertung der Wissensaspekte über die Bewältigung von Kooperationssituationen könne, nach Ansicht der Entwickler, die Anzahl der jeweils genannten Lösungsmöglichkeiten herangezogen werden. Ergänzend könnten diese durch den Beurteiler[151] hinsichtlich ihrer Qualität eingeschätzt werden. Eingearbeitete Beurteiler benötigten nur wenige Minuten für die Kategorisierung der Antworten. Die Auswertung der Interviews erfolgt in der Regel (zumindest zum Teil) durch zwei Beurteiler (Sonnentag, 2003, 142).

Qualitätsstandards

Hinsichtlich der mit dem Verfahren erreichbaren Qualitätsstandards wurden folgende Aussagen getroffen:

Die Auswertung durch zwei Beurteiler, welche die Aussagen den geschilderten Kategorien zuzuordnen haben, soll die Interrater-Reliabilität sichern. Die Beurteilungsübereinstimmung wurde in zwei Studien getestet, wobei in der ersten mit 1356 Einzelaussagen eine Übereinstimmung von 91 % (Cohen´s Kappa = .79) und in der zweiten bei 630 Einzelaussagen eine Übereinstimmung von 78,3 % (Cohen´s Kappa = .72) erreicht wurde (Sonnentag, 2003, 141; Sonnentag & Lange, 2002). Diese Ergebnisse können nach Ansicht der Verfahrensentwickler als gut eingestuft werden (Sonnentag, 2003, 144).

Im Hinblick auf die *Validitätsprüfung* wurden Untersuchungen zur Inhaltsvalidität durchgeführt. Diesbezüglich wurden die entwickelten Szenarien von Beurteilern bezüglich der beschriebenen Kooperationsformen eingeschätzt, die den Zweck und den Einsatzbereich des Verfahrens nicht kannten. In den zwei Studien wurde die Inhaltsvalidität auf einer 7stufigen Likertskala eingeschätzt, wobei die Szenarien in der ersten Studie mit M = 5.35 und in der zweiten mit M = 5.28 bewertet wurden (ebd., 142)[152]. Nach Einschätzung der Entwickler kann das Verfahren damit als ausreichend inhaltsvalide betrachtet werden (ebd.).

Des Weiteren wurde die *Realitätsnähe* der Szenarien geprüft. Hierzu wurden die Teilnehmer der zweiten Untersuchung gefragt, ob ihnen die in den Szenarien geschilderten Situationen aus ihrer eigenen Arbeit bekannt seien. Im Mittel gaben etwa 53,2 % der Per-

---

[151] Beurteiler und Interviewer können identisch sein.
[152] „Die Höhe der Inhaltsvalidität eines Tests kann nicht numerisch bestimmt werden, sondern beruht allein auf subjektiven Einschätzungen" (Bortz & Döring, 1995, 185). Daher kann angenommen werden, dass die Beurteiler in diesem Fall dazu aufgefordert wurden, die Szenarien anhand einer 7stufigen Skala einzuschätzen, um im Anschluss den Mittelwert berechnen zu können.

sonen an, zumindest ähnliche Situationen erlebt zu haben. Damit sei die Realitätsnähe gegeben. Diese könne jedoch nicht als allgemeines Merkmal des Verfahrens betrachtet werden, sondern müsse für jeden neuen Einsatzbereich neu geprüft werden (Sonnentag, 2003, 142).

Ein *Nutzen* aus einem solchen Verfahren, ergebe sich für den Bereich der beruflichen und betrieblichen Weiterbildung. So könnten Defizite im Bereich der sozialen Kompetenz identifiziert werden. Bisher lägen allerdings noch keine konkreten Erfahrungen vor (ebd., 144).

Das Verfahren sei auch für wissenschaftsferne Anwender *erlernbar*. An diese würden jedoch bestimmte Anforderungen gestellt, da die Entwicklung der Szenarien gute Kenntnisse im Bereich der Arbeitsanalyse (Critical Incident Methode) erfordere. Die Überprüfung der Inhaltsvalidität verlange zudem Erfahrungen im Bereich Methodik und Statistik. Die Durchführung selbst erfordere entsprechende soziale Kompetenz und die Auswertung bedarf schließlich einer intensiven Auseinandersetzung mit den Kategorien sowie eine gewisse Einübung (Sonnentag, 2003, 144).

Mit Blick auf die *Einfachheit* des Verfahrens sei zu erwähnen, dass dies ein für die Wissenschaft entwickeltes Verfahren sei, das nicht primär auf den praktischen Einsatz abzielte. Dennoch könne es leicht eingesetzt werden. Lediglich die Entwicklung neuer Szenarios erfordere zusätzlichen Aufwand (ebd.).

6.2.6.5   Zusammenfassende Einschätzung

Das hier vorliegende Verfahren geht von einem sinnbezogenen Kompetenzverständnis aus. Dies kommt auch in der methodischen Vorgehensweise zum Ausdruck, in der die Personen die Möglichkeit erhalten selber kreative Handlungsalternativen zu entwickeln. Es kann mit dem Verfahren jedoch nur das Kompetenzelement Wissen – und zwar bezogen auf kooperatives Handeln – erfasst werden.

Das Verfahren berücksichtigt die Situationsbezogenheit von Kompetenz, indem zur Erfassung des Kompetenzelements Wissen konkrete Szenarien herangezogen werden. Die erfassten Daten gelten dann für den im Szenario geschilderten Kontext. Für weitere Bereiche müssten neue Szenarien entwickelt werden, was mit relativ hohem Aufwand verbunden ist.

Die Erfassung der Kompetenz bezieht sich auf das Wissen über mögliche Handlungsalternativen in hypothetischen Situationen. Das tatsächliche Handeln der Personen kann jedoch nicht betrachtet werden. Im Rahmen der Auswertung werden die Aussagen der befragten Personen einem Kategoriensystem zugeordnet. Der Hinweis, dass die Menge der genannten Handlungsalternativen als Indikator für Kompetenz angenommen wird, ist allerdings als kritisch zu betrachten. Allein die Anzahl von genannten Handlungsvorschlägen kann m. E. nicht als Indikator für Kompetenz angesehen werden. Eine qualitative Einschätzung der Handlungsvorschläge wird zwar ergänzend in Erwägung gezogen, allerdings fehlen diesbezüglich die erforderlichen Kriterien. Ein Handlungsbezug des Verfahrens ist damit bestenfalls mittelbar gegeben.

Hinsichtlich der Qualitätsstandards konnte Interrater-Reliabilität, Inhaltsvalidität und Realitätsnähe nachgewiesen werden. Den Nutzen des Verfahrens wird im Anwendungsfeld der beruflichen und betrieblichen Weiterbildung gesehen, wobei jedoch noch keine Erfahrungen vorliegen. Eine Erlernbarkeit des Verfahrens auch für wissenschaftsferne Anwender spricht für die Anwendbarkeit des Verfahrens.

Das selbstgesetzte Ziel des Verfahrens, also die Erfassung von verbalem Wissen hinsichtlich des Handelns in schwierigen Kooperationssituationen, kann als erreichbar angenommen werden. Inwiefern daraus tatsächlich Rückschlüsse auf die Kompetenz einer Person gezogen werden können, ist kritisch zu hinterfragen. Dennoch verweist das Verfahren auf einen Ansatz, der versucht die konkreten Merkmale von Kompetenz (z. B. Handlungsbezug, Situationsspezifik) zu berücksichtigen. Hinsichtlich der tatsächlichen Handlungsumsetzung des erfassten Wissens sowie der Auswertung der ermittelten Daten besteht allerdings weiterer Entwicklungsbedarf.

6.2.7 Das Leistungsmotivationsinventar – LMI (Schuler & Prochaska)

6.2.7.1 Ziel und Zweck des Verfahrens

Mit dem LMI beabsichtigen die Autoren, alle relevanten Dimensionen eines breit angelegten Konzeptes von Leistungsmotivation oder Leistungsorientierung zu erfassen. Die Autoren wollen damit ein Verfahren zur Verfügung stellen, das sowohl in der persönlichkeitspsychologischen Forschung als auch bei praktischen Anwendungszwecken, wie der Berufseignungsdiagnostik, einsetzbar ist (Schuler & Prochaska, 2003, 42).

Bei der Entwicklung des Verfahrens wurden zahlreiche theoretische Arbeiten zur Leistungsmotivation, verschiedene Verfahrensentwicklungen, Ergebnisse aus eignungsdiagnostischer Literatur sowie vielfältige empirische Ergebnisse aus anwendungsbezogenen und forschungsnahen Kontexten berücksichtigt. Durch diese Vorgehensweise sollte das vorhandene Wissen zum Thema Leistungsmotivation entsprechend in die Verfahrensentwicklung eingebracht werden (Schuler & Prochaska, 2001).

Die Einsatzgebiete des LMI liegen in Modifikations-, Selektions- und Platzierungsentscheidungen der Berufseignungsdiagnostik, wie beispielsweise der Personalauswahl- und Personalentwicklung. Darüber hinaus kann das LMI auch in der Persönlichkeits- und Motivationsforschung, der Sportpsychologie sowie anderen Bereichen mit motivationspsychologischer Fragestellung angewendet werden (ebd., 17). Die jeweilige Durchführungssituation ist bei der Interpretation individueller Ergebnisse von Bedeutung und sollte daher entsprechend berücksichtigt werden. So seien Unterschiede in den Testwerten zwischen Forschungs-, Beratungs- und Auswahlsituationen zu beobachten, wobei in Auswahlsituationen, insbesondere bei sozial erwünschten Beurteilungsdimensionen, generell höhere Testwerte erzielt würden (ebd., 18).

Aufgrund der angeführten Zielstellungen kann das Verfahren sowohl den eher anforderungsorientierten Ansätzen (z. B. im Falle der Personalauswahl) als auch den eher entwicklungsorientierten Ansätzen (z. B. im Rahmen der Personalentwicklung) zugeordnet werden. Eine direkte Zuordnung müsste daher für jeden Einsatzzweck neu vorgenommen werden.

6.2.7.2   Kompetenzverständnis

Eine Auseinandersetzung der Autoren mit den theoretischen und empirischen Grundlagen der Leistungsmotivation bekräftigt deren Annahme, Leistungsmotivation nicht als ein abgegrenztes Konstrukt zu verstehen. Es konnten viele Bezüge zu anderen Persönlichkeitsmerkmalen festgestellt werden, so dass aus ihrer Sicht Leistungsmotivation eher als „globale Verhaltensorientierung" aufzufassen sei, die sich durch vielfältige Aspekte der Persönlichkeit auszeichne (Schuler & Prochaska, 2001, 10; Schuler & Prochaska, 2003, 49).

Im Kontext von Kompetenz wird Leistungsmotivation von den Autoren als Kompetenz „im Sinne einer generalisierten berufserfolgsrelevanten Verhaltensbereitschaft aufgefasst. Vielfältige Bezüge zu anderen Persönlichkeitsmerkmalen legen ein Verständnis der Leistungsmotivation als Ausrichtung der Gesamtperson oder großer Anteile daran auf die Leistungsthematik nahe. Zumindest ein Teil der Facetten des Gesamtkonstrukts Leistungsmotivation ist durch Training veränderbar" (Schuler & Prochaska, 2003, 42). Die Autoren nehmen weiter an, dass die Zerlegung des Globalkonzeptes in Teilfacetten das Training von Kompetenz erleichtere, da Teilfacetten leichter veränderbar seien als das Gesamtkonstrukt (ebd., 43).

Mit dem LMI kann die Leistungsmotivation einer Person erfasst werden, wodurch sich Hinweise auf das Kompetenzelement Motive ergeben[153]. Im Vordergrund steht dabei das Leistungsmotiv. Durch die breite Ausrichtung des zugrunde gelegten Leistungsmotivationskonzepts werden jedoch auch Aspekte des Machtmotivs und des Anschlussmotivs (vgl. 5.2.1.3) berücksichtigt. Andere Elemente von Kompetenz werden mit diesem Verfahren nicht ermittelt. Das LMI erfasst damit nur ein Kompetenzelement und ist zur Erfassung von Kompetenz, durch den Einsatz weiterer Kompetenzerfassungsverfahren zu ergänzen. Weiter ist zu berücksichtigen, dass mit dem LMI eher eine aktuelle Motivation und nicht das Motiv selbst erfasst wird (vgl. 5.2.1.3).[154]

Die Autoren verstehen die Leistungsmotivation selbst als eine Kompetenz und definieren diese als berufsrelevante Verhaltensbereitschaft (ebd., 2003, 42). Damit legen sie ihren Kompetenzbegriff auf berufliche Kontexte fest. Des Weiteren nehmen sie eine Operationalisierung des Konstrukts berufsbezogener Leistungsmotivation (hier als Kompetenz verstanden)[155] in 17 Dimensionen vor, die bei einer Person in der ein oder anderen Weise ausgeprägt sein können. Die Beurteilung nach gut oder weniger gut, erfolgt durch einen Normvergleich mit Personen einer vergleichbaren Gruppe (Schuler & Prochaska, 2001, 62ff.). Der Ausprägungsgrad der erfassten Kompetenz (Leistungsmotivation) wird zum einem aus den Anforderungen des Arbeitsplatzes und zum anderen aus dem Vergleich mit Normwerten vergleichbarer Personengruppen bestimmt. Aufgrund dieser Vorgehensweise kann vermutet werden, dass die Autoren eher ein funktionales Kompetenzverständnis zugrunde legen.

---

[153] An dieser Stelle ist auf die Ausführungen unter Punkt 5.2.1.3 zu verweisen, wo die Zusammenhänge zwischen Motiv und Motivation erläutert wurden.
[154] Dies verhält sich wie bei der Erfassung von Kompetenz, wo häufig eher die Performanz und nicht Kompetenz erfasst wird.
[155] Im Verständnis der Autorin kann durch Leistungsmotive allerdings nicht Kompetenz, sondern nur ein Element von Kompetenz repräsentiert werden.

6.2.7.3   Situations- und Erfassungskontext

Die Autoren verweisen darauf, dass die Personen die das LMI anwenden mindestens 16 Jahre alt sein sollten. Zudem sollten sie die deutsche Sprache beherrschen und einen Realschulabschluss bzw. einen äquivalenten Abschluss vorweisen können. Die Personen sind gefordert einen Fragebogen zu bearbeiten, bei dem sie auf einer siebenstufigen Skala einzuschätzen haben, inwiefern die genannten Aspekte auf sie zutreffen. Zur Bearbeitung des Fragebogens werden in der Regel 30 bis 40 Minuten benötigt. Eine Zeitbegrenzung gibt es jedoch nicht. Um große Unterschiede in der Bearbeitungszeit zu vermeiden, werden die Personen dennoch angehalten, den Fragebogen zügig zu bearbeiten. Jede Person erhält für die Bearbeitung ein Testheft, dass später mit Hilfe von Schablonen ausgewertet werden kann (Schuler & Prochaska, 2001, 19).

Bei einer Einzeltestung sind keine besonderen Anforderungen an die äußerlichen Rahmenbedingungen notwendig. Im Rahmen einer Gruppentestung sollte gewährleistet sein, dass allen Bearbeitern ein eigener Arbeitsplatz mit ausreichenden Lichtverhältnissen zur Verfügung steht. (ebd., 18; Schuler & Prochaska, 2003, 45).

Der LMI ist sowohl als Einzel- als auch als Gruppenverfahren anwendbar. Eine selbsterklärende Instruktion erlaubt eine unbeaufsichtigte Bearbeitung des Fragebogens. Dennoch ist nach Ansicht der Autoren eine Bearbeitung unter Aufsicht vorzuziehen, da so die Möglichkeit bestehe auftretende Fragen zu beantworten (Schuler & Prochaska, 2001, 17). Es ist also möglich, dass die bearbeitende Person den Fragebogen alleine bearbeitet und nicht durch weitere Akteure beeinflusst werden kann. Die Anwesenheit weiterer Akteure in Funktion des Versuchsleiters oder anderer Testpersonen ist jedoch ebenso denkbar.

6.2.7.4   Methodologie

Beurteilungsform

Beim LMI handelt es sich um ein Verfahren der Selbstbeurteilung auf einer siebenstufigen Antwortskala. Die von den Personen abgegebenen Selbstbeurteilungen werden anhand von entwickelten Normtabellen beurteilt.

Erhebungsmethode

Bei der Entwicklung des LMI wurden weder Dimensionen noch Items von anderen Verfahren direkt übernommen. Es sind 728 Items formuliert worden, die in 38 vorläufige Dimensionen gruppiert wurden. Mehrere Analyseschritte und Verfahrenserprobungen führten schließlich zu dem 17 Skalen mit je 10 Items umfassenden Fragebogen berufsbezogener Leistung (Schuler & Prochaska, 2003, 49). Die zur Erfassung der Leistungsmotivation verwenden 17 Dimensionen sollen hier kurz skizziert werden (Schuler & Prochaska, 2001, 23ff.):

1. Die Dimension *Beharrlichkeit* wird zur Erfassung des Ausdauer und Kräfteeinsatzes bei beruflichen Aufgaben herangezogen. Personen, die hohe Testwerte erzielen, zeich-

nen sich durch energisches und beharrliches Arbeiten an ihren Aufgaben aus und sind nicht leicht von diesen abzubringen.

2. Die *Dominanz* beschreibt die Tendenz, Macht und Einfluss auf andere Personen auszuüben. Hohe Testwerte von Personen weisen darauf hin, dass diese bei Zusammenarbeit stark auf andere hin orientiert sind. Sie nehmen gern Dinge in die Hand und ergreifen die Initiative. Oft übernehmen sie die dominierende Rolle in einer Arbeitsgruppe und sind bereit Verantwortung zu übernehmen.

3. Mit der Dimension *Engagement* wird die persönliche Anstrengungsbereitschaft, die Anstrengungshöhe und Arbeitmenge von Personen bezeichnet. Personen mit hohen Testwerten sind bereit hohes zeitliches Engagement aufzubringen, weisen ein hohes Aktivitätsniveau auf und fühlen sich unwohl, wenn sie nichts zu tun haben.

4. Durch die Dimension *Erfolgszuversicht* wird die Vorwegnahme von Handlungsergebnissen hinsichtlich der Möglichkeit des Gelingens beschrieben. Der Erfolg wird als wahrscheinliches Handlungsergebnis abgenommen. Die Annahme auch bei neuen und schwierigen Aufgaben das Ziel zu erreichen, ist charakteristisch für Personen mit hohen Testwerten.

5. Die Dimension *Flexibilität* ist auf die Art der Auseinandersetzung mit neuen Situationen und Aufgaben bezogen. Aufgeschlossene Personen, die vielfältig interessiert sind und den Reiz des Neuen lieben, auch wenn damit Unannehmlichkeiten und Risiken verbunden sind, weisen hohe Testwerte auf.

6. Mit *Flow* ist eine Dimension benannt, die die Tendenz beschreibt, sich intensiv – unter Ausblendung aller Ablenkungen – und mit hoher Konzentration (beruflichen) Aufgabenstellungen und Problemen zu widmen. Personen mit hohen Testwerten können sich voll und ganz einer Aufgabe zuwenden.

7. Mit der Dimension *Furchtlosigkeit* werden Vorwegnahmen von Handlungsergebnissen hinsichtlich der Möglichkeit des Misserfolgs und des Scheiterns beschrieben. Hohe Testwerte erreichen Personen, die keine Versagensängste haben und sich nicht fürchten von anderen bewertet zu werden.

8. Die Art der Erklärung von Handlungsergebnissen wird durch die Dimension *Internalität* gekennzeichnet. Personen die Ergebnisse und Konsequenzen ihres Verhaltens auf internale Ursachen zurückführen und die Ansicht vertreten, dass vieles im Leben von ihnen selbst abhängt, erzielen hohe Testwerte.

9. Die Dimension *Kompensatorische Anstrengung* erfasst den Teil der persönlichen Anstrengung und des persönlichen Kraftaufwands, der aus einer Versagensangst heraus resultiert. Hohe Testwerte weisen vor allem Personen auf, die viel Aufwand in die Vorbereitung von Aufgaben investieren, um Misserfolge zu vermeiden.

10. Das Bedürfnis die mit Erfolgen verbundenen positiven Gefühlszustände wiederholt erfahren zu können, ist in der Dimension *Leistungsstolz* verankert. Diese erfasst die positiven Gefühlszustände als Konsequenz selbstattribuierter Leistung. Personen mit hohen Testwerten sind in ihrem Selbstwertgefühl von ihrer Leistung abhängig und erst dann zufrieden, wenn sie ihr bestes gegeben haben.

11. Mit der Dimension *Lernbereitschaft* ist das Bemühen, neues Wissen aufzunehmen und seine Kenntnisse zu erweitern gekennzeichnet. Wissbegierige und interessierte Personen, die Freude am Lernen erleben und aus eigenem Antrieb Zeit und Mühe in Lernprozesse investieren, können hohe Testwerte erzielen.

12. Die Wahl des Anspruchsniveaus und des mit den Aufgaben verbundenen Risikos wird mit der Dimension *Schwierigkeitspräferenz* erfassbar. Hohe Testwerte erreichen vor allem Personen, die schwierige Aufgaben und anspruchsvolle Problemstellungen bevorzugen.

13. Die Dimension *Selbstständigkeit* erfasst das Ausmaß der Eigenständigkeit des Handelns. Dabei erzielen die Personen hohe Werte, die die Verantwortung für ihre Angelegenheiten bei sich selbst sehen und eigenständige Entscheidungen bevorzugen.

14. Die Art der Organisation und die Durchführung von Aufgaben wird mit Hilfe der Dimension *Selbstkontrolle* ermittelt. Personen mit hohen Testwerten zeichnen sich durch die gute Organisation ihrer Arbeit und konzentriertes Arbeiten aus.

15. Mit der Dimension *Statusorientierung* wird das Bestreben, eine wichtige Rolle im sozialen Umfeld und einen vorderen Platz in der sozialen Hierarchie einnehmen zu wollen, erfasst. Personen die leistungsbezogene Anerkennung von anderen suchen, nach höheren Positionen streben und auf ihr berufliches Fortkommen bedacht sind, weisen i. d. R. hohe Testwerte auf.

16. Die Tendenz, Konkurrenz als Ansporn und Motivation für berufliche Leistung zu erleben, kann mit der Dimension *Wettbewerbsorientierung* erfasst werden. Personen mit hohen Testwerten suchen den Wettbewerb und Vergleich mit anderen. Sie haben den Anspruch besser sein zu wollen, als andere.

17. Die Dimension *Zielsetzung* ist auf die Zukunft bezogen. Hohe Testwerte werden hier von Personen erzielt, die sowohl kurzfristige als auch langfristige Ziele setzen können. Hohe Ansprüche an das, was sie noch leisten und erreichen wollen, sind ebenfalls kennzeichnend für sie.

Eine Faktorenanalyse ergab eine 3-faktorielle Lösung, die 63 % der Gesamtvarianz aufklärt. Der *erste Faktor*, der als *Ehrgeiz* bezeichnet wird, ist durch hohe Ladungen von Leistungsstolz, Statusorientierung, Wettbewerbsorientierung, kompensatorische Anstrengung, Zielsetzung, Engagement und Flow gekennzeichnet und kann 24,3 % der Gesamtvarianz aufklären. Der Faktor umfasst das Leistungsstreben und ist charakterisiert durch das Umformen furchtbetonter Anspannung in leistungszielbezogene Anstrengung (Schuler & Prochaska, 2001, 43; Schuler & Prochaska, 2003, 51). Der *zweite Faktor, Unabhängigkeit*, weist hohe Ladungen von Selbstständigkeit, Flexibilität, Furchtlosigkeit, Erfolgszuversicht, Dominanz und Schwierigkeitspräferenz auf. Mit ihm können 22,5 % der Gesamtvarianz abgebildet werden. Der Faktor ist gekennzeichnet durch Zuversicht, sich auch in neuen Situationen bewähren zu können. Hohe psychische Stabilität und Selbstständigkeit würden dem Faktor Ich-Stärke verleihen, die sich auch in Dominanz gegenüber anderen ausdrücke. Beide Faktoren umfassen soziale Motivkomponenten, die im ersten Faktor durch die Geltungsthematik und im zweiten Faktor durch die Macht- und Unabhängigkeitsthematik bestimmt würden (ebd.).

Der *dritte Faktor* ist hingegen frei von sozialen Motiven. Er kann als *aufgabenbezogene Motivation* bezeichnet werden und fasst 16,2 % der Gesamtvarianz zusammen. Nachhaltiger, zielgerichteter Kräfteeinsatz, disziplinertere, konzentrierte, organisierte Arbeitsweise und die Fähigkeit zum Belohnungsaufschub sind Kennzeichen der aufgabenbezogenen Motivation. Des Weiteren sind das Gefühl der Selbstverantwortlichkeit sowie die Bevorzugung von anspruchsvollen Aufgaben bezeichnend (Schuler & Prochaska, 2001, 44; Schuler & Prochaska, 2003, 52).

Das Verfahren besteht aus einer Handanweisung, dem Fragebogen, Auswertungs-schablonen, einem Auswertungsbogen und dem Profilblatt (Schuler & Prochaska, 2001, 17). Die Items sind von den Personen auf eine siebenstufigen Antwortskala bezüglich Zustimmung oder Ablehnung zu beurteilen (trifft gar nicht zu – trifft vollständig zu). Die Anordnung der Items im Fragebogen erfolgte in einem fortlaufenden Wechsel zwischen den Dimensionen. Dadurch sollen mögliche „Sättigungseffekte" bei den Personen reduziert und die Konzentration während der Bearbeitung aufrechterhalten werden.

Zur Auswertung des Fragebogens wurden Auswertungsschablonen erarbeitet, mit de-nen eine Testauswertung ca. 5 Minuten in Anspruch nimmt. Für die Einschätzung der er-mittelten Fragebogenwerte können die erstellten Normtabellen herangezogen werden (ebd., 72ff.). Es ist auch eine computergestützte Auswertung möglich, welche den Auswertungs-aufwand erheblich reduziert.

Qualitätsstandards

Eine vollständige *Objektivität* des LMI gilt als gegeben, wenn die erarbeiteten Anwei-sungen für Durchführung, Auswertung und Interpretation eingehalten werden (Schuler & Prochaska, 2003, 44). Für die Durchführungsobjektivität bedeutet dies, der Untersuchungs-leiter sollte mit dem Testmaterial, dem Durchführungsmodus sowie der Testsituation und deren Rahmenbedingungen entsprechend vertraut sein. Die Auswertungsobjektivität ist unproblematisch, insofern die vorgeschlagenen Auswertungsschablonen verwendet wer-den. Eine Verminderung der Fehleranfälligkeit besteht in der Verwendung der PC-Version, so dass insbesondere hier mit einer hohen Auswertungsobjektivität zu rechnen ist. Erfolgt die Interpretation der Daten vor dem Hintergrund der beschriebenen Dimensionen bzw. Skalen und die Bewertung der Testwerte anhand der erstellten Normwerte, so ist ebenfalls eine hohe Interpretationsobjektivität zu erwarten (Schuler & Prochaska, 2001, 37).

Zur Bestimmung der *Reliabilität* wurden die Konsistenzwerte, also die Korrelationen der Items untereinander bestimmt. Die ermittelten Konsistenzkoeffizienten variieren für die Gesamtstichprobe zwischen .68 und .86, womit angenommen werden kann, dass mit dem LMI mehrheitlich homogene Merkmalsbereiche erfasst werden (ebd.). Die Konsistenzwer-te sind nach Ansicht der Entwickler damit als zufrieden stellend bis gut einzuschätzen (Schuler & Prochaska, 2000, 64).

Des Weiteren wurde die Retest-Reliabilität des LMI ermittelt. Die diesbezüglich be-stimmten Retestkoeffizienten variieren zwischen den einzelnen Skalen zwischen .66 und .82. Diese Werte sind nach Autorenansicht, ein Ergebnis für ein zufrieden stellendes bis hohes Maß an Zeitstabilität hinsichtlich der erfassten Merkmalsbereiche. Daraus resultiere die Schlussfolgerung mit dem LMI würden weitestgehend überdauernde individuelle Aus-prägungen berufsbezogener Leistungsorientierungen erfasst. Der LMI-Gesamtwert mit .86, sei zudem in hohem Maße zeitstabil (Schuler & Prochaska, 2001, 37).[156]

Die *Validität* des LMI wurde anhand mehrerer Untersuchungen erforscht. Die *Inhalts-validität,* als nicht numerisches Validitätskriterium, könne für das LMI als gegeben ange-nommen werden, denn die Skaleninterpretation erfolge eng an den Iteminhalten, die in

---

[156] Die Reliabilitätswerte für die Kurzform des LMI betragen für die interne Konsistenz .94 und für die Retest-Reliabilität .78 (Schuler & Prochaska, 2003, 44).

Anlehnung an verschiedene Theorien der Leistungsmotivation und an persönlichkeitstheoretischen Konstrukten entwickelt worden sind (Schuler & Prochaska, 2001, 42).

Des Weiteren wurden zur Validitätsbestimmung Interkorrelationen berechnet, die sich auf die Daten aller Stichproben beziehen. Dabei konnte ein durchschnittlicher Korrelationswert von .34 bestimmt werden. Dabei zeigten sich hohe Interkorrelationen zwischen den Motivationsfacetten, auch wenn diese phänomenologisch gut unterscheidbar seien, wie z. B. zwischen Beharrlichkeit und Furchtlosigkeit. Unkorreliert blieben hingegen nur wenige Facetten, was auf Grundkomponenten hinweise, die allen Dimensionen gemeinsam seien (ebd., 43).

Die Konstruktvalidität des LMI wurde ausgehend von der Annahme, dass LMI weise vielfältige Bezüge zu Persönlichkeitsvariablen auf, untersucht. Zum Einsatz kam das Neo-Fünf-Faktoren-Inventar von Borkenau & Ostendorf (1993). Im Ergebnis konnten enge Zusammenhänge zu Neurotizismus und Gewissenhaftigkeit nachgewiesen werden. Deutlich weniger und geringere Korrelationen sind zu dem Faktor Extraversion zu beobachten (Schuler & Prochaska, 2001, 46; Schuler & Prochaska, 2003, 53).

Die Überprüfung der *Kriteriumsvalidität* erfolgte in mehreren Studien. Die Untersuchung von Zusammenhängen mit verschiedenen schul- und studienbezogenen Kriterien ergab ausgeprägte Zusammenhänge mit Einstellungen zur Schule sowie mit Motiven der Studien- und Berufswahl. Beispiele für Zusammenhänge sind .32 für Abschlussnote und Flexibilität oder .38 für Anzahl positiv bewerteter Fächer und Lernbereitschaft sowie Beharrlichkeit (Schuler & Prochaska, 2003, 44). Weitere Zusammenhänge wurden hinsichtlich der Teilnahme an Wettbewerben, der Anzahl von Hobbys sowie bezüglich wahrgenommener Funktionen überprüft. Die geringsten Zusammenhänge zeigten sich bei der Teilnahme an Wettbewerben. Die Zahl der Hobbys hingegen korreliert etwas ausgeprägter mit Leistungsmotivation. Dabei sind die Dimensionen Flexibilität, Lernbereitschaft und Erfolgszuversicht hervorzuheben. Die Übernahme von Funktionen in Vereinen, Kirchen o. ä. weist die stärksten Zusammenhänge zu Leistungsmotivation auf. Hier treten die Dimensionen Flexibilität, Erfolgszuversicht, Selbstständigkeit und Furchtlosigkeit besonders hervor (Schuler & Prochaska, 2001, 50).

Berufsbezogene Aspekte wurden ebenfalls zur Untersuchung der Kriteriumsvalidität herangezogen. Dabei weisen Kriterien wie das Bildungsniveau, Berufserfahrung, das derzeitige Positionsniveau sowie die Einstiegsposition, das derzeitige Gehalt und das Einstiegsgehalt sowie die Wochenarbeitszeit die deutlichsten Zusammenhänge zu Leistungsmotivation auf. Im Hinblick auf die Gründe für einen beruflichen Wechsel ergäben sich vor allem Korrelationen für Unzufriedenheit oder Aufstiegsmöglichkeiten (ebd., 51).

Relevante Aspekte für einen *ökonomischen* Einsatz des LMI sind die kurze Durchführungszeit, die Möglichkeit der Gruppenanwendung, der geringe Materialaufwand, die Handhabbarkeit sowie die knappe Auswertungszeit und -aufwand. Aufgrund dieser Aspekte könne der LMI, nach Ansicht der Autoren, als ökonomisches diagnostisches Verfahren eingestuft werden (ebd., 53).

Mit Blick auf die *Anwendbarkeit* sehen die Autoren ein breites Einsatzgebiet für den LMI, der sowohl bei der Personalauswahl, bei der Personalentwicklung, der Schul-, Studien- und Berufsberatung, der differentialpsychologischen und anwendungsbezogenen Forschung sowie im Rahmen der Sportpsychologie anwendbar ist (ebd.).

Die Vertrautheit des Untersuchungsleiters mit Testmaterial und -inhalt ist eine wichtige Voraussetzung für sachgerechte Anwendung, Auswertung und Interpretation des Verfahrens bzw. der ermittelten Testwerte. Aus diesem Grund empfehlen die Autoren, die Untersuchungsleiter sollten das Verfahren zunächst an sich selbst testen. Damit konnten bisher gute Erfahrungen gesammelt werden (Schuler & Prochaska, 2001, 17).

Für den LMI wurden *Normwerte* ermittelt. Diese sind erforderlich, um die Testwerte einer Peson als hoch, niedrig oder durchschnittlich einstufen zu können. Dazu erfolgt in allen Fällen ein Vergleich der erzielten Testwerte mit den Ergebnissen von anderen Personen. Alle Werte einer Dimension werden zu einem Rohwert addiert, der mit einer Vergleichsgruppe in Beziehung gesetzt wird. Dadurch werden differenzierte Aussagen über die Ausprägung berufsbezogener Leistungsmotivation möglich (ebd., 62).

6.2.7.5   Zusammenfassende Einschätzung

Beim LMI ist aufgrund der streng standardisierten und mit Normen arbeitenden Vorgehensweise davon auszugehen, dass ein funktionales Verständnis von Kompetenz zugrunde liegt. Mit dem Verfahren kann die Leistungsmotivation ermittelt werden. Damit erfasst das LMI die jeweils aktuelle Motivation, nicht aber die Motivstrukturen die dahinter liegen. Auf die kann lediglich interpretierend aus der aktuellen Motivation rückgeschlossen werden.

Die Items des LMI sind alle auf berufsbezogene Leistung fokussiert. Der Anwendungs- und Verwendungskontext der mit dem LMI erhobenen Daten ist somit der berufliche Kontext. Grundlage für diese Fokussierung ist der angenommene Situationsbezug von Kompetenz.

Die erzielten Werte hinsichtlich Objektivität, Reliabilität und Validität sind als akzeptabel einzuschätzen, so dass diese klassischen Gütekriterien durch das Verfahren erfüllt sind. Auch die Aussagen in Bezug auf die Ökonomie und Anwendbarkeit des Verfahrens lassen auf eine Gewährleistung der Kriterien schließen.

Die selbstgesetzte Zielsetzung des LMI, nämlich die ganzheitliche Erfassung berufsbezogener Motivation kann als realisierbar eingestuft werden. Dabei ist allerdings zu berücksichtigen, dass diese nur unter normativen Gesichtspunkten erfolgt. Eine individuelle Äußerung von berufsbezogenen Motiven wird den Personen in dem Verfahren nicht zugestanden.

Im Rahmen der Kompetenzerfassung kann das LMI als ergänzendes Verfahren zur Erfassung des Kompetenzelementes Motive eingesetzt werden. Ein alleiniger Einsatz des Verfahrens zur Bestimmung von Kompetenz ist nicht ausreichend.

6.2.8   *Die Kompetenzbilanz - Ein Instrument zur Selbsteinschätzung beruflicher Entwicklung (Erler u. a.)*

6.2.8.1   Ziel und Zweck des Verfahrens

Mit dem Verfahren der Kompetenzbilanz soll außerberuflich erworbene Kompetenz, vor allem aus dem Bereich der Familienarbeit, für die betriebliche Nutzung sichtbar gemacht werden. Sie ist ein Instrument zur Selbst- und Fremdeinschätzung der beruflichen Entwicklung und richtet sich an berufstätige Eltern, an Teilnehmer von Weiterbildung und an die,

die an Weiterbildung interessiert sind sowie an Berufsrückkehrerinnen. Die Kompetenzbilanz soll die Personen darin unterstützen, die jeweils eigene Lebenssituation im Spannungsfeld zwischen beruflicher und persönlicher Entwicklung zu reflektieren sowie künftige Entwicklungsmöglichkeiten und -wünsche abzuschätzen (Erler u. a., 2003, 340). Die Personen sollen mit Hilfe des Verfahrens ihren jeweiligen Standort sowie ihre beruflichen Perspektiven bestimmen können. Als Ergebnis dieser Selbstevaluation ist ein individuelles Kompetenzprofil zu erstellen (Erler u. a., 2000a).

Darüber hinaus stellt die Kompetenzbilanz auch für Unternehmen und Organisationen ein interessantes Verfahren dar. So können in Bereichen, in denen sozial-kommunikative Kompetenz von Bedeutung ist, Aufgabenzuschnitte neu festgelegt sowie Aufgaben und Entwicklungsschritte in Zielvereinbarungen festgehalten werden. Die Kompetenzbilanz ermöglicht es in Bewerbungsgesprächen die Bereiche jenseits der technisch-fachlichen Qualifikationen systematisch miteinzubeziehen. Damit ist die Kompetenzbilanz auch im Rahmen von betrieblichen Reorganisationsprozessen flankierend einsetzbar (Erler, 2003, 169).

Das Verfahren kann aufgrund der geschilderten Zielstellungen den entwicklungsorientierten Ansätzen der Kompetenzerfassung zugeordnet werden. Der von den Verfahrensentwicklern ausgewiesene Nutzen verweist jedoch auch auf eine Vergleichsmöglichkeit des erarbeiteten individuellen Kompetenzprofils mit möglichen betrieblichen Anforderungen. Dies entspricht eher einem anforderungsorientierten Ansatz. Das Verfahren enthält also Aspekte von beiden Ansatzpunkten.

6.2.8.2   Kompetenzverständnis

Die Kompetenzbilanz legt ihren Schwerpunkt auf „sozial-kommunikative, methodische und Selbstkompetenzen, die im sozialen Feld ‚Familie' erworben oder weiterentwickelt werden und in denen – häufig übersehene – Potentiale zur Lösung komplexer Aufgaben in modernen Arbeitssituationen stecken" (Erler, u. a., 2003, 339). Es werde davon ausgegangen, dass diese Kompetenz biographisch mit informellen Lernfeldern, insbesondere der eigenen Familienarbeit und -verantwortung zusammenhänge (ebd., 342). So sei anzunehmen, dass Kompetenz häufig nicht im Rahmen formeller Lernprozesse erworben werde, sondern vielmehr in informellen Lern- und Erfahrungsfeldern, wie beispielsweise im Freundeskreis oder durch ehrenamtliche Aktivitäten. Insbesondere die soziale Kompetenz würde außerhalb der Schule im persönlichen Lebensbereich erworben.[157] Die Transferierbarkeit von informell erworbener Kompetenz in den Arbeitsalltag wird von den Entwicklern als problematisch eingeschätzt. Die geringe gesellschaftliche Akzeptanz von informell erworbener Kompetenz erschwere oder verhindere gar deren Einbringen in die Arbeitswelt. Die Kompetenzbilanz soll helfen, Möglichkeiten des Kompetenztransfers anhand von Übungen und Beispielen zu konkretisieren (Erler, u. a. 2000a).

Die Schilderungen zum Kompetenzverständnis der Entwickler zeigen, dass mit der Kompetenzbilanz die Kompetenzelemente Wissen und Fähigkeiten/Fertigkeiten berücksichtigt werden. Mit Hilfe des Verfahrens wird versucht, diese auch reflexiv biographisch

---

[157] Diese Pauschalisierung ist allerdings kritisch zu hinterfragen. Es ist anzunehmen, dass soziale Kompetenz ebenso in beruflichen Situationen erworben werden kann und auch wird. Dies ergibt sich insbesondere aus den zunehmenden Kooperationsbeziehungen in beruflichen Zusammenhängen.

aufzudecken. Nach Motiven und emotionalen Dispositionen wird nicht gefragt. Inwiefern diese bei den stattfindenden Reflexionsprozessen eine Rolle spielen kann nicht eingeschätzt werden.

Das zugrunde gelegte Kompetenzverständnis der Entwickler ist dem sinnbezogenem Kompetenzverständnis zuzuordnen. Dies resultiert aus der Annahme, dass sich Kompetenz auch informell im Rahmen von Familienarbeit entwickeln könne. Kompetenz entwickelt sich dabei ohne direkte Absichtserklärung während des Handlungsprozesses. In diesem Verfahren geht es nicht primär darum, anhand vorgegebener Antworten die Kompetenz einer Person zu ermitteln. Vielmehr soll die Person durch eigene individuelle Reflexionsprozesse ihre Kompetenz erkennen.

6.2.8.3   Situations- und Erfassungskontext

Bei der Kompetenzbilanz interessiert der Situations- und Kontextbezug von Kompetenz vor allem mit Blick auf den Erwerb von Kompetenz. Hier steht die Familienarbeit im Vordergrund. Davon ausgehend soll überlegt werden, inwiefern dort erworbene Kompetenz sichtbar und für berufliche Tätigkeiten bedeutsam gemacht werden könne. Diese Überlegungen basieren auf der Annahme, dass informell erworbene Kompetenz aus dem Bereich der Familienarbeit für berufliche Kontexte interessant und auf diese übertragbar ist. Der Situations- und Kontextbezug von Kompetenz fließt damit in die Überlegungen ein wird aber nicht streng auf eine konkrete Situation spezifiziert.

Die Personen werden durch die Kompetenzbilanz aufgefordert, ihre eigenen Entwicklungs- und Lernprozesse im außerschulischen und außerberuflichen Bereich zu reflektieren. Sie sollen diese nicht nur identifizieren, sondern auch den Ort des Erwerbs zuordnen. Dies setzt eine hohe Reflexionsfähigkeit der Personen sowie eigenverantwortliches Arbeiten voraus. Die Wirksamkeit des Verfahrens wird zudem von der Ernsthaftigkeit und Intensität mit der die Personen den Verfahrensablauf bearbeiten mitbestimmt. Daraus ergeben sich hohe Ansprüche an die Eigenverantwortung der Personen.[158]

Die Kompetenzbilanz wird von den Personen in Eigenarbeit bearbeitet und erfordert je nach Motivation und Zugang zur Fragestellung des Verfahrens zwischen zwei und fünf Stunden. Das Verfahren arbeitet mit der individuell-biographischen Selbsteinschätzung der Personen, so dass die Zugehörigkeit zu einem Unternehmen oder die Teilnahme an einer Weiterbildungsmaßnahme für ihre Bearbeitung keine Voraussetzung ist (Erler u. a., 2003, 343). Die Kompetenzbilanz liegt in Form eines gebundenen Arbeitsheftes vor. Es existiert ein Begleitheft, das als Grundinformation für Personalverantwortliche dient und die Nutzungsvarianten des Verfahrens in der Personalarbeit aufzeigt.

Um das Verfahren den Nutzern entsprechend vorstellen zu können, ist ein Folien-Satz und eine Power Point Präsentation vorhanden. Sowohl der organisatorische als auch der inhaltliche Rahmen für die Arbeit mit der Kompetenzbilanz ist für institutionelle Nutzer durch eine Vereinbarung hinsichtlich notwendiger Standards mit dem Projektteam festgelegt. Dabei geht es in erster Linie um Mindestanforderungen hinsichtlich der Informationen für die Bearbeiter sowie um die Organisation begleitender Feedbacks (ebd., 344).

---

[158] Darüber hinaus laden die Autoren die Nutzer des Verfahrens ein, „eigene Beiträge zur kontext- und zielgruppenspezifischen Anwendung des Verfahrens im Sinn eines nach Open-source-Prinzip angelegten lernenden Systems zu leisten und sie mit dem Projektteam abstimmten" (Erler, u. a., 2003, 344).

Erfolgt die Bearbeitung in einem Unternehmens- oder Organisationskontext, so hat das jeweilige Unternehmen dafür Sorge zu tragen, dass die bei der Bearbeitung auftretenden Fragen beantwortet werden können. Die Unternehmen sind auch dafür verantwortlich, dass die Ergebnisse aus der Arbeit mit der Kompetenzbilanz (z. B. bei Mitarbeiter- oder Zielvereinbarungsgesprächen etc.) durch den Dialog mit den Bearbeitern in die Gestaltung betrieblicher Abläufe einfließen (Erler u. a., 2003, 344.).

Die Kompetenzbilanz ist grundsätzlich für die individuelle Bearbeitung gedacht, weshalb auch ein Arbeitsbuch entwickelt wurde. Am Beginn der Bearbeitung werden i. d. R. ausführliche Informationen über Kontext, Methode und Ziel der Arbeit schriftlich oder durch ein Orientierungsgespräch bzw. eine Informationsveranstaltung vorangestellt. Im Rahmen einer Informationsveranstaltung zur Anwendung des Verfahrens ist es möglich, dass neben dem Bearbeiter weitere zukünftige Anwender anwesend sind und Fragen stellen.

Die Bearbeitung der Kompetenzbilanz erfolgt in Eigenarbeit. In einem der Bearbeitungsschritte soll eine Fremdeinschätzung, durch eine Person des Vertrauens, zu dem erarbeiteten Kompetenzprofil eingeholt werden. Bei starken Differenzen zwischen Selbst- und Fremdeinschätzung erfolgt ein klärender Dialog. Hier ist also ein weiterer Akteur an der Bearbeitung beteiligt. Da die Person diesen selber auswählt, kann ein vertrautes Verhältnis vorausgesetzt werden.

Einflussmöglichkeiten bei der Bearbeitung der Kompetenzbilanz durch weitere Akteure bestehen damit zum einen bei der Informationseinweisung hinsichtlich der Bearbeitung und zum anderen durch die Fremdeinschätzung und den möglicherweise anschließenden Dialog.

6.2.8.4   Methodologie

Beurteilungsform

Die Kompetenzbilanz verwendet sowohl die Methode der Selbst- als auch der Fremdbeurteilung. Die eigentliche Bearbeitung der Kompetenzbilanz erfolgt durch eine Selbstbeurteilung der Personen. Zu dem erstellten individuellen Kompetenzprofil, erfolgt eine Fremdbeurteilung durch eine Vertrauensperson des Probanden.

Erhebungsmethode

Das Verfahren der Kompetenzbilanz kann als multimodales Verfahren bezeichnet werden, da verschiedene Erhebungsmethoden zum Einsatz kommen. So werden Reflexionsmethoden, wie das Mindmapping eingesetzt, um den Reflexionsprozess der Personen hinsichtlich ihrer Kompetenz zu unterstützen. Darüber hinaus sind Arbeitsblätter vorgegeben, die zur Unterstützung des Reflexionsprozesses dienen. Diese erfragen beispielsweise die biographischen Lernerfahrungen der Personen oder speziell die Lernerfahrungen in der Familienarbeit (Erler u. a., 2000b). Das als Ergebnis des Reflexionsprozesses zu erstellende Kompetenzprofil wird in Form eines standardisierten Fragebogens sowohl in Form von Selbst- als auch durch Fremdbeurteilung erhoben. Die im Rahmen der Selbst- und Fremdbeurteilung erzielten Ergebnisse hinsichtlich des Kompetenzprofils der Person werden schließlich in einem Dialog diskutiert.

Bei der Entwicklung der Kompetenzbilanz waren unterschiedliche theoretisch-konzeptionelle Entwicklungslinien von Bedeutung.

- Ein Ansatz geht von der Aufwertung der Familienarbeit durch Kompetenztransfer in den Arbeitsmarkt aus. Hier wurde an arbeitswissenschaftliche Verfahren zur Analyse der Hausarbeit angeknüpft und nach Transfermöglichkeiten in familien- oder haushaltsnahe Berufe gesucht. Die Überlegungen mündeten teilweise in neuen Berufsbildern, aber auch in ausbildungsverkürzender Anerkennung von Familienkompetenz als berufliche Kompetenz, wie z. B. bei Erzieherinnen (Erler u. a., 2003, 340; Erler, 2003, 176).
- Einen anderen Zugang bietet der Konflikt-Diskurs, der die Entgeltungleichheit zwischen den Geschlechtern thematisiert. Eine Forderung der Gleichstellungsgesetze aller Bundesländer ist die Berücksichtigung sozial-kommunikativer Kompetenz aus der Familienarbeit sowie aus ehrenamtlichen, freiwilligen und bürgerlichem Engagement bei der Personalauswahl im öffentlichen Dienst, wenn diese für die berufliche Arbeit von Bedeutung ist. Die Kompetenzbilanz bietet eine Unterstützung zur Gewährleistung dieser Forderung (Erler u. a., 2003, 340).
- Ein weiterer Hintergrund für die Entwicklung der Kompetenzbilanz ist die sozialwissenschaftliche und gesellschaftlich-politische Debatte über die Veränderung von Arbeitsstrukturen. In diesem Kontext würden die Anforderungen an moderne Arbeitsplätze immer häufiger als Kompetenz aufgefasst und Prozesse arbeitsintegrierten Lernens zum Aufbau beruflicher Handlungskompetenz haben an Bedeutung gewonnen. Die Autoren verweisen an dieser Stelle auf das von Heidack erarbeitete Analyse- und Handlungskonzept der „kooperativen Selbstqualifikation", welches ebenfalls ein Bezugspunkt bei der Entwicklung der Kompetenzbilanz war (ebd., 341).
- Weitere Einflussfelder waren Forschungsergebnisse aus dem Bereich „Lernen im sozialen Umfeld" des Forschungsprogramms „Lernkultur Kompetenzentwicklung" der ABWF sowie Impulse aus der (berufs-)bildungspolitischen Entwicklung auf der EU-Ebene. Hier sei vor allem die französische „bilan de competences" zu nennen, die die Entwicklung der Kompetenzbilanz beeinflusste (ebd.).

Im Folgenden sollen nun die einzelnen Schritte der Kompetenzbilanz erläutert werden: Die Kompetenzbilanz beginnt mit einem ersten didaktisch hinführenden Teil zum Thema „Lebensgeschichte als Lerngeschichte". Die Personen sind aufgefordert mit Hilfe der Arbeitsmappe einen Überblick über ihre biographischen Lern- bzw. Erfahrungsfelder zu erstellen, die jenseits formaler Bildungsprozesse liegen. Dabei soll gleichzeitig herausgearbeitet werden, wie diese zum arbeitsrelevanten Kompetenzprofil beitragen (Erler, 2003, 170; Erler, u. a., 2000b, 5ff.).

In einem zweiten Arbeitsschritt wird der Blick auf die „Familie als Lernort" gerichtet. Die Personen sollen analysieren, wie sie in diesem Erfahrungs- und Lernfeld ihre soziale Kompetenz neu ausbilden bzw. weiterentwickeln konnten. Dazu stehen unterstützend Arbeitsblätter zur Verfügung, in dem z. B. ein typischer Tagesablauf nachgezeichnet wird und Lernerfahrungen auf Lernergebnisse und deren Transfermöglichkeiten in andere Lebensbereiche hin analysiert werden.

In einem dritten Schritt sind die Personen gefordert aufgrund der bisher getroffenen Überlegungen, ihr persönliches Kompetenzprofil zu erstellen. Dazu sollen sie ihre in der Familie erworbene Handlungskompetenz in einer tabellarischen Profildarstellung verdichten. Diesbezüglich gibt es zwei Arbeitsblätter zum individuellen Kompetenzprofil, in denen 38 Teilkompetenzen aufgelistet sind, die anhand einer fünfstufigen Skala[159] eingeschätzt werden sollen (Erler, u. a., 2000b, 25ff.; Erler, 2003, 171). Die im Bearbeitungsbogen aufgelisteten Teilkompetenzen[160] sind den folgenden Kompetenzfeldern zugeordnet:

- Selbstorganisation/Selbstmanagement,
- Verantwortungsbewusstsein,
- Belastbarkeit/Fähigkeit zur Stressbewältigung,
- Kommunikationsfähigkeit,
- Kooperationsfähigkeit/Teamfähigkeit,
- Interkulturelles Handeln,
- Flexibilität und Mobilität,
- Organisationsfähigkeit und
- Führungsfähigkeit (Erler, 2003, 170).

Beispiele für mit dem Verfahren einzuschätzende Kompetenz sind:

- Für das eigene Leben Ziele entwickeln,
- Gesetzte Ziele auch verwirklichen,
- mit der eigenen Zeit verantwortlich umgehen,
- für die eigene Gesundheit sorgen,
- die Folgen des eigenen Handelns abschätzen und
- übernommene Aufgaben zuverlässig erledigen und zu Ende führen (Erler u. a., 2003, 347).

In einem weiteren Schritt wird den Bearbeitern empfohlen, sich eine Fremdbeurteilung zu dem von ihnen erstellten Kompetenzprofil einzuholen[161]. Dies erfolgt in Eigenverantwortung der Personen. Die Fremdbeurteilung sollte durch eine vertraute Person aus dem privaten oder beruflichen Umfeld vorgenommen werden. Ziel dieser Fremdbeurteilung ist es, die eigene Beurteilung zu überprüfen, womit nach Ansicht der Entwickler zugleich eine erste Objektivierung der Ergebnisse erfolgt. Differenzen in Selbst- und Fremdbeurteilung sollten in einem klärenden Dialog besprochen werden.

---

[159] Dabei bedeutet 1 – sehr gut und 5 – nicht gut.
[160] Die Liste der Teilkompetenzen (Bezeichnung der Verfahrensentwickler) ist das Ergebnis eines empirisch gestützten Suchverfahrens, in dem auf Basis qualitativer Befragungsergebnisse von Personalverantwortlichen, unterschiedliche Listen von Anforderungsprofilen bezüglich sozial-kommunikativer, sozialer und Selbstkompetenzen zusammengefasst wurden (Erler u. a., 2003, 342).
[161] Die Fremdeinschätzung erfolgt mit demselben Bearbeitungsbogen wie die Selbsteinschätzung.

Qualitätsstandards

Zu den klassischen Qualitätsstandards wie Objektivität, Reliabilität und Validität werden von den Autoren keine Aussagen getroffen.

Hinsichtlich der *Anwendbarkeit* des Verfahrens lässt sich festhalten, dass die Einsatzmöglichkeiten des Verfahrens von den Entwicklern vor allem in der Personalentwicklung gesehen werden. Hier ist die Kompetenzbilanz bei Einstellungs- und Stellenbesetzungsverfahren, bei Personalgesprächen und beim Abschluss von Zielvereinbarungen, bei der Weiterbildungsplanung und in der Führungskräftefortbildung anwendbar. Im Kontext von individualisierten und modularisierten Weiterbildungsangeboten kann die Kompetenzbilanz zur biographischen Bestandsaufnahme herangezogen werden. Damit ist die Kompetenzbilanz sowohl für individuelle als auch für institutionelle Zwecke einsetzbar (Erler u. a., 2003, 350).

Für eine optimale *Nutzung* des Kompetenzprofils empfehlen die Autoren, den Anteil der sozialen Kompetenz an einer bestimmten betrieblichen Anforderung im Vorfeld möglichst differenziert abzuschätzen und in Kategorien festzulegen. Liegt ein entsprechendes Anforderungsprofil vor, könne man einen Vergleich zwischen diesem und dem persönlichen Kompetenzprofil ziehen und so feststellen, inwiefern eine Person für eine Stelle geeignet ist bzw. in welchen Bereichen weitere Qualifizierungen erforderlich sind (Erler u. a., 2000a, 11). Das Kompetenzprofil soll helfen, die individuelle soziale Kompetenz mit den beruflichen Anforderungen zu vergleichen und gleichzeitig prüfen, wie diese beruflich genutzt werden könne. In den Arbeitsunterlagen der Kompetenzbilanz werden die Personen direkt darauf hingewiesen, wie sie ihr Kompetenzprofil nutzen können:

„Verwenden Sie das Kompetenzprofil:
- um Klarheit zu gewinnen, welche dieser Kompetenzen Sie bisher bereits am Arbeitsplatz nutzen;
- ergänzend zu Ihren Bewerbungsunterlagen über Ihr fachliches Wissen und Können;
- als Grundlage für das nächste Personalgespräch;
- als Orientierungshilfe bei einer beruflichen Neuorientierung;
- wenn Sie sich für einen beruflichen Aufstieg oder eine Führungsaufgabe interessieren;
- wenn Sie nach einer Elternzeit wieder in den Beruf zurückkehren;
- wenn Sie sich nach einer längeren Berufsunterbrechung neu orientieren wollen" (Erler, u. a., 2000, 30).

Die Wirksamkeit des Reflexions- und Dialogprozesses hinsichtlich der Verbesserung von Arbeitsprozessen sei letztlich abhängig von der Ernsthaftigkeit und Intensität der individuellen Bearbeitung sowie der Verbindlichkeit der Einbindung dieses Dialoges in betriebliche und organisationale Entwicklungsprozesse und -abläufe (Erler, 2003, 172).

Die Autoren sehen den Wert des Verfahrens in der „Türöffnerfunktion" für einen qualifizierten Dialog von Mitarbeitern, Kollegen und Personalverantwortlichen über vorhandene Fähigkeiten und Entwicklungspotentiale (Erler, u. a., 2003, 342). Wird der Dialog vom unmittelbaren Arbeitskontext gelöst, bestehe nach Ansicht der Entwickler die Chance, eine „mitarbeiter- und potentialorientierte" Personalarbeit zu verwirklichen. Die optimale Leistungsfähigkeit könne die Kompetenzbilanz am besten in einer als lernende Organisation angelegten Unternehmenskultur entfalten. Damit sehen sie die Funktion der Kompetenzbilanz nicht nur in der Erbringung individualisierter Leistungsprognosen, sondern auch darin Katalysator für Optimierungsprozesse zu sein (Erler, u. a., 2003, 342). Schließlich stelle die Entwicklung der Kompetenzbilanz eine „genuine Neuentwicklung" dar, mit der auf unterschiedliche, aber miteinander verbundene Trends im Erwerbssystem an der Schnittstelle zur „privatfamilialen" Lebenswelt eingegangen werde und auf deren qualifikatorische und sozialisatorische „Zulieferung" die betriebliche Praxis angewiesen bleibe (Erler, 2003, 179).

Als ein mögliches Gültigkeits- und Fehlerproblem benennen die Autoren die separat vorgenommene Bewertung von sozial-kommunikativer Kompetenz und Teilen methodischer und Selbstkompetenz. Vor dem Blickwinkel einer effizienten Prozessgestaltung und der „Ganzheitlichkeit" von Personalbeurteilungen bestehe aus Sicht der Autoren die Notwendigkeit, diese gemeinsam mit dem Profil berufsfachlich-technischer Qualifikationen zu bewerten (Erler, u. a., 2003, 343).

Der häufig skeptisch betrachteten Methode der Selbstbeurteilung solle durch die Fremdbeurteilung entgegengewirkt werden. Nach Ansicht der Autoren hätten die Bearbeiter zudem ein eigenes Interesse an einer ehrlichen Bearbeitung der Kompetenzbilanz, denn nur so könne diese konstruktiv genutzt werden.[162]

6.2.8.5   Zusammenfassende Einschätzung

Dem Verfahren der Kompetenzbilanz werden von den Autoren unterschiedliche Anwendungs- und Nutzungsfelder zugewiesen. Damit sind mit dem Verfahren gleichzeitig individuelle und institutionelle Zielsetzungen verbunden. So soll die Kompetenzbilanz einerseits dem Individuum nutzen, um seine Potentiale aufzudecken und diese gewinnbringend für den beruflichen Alltag nutzbar zu machen und weiterzuentwickeln. Andererseits soll sie Unternehmen, Organisation und Institutionen im Rahmen der Personalentwicklung für Personalauswahl und Personalbesetzung behilflich sein. Hier besteht m. E. ein Interessenkonflikt. Eine Person, der bekannt ist, dass ihr Kompetenzprofil im Rahmen der Personalauswahl verwendet wird, steht dem Verfahren möglicherweise skeptischer gegenüber als eine Person, die die Kompetenzbilanz nutzt, um ihre persönliche Kompetenz und ihr Entwicklungspotential aufzudecken. Von den Autoren werden keine Ausführungen darüber getroffen, wie die verschiedenen Zielstellungen miteinander vereinbar sind.

Das Kompetenzverständnis der Autoren, welches einem sinnbezogenem Kompetenzverständnis zuzuordnen ist, wird durch die Vorgehensweise des Verfahrens nur teilweise berücksichtigt. In den ersten beiden Schritten handelt es sich dabei um Reflexionsprozesse, in denen die Personen überlegen sollen, welche Kompetenzdimensionen sie in ihrer Biographie und speziell im Rahmen von Familienarbeit erwerben konnten. Zur Unterstützung dieses Reflexionsprozesses sind Arbeitsblätter vorbereitet, die aber nicht verwendet werden müssen, so dass die Personen freie Gestaltungs- und Handlungsspielräume haben. Zur Erstellung des Kompetenzprofils, was Ziel des Verfahrens ist, wird eine standardisierte Tabelle verwendet, in der 38 Teilkompetenzen auf einer fünfstufigen Skala eingeschätzt werden sollen. Dieses Vorgehen steht einem sinnbezogenem Kompetenzverständnis entgegen, da hier die Gestaltungsspielräume der Personen eingeschränkt sind und Kompetenz in

---

[162] Dies hängt m.E. auch von dem Nutzungskontext ab. Wird die Kompetenzbilanz in einem Unternehmen eingesetzt, welches darauf hin seine Stellenbesetzungen überprüfen will, wird die Bearbeitung des Verfahrens von den Personen vermutlich eher skeptisch betrachtet.

bereits definierten aber dennoch breit angelegten Kategorien erfasst wird. Des Weiteren ist m. E. nicht deutlich erkennbar, wie die Liste zur Erstellung des Kompetenzprofils mit den ersten beiden Reflexionsschritten des Verfahrens in Zusammenhang steht. Es ist jedoch anzunehmen, dass die Reflexionsprozesse als Grundlage für die Beantwortung der Fragestellungen herangezogen werden. Sie bieten die Chance zu einer intensiveren Auseinandersetzung mit der Thematik und erlauben damit möglicherweise eine fundiertere Bearbeitung der Fragen.

Die Kompetenzbilanz orientiert sich auf Kompetenz, die im familiären Umfeld erworben wurde. Dadurch wird der Situations- und Kontextbezug von Kompetenz berücksichtigt, ist jedoch breit gefächert und nicht weiter spezifiziert. Dies resultiert vermutlich aus der Grundannahme des Verfahrens, in der davon ausgegangen wird, dass Kompetenz zwischen verschiedenen Situationen transferierbar ist. Hinsichtlich der diesbezüglich notwendigen Transferprozesse werden keine Aussagen getroffen.

Die Kompetenzbilanz ist ein multimodales Verfahren, da verschiedene Forschungsmethoden zum Einsatz kommen. Ein solches Vorgehen wird insbesondere im Rahmen von Kompetenzerfassung als vorteilhaft angesehen. Zu den mit dem Verfahren erzielten Qualitätskriterien wurden nur Aussagen zur Anwendbarkeit und zum Nutzen des Verfahrens getroffen. Hinsichtlich weiterer Qualitätskriterien liegen keine verlässlichen Aussagen vor. Hier sind weitere Untersuchungen erforderlich.

Der Ansatz der Kompetenzbilanz, der sich stark am Individuum orientiert und von einem sinnbezogenem Kompetenzverständnis ausgeht ist m. E. nach unterstützenswert. Insbesondere die Reflexionsprozesse, welche sich auf biographische Lernerfahrungen konzentrieren erscheinen im Rahmen der Kompetenzerfassung interessant, da sie die Personen auf die Problemstellung vorbereiten. Hinsichtlich der angenommenen Transferierbarkeit von Kompetenz in andere Kontexte sind allerdings weitere Ausführungen durch die Entwickler wünschenswert. Kritisch sind die fehlenden Aussagen zu den klassischen Qualitätsstandards zu sehen. Diese sind für eine breite Akzeptanz des Verfahrens unbedingt erforderlich.

Inwiefern die selbstgesetzten Ziele der Verfahrensentwickler hinsichtlich der Anerkennung der informell in Familienarbeit erworbenen Kompetenz erreicht werden konnten, wird nicht ersichtlich.

6.2.9   Die Kompetenzbiographie (Erpenbeck & Heyse)

6.2.9.1   Ziel und Zweck des Verfahrens

Das Verfahren der Kompetenzbiographie beschäftigt sich mit der Frage, welche Kompetenz in welchen Lebenssituationen erworben wurde, wobei insbesondere diejenigen Kompetenzdimensionen interessieren, die durch organisiertes und selbstorganisiertes Lernen sowie durch intendierte und nichtintendierte Prozesse beruflicher Bildung erworben worden sind (Erpenbeck & Heyse, 1999, 285). Nach Einschätzung der Autoren ermöglicht das Verfahren theoretische Analysen und praktische Folgerungen für die Gestaltung beruflicher Kompetenzentwicklung (ebd., 208). Die Kompetenzbiographie wird inhaltlich als „die qualitative und quantitative Entfaltung menschlicher Handlungskompetenz als komplexes, selbstorganisiertes Netzwerk fachlicher, methodischer, sozialer und personaler Einzelkompetenzen in der stets einzigartigen, lebenslangen real-biographischen Entwicklung" bezeichnet (Erpenbeck & Heyse, 1999, 228).

Als Ziele, die mit dem Verfahren verfolgt werden, werden von den Autoren folgende Aspekte benannt (ebd., 224; Hervorhebungen im Original):

- „zur Erarbeitung breit einsetzbarer *Untersuchungsinventare* für die Erfassung von Kompetenz und Kompetenzentwicklungen und entsprechender Aneignungsprozesse von Führungskräften und z. T. von Mitarbeitern beizutragen,
- zu klären, inwieweit *biographische Tiefeninterviews* diesen Inventaren einzugliedern sind und welchen spezifischen Erkenntnisgewinn sie für das Verständnis längerfristigen selbstorganisierten Lernens erbringen;
- Zusammenhänge und Widersprüche zwischen Wertveränderungen, Kompetenzentwicklungen und dabei zum Tragen kommenden Aneignungsprozessen aufzuspüren und Ansatzpunkte für die *Gestaltung gezielter Kompetenzentwicklung* abzuleiten;
- Übereinstimmungen und Unterschiede bei der Herausbildung und Nutzung von Kompetenz innovativer Führungskräfte zu suchen und daraus Schlussfolgerungen für die *Personal- und Organisationsentwicklung* zu ziehen; und schließlich
- wichtige Hinweise und Ableitungen für innovative *Praxisberatungen* zur Sicherung des Standortvorteils Kompetenz zu gewinnen."

Das konkrete Ziel des Verfahrens besteht letztlich darin, die Ausgangskompetenz und den sie charakterisierenden Wertbestand zum Zeitpunkt t_1 retrospektiv zu rekonstruieren, den aktuellen Kompetenz- und Wissenszustand zum Zeitpunkt t_2 zu ermitteln und den „Kompetenz- und Wertewandel" zwischen t_1 und t_2 entsprechend darzustellen (ebd., 225). Das Verfahren soll zudem die befragte Person nicht mehr als zwei Stunden beanspruchen und durch den Interviewer kurzfristig und mit geringem Aufwand auswertbar sein (ebd., 226).

Für die Untersuchung wurden nur Personen ausgewählt, die als erwiesen kompetent galten, wie beispielsweise erfolgreiche Unternehmer oder Geschäftsführer. Damit wurde ein Vorhandensein von Kompetenz angenommen, so dass vor allem die Entstehung, Ausprägung und Dominanz der Kompetenz im Vordergrund der Betrachtungen stand (ebd.).[163]

6.2.9.2   Kompetenzverständnis

Kompetenz wird von den Autoren als Selbstorganisationsdisposition einer Person aufgefasst. So definieren sie Kompetenz wie folgt: "Kompetenz bringt im Unterschied zu anderen Konstrukten wie Können, Fertigkeiten, Fähigkeiten, Qualifikation usw. die Selbstorganisationsdispositionen des konkreten Individuums auf den Begriff." (ebd., 155). Als vom Individuum selbstorganisiert werden dabei Handlungen angenommen, „deren Ergebnisse aufgrund der Komplexität des Individuums", der Situation und des Verlaufs (...) nicht oder nicht vollständig voraussagbar sind" (ebd., 157).[164] Die verschiedenen Dispositionen einer

---

[163] Die Kriterien für die Auswahl der Personen sind als problematisch einzuschätzen. So erfolgte die Auswahl aufgrund von spezifisch erbrachten Leistungen, die als Erfolg eingestuft werden können. Dabei ist unklar, ob der Erfolg tatsächlich auf die Kompetenz der Personen zurückzuführen ist oder ob nicht andere Faktoren eine Rolle spielen.
[164] Es kann davon ausgegangen werden, dass Handlungen nie vollständig vorhersehbar sind.

Person, diese Handlungen selbstorganisiert auszuführen, seien dann die verschiedenen Kompetenzen – auch Grundkompetenzen genannt.[165] Zu solchen Grundkompetenzen zählen die Autoren Fachkompetenz, Methodenkompetenz, Sozialkompetenz, personale Kompetenz (Individualkompetenz) und Handlungskompetenz, die im Einzelnen wie folgt definiert werden (Erpenbeck & Heyse, 1999, 157):

- *Fachkompetenzen* sind „die Dispositionen, geistig selbstorganisiert zu handeln, d.h. mit fachlichen Kenntnissen und fachlichen Fertigkeiten kreativ Probleme zu lösen, das Wissen sinnorientiert einzuordnen und zu bewerten."
- *Methodenkompetenzen* sind „die Dispositionen, instrumentell selbstorganisiert zu handeln, d.h. Tätigkeiten, Aufgaben und Lösungen methodisch kreativ zu gestalten und von daher auch das geistige Vorgehen zu strukturieren."
- *Sozialkompetenzen* sind „die Dispositionen, kommunikativ und kooperativ selbstorganisiert zu handeln, d.h. sich mit anderen kreativ auseinander- und zusammenzusetzen, sich gruppen- und beziehungsorientiert zu verhalten, um neue Pläne und Ziele zu entwickeln."
- *Personale Kompetenzen* sind „die Dispositionen, reflexiv selbstorganisiert zu handeln, d.h. sich selbst einzuschätzen, produktive Einstellungen, Werthaltungen, Motive und Selbstbilder zu entwickeln, eigene Begabungen, Motivationen, Leistungsvorsätze zu entfalten und sich im Rahmen der Arbeit und außerhalb kreativ zu entwickeln und zu lernen."
- *Handlungskompetenzen* sind „die Dispositionen (Anlagen, Fähigkeiten, Bereitschaften), die in den vier Kompetenzkategorien erlangten Werte, Erkenntnisse und Verhaltensweisen im beruflichen und im persönlichen Lebensbereich anzuwenden und zielorientiert umzusetzen".

Die Autoren ordnen diesen Grundkompetenzen Teilkompetenzen zu, die später auch im Kompetenzfragebogen (Stärkefragebogen) verwendet werden (ebd., 161). Damit haben sie die in ihrem Verständnis grundlegende Kompetenz aus dem Zusammenhang selbstorganisierten biographischen Handelns, als notwendige Handlungsdispositionen abgeleitet. Die Betrachtungen im Verfahren der Kompetenzbiographie orientieren sich an den hier abgeleiteten Kompetenzdimensionen.

Für diese grundlegende Form von Kompetenz werden von den Autoren zudem eine Reihe dispositionell relevanter Voraussetzungen wie Wissen, Werte, Erfahrungen, Fähigkeiten und Wille genannt, die eine fundierende Rolle spielen und die Kompetenz ausmachen (ebd.; vgl. 5.2.1). Zusammenfassend könne festgehalten werden, dass „Kompetenzen durch Wissen *fundiert*, durch Werte *konstituiert*, als Fähigkeiten *disponiert*, durch Erfahrungen *konsolidiert*, auf Grund von Willen *realisiert*" werden (ebd., 162; Hervorhebungen im Original). Diesem Kompetenzverständnis der Autoren folgend kann angenommen werden, dass die im Kontext dieser Arbeit herausgestellten Elemente von Kompetenz (vgl. 5.2.1), ebenfalls als solche erkannt und dementsprechend beim Verfahren der Kompetenzbiographie berücksichtigt werden.

In der Zielstellung des Verfahrens Kompetenzbiographie wurde bereits deutlich, dass dieses auf Momente der Kompetenzentwicklung fokussiert und zentriert ist. Die im Rahmen der Kompetenzbiographie interessierende Kompetenz ist nicht vorgegeben, sondern

---

[165] Im Verständnis der hiesigen Arbeit wären verschiedene Dimensionen von Kompetenz gemeint.

wird durch die jeweils befragten Personen selbst benannt (Erpenbeck & Heyse, 1999, 206). Kompetenz wird somit als Disposition angesehen, die dazu dient, eine „offene" Zukunft produktiv und kreativ zu bewältigen und die Individuen biographisch zu Produzenten ihrer eigenen Entwicklungen zu machen (Sarges & Fricke, 1986, 294ff., zit. nach Erpenbeck & Heyse, 1999, 163).

Das Kompetenzverständnis der Autoren lässt sich damit der sinnbezogenen Variante von Kompetenz zuordnen. Die Erfassung von Kompetenz ist in einem solchen Verständnis, an die Offenheit hinsichtlich Sinnproduktion sowie an vorhandene Handlungs- und Gestaltungsspielräume geknüpft. Beide Aspekte sind durch den qualitativen Ansatz gegeben. So haben die Befragten beispielsweise in narrativen Erzählungen die Möglichkeit, über sich und ihre Stärken (Kompetenz) Auskunft zu geben.

6.2.9.3 Situations- und Erfassungskontext

In diesem biographisch orientierten Verfahren der Kompetenzerfassung ist die Reflexionsfähigkeit der Personen von besonderer Bedeutung. Kompetenzbiographien sind nach Ansicht der Autoren nur über subjektive Rekonstruktionsprozesse der jeweiligen Lerngeschichte möglich.[166] Damit werden die Reflexionsleistung sowie der Gedächtnisabruf zur Voraussetzung für die Erfassung der Kompetenz. Das Reflektieren der eigenen Handlungsvoraussetzungen wird von den Autoren zugleich als personale Kompetenz bezeichnet, die damit zum einen Bedingung für die Betrachtung und gleichzeitig Gegenstand der Betrachtung ist (Erpenbeck & Heyse, 1999, 370). Neben der Erkenntnis und der Reflexion der eigenen Handlungsvoraussetzungen wird von den Personen zudem verlangt, dass sie ihre Handlungen in ein Bedeutungsgefüge der Kompetenzentwicklung einordnen und entsprechend bewerten. So wird beispielsweise danach gefragt, inwiefern bestimmte Begebenheiten besonderen Einfluss (fördernd oder hemmend) auf die Kompetenzentwicklung haben.

Das Verfahren der Kompetenzbiographie findet in einer Interviewsituation statt. Die jeweilige Person wird dabei von einem Interviewer befragt. Das Verfahren dauert dabei mindestens eine, i. d. R. aber ca. zwei Stunden (ebd., 226). Bei Einverständnis der Personen werden die Interviews per Tonband mitgeschnitten. Für Teile der mündlichen Befragung existieren Erhebungsbögen (z. B. bei den selbstfokussierenden Fragebogen, dem Wertefragebogen, dem umfassenden Kompetenzfragebogen, dem organisiertes-vs.-selbstorganisiertes-Lernen-Fragebogen sowie dem Unternehmensfragebogen), die der Interviewer im Dialog mit dem Befragten ausfüllt. Dies führe, nach Einschätzung der Entwickler, zu einer besonderen Form der Transparenz, in der auch der Befragte die Dokumentation mitverfolgen kann. Die Schilderungen der Personen beziehen sich auf deren Biographie. Dortige Rahmenbedingungen könnten möglicherweise die Entwicklung der Kompetenz beeinflusst haben. Das Erkennen von Einflussfaktoren hinsichtlich der Entwicklung von Kompetenz ist ein weiteres, hier nicht primär betrachtetes Ziel des Verfahrens Kompetenzbiographie. Die situativen Gegebenheiten der Biographie der jeweiligen Person sind damit Gegenstand bzw. Bezugspunkt der Kompetenzerhebung.

---

[166] Dies beruht zudem auf der Annahme, dass Kompetenz durch Lernprozesse entwickelt wird (vgl. 3.1 und 3.2)

An der Erhebungssituation sind nur die befragte Person und der Interviewer beteiligt, so dass gute Voraussetzungen für die Schaffung einer gleichberechtigten und vertrauensvollen Gesprächsatmosphäre vorhanden sind.

6.2.9.4 Methodologie

Beurteilungsform

Die Kompetenzbiographie verwendet die Methode der Selbstbeurteilung. Während des gesamten Verfahrens stehen Selbstauskünfte der Person im Vordergrund. Die Autoren sprechen auch von Selbstfokussierung bzw. Selbstzentrierung (Erpenbeck & Heyse, 1999, 207).

Erhebungsmethode

Die Autoren nehmen selbst eine methodische Einordnung des Verfahrens vor und halten fest, „dass das *Verfahren der Kompetenzbiographie* eine Form des narrativen Interviews darstellt, das Elemente des fokussierten und des problemzentrierten Interviews einbezieht, allerdings in Form von *Selbstfokussierung* bzw. *Selbstzentrierung* durch den Interviewten" (ebd.; Hervorhebungen im Original). Bei ihrem Vorgehen folgen sie dem Ansatz von Fritz Schütz (1984) und den Zusammenfassungen des narrativen Ansatzes durch Heinemeier (1991) (zit. nach Erpenbeck & Heyse, 1999, 208). Die Zielstellungen des Verfahrens wie beispielsweise die retrospektive Einschätzung des Kompetenzstandes zum Ausgangszeitpunkt der Betrachtungen oder die Rekonstruierung des gegenwärtigen Kompetenz- und Wissensstandes, umfassen einen biographisch langfristigen dynamisch-selbstorganisierten Prozess, der stark emotional besetzt und den befragten Personen zudem nur teilweise bewusst ist. Dies sind nur einige Gründe dafür, warum sich die Methodik des biographischen Tiefeninterviews als empfehlenswert erweist (ebd., 225). Hinzuweisen ist auch darauf, dass bei der Anwendung des Verfahrens nicht der Kompetenzbegriff, sondern – ausgehend vom LIFO®-Verfahren[167] – der Stärkenbegriff verwendet wird. Da dies ein positiver Begriff sei und es keine negativen Stärken gäbe, verspreche man sich eine größere Vertrauensbasis und damit eine größere Offenheit der Befragten (ebd., 226).

Zur Erfassung der Kompetenzbiographie einer Person beschränken sich die Autoren nicht auf eine Methode, sondern verwenden einen multimodalen Methodeneinsatz. So werden verschiedenen Einzelverfahren hintereinander angewandt, wobei darauf geachtet wird, dass diese sich methodisch abwechseln. Auf diese Weise könne zugleich die Aufmerksamkeit der Personen aufrechterhalten werden (ebd., 238). Die eingesetzten Verfahren werden im Folgenden kurz vorgestellt:

---

[167] Die LIFO®-Methode ist ein kommerzielles Verfahren, welches sich aus mehreren Fragebögen zusammensetzt. Es beruht auf der humanistischen Theorie von Erich Fromm, Carl Rogers und Peter Drucker. Sie ist ein Verfahren zur objektiven Beschreibung von Verhalten und verdeutlicht persönliche Verhaltensmuster (www.lifoproducts.de).

Selbstfokussierungsfragebögen

Die Selbstfokussierungs- bzw. selbstzentrierten Fragebögen konzentrieren sich auf Fragen nach den Stärken des Unternehmens (welches die Person leitet bzw. in dem sie arbeitet) sowie auf Fragen hinsichtlich der eigenen individuellen Stärken. Dabei wird darauf geachtet, dass die Antworten nicht eingeengt werden und genügend Spielraum für eigene Spontanität bei der Beantwortung bleibt.

Die Personen werden aufgefordert, spontan fünf Stärken ihres Unternehmens zu benennen, die anschließend in eine Rangfolge zu bringen sind. Darüber hinaus soll auf einer Skala von 0 bis 5 für einen genau festgelegten Zeitraum (hier wurde ein Zeitraum von 3 Jahren gewählt), die Entwicklung dieser Stärken durch einen Pfeil gekennzeichnet werden. Die 0 kennzeichnet dabei das Nichtvorhandensein einer Stärke und 5 die höchste Ausprägung. Darüber hinaus werden die Personen gebeten, die Ursache der Entwicklung stichwortartig unter dem Pfeil festzuhalten (Erpenbeck & Heyse, 1999, 231). Nach Beendigung der Befragung zu den Stärken des Unternehmens wird zu den Stärken der Person übergegangen, bei denen in gleicher Weise vorgegangen wird.

Nach Abschluss dieser selbstfokussierenden Fragebögen werden die ausgefüllten Erhebungsbögen für den weiteren Verlauf des Interviews sichtbar vor der Person abgelegt, so dass immer wieder Bezug darauf genommen werden kann.

Das selbstfokussierte / selbstzentrierte Interview

Diese Interviews sollen individuell und ohne zeitliche Begrenzung durchgeführt werden. Zu beachten ist, dass die Befragung inhaltlich nicht überstrukturiert wird und die Ergebnisse streng anonymisiert werden. Die Interviews beginnen alle mit einer ähnlichen Einleitungsfrage, in der die Personen aufgefordert werden von Lebensstationen zu berichten, die für die Herausbildung ihrer Stärken bedeutsam waren. Um eine höhere Vertrauensbasis zu gewährleisten, wurden die Interviews nur von einer Person durchgeführt. Aufgrund von kollektiven Diskussionen der Gesprächsergebnisse wurden theoretische Hypothesen formuliert, die in die weiteren Interviews einflossen (ebd., 237).

Der Wertefragebogen

Der Wertefragebogen erfasst ein differentiell-polares Werteprofil, dass es gestattet zwischen individuellen, sozialen und politischen Wertvorstellungen zu unterscheiden. Das Vorgehen der Befragung ähnelt dem der Selbstfokussierungsfragebögen. Die Personen sind aufgefordert, die momentane Ausprägung einer vorgegebenen Werthaltung (z. B. Es ist mir wichtig hart zu arbeiten) einzuschätzen und zugleich durch einen Pfeil deren Entwicklung in einem vorgegebenen Zeitraum zu kennzeichnen. Die Ursachen der Entwicklungen sollen wiederum unter dem Entwicklungspfeil vermerkt werden. Zusätzlich werden die während der Fragebogenbearbeitung getätigten Kommentare der Personen mitgeschnitten oder stichwortartig festgehalten und später zur Gesamtauswertung herangezogen (ebd., 238f.).

Der umfassende Kompetenzfragebogen

Der Kompetenzfragebogen wird an dieser Stelle des Kompetenzbiographieverfahrens als „Erweiterungsnachfrage und Vervollständigung der vom Interviewpartner bereits eingangs genannten ausgewählten Stärken, aber auch als Übersicht weniger entwickelter Stärken angekündigt" (Erpenbeck & Heyse, 1999, 240). Die Autoren weisen darauf hin, dass der Fragebogen der theoretisch abgeleiteten Zusammenfassung der Einzelkompetenzen entspricht und zudem mit ähnlich ausgerichteten Kompetenzfragebögen, wie beispielsweise dem Kompetenzkompass von Hänggi (1997) übereinstimmt (ebd.).

Den Personen wird eine Liste mit den zu den Grundkompetenzen zugehörigen Teilkompetenzen vorgelegt, die nach der gleichen Vorgehensweise wie bei den Selbstfokussierungs- und den Wertefragebogen zu bearbeiten ist. So ist zunächst die Ausprägung der Kompetenz[168] auf einer Skala von -5 bis +5 einzuschätzen. Für einen festgelegten Zeitraum ist die Entwicklung der Kompetenz durch einen Pfeil zu kennzeichnen, unter dem in einem Stichwort die Ursache der Entwicklung festzuhalten ist.

Der LIFO®-Lebensorientierungs-Fragebogen

Diesem Fragebogen, dem im Rahmen der Untersuchung eine besondere Bedeutung eingeräumt wird, kommt den Aussagen eines lebendigen wirklich auf die Person bezogenen Gespräches am nächsten. Der LIFO®-Lebensorientierungs-Fragebogens ist ein Fragebogen, der zu einem System aus mehreren LIFO®-Fragebögen gehört. Dieses System wird als LIFO®-Methode bezeichnet und umfasst neben dem LIFO®-Lebensorientierungs-Fragebogen weitere LIFO®-Fragebögen zu den Themen Lernstile, Stressmanagement, Verkaufsstile sowie zu Informations- und Wissensvermittlungsstilen. Die LIFO®-Methode ist ein Verfahren mit dem Verhaltensstile und grundlegende Einstellungen quantitativ beschreibbar werden. Sie hilft dabei die eigenen Verhaltensmuster und Stärken zu erkennen, um bewusst und aktiv am eigenen Verhalten arbeiten zu können. Dazu arbeitet die LIFO®-Methode mit den vier Grundwerten Leistung, Aktivität, Vernunft und Kooperation, die alle Personen in unterschiedlichen Ausprägungsgraden verwenden (Erpenbeck & Heyse, 1999, 245). Im Kern der Betrachtungen des LIFO®-Lebensorientierungs-Fragebogen, der im Rahmen der Kompetenzbiographie angewandt wird, stehen Fragen nach der Beschaffenheit von Lebensorientierungen, Stärken und Wertorientierungen. Es geht also um die Ermittlung von Lebensorientierungen und Stärken, die zum Erfolg befähigen.[169]

Der organisiertes-vs.-selbstorganisiertes-Lernen-Fragebogen

Mit Hilfe dieses Fragebogens soll erfasst werden, auf welche Weise die ermittelte Kompetenz angeeignet wurde. Die Autoren gehen davon aus, dass die Aneignung im weitesten Sinne durch Lernen erfolgt, so dass Formen von Kompetenzlernen im Mittelpunkt der Befragung stehen. Hierbei ist es notwendig einen Bezugszeitpunkt anzugeben, der nicht zu

---

[168] Im Fragebogen wird aufgrund der bereits genannten Annahmen von Stärken gesprochen.
[169] Detailliertere Angaben zum genauen Vorgehen beim LIFO®-Lebensorientierungs-Fragebogen werden von den Autoren nicht getroffen, da es sich um ein lizenzpflichtiges Verfahren handelt.

weit zurückliegen sollte, um Erinnerungsschwächen zu umgehen bzw. zu vermeiden. Der Fragebogen enthält eine Auflistung mit Weiterbildungsthemen, wie z. B. Kommunikation/Besprechungen, Arbeitsrecht für Führungskräfte oder Problemlöse-/Entscheidungstechnik. Die Personen sollen zunächst ankreuzen, welche dieser Themen für sie relevant sind bzw. waren. Für die als relevant gekennzeichneten Themen sind dann auch die wichtigsten Lernformen anzugeben.[170] Damit geht es bei dieser Befragung um einen qualitativen Überblick hinsichtlich des Verhältnisses von organisierten und selbstorganisierten Lernformen (Erpenbeck & Heyse, 1999, 251 ff.).

Der Unternehmensfragebogen

Der abschließende Unternehmensfragebogen (ebd., 256) erfasst wenige objektiv aussagekräftige Daten, wie z. B. Umsatz-, Gewinn- oder Personalentwicklung. Hier weisen die Autoren darauf hin, dass ein vertrauensvoller Umgang absolut zwingend und jede Ablehnung in Bezug auf die Beantwortung der Fragen zu akzeptieren ist. Mit Hilfe der ermittelten Daten soll die Kompetenz der Person in einen Unternehmensrahmen gestellt werden.

Qualitätsstandards

Zu den Qualitätsstandards wurden von den Autoren nur vereinzelt Aussagen getroffen, die zum Teil auch nur auf einzelne Verfahren bezogen sind. Aussagen hinsichtlich der Objektivität, Reliabilität und Validität des Gesamtverfahrens fehlen.

Hinsichtlich des *Nutzens* des Verfahrens halten die Autoren fest, dass die Kompetenzbiographie Fragestellungen hinsichtlich Kompetenz und Kompetenzentwicklung erfassen kann. Zudem können mit ihr die förderlichen und hinderlichen biographisch zurück liegenden und aktuellen Bedingungen von Kompetenzentwicklung sowohl auf der theoretischallgemeinen wie auf der praktisch-individuellen Ebene erfasst werden.

Das Verfahren ist leicht *anwendbar*. Nach Auffassung der Entwickler ist das Verfahren für „die Zielgruppe ausgewiesen Kompetenter ohne Einschränkungen geeignet" (ebd., 228). Es gewährt den Befragten ausreichend Raum, um ihre Sichtweisen zu präsentieren und lässt auf Grund der Selbstzentrierung keine Widerstände entstehen (ebd.).

Im Folgenden sollen die Angaben der Autoren zu einigen Einzelverfahren angeführt werden:

Selbstfokussierte Interviews

Die Einschätzung der Konkordanz[171] kann erst im Auswertungs- und Interpretationszusammenhang erfolgen. Aufgrund einer mehrfachen Textcodierung durch einen Auswerter konnte die intrapersonale Übereinstimmung geprüft werden, wobei jeweils konsistente

---

[170] Hier verweisen die Autoren darauf, dass bei der Auswertung zu beachten ist, dass hier sowohl 2stündige Maßnahmen wie auch Jahresmaßnahmen angekreuzt werden können.
[171] Damit „ist die Übereinstimmung der Gesamturteile von zwei oder mehr verschiedenen Urteilern gemeint" (Bortz & Döring, 1999, 149).

Ergebnisse[172] erzielt wurden. Interpersonal wurden Textübereinstimmungen anhand von Mehrfachcodierungen durch mehrere Auswerter geprüft. Eine intersubjektive Konsistenz der Resultate konnte nach einem selbstgewählten Grad von „fitingness" als zufrieden stellend eingeschätzt werden. Die Datenanalyse ist somit durch Dritte wiederholbar und das Resultat replizierbar (Erpenbeck & Heyse, 1999, 377f.)

Hinsichtlich der Reliabilität ist zu erwähnen, dass die Transkriptionen durch die Interviewten kaum verändert worden sind. Änderungen bezogen sich lediglich auf Zeitangaben oder Missverständnisse bezüglich einzelner Aussagen, weshalb die Zuverlässigkeit der Aussagen unterstellt werden kann (ebd., 378).

Im Sinne der Kriteriumsvalidität wird der ökonomische Erfolg bzw. die eingenommene Führungsposition als Indikator herangezogen. Durch das Prinzip der Freiwilligkeit können bewusste Verzerrungen ausgeschlossen werden. Vielmehr kann durch die Freiwilligkeit und dem von den Interviewern subjektiv erlebten kooperativen Arbeitsbündnis ein hoher Grad an Authentizität der Interviews angenommen werden. Die inhaltliche Zustimmung des Interviewten zu seinen inhaltlichen Aussagen kann im Sinne der kommunikativen Validierung als Validitätshinweis gesehen werden (ebd.).

Kompetenzfragebogen

Zum Umgang mit dem Kompetenzfragebogen merken die Autoren selbst kritisch an, dass die Werte auffällig wenig streuen und kaum Angaben im negativen Bereich vorhanden sind. Die Antworten bewegten sich alle im Bereich von +3 bis +5[173]. Sie mussten auch feststellen, dass die Angaben nicht mit den durch den LIFO®-Fragebogen faktisch gemessenen Kompetenzunterschieden übereinstimmen, so dass die ermittelten Angaben entsprechend wenig Aussagekraft besitzen.

LIFO®-Fragebogens

Zur Reliabilität des LIFO®-Fragebogens ist festzuhalten, dass die Retest-Reliabilität von mehreren Probandengruppen, die nach 6 bis 12 Monaten wieder befragt wurden, einen Wert von 0.6 bis 0.68 aufweist. Bei starker Ausprägung einzelner LIFO®-Stile konnte sogar ein Wert von 0.9 erreicht werden. Die Personen hatten zwischenzeitlich keine Informationen über die LIFO®-Methode erhalten (ebd., 245). Mit Blick auf Validierungsstudien wird auf Übereinstimmungen zwischen Eigen- und Fremdwahrnehmung der Probanden sowie Einschätzungen der Selbstbeschreibungen der Probanden und Aussagen der Beobachter verwiesen. Diesbezüglich konnte bei einer Stichprobe von 392 Probanden ein Wert von 8.2 auf einer 10-Punkte-Skala erreicht werden. Darüber hinaus wurden aufgrund der Fragebogenwerte „Blind-Reports" erstellt, in denen sich 94 % der Probanden wieder finden konnten (ebd.). Der LIFO-Fragebogen ist zudem einfach zu handhaben, aber nicht selbsterklärend, weshalb eine Einführung erforderlich ist (ebd., 243).

---

[172] Damit sind widerspruchsfreie Einzelurteile gemeint, die eine Person über ein Urteilsobjekt abgibt (Bortz & Döring, 1999, 149).
[173] Der tatsächliche Wertebereich reicht von −5 bis +5.

Abschließend kommen die Autoren zu dem Schluss, dass die Kompetenzbiographie sich auch bei aktuellen Kompetenzentwicklungsprozessen bewährt. Nach ihrer Einschätzung eignet sie sich als analytisches Instrument, das Entwicklungen begleitet, als selektierendes Instrument, das den Erfolg abgeschlossener Maßnahmen zu beurteilen gestattet sowie als generatives Instrument, das künftige Kompetenzentwicklungen mit zu prognostizieren und zu gestalten ermöglicht (Erpenbeck & Heyse, 1999, 368).

Ihrer Einschätzung nach ist es mit Hilfe der selbstfokussierenden Interviews möglich, Kompetenzdimensionen zu erfassen und Daten zu gewinnen, mit denen Lernverläufe hinreichend wissenschaftlich rekonstruiert werden können (ebd., 469). Aufgrund des hohen Aufwands empfehlen sie vor Beginn des selbstfokussierenden Interviews Fakten zur Person sowie Entwicklungsstadien systematisch zu erfassen, um dann das Interview in einem ökonomisch vertretbaren Aufwand führen zu können. Das selbstfokussierte Interview sei im Rahmen der Kompetenzbiographie die erste Wahl, da mit ihm auch latente Kompetenz erfasst werden könne, die durch ihren impliziten Charakter nicht allein durch nomothetische Verfahren der Statusdiagnostik erfassbar sei. Aus diesen Gründen sei aus ihrer Sicht für die Erfassung von Kompetenz, die qualitative der quantitativen Vorgehensweise vorzuziehen (ebd.).

6.2.9.5   Zusammenfassende Einschätzung

Dem Verfahren der Kompetenzbiographie liegt ein sinnbezogenes Verständnis von Kompetenz zugrunde. Dies impliziert im Hinblick auf die Erfassung von Kompetenz Handlungs- und Gestaltungsspielräume für die Personen und wird in den soeben geschilderten qualitativ ausgerichteten Verfahren entsprechend berücksichtigt. Mit dem Verfahren der Kompetenzbiographie und dem dort involvierten Handlungsfreiraum für die bearbeitenden Personen können alle Elemente von Kompetenz (Wissen, Fähigkeiten/Fertigkeiten, Motive, emotionale Dispositionen) erfasst werden. Dies ist deshalb möglich, da die Personen insbesondere beim selbstfokussierenden Interview, die Möglichkeit haben sich offen über ihre Kompetenz zu äußern.

Der Situationsbezug von Kompetenz wird durch das Verfahren ebenfalls berücksichtigt. So wird neben der Kompetenz auch ermittelt, durch welche Lernform, unter welchen Bedingungen und in welcher Situation diese erworben wurde. Damit wird versucht, die Bedeutung der situativen Kontexte hinsichtlich der Kompetenzentwicklung zu erschließen.

Die Anwendung der Kompetenzbiographie setzt ein starkes Vertrauen zwischen Befragten und Interviewer voraus. Als „kompetent ausgewiesene Personen" werden von den Autoren als Zielgruppe angegeben, bei denen das Verfahren angewandt werden kann. Die Ermittlung solcher Personen beruht dabei allerdings nur auf bereits erbrachten Leistungen. Ausgehend von der Veränderbarkeit von Kompetenz, wonach die Ausprägung einer Kompetenz auch schwächer werden kann oder im Hinblick auf bisher nicht sichtbar gewordene Kompetenz, sind die gewählten Auswahlkriterien kritisch zu betrachten.

Die zu den Qualitätskriterien vorliegenden Aussagen betreffen, sofern überhaupt vorhanden, nur die Einzelverfahren. Es wurden keine verwertbaren Aussagen zur Qualität des Gesamtverfahrens Kompetenzbiographie getroffen. Hinsichtlich der Einzelverfahren kann festgehalten werden, dass die Qualitätskriterien für die selbstfokussierenden Interviews und den LIFO®-Fragebogen als akzeptabel einzuschätzen sind. Den mit dem Kompetenzfragbogen ermittelten Daten kann hingegen nur wenig Aussagekraft bescheinigt werden. Insgesamt betrachtet sind weitere Untersuchungen zur Gewährleistung der Qualitätsstandards empfehlenswert.

Mit dem Verfahren der Kompetenzbiographie sind entsprechend der selbstgesetzten Zielstellungen auch Aussagen über den Kompetenzerwerb, dafür bevorzugte Lernformen sowie diesbezüglich hemmende oder fördernde situative Faktoren möglich. Diese gehen weit über eine eigentliche Kompetenzerfassung hinaus. Die Auswertung aller erfassbaren Daten ist daher mit einem hohen Auswertungsaufwand verbunden. Im Einzelfall ist daher zu überprüfen, inwieweit die mit der Kompetenzbiographie erhebbaren Daten tatsächlich erforderlich sind und inwiefern sich ggf. auf bestimmte Daten beschränkt werden kann. Von den Autoren wird das selbstfokussierte Interview als zur Kompetenzerfassung am geeignetsten eingeschätzt. Diesem ist im Wesentlichen zuzustimmen, vor allem, da den Befragten viel Raum bei der Beantwortung der Fragestellungen bleibt. Die Kompetenzbiographie zeichnet sich zudem durch den multimodalen Methodeneinsatz aus, der für eine aussagekräftige und umfassende Erfassung von Kompetenz als besonders geeignet erscheint.

Insgesamt kann das Verfahren der Kompetenzbiographie als umfassender Ansatz der Kompetenzerfassung betrachtet werden, der zudem die Aspekte eines sinnbezogenen Kompetenzverständnisses entsprechend beachtet und individuelle Entwicklungsverläufe berücksichtigt. Im Hinblick auf die erzielten Qualitätsstandards scheinen jedoch weitere Untersuchungen erforderlich, die auch das Gesamtverfahren betrachten.

6.2.10   Zusammenfassung und Fazit

Die Analyse der dargestellten Kompetenzerfassungsverfahren verdeutlicht deren Vielfältigkeit. Alle der vorgestellten Verfahren verfolgen unterschiedliche Zielstellungen und Verwendungszwecke, die sie auch erfüllen können. Damit haben prinzipiell alle diese Verfahren ihre Berechtigung und können nicht nach „gut" oder „schlecht" kategorisiert werden. Teilweise gehen die Verfahren in ihrer Zielstellung und der beabsichtigten Verwendung über die Erfassung von Kompetenz hinaus. So werden beispielsweise auch die Identifikation von Entwicklungspotentialen und die Entwicklung von Trainingsprogrammen angestrebt oder aber die Ermittlung von situativen Arbeitsbedingungen, die die Kompetenzentwicklung hemmend oder fördernd beeinflussen.

Hinsichtlich der erfassten Kompetenzelemente ist zu bemerken, dass die Verfahren mehrheitlich Wissen und Fähigkeiten/Fertigkeiten erfassen, was der berufspädagogischen Tradition entspricht. Die Erfassung von Motiven und emotionalen Dispositionen ist im Kontext von Kompetenzerfassung – nicht nur in den hier dargestellten Verfahren – vergleichsweise unterrepräsentiert. Dies ist vor dem Hintergrund einer ganzheitlichen und umfassenden Erfassung von Kompetenz kritisch zu betrachten. Die Möglichkeiten diese Kompetenzelemente bei der Kompetenzerfassung im beruflichen Kontext stärker zu berücksichtigen, sind entsprechend weiterzuverfolgen und zu erforschen.

Es wurde vermutet, dass das jeweils zugrunde gelegte Kompetenzverständnis das methodische Vorgehen bei der Erfassung von Kompetenz beeinflusst. Dies konnte durch die betrachteten Verfahren bestätigt werden. Die Mehrheit der analysierten Verfahren legt ein sinnbezogenes Kompetenzverständnis zugrunde, was auch nach Ansicht der Autorin zu favorisieren ist (vgl. 4).[174]

Verfahren, die von einem funktionalen Kompetenzverständnis ausgehen, arbeiten verstärkt mit Indikatoren und Operationalisierungen. Die zu erfassende Kompetenzdimension wird dabei in bestimmte Kriterien aufgegliedert, anhand deren Erfüllung oder Nicht-Erfüllung die Kompetenz einer Person einzuschätzen ist. Es werden also klare Antwortkategorien angenommen, in die die Personen ihre Antworten einzuordnen haben. Freiraum für individuelle Antwortmöglichkeiten ist nicht vorhanden. Als Methode wird meist die standardisierte schriftliche Befragung verwendet. Die Aussagen zu Qualitätsstandards beziehen sich in der Regel auf die klassischen Standards der Objektivität, Reliabilität und Validität.

Ein offenes sinnbezogenes Verständnis von Kompetenz geht hingegen davon aus, dass sich Kompetenz im Handeln selbst entwickelt. An einem solchen Verständnis angelehnte Kompetenzerfassungsverfahren gewähren den Personen Handlungs- und Gestaltungsspielräume bei der Kompetenzerfassung. Dazu verwenden sie Methoden wie das Interview, die Beobachtung oder Arbeitsproben. Hinsichtlich der erreichten Qualitätsangaben sind teilweise nur wenige Aussagen vorhanden. Sie beziehen sich z. T. stärker auf Aspekte wie Nutzen und Anwendbarkeit und vernachlässigen teilweise die klassischen Qualitätsstandards. Bezüglich der Qualitätsaspekte besteht in diesem Bereich also ein Bedarf an weiteren Untersuchungen.

Der Situations- und Kontextbezug von Kompetenz wurde in nahezu allen Verfahren bedacht, allerdings unterschiedlich stark berücksichtigt. So sind einige Verfahren nur auf eine bestimmte Situation zugeschnitten, woraus sich eine große Begrenztheit des Verfahrens ergibt. Es ist damit nur in einer bestimmten Situation einsetzbar und auch die ermittelten Daten haben zunächst nur im Rahmen der Erhebungssituation Gültigkeit (z. B. KKR, Evaluations- und Entwicklungsaufgaben oder Arbeitsproben und situative Fragen). Demgegenüber existieren Verfahren die den Situationsbezug breiter anlegen und von der Transferierbarkeit von Kompetenz in andere Situationen ausgehen (z. B. die Fragebögen zum Selbstkonzept beruflicher Kompetenz oder die Kompetenzbilanz).

Unabhängig vom Kompetenzverständnis wurden sowohl Methoden der Selbst- als auch der Fremdeinschätzung angewandt, wobei die Methoden der Selbsteinschätzung überwiegen. Aussagen hinsichtlich der besseren Eignung einer Beurteilungsform können nicht prinzipiell getroffen werden. Dies ist jeweils in Abhängigkeit von der Zielstellung und den praktischen Möglichkeiten der Erhebung neu zu entscheiden. Es kann jedoch festgehalten werden, dass eine Kombination der beiden Beurteilungsformen, wie beispielsweise bei der Kompetenzbilanz von Erler u. a. (2003) oder dem smk von Frey & Balzer (2002, 2003a, b), eine gute Variante darstellt, die Vorteile beider Formen zu nutzen und mögliche Nachteile zu minimieren.

Hinsichtlich der verwendeten Erhebungsmethoden wird die Vielfalt der verschiedenen Möglichkeiten deutlich. So wird Kompetenz mit teilstandardisierten und standardisierten Fragebögen, per Interview, Beobachtung oder durch Arbeitsproben erhoben. Vor dem Hintergrund der jeweils spezifischen Zielstellung der Verfahren ist jede der Methoden legitim,

---

[174] Dies kann nur für die hier dargestellten Verfahren angenommen werden. Es ist davon auszugehen, dass im Bereich der Personaldiagnostik sowie auch bei pädagogischen und psychologischen Tests noch eine große Anzahl von Verfahren zu finden ist, die ein funktionales Kompetenzverständnis zugrunde legen.

weshalb keine favorisiert werden kann. Dies könnte lediglich im Zusammenhang mit der Zielstellung erfolgen.

Bei einigen der Verfahren stehen entsprechende Qualitätsuntersuchungen noch aus. Durch diese exemplarische Analyse ausgewählter Kompetenzerfassungsverfahren konnte die Vielfalt der Verfahren auf allen Analyseebenen veranschaulicht werden. Der Nachweis von akzeptablen Qualitätsstandards ist für die Akzeptanz und Legitimation der Verfahren unbedingt erforderlich. Fehlen diese, ist eine praktische Anwendung des Verfahrens aufgrund der „nicht gesicherten Datenbasis" nicht zu empfehlen. Die mit dem Verfahren erzielten Aussagen hätten rein spekulativen Charakter.

Das Raster ermöglicht also eine erste vergleichende Analyse von verschiedenen Verfahren und kann auch bei der Auswahl von Erhebungsverfahren herangezogen werden. Diesbezüglich stellen die Analyseebenen eine wichtige Entscheidungsgrundlage hinsichtlich der zu beachtenden Aspekte dar.

7 Schlussfolgerungen und Ausblick

Ein Ziel der Arbeit war es, theoretisch fundierte Kriterien für die Analyse von Verfahren der Kompetenzerfassung zu identifizieren und in einem Analyseraster zusammenzufassen. Ausgangspunkt dafür waren Überlegungen zum Kompetenzbegriff. Diesbezüglich wurde auf die bestehende Definitionsvielfalt hingewiesen und gezeigt, dass Kompetenz häufig unter dem Verwertungsaspekt definiert wird. Trotz der zahlreichen Ansatzpunkte hinsichtlich des Kompetenzkonstruktes konnten 1) der Handlungsbezug, 2) der Situations- und Kontextbezug, 3) die Subjektgebundenheit sowie 4) die Veränderbarkeit als gemeinsame Merkmale von Kompetenz herausgestellt werden, die bei deren Erfassung von Relevanz sind. Neben diesen Merkmalen wurde eine Struktur von Kompetenz aufgezeigt, nach der diese sich aus den Elementen Wissen, Fähigkeiten/Fertigkeiten, Motive und emotionale Dispositionen zusammensetzt. Des Weiteren erfolgten theoretische Betrachtungen zum Kompetenzkonstrukt aus pädagogischer, psychologischer und handlungstheoretischer Sicht. Als Ergebnis dieser Überlegungen können zwei Betrachtungsweisen bezüglich des Kompetenzverständnisses herausgestellt werden, die unter analytischen Gesichtspunkten für die Analyse von Kompetenzerfassungsverfahren genutzt werden können: ein funktional begründetes Kompetenzverständnis und ein sinnbezogenes Verständnis von Kompetenz. Die angeführten Überlegungen zum Kompetenzkonstrukt berücksichtigen verschiedene Blickwinkel und können somit Grundlage für die Analyse von Kompetenzerfassungsverfahren sein.

Aus den Betrachtungen zum Kompetenzkonstrukt konnten außerdem mit der Erfassung von Kompetenz verbundene Anforderungen herausgearbeitet werden (vgl. 4). Gleichzeitig wurde deutlich, dass die Vorgehensweise hinsichtlich der Erfassung von Kompetenz von vielfältigen Aspekten abhängig ist. Anforderungen an Kompetenzerfassung und damit verbundene Implikationen bezüglich der Vorgehensweise wurden als Analysekriterien zusammengefasst. Die zwischen den Analyseebenen *Ziel und Zweck der Erfassung, Kompetenzverständnis, Situations- und Erfassungskontext* sowie der *Methodologie* bestehenden Wechselbeziehungen kennzeichnen die Komplexität und vielfältigen Varianten im Kontext von Kompetenzerfassung. Änderungen auf einer Analyseebene (z. B. dem beabsichtigten Ziel der Erfassung oder einer (Handlungs-)Situation) können Veränderungen auf anderen Analyseebenen bewirken (z. B. Kompetenzverständnis, Methodologie). Daraus wird ersichtlich, dass verschiedene Vorgehensweisen im Hinblick auf die Erfassung von Kompetenz in Abhängigkeit von den Ergebnissen bzw. Annahmen auf den einzelnen Analyseebenen möglich und auch realisierbar sind. Dabei kann nicht prinzipiell zwischen guten und schlechten Varianten unterschieden werden, sondern alle Varianten haben unter Berücksichtigung der mit ihnen verbundenen Prämissen ihre Berechtigung. Die Erfassung von Kompetenz ist also immer mit bestimmten Annahmen verbunden, die gleichzeitig die Begrenztheit der jeweiligen Verfahren aufzeigen. Die erfasste Kompetenz ist also nicht grundsätzlich gültig, sondern an die mit den Kompetenzerfassungsverfahren verbundenen Prämissen geknüpft.

Aus der exemplarisch durchgeführten Verfahrensanalyse können erste Tendenzen bezüglich Verfahren der Kompetenzerfassung festgehalten werden. Es wird deutlich, dass vor allem diejenigen Verfahren häufig mit hohem Aufwand verbunden sind (z. B. 6.2.2 und 6.2.5), die versuchen, die mit der Erfassung von Kompetenz verbun denen Anforderungen entsprechend zu berücksichtigen. Ein Grund dafür ist, dass umfassende Aussagen zu Kompetenz nur möglich sind, wenn Kompetenz in verschiedenen Situationen zu verschiedenen Zeitpunkten erfasst wird. In diesem Zusammenhang ist auch die Komplexität des Kompetenzkonstruktes zu erwähnen, aufgrund der kaum ein Verfahren alle Elemente der Kompetenz erfasst. Die Mehrheit der Verfahren erfasst jeweils nur bestimmte Elemente. Das bedeutet wiederum, dass für umfassende Aussagen bezüglich Kompetenz auch mehrere Verfahren angewandt werden müssen, die jeweils verschiedene Kompetenzelemente berücksichtigen. Aufgrund dieser Aspekte sind für eine umfassende und aussagekräftige Kompetenzerfassung mehrere Erfassungen (verschiedene Situationen, verschiedene Zeitpunkte) mit verschiedenen Verfahren (Erfassung unterschiedlicher Kompetenzelemente) erforderlich. Der damit verbundene Erhebungs- und Auswertungsaufwand ist in der betrieblichen und pädagogischen Praxis nur schwer realisierbar. Unter Berücksichtigung dieser Aspekte scheint im Kontext beruflichen Handelns nur eine sehr situationsspezifische Erfassung von Kompetenz umsetzbar zu sein. Dabei ist gleichzeitig zu fragen, inwiefern eine solch situationsspezifische Erfassung von Kompetenz für berufliche Erkenntnisinteressen ausreichend ist. In diesem Zusammenhang müsste geprüft werden, inwiefern es in Abhängigkeit von dem mit der Kompetenzerfassung verbundenem Ziel hinreichend ist, nur bestimmte Elemente von Kompetenz zu erheben. Die Betrachtungen zeigen, dass dies bereits praktiziert wird, allerdings mit der Annahme, dass Kompetenz erhoben werde. Verfahren die nicht alle Elemente von Kompetenz beinhalten, können mit dem Ziel der Kompetenzerfassung nur eingesetzt werden, wenn gleichzeitig Verfahren zur Anwendung kommen, die andere Elemente von Kompetenz erfassen.

Dass Kompetenz als subjektive Kategorie nur über das Handeln erfasst werden kann, wurde in der Arbeit deutlich herausgestellt. Aus den theoretischen Betrachtungen ergeben sich Hinweise, wie Rückschlüsse auf Kompetenz vollzogen werden können (z. B. Typisierungen oder Deutungsmusteransätze). In den bisher betrachteten Verfahren wurde die Problematik, wie vom Handeln auf Kompetenz geschlossen wird, nur bedingt diskutiert. Häufig bleiben die Verfahren auf der Ebene der Handlung stehen, wobei manchmal gar nur Handlungsabsichten betrachtet werden. Der Umstand, dass Handeln nicht gleich eine Kompetenz darstellt, ist kaum hinreichend berücksichtigt. Solche Verfahren erfassen demnach nicht Kompetenz, sondern kompetentes Handeln[175]. Hieraus ergibt sich die weiterführende Fragestellung, ob im Kontext beruflichen Handelns, in Abhängigkeit vom jeweiligen Erkenntnisinteresse, die Erfassung von kompetentem Handeln nicht ausreichend ist. Die dahinter liegende Kompetenz ist möglicherweise nur von sekundärem Interesse, so dass das eigentliche Erkenntnisinteresse der tatsächlichen Handlung (Performanz), also der Realisierung der Kompetenz gilt. Die Erhebung von Kompetenz erfordert allerdings weiterführende Überlegungen, die sich damit auseinander setzen, wie begründet von Handeln auf Kompetenz geschlossen werden kann. Es empfiehlt sich jedoch der Einfachheit halber – trotz der geschilderten Zusammenhänge – am Kompetenzbegriff festzuhalten.

---

[175] Vonken (2005) beschreibt kompetentes Handeln als das erfolgreiche Bewältigen von Situationen. Die Ausprägung des kompetenten Handelns, kann anhand der Bewertungskriterien des jeweiligen Verfahrens bestimmt werden.

Der Zusammenhang von Kompetenz und Situation, der auch von allen der hier betrachteten Verfahren berücksichtigt wird, ist bei der Erfassung von Kompetenz von besonderer Bedeutung. Dass die Berücksichtigung des Situationskontextes in unterschiedlicher Weise und in unterschiedlichem Ausmaß erfolgt, konnte durch die Analysearbeit herausgestellt werden (vgl. 6.2.10). Der Situationsbezug von Kompetenz ist auch ein Grund dafür, weshalb mehrfache Erfassungen von Kompetenz notwendig sind, sollen umfassende Kompetenzaussagen möglich sein. Des Weiteren ist mit der Situationsspezifik von Kompetenz das Problem der Generalisierbarkeit verbunden. Die jeweils ermittelten Kompetenzdaten gelten zunächst nur in dem mit dem Verfahren verbundenen Situationskontext. Hieran anknüpfend ergeben sich Fragestellungen hinsichtlich der Transferierbarkeit von Kompetenz: Inwiefern kann Kompetenz auf andere, ähnliche Situationen übertragen werden? Welches sind förderliche bzw. hinderliche Aspekte? Wie müssten und könnten Transferprozesse gestaltet sein? Diese und ähnliche Fragestellungen bestimmen ein Forschungsfeld, welches nicht nur die Erfassung von Kompetenz erleichtern könnte, sondern auch für die Entwicklung und Förderung von Kompetenz von Interesse ist.

Es wurde in Erwägung gezogen, dass Verfahren der Kompetenzerfassung, die in einem beruflichen Handlungskontext stehen, überwiegend ein funktionales Kompetenzverständnis zugrunde legen. Dies konnte durch die hier exemplarisch durchgeführten Verfahrensanalysen nicht bestätigt werden. Eine Verallgemeinerung dieser Erkenntnis, ist allerdings aufgrund des exemplarischen Charakters nicht möglich. Bemerkenswert ist dennoch, dass ein sinnbezogenes Verständnis von Kompetenz auch im Rahmen beruflichen Handelns von Bedeutung zu sein scheint. Zu beobachten ist dabei allerdings ein sehr spezifischer Situationsbezug. Demnach scheint sich abzuzeichnen, dass für den beruflichen Kontext nicht ein funktionales Kompetenzverständnis bestimmend ist, sondern der spezifische Situationsbezug. Durch den Situationsbezug kann der Handlungsrahmen den eine Person auszufüllen hat abgesteckt werden. Daraus ergibt sich ein spezifischer Verwertungszusammenhang der erhobenen Kompetenzdaten, der nicht durch das Kompetenzverständnis, sondern durch den Situationsbezug konstituiert wird.

Es konnte an verschiedenen Stellen der Diskussion darauf hingewiesen werden, dass Kompetenz im Rahmen von Kompetenzentwicklungsprozessen erworben und weiterentwickelt wird. Diese sind durch Bildungs- und Sozialisationsprozesse geprägt, woraus sich eine biographische Perspektive hinsichtlich Kompetenz ergibt, die im Rahmen der hiesigen Arbeit nur erwähnt, jedoch nicht ausführlich betrachtet wurde. Deutlich wurde, dass die Biographie einen Ansatzpunkt für die Erfassung von Kompetenz darstellt. An dieser Stelle sollten weiterführende Untersuchungen ansetzen, in denen nach kompetenzförderlichen und kompetenzhemmenden Faktoren in der Biographie, speziell in der Berufsbiographie geforscht wird. Aus der Kenntnis solcher Faktoren könnten Hinweise für die Entwicklung und Verbesserung von Rahmenbedingungen des lebenslangen Lernens abgeleitet werden. Eine biographische Analyse berufspositioneller Stationen und eine darauf bezogene subjektive Perspektive hinsichtlich Verlauf und Ergebnis wären Möglichkeiten, um diesem Erkenntnisinteresse nachzugehen. Flankierend dazu wären die jeweiligen (organisatorischen) Rahmenbedingungen zu betrachten und eine Typisierung der Arbeitsumgebung zu überlegen. Dies sind Ansatzpunkte für die Erfassung von Kompetenz, die auch in der internationalen Diskussion von Bedeutung sind und im Rahmen von PIAAC eine Rolle spielen (vgl. 2.3).

Mit der Arbeit wurde versucht einen theoretischen Beitrag für das Forschungsfeld der Kompetenzerfassung zu erbringen, der zur Klärung der erforderlichen Anforderungen und

Bedingungen an die Erfassung von Kompetenz beiträgt. Diesbezüglich konnten vielfältige Aspekte und Bedingungen angeführt werden, die jeweils mit bestimmten Prämissen verknüpft sind, die wiederum Konsequenzen für den Umgang mit den erfassten Daten enthalten. Die Vielfältigkeit und Komplexität der Thematik der Kompetenzerfassung verdeutlicht dabei nochmals die Notwendigkeit und Bedeutsamkeit eines Analyserasters, wie es hier entwickelt wurde. Auch die exemplarische Analyse einiger Verfahren veranschaulichte die unterschiedlichen Aspekte und bekräftigte wiederum das Erfordernis eines solchen Rasters. Der Nutzen des Analyserasters zeigt sich in der Möglichkeit einer vergleichenden Analyse verschiedener Kompetenzerfassungsverfahren, unter Berücksichtigung der für die Erfassung von Kompetenz bedeutsamen Aspekte. Die Ergebnisse der Arbeit zeigen, dass es zahlreiche Möglichkeiten gibt, Kompetenz zu erfassen. Dabei gibt es jedoch nicht „die" Kompetenzerfassung schlechthin, sondern es wurde deutlich, wie die Erfassung von Kompetenz an die spezifischen Rahmenbedingungen, Zielstellungen und das zugrunde gelegte Kompetenzverständnis gebunden ist. Die im Analyseraster erarbeiteten Kriterien können daher auch bei der Entscheidung für die Wahl eines entsprechenden Erhebungsverfahrens herangezogen werden.

Letztlich ist auch sichtbar geworden, dass längst nicht alle Fragen der Kompetenzerfassung abschließend geklärt sind. So konnten weiterführende Fragestellungen aufgezeigt werden, die an die Erkenntnisse der vorliegenden Arbeit anknüpfen.

Literatur

Abele-Brehm, A., Gendolla G. H. E. (2000): Motivation und Emotion. In: Otto, J.H., Euler, H.A., Mandl, H. (Hrsg.): *Emotionspsychologie. Ein Handbuch.* Weinheim. Beltz: 297-305.

Abels, H. (2001b): Interaktion, Identität, Präsentation. Kleine Einführung in interpretative Theorien der Soziologie. Wiesbaden. Westdeutscher Verlag. 2. Auflage.

Alaluf, P., Stroobants, S. (1994): Mobilisiert Kompetenz den Arbeitnehmer? In: *Europäische Zeitschrift für Berufsbildung*, 1: 49-60.

Albrecht, G. (1997): Neue Anforderungen an Ermittlung und Bewertung von beruflicher Kompetenz. In: Arbeitsgemeinschaft Qualifikations-Entwicklungs-Management (Hrsg.): Kompetenzentwicklung `97. *Berufliche Weiterbildung in der Transformation - Fakten und Visionen.* Münster u. a., Waxmann: 85-140.

Amelang, M., Bartussek, D. (2001): Differentielle Psychologie und Persönlichkeitsforschung Stuttgart. Kohlhammer. 5. Auflage.

America Educational Research Association (AERA) (1999): Standards for educational and psychological testing. Washington, DC. American Educational Research Association.

Arbeitsgemeinschaft Qualifikations-Entwicklungs-Management (Hrsg.) (1996): Kompetenzentwicklung `96. Strukturwandel und Trends in der betrieblichen Weiterbildung. Münster u. a., Waxmann.

Arbeitsgemeinschaft Qualifikations-Entwicklungs-Management (Hrsg.) (1997): Kompetenzentwicklung `97. Berufliche Weiterbildung in der Transformation - Fakten und Visionen. Münster u. a., Waxmann.

Arbeitsgemeinschaft Qualifikations-Entwicklungs-Management (Hrsg.) (1998): Kompetenzentwicklung `98. Forschungsstand und Perspektiven. Münster u. a., Waxmann.

Arbeitsgemeinschaft Qualifikations-Entwicklungs-Management (Hrsg.) (1999): Kompetenzentwicklung `99. Aspekte einer neuen Lernkultur. Argumente, Erfahrungen, Konsequenzen. Münster u. a., Waxmann.

Arbeitsgemeinschaft Qualifikations-Entwicklungs-Management (Hrsg.) (2000): Kompetenzentwicklung `2000. Lernen im Wandel - Wandel durch Lernen. Münster u. a., Waxmann.

Arbeitsgemeinschaft Qualifikations-Entwicklungs-Management (Hrsg.) (2002): Auf dem Weg zu einer neuen Lernkultur. Rückblick - Stand – Ausblick. Münster u. a., Waxmann.

Arbeitsgruppe Bielefelder Soziologen (Hrsg.) (1973): Alltagswissen, Interaktion und gesellschaftliche Wirklichkeit, Bd. 1, Reinbeck. Rowohlt.

Arnold, M.B. (1960). Emotion and personality. New York. Columbia University Press.

Arnold, R. (1985): Deutungsmuster und pädagogisches Handeln in der Erwachsenenbildung: Aspekte einer Sozialpsychologie der Erwachsenenbildung und einer erwachsenenpädagogischen Handlungstheorie. Bad Heilbronn/Obb., Klinkhardt.

Arnold, R. (1990): Berufspädagogik Lehren und Lernen in der beruflichen Bildung. Aarau u. a., Verlag für Berufsbildung Sauerländer.

Arnold, R. (1996): Erwachsenenbildung. Eine Einführung in Grundlagen, Probleme und Perspektiven. Baltmannsweiler. Schneider Verlag Hohengehren. 3. Auflage.

Arnold, R. (1997): Von der Weiterbildung zur Kompetenzentwicklung. Neue Denkmodelle und Gestaltungsansätze in einem sich verändernden Handlungsfeld. In: Arbeitsgemeinschaft Qualifikations-Entwicklungs-Management (Hrsg.): *Kompetenzentwicklung `97. Berufliche Weiterbildung in der Transformation - Fakten und Visionen.* Münster u. a., Waxmann: 253-307.

Arnold, R. (2002): Von der Bildu ng zur Kompetenzentwicklung. Anmerkungen zu einem erwachsenpädagogischen Perspektivwechsel. In: Nuissl, E., Schiersmann, Ch., Siebert, H. (Hrsg.):
Kompetenzentwicklung statt Bildungsziele? Literatur- und Forschungsreport Weiterbildung Nr.
49:
26-38.

Arnold, R. (Hrsg.) (2003a): Berufs- und Erwachsenpädagogik. Baltmannsweiler. Schneider Verlag
Hohengehren.

Arnold, R. (2003b): Berufspädagogik ist Erwachsenenpädagogik und umgekehrt. In: Arnold, R.
(Hrsg.): *Berufs- und Erwachsenpädagogik.* Baltmannsweiler. Schneider Verlag Hohengehren:
4-41.

Arnold, R., Steinbach, S. (1998): Auf dem Weg zur Kompetenzentwicklung? Rekonstruktionen und
Reflektionen zu einem Wandel der Begriffe. In: Markert, W. (Hrsg.): *Berufs- und Erwachsenenbildung zwischen Markt und Subjektbildung. Grundlagen der Berufs- und Erwachsenenbildung.* Bd. 15. Baltmannsweiler. Schneider Verlag Hohengehren: 22-32.

Arnold, R.; Lipsmeier, A. (Hrsg.) (1995): Handbuch der Berufsbildung. Opladen. Leske + Buderich.

Atteslander, P. (2000): Methoden der empirischen Sozialforschung. Berlin u. a., de Gryter. 9. Auflage.

Bader, R. (1989): Berufliche Handlungskompetenz. In: *Die berufsbildende Schule,* 41 (2): 73-77.

Bader, R., Müller, M. (2002): Leitziel der Berufsbildung: Handlungskompetenz. Anregungen zur
Ausdifferenzierung des Begriffs. In: Die *berufsbildende Schule,* 54 (6): 176-182.

Baethge, M., Baethge-Kinsky, V. (2002): Arbeit - die zweite Chance: Zum Verhältnis von Arbeitser-
fahrungen und lebenslangem Lernen. In: Arbeitsgemeinschaft Qualifikations-Entwicklungs-
Management (Hrsg.): *Kompetenzentwicklung `02. Auf dem Weg zu einer neuen Lernkultur.
Rückblick - Stand – Ausblick.* Münster u. a., Waxmann: 69-140.

Baitsch, Ch. (1998): Lernen im Prozess der Arbeit - Zum Stand der internationalen Forschung. In:
Arbeitsgemeinschaft Qualifikations-Entwicklungs-Management (Hrsg.): *Kompetenzentwicklung
`1998. Forschungsstand und Perspektiven.* Münster u. a., Waxmann: 269-337.

Baitsch, Ch. (1999): Interorganisationale Lehr- und Lernnetzwerke. In: Arbeitsgemeinschaft Qualifikations-Entwicklungs-Management (Hrsg.): *Kompetenzentwicklung `99. Aspekte einer neuen
Lernkultur. Argumente, Erfahrungen, Konsequenzen.* Münster u. a., Waxmann: 253-274.

Bales, R. (1950): Interaction process analysis: A method for the study of small groups Chicago. University of Chicago Press.

Bales, R., Cohen, S. (1982): SYMLOG. Ein System für die mehrstufige Beobachtung in Gruppen
(Übersetzung durch Schneider und Orlik). Stuttgart. Klett-Cotta.

Bandura, A. (1977): Self-efficacy: Toward a unifying theory of behavioural change. Psychological
Review, 2: 191-212.

Baumert, J., Bos, W., Lehmann, R. (Hrsg.) (2000): TIMSS/III. Dritte Internationale Mathematik- und
Naturwissenschaftsstudie. Mathematische und naturwissenschaftliche Bildung am Ende der
Schullaufbahn. Bd. 2: Mathematische und physikalische Kompetenzen am Ende der gymnasi-
alen Oberstufe. Opladen: Leske + Budrich.

Baumert, J., Artelt, C., Klieme, E., Neubrand, M., Prenzel, M., Schiefele, U., Schneider, W.,
Tillmann, K.J., Weiß, M. (Hrsg.) (2000): PISA 2000 - Die Länder der Bundesrepublik Deutschland im Vergleich. Opladen. Leske + Buderich.

Baumgartner, P. (1993): Der Hintergrund des Wissens. Vorarbeiten zu einer Kritik der programmier-
baren Vernunft. Klagenfurt. Kärntner Druck- und Verlagsgesellschaft.

Benninghaus, H. (1987). Substantielle Komplexität der Arbeit als zentrale Dimension der Jobstruktur.
In: *Zeitschrift für Soziologie,* 16 (5): 334-352.

Berger, P.L., Luckmann, Th. (1994): Die gesellschaftliche Konstruktion der Wirklichkeit. Eine Theorie der Wissenssoziologie. Frankfurt a.M. Fischer-Taschenbuch-Verlag. 5. Auflage.

Bergmann, B. (1998): Tätigkeitsanforderungen im Verlauf der Berufsbiographie. In: *Zeitschrift für
Arbeits- und Organisationspsychologie,* 42 (1): 2-14.

Bergmann, B. (2000a): Arbeitsimmanente Kompetenzentwicklung. In: Bergmann, B., Fritsch, A., Göpfert, P., Richter, F., Wardanjan, B., Wilczek, S. (Hrsg.): *Kompetenzentwicklung und Berufsarbeit.* Münster u. a., Waxmann: 11-39.

Bergmann, B. (2000b): Konzept zur Untersuchung arbeitsimmanenter Kompetenzentwicklung – Ansatz und Projektziele. In: Bergmann, B., Fritsch, A., Göpfert, P., Richter, F., Wardanjan, B., Wilczek, S. (Hrsg.): *Kompetenzentwicklung und Berufsarbeit.* Münster u. a., Waxmann: 41- 54.

Bergmann, B. (2003): Selbstkonzept beruflicher Kompetenz. In: Erpenbeck, J., Rosenstiel, L. v. (Hrsg.): *Handbuch Kompetenzmessung.* Stuttgart. Schäffer-Poeschel: 229-260.

Bergmann, B., Fritsch, A., Göpfert, P., Richter, F., Wardanjan, B., Wilczek, S. (Hrsg.) (2000): Kompetenzentwicklung und Berufsarbeit. Münster u. a., Waxmann.

Bernien, M. (1997): Anforderungen an eine qualitative und quantitative Darstellung der beruflichen Kompetenzentwicklung. In: Arbeitsgemeinschaft Qualifikations-Entwicklungs-Management (Hrsg.): *Kompetenzentwicklung `97. Berufliche Weiterbildung in der Transformation - Fakten und Visionen.* Münster u. a., Waxmann: 17-83.

Berufsverband deutscher Psychologinnen und Psychologen (BDP) e.V. (2002): DIN 33430. Anforderungen an Verfahren und deren Einsatz bei berufsbezogenen Eignungsbeurteilungen. Ausg. 2002-06. Berlin. Beuth.

Bjornavold, J. (1997): Die Bewertung nicht formell erworbener Kenntnisse. Qualität und Grenzen verschiedener Verfahrensweisen. In: *Berufsbildung,* Nr. 12: 62-81.

Bjornavold, J. (2000): Lernen sichtbar machen: Ermittlung, Bewertung und Anerkennung nicht formal erworbener Kompetenzen. Luxemburg. Amt für Amtl. Veröff. d. Europ. Gemeinschaften.

Blumer, H. (1973): Der methodologische Standort des symbolischen Interaktionismus. In: *Arbeitsgruppe Bielefelder Soziologen:* 80-143.

Böhm, W. (Hrsg.) (1994): Wörterbuch der Pädagogik. Stuttgart. Körner Verlag.

Bohnsohn, R. (2002): Die inflationäre Anwendung des Kompetenzbegriffs fordert die bildungstheoretische Reflexion heraus. In: *Empirische Pädagogik,* 17 (2): 256-271.

Bolder, A. (2002): Arbeit, Qualifikation und Kompetenzen. In: Tippelt, R. (Hrsg.): *Handbuch Bildungsforschung.* Opladen. Leske + Buderich: 651-674.

Borkenau, P.; Ostendorf, F. (1993): NEO-Fünf-Faktoren Inventar (NEO-FFI) nach Costa und McCrae. Handanweisung. Göttingen. Hogrefe.

Bortz, J., Döring, N. (1995): Forschungsmethoden und Evaluation. Berlin u. a., Springer. 2. Auflage.

Brähler, E., Holling, H., Leutner, D., Petermann, F. (Hrsg.) (2002): Brickenkamp Handbuch psychologischer und pädagogischer Tests. Göttingen u. a., Hogrefe. 2. Auflage.

Brandstätter, H. (1979): Die Ermittlung personaler Eigenschaften kognitiver Art. In: Reber, G. (Hrsg.): *Personalinformationssysteme.* Stuttgart. Poeschel: 74-95.

Brandstätter, H. (2004): Persönliche Verhaltens- und Leistungsbedingungen. In: Schuler, H. (Hrsg.): *Lehrbuch Organisationspsychologie.* Stuttgart u. a., Hans Huber Verlag: 257-288.

Bredow, A., Dobischat, R., Rottmann, J. (Hrsg.) (2003): Berufs- und Wirtschaftspädagogik von A-Z. Grundlagen, Kernfragen und Perspektiven. Diskussion Berufsbildung. Bd. 4. Baltmannsweiler. Schneider Verlag. 2003.

Bremer, R. (2003): Zur Konzeption von Untersuchungen beruflicher Identität und fachlicher Kompetenz – ein empirisch-methodologischer Beitrag zu einer berufspädagogischen Entwicklungstheorie. In: Jennewein, K., Knauth, P., Röben, P., Zülch, G. (Hrsg.): *Kompetenzentwicklung in Arbeitsprozessen – Beiträge zur Konferenz der Arbeitsgemeinschaft gewerblich technische Wissenschaften und ihre Didaktiken in der Gesellschaft für Arbeitswissenschaft am 23./24. September 2002 in Karlsruhe.* Baden-Baden. Nomos-Verlag: 107-121.

Bremer, R., Haasler, B. (2004): Analyse der Entwicklung fachlicher Kompetenz und beruflicher Identität in der beruflichen Erstausbildung. In: *Zeitschrift für Pädagogik,* 50 (2): 162- 181.

Bremer, R., Rauner, F., Röben, P. (2001): Experten-Facharbeiter-Workshops als Instrument der berufswissenschaftlichen Qualifikationsforschung. In: Eicker, F., Perterson, W., Pfeiffer, E. (Hrsg.): *Mensch-Maschine-Interaktionen. Arbeiten und Lernen in rechnergestützten Arbeitssys-*

temen in der Industrie, Handwerk und Dienstleistungen (HGTB 1999). Baden-Baden. Nomos-Verlag: 211-231.

Bretschneider, M., Preißer, R. (2003): Sichtbarmachung und Anerkennung von informellem Lernen im Rahmen der individuellen Erstellung von Weiterbildungspässen. In: Nuissl, E., Schiersmann, Ch., Siebert, H. (Hrsg.): *Zertifikate.* Literatur- und Forschungsreport Weiterbildung 4/2003: 31-44.

Brödel, R. (2002): Relationierungen zur Kompetenzdebatte. In: Nuissl, E., Schiersmann, Ch., Siebert, H. (Hrsg.): *Kompetenzentwicklung statt Bildungsziele?* Literatur- und Forschungsreport Weiterbildung. Nr. 49: 39-48.

Bruns, A., Faber, K. (2003): Die Erwachsenenpädagogik als Wissenschaft der Bildung und des Lernens Erwachsener. In: Arnold, R. (Hrsg.): *Berufs- und Erwachsenpädagogik.* Baltmannsweiler. Schneider Verlag Hohengehren: 212-232.

Chomsky, N. (1973): Aspekte der Syntax-Theorie. Frankfurt a.M., Suhrkamp.

Clement, U., Arnold, R. (Hrsg.) (2002): Kompetenzentwicklung im Fokus. Opladen. Leske + Buderich.

Corsten, M. (1998): Die Kultivierung beruflicher Handlungsstile. Einbettung, Nutzung und Gestaltung von Berufskompetenzen. Frankfurt a.M., Campus-Verlag.

Costa, P.T., McCrae, R.R. (1985). The NEO Personality Inventory. Manual Form S and Form R. Odessa, FL: Psychological Assessment Ressources.

Dahrendorf, R. (1956): Industrielle Fertigkeiten und soziale Schichtung. In: *Kölner Zeitschrift für Soziologie und Sozialforschung,* 8: 540-568.

De Cuvry, A., Haberlin, F., Michl. W., Breß, H. (Hrsg.) (1999): Erlebnis Erwachsenenbildung. Zur Aktualität handlungsorientierter Pädagogik. Neuwied. u. a., Luchterhand.

De Jong, T., Ferguson- Hessler, M.G.M. (1996): Types and qualities of knowledge In: *Educational Psychologist,* H. 31: 15-113.

Dehnbostel, P.: Lernen in modernen Arbeitsprozessen – Zur Neugestaltung betrieblicher Bildungsarbeit. In: De Curvy, A., Hablerlin, F., Michl, W., Breß, H. (Hrsg.): *Erlebnis Erwachsenenbildung. Zur Aktualität handlungsorientierter Pädagogik.* Neuwied u. a., Luchterhand: 153-163.

Dehnbostel, P. (2000): Perspektiven für das Lernen in der Arbeit. In: Arbeitsgemeinschaft Qualifikations-Entwicklungs-Management (Hrsg.): *Kompetenzentwicklung `2000. Lernen im Wandel - Wandel durch Lernen.* Münster u. a., Waxmann: 53-93.

Dehnbostel, P., Elsholz, U., Meister, J., Meyer-Menk, J. (Hrsg.) (2002): Vernetzte Kompetenzentwicklung. Alternative Positionen zur Weiterbildung. Berlin. Ed. Sigma.

DeSeCo (2005): Definition und Auswahl von Schlüsselkompetenzen. Zusammenfassung. www.oecd.org/dataoecd/36/56/35693281.pdf. (Stand: 08.03.06)

Deutscher Bildungsrat (1970). Strukturplan für das Bildungswesen. Empfehlungen der Bildungskommission: Bonn.

Deutsches Institut für Internationale Pädagogische Forschung (DIPF) (2003): Zur Entwicklung nationaler Bildungsstandards - Eine Expertise. Frankfurt a.M.

Deutsches PISA-Konsortium (Hrsg.) (2001): PISA 2000. Basiskompetenzen von Schülerinnen und Schülern im internationalen Vergleich. Opladen: Leske + Budrich.

Dietrich, A., Meyer-Menk, J. (2002): Berufliches Lernen in Netzwerken und Kooperationen. Ansatzpunkte zur Kompetenzerfassung und -zertifizierung. www.bwpat.de, 3: 1-17.

Dobischat, R., Seifert, H., Ahlene, E. (Hrsg.). Integration von Arbeiten und Lernen. Erfahrungen aus der Praxis des lebenslangen Lernens. Berlin. ed. Sigma. 2003.

Dohmen, G. (2002): Lebenslang Lernen - und wo bleibt die "Bildung"?. In: Nuissl, E., Schiersmann, Ch., Siebert, H. (Hrsg.): *Kompetenzentwicklung statt Bildungsziele?* Literatur- und Forschungsreport Weiterbildung. Nr. 49: 8-14.

Dreyfus, H. L., Dreyfus, St. E. (1987): Künstliche Intelligenz. Von den Grenzen der Denkmaschine und dem Wert der Intuition. Reinbek. Rowohlt.

Dunckel, H. (Hrsg.) (1999): Handbuch psychologischer Arbeitsanalyseverfahren. Zürich. vdf Hochschulverlag.

Eckert, M. (1992): Handlungsorientiertes Lernen in der beruflichen Bildung - Theoretische Bezüge und praktische Konsequenzen. In: Pätzold, G. (Hrsg.): *Handlungsorientierung in der beruflichen Bildung*. Frankfurt a.M.: 55-78.

Eicker, F., Perterson, W., Pfeiffer, E. (Hrsg.): Mensch-Maschine-Interaktionen. Arbeiten und Lernen in rechnergestützten Arbeitssystemen in der Industrie, Handwerk und Dienstleistungen (HGTB 1999). Baden-Baden. Nomos-Verlag.

Erler u. a. (2000a): Die Kompetenzbilanz: Ein Instrument zur Optimierung betrieblicher Personalarbeit. KAB Süddeutscher Verband / Deutsches Jugendinstitut München.
(http://cgi.dji.de/bibs/33_633info.pdf, Stand: 08.03.05)

Erler u. a. (2002b): Kompetenzbilanz – Ein Instrument zur Selbsteinschätzung und beruflichen Entwicklung für berufstätige Mütter und Väter, an Weiterbildung Interessierte, Berufsrückkehrerinnen. KAB Süddeutscher Verband / Deutsches Jugendinstitut München.
(http://cgi.dji.de/bibs/33_633komp.pdf, Stand: 08.03.05)

Erler, W. (2003): Die Kompetenzbilanz - Ein Instrument zur Selbst- und Fremdeinschätzung sozialer, methodischer und personaler Kompetenzen im Blick auf die berufliche und persönliche Entwicklung. In: Straka, G. A. (Hrsg.): *Zertifizierung non-formell und informell erworbener beruflicher Kompetenzen*. Münster. Waxmann: 169-185.

Erler, W., Gerzer-Saß, A., Nußhardt, Ch., Saß, J. (2003): Die Kompetenzbilanz - Ein Instrument zur Selbsteinschätzung und beruflichen Entwicklung. In: Erpenbeck, J., Rosenstiel, L.v. (Hrsg.): Handbuch Kompetenzmessung. Stuttgart. Schäffer-Poeschel: 339-352.

Erpenbeck, J. (1997): Selbstgesteuertes, selbstorganisiertes Lernen. In: Arbeitsgemeinschaft Qualifikations-Entwicklungs-Management (Hrsg.): Kompetenzentwicklung `97. Berufliche Weiterbildung in der Transformation - Fakten und Visionen. Münster u. a. Waxmann: 309-316.

Erpenbeck, J., Heyse, V. (1996): Berufliche Weiterbildung und berufliche Kompetenzentwicklung. In: Arbeitsgemeinschaft Qualifikations-Entwicklungs-Management (Hrsg.): *Kompetenzentwicklung `96. Strukturwandel und Trends in der betrieblichen Weiterbildung*. Münster u. a., Waxmann: 15-152.

Erpenbeck, J., Heyse, V. (1999): Die Kompetenzbiographie. Strategien der Kompetenzentwicklung durch selbstorganisiertes Lernen und multimediale Kommunikation. Münster u. a. Waxmann.

Erpenbeck, J., Rosenstiel, L.v. (Hrsg.) (2003): Handbuch Kompetenzmessung. Stuttgart Schäffer-Poeschel.

Esser, H. (1996): Die Definition der Situation In: *Kölner Zeitschrift für Soziologie und Sozialpsychologie*, 48 (1): 1-34.

Esser, H. (1999): Soziologie. Spezielle Grundlagen. Bd. 1: Situationslogik und Handeln. Frankfurt a.M. u. a., Campus- Verlag.

Esser, U. (1987): Projekte META 1, 2 und 3. Leipzig: Karl-Marx-Universität, Herder-Institut (unveröffentl.).

Euler, D., Reemtsma-Theis, M. (1999): Sozialkompetenz? Über die Klärung einer didaktischen Zielkategorie. In: *Zeitschrift für Berufs- und Wirtschaftspädagogik*, 95. Bd., H. 2: 168-198.

Europäische Kommission (1995): Lehren und Lernen. Auf dem Weg zur kognitiven Gesellschaft. Brüssel.

Faulstich, P, Zeuner, Ch. (1999): Erwachsenenbildung. Eine handlungsorientierte Einführung. Weinheim u. a., Juventa Verlag.

Faulstich, P. (1997): Kompetenz - Zertifikate - Indikatoren im Hinblick auf arbeitsorientierte Erwachsenenbildung. In: Arbeitsgemeinschaft Qualifikations-Entwicklungs-Management (Hrsg.): *Kompetenzentwicklung `97. Berufliche Weiterbildung in der Transformation - Fakten und Visionen*. Münster u. a. Waxmann: 141-196.

Faulstich, P. (1998): Strategien der betrieblichen Weiterbildung. Kompetenz und Organisation. München. Vahlen.

Fisch, R. (1994): Eine Methode zur Analyse von Interaktionsprozessen beim Problemlösen in Gruppen. In: *Gruppendynamik*, 25 (2): 149-168.

Flanagan, J. C. (1954): The critical incident technique. In: *Psychological Bulletin*, 51: 327-358.

Flasse, M., Stieler-Lorenz, B. (2000): Berufliche Weiterbildungsstatistik im Spannungsfeld zwischen Industrie- und Wissensgesellschaft. In: Arbeitsgemeinschaft Qualifikations-Entwicklungs-Management (Hrsg.): *Kompetenzentwicklung `2000. Lernen im Wandel - Wandel durch Lernen.* Münster u. a., Waxmann: 185-224.

Flick, U. (2000): Qualitative Forschung. Theorie, Methoden, Anwendung in Psychologie und Sozialwissenschaften. Reinbek. Rowohlt. 5. Auflage.

Frei, F., Duell, W., Baitsch, C. (1984): Arbeit und Kompetenzentwicklung. Bern. Huber.

Frei, F., Hugentobler, M., Alioth, A., Duell, W., Ruch, L. (1996): Die kompetente Organisation. Qualifizierende Arbeitsgestaltung - die europäische Alternative. Zürich. vdf Hochschulverlag. 2. Auflage.

Frey, A. (2003): Kompetenzentwicklung und deren Diagnose in unterschiedlichen Ausbildungsberufen - eine berufspädagogische Notwendigkeit. In: Jennewein, K., Röben, P. Zülch, G. (Hrsg.): *Kompetenzentwicklung in Unternehmensprozessen.* Baden Baden. Nomos Verlag: 147-159.

Frey, A., Balzer, L. (2002): Beurteilungsbögen zu sozialen und methodischen Kompetenzen. Die Smk-Reihe: smk-Ist, smk-Fremd, smk-Soll. unveröffentl. Manuskript.

Frey, A., Balzer, L. (2003a): Beurteilungsbogen zu sozialen Kompetenzen und methodischen Kompetenzen - smk99. In: Erpenbeck, J., Rosenstiel, L.v. (Hrsg.): *Handbuch Kompetenzmessung.* Stuttgart. Schäffer-Poeschel: 323-336.

Frey, A., Balzer, L. (2003b): Soziale und methodische Kompetenzen - der Beurteilungsbogen smk. Ein Messverfahren für die Diagnose von sozialen und methodischen Kompetenzen. In: *Empirische Pädagogik,* 17 (2): 148-175.

Friedrichs, J. (1990): Methoden der empirischen Sozialforschung. WV Studium. Bd. 28. Opladen. Westdeutscher Verlag. 14. Auflage.

Frieling, E. (1978): Fragebogen zur Arbeitsanalyse – FAA. Deutsche Bearbeitung des „Position Analysis Questionaire" (PAQ). Bern u. a., Huber.

Frieling, E. (1996): Von der Schwierigkeit der Personalentwicklung. In: *QUEM-Bulletin,* 6/1996.

Frieling, E. (2000): Kompetenzentwicklung - ein urwüchsiger Prozess. In: Frieling, E., Kauffeld, S., Grote, S., Bernhard, H. (Hrsg.): *Flexibilität und Kompetenz: Schaffen flexible Unternehmen kompetente und flexible Mitarbeiter?* Münster u. a. Waxmann: 13-19.

Frieling, E., Bernard, H., Grote, S. (1999): Unternehmensflexibilität und Kompetenzerwerb. In: Arbeitsgemeinschaft Qualifikations-Entwicklungs-Management (Hrsg.): *Kompetenzentwicklung `99. Aspekte einer neuen Lernkultur. Argumente, Erfahrungen, Konsequenzen.* Münster. u. a., Waxmann: 147-212.

Frieling, E., Kauffeld, S., Grote, S., Bernhard, H. (Hrsg.) (2000): Flexibilität und Kompetenz: Schaffen flexible Unternehmen kompetente und flexible Mitarbeiter?. Münster u. a., Waxmann

Frieling, E., Sonntag, K.-H. (1999): Lehrbuch Arbeitspsychologie. Bern. Huber.

Fuchs-Heinritz, W. (1994): Lexikon zur Soziologie. Opladen. Westdt. Verlag. 3. Auflage.

Gagne', R.M., Briggs, L.J. (1992): Principles of instructional design. Belmont CA (u. a.): Wadsworth/Thomson Learning. 4. ed.

Gagne´, R.M. (1973): Die Bedingungen menschlichen Lernens. Hannover. Schroedel.

Garfinkel, H. (1973). Das Alltagswissen über soziale und innerhalb sozialer Strukturen. In: Arbeitsgruppe Bielefelder Soziologen (Hrsg.): *Alltagswissen, Interaktion und gesellschaftliche Wirklichkeit,* Bd. 1, Reinbeck. Rowohlt.

Gebert, D., Rosenstiel, L.v. (1996): Organisationspsychologie. Person und Organisation. Stuttgart u. a., Kohlhammer.

Geißler, K. A., Orthey, F. M. (2002): Kompetenz. Ein Begriff für das verwertbare Ungefähre. In: Nuissl, E., Schiersmann, Ch., Siebert, H. (Hrsg.): *Kompetenzentwicklung statt Bildungsziele?* Literatur- und Forschungsreport Weiterbildung. Nr. 49: 69-79.

Go´mez Tutor, C. (2003): Didaktik und Methodik der Erwachsenenpädagogik. In: Arnold, R. (Hrsg.): *Berufs- und Erwachsenpädagogik.* Baltmannsweiler. Schneider Verlag Hohengehren: 308-324.

Goffmann (1973). Wir spielen Theater. Die Selbstdarstellung im Alltag. München. Piper.

Göpfert, P. (2000): Typen von Erwerbsverläufen. Bergmann, B., Fritsch, A., Göpfert, P., Richter, F., Wardanjan, B., Wilczek, S. (Hrsg.) (2000): Kompetenzentwicklung und Berufsarbeit. Münster u. a., Waxmann: 181-196.

Grob, U., Maag Merki, K. (2001): Überfachliche Kompetenzen. Theoretische Grundlegung und empirische Erprobung eines Indikatorensystems. Bern u. a., Lang.

Grubitzsch, S. (1999): Testtheorie – Testpraxis. Psychologische Tests und Prüfverfahren im kritischen Überblick. Eschborn. Klotz. 2. Auflage.

Grünewald, U., Moraal, D., Schönfeld, G. (2003): Betriebliche Weiterbildung in Deutschland und Europa. Bielefeld. Bertelsmann.

Gruschka, A. (1985): Wie Schüler Erzieher werden. Wetzlar. Verlag Büchse der Pandora.

Haasler, B., Beelmann, G. (2005): Kompetenzen erfassen - Berufliche Entwicklungsaufgaben. In: Rauner, F. (Hrsg.): *Handbuch Berufsbildungsforschung*. Bielefeld. Bertelsmann: 622-628.

Habermas, J. (1988a): Theorie des kommunikativen Handelns. Handlungsrationalität und gesellschaftliche Rationalisierung. Bd. 1. Frankfurt a.M., Suhrkamp.

Habermas, J. (1988b): Theorie des kommunikativen Handelns. Zur Kritik der funktionalen Vernunft. Bd.2. Fankfurt a.M., Suhrkamp.

Häcker, H., Leutner, D., Amelang, M. (1998): Standards für pädagogisches und psychologisches Testen. Bern u. a., Hogrefe 1998.

Hacker, W (1973): Allgemeine Arbeits- und Ingenieurspsychologie: psychische Struktur und Regulation von Arbeitstätigkeiten. Berlin. Dt. Verl. der Wiss.

Hacker, W. (1978): Allgemeine Arbeits- und Ingenieurpsychologie. Schriften zur Arbeitspsychologie (Hrsg. E. Ulich), Bd. 20. Bern. Huber.

Hacker, W. (1995): Tätigkeitsbewertungssystem (TBS). Verfahren zur Analyse, Bewertung und Gestaltung von Arbeitstätigkeiten. Zürich u. a., vdf, Hochschulverlag.

Hacker, W. (1995): Arbeitstätigkeitsanalyse. Analyse und Bewertung psychischer Arbeitsanforderungen. Heidelberg. Asanger.

Hacker, W. (1998): Allgemeine Arbeitspsychologie. Psychische Regulation von Arbeitstätigkeiten. Bern. Huber.

Hackman, J.R., Oldham, G.R. (1975): Development of the Job Diagnostic Survey. In: *Journal of Applied Psychology,* 60: 159-170.

Hanft, A., (1999). Eignungsdiagnostik in Betrieben – Psychologische Testverfahren und Assessment Centre als Instrumente der Personalselektion. In: Grubitzsch, S.: *Testtheorie – Testpraxis. Psychologische Tests und Prüfverfahren im kritischen Überblick*. Eschborn. Klotz. 2. Auflage: 263-296.

Hänggi, G. (2001): Macht der Kompetenz. Ausschöpfung der Leistungspotentiale durch zukunftsgerichtete Kompetenzentwicklung. Frechen-Königsdorf. Datakontext.

Harris, M. M., Schaubroeck, J. (1988): A meta-analysis of self-supervisor, self-peer, and peer-supervisor ratings. In: *Personal Psychology*, 41: 43-62.

Havinghurst, R. J. (1948/1972): Development Task and Education. New York: David Mc Kay Company.

Heckhausen, H. (1989): Motivation und Handeln. Berlin. Springer. 2. Auflage.

Heinemeier, S. (1991): Zeitstrukturkrisen. Biographische Interviews mit Arbeitslosen. Opladen. Leske + Buderich.

Heyse, V., Erpenbeck, J. (1997): Der Sprung über die Kompetenzbarriere. Kommunikation, selbstorganisiertes Lernen und Kompetenzentwicklung von und in Unternehmen. Bielefeld. Bertelsmann.

Hof, Ch. (2001): Wie lässt sich soziale Kompetenz konkreter bestimmen? In: *GdWZ*. 12 (4): 151-154.

Hof, Ch. (2002a): (Wie) lassen sich soziale Kompetenzen bewerten?. In: Clement, U., Arnold, R. (Hrsg.): *Kompetenzentwicklung im Fokus*. Opladen. Leske + Buderich: 153-166.

Hof, Ch. (2002b): Von der Wissensvermittlung zur Kompetenzorientierung in der Erwachsenenbildung Anmerkungen zur scheinbaren Alternative zwischen Kompetenz und Wissen. In: Nuissl,

E., Schiersmann, Ch., Siebert, H. (Hrsg.): *Kompetenzentwicklung statt Bildungsziele?* Literatur- und Forschungsreport Weiterbildung. Nr. 49: 80-89.

Hossiep, R., Paschen, M., Mühlhaus, O. (2000): Persönlichkeitstests im Personalmanagement. Grundlagen, Anwendungen, Instrumente. Göttingen u. a., Verlag für Angewandte Psychologie.

Husemann, R., Vonken, M. (2003): Zeitmuster von Lernzeiten. Befunde aus der empirischen Weiterbildungsforschung. In: Dobischat, R., Seifert, H., Ahlene, E. (Hrsg.). *Integration von Arbeiten und Lernen. Erfahrungen aus der Praxis des lebenslangen Lernens.* Berlin. ed. Sigma. 2003: 83-129.

Izard, C.E. (1981): Die Emotionen des Menschen. Eine Einführung in die Grundlagen der Emotionspsychologie. Weinheim u. a., Beltz.

Jäger, A.O., Süß, H.-M., Beauducel, A. (1997): Berliner Intelligenzstruktur-Test. BIS-Test. Handanweisung. Göttingen. u. a., Hogrefe, Verlag für Angewandte Psychologie.

Janowski, A., Fittkau, B., Rauer, W. (1994): Beurteilungshilfen für Lehrer. Göttingen. Hogrefe.

Jennewein, K., Knauth, P., Röben, P., Zülch, G. (Hrsg.) (2002): Kompetenzentwicklung in Arbeitsprozessen – Beiträge zur Konferenz der Arbeitsgemeinschaft gewerblich technische Wissenschaften und ihre Didaktiken in der Gesellschaft für Arbeitswissenschaft am 23./24. September 2002 in Karlsruhe. Baden-Baden. Nomos-Verlag.

Jennewein, K., Röben, P. Zülch, G. (Hrsg.) (2003): Kompetenzentwicklung in Unternehmensprozessen. Baden Baden. Nomos Verlag.

Joas, H. (1996): Die Kreativität des Handelns. Frankfurt a.M., Suhrkamp.

Jung, H. (2000): Potenzialbeurteilung als Grundlage der Personalentwicklung In: *GdWZ,* H. 2: 198-200.

Kaiser, A. (1998a): Carte de competence: Wie lassen sich Kompetenzen feststellen?. In: *GdWZ,* H. 5: 199-201.

Kaiser, A. (1998b): Situationsorientierter Ansatz in der Erwachsenenbildung. In: *Hessische Blätter für Volksbildung,* H. 3: 225-232.

Kanning, U. P. (2002): Die Psychologie der Personalbeurteilung. In: Kanning, U.P., Holling, H. (Hrsg.): *Handbuch personaldiagnostischer Instrumente.* Göttingen u. a., Hogrefe, Verlag für Angewandte Psychologie: 15-46.

Kanning, U. P. (2003): Diagnostik sozialer Kompetenzen. Göttingen u. a., Hogrefe, Verlag für Angewandte Psychologie.

Kanning, U.P. (2004). Standards der Personaldiagnostik. Beuth. Hogrefe.

Kanning, U.P., Holling, H. (Hrsg.) (2002): Handbuch personaldiagnostischer Instrumente. Göttingen u. a., Hogrefe, Verlag für Angewandte Psychologie.

Kauffeld, S. (2000): Das Kassler-Kompetenz-Raster (KKR) zur Messung beruflicher Handlungskompetenz. In: Frieling, E., Kauffeld, S., Grote, S., Bernhard, H. (Hrsg.): *Flexibilität und Kompetenz: Schaffen flexible Unternehmen kompetente und flexible Mitarbeiter?* Münster u. a., Waxmann: 33-48.

Kauffeld, S. (2002): Das Kasseler-Kompetenz-Raster (KKR) - ein Beitrag zur Kompetenzmessung. In: Clement, U., Arnold, R. (Hrsg.): *Kompetenzentwicklung im Fokus.* Opladen. Leske + Buderich: 131-151.

Kauffeld, S. (2005): Kompetenzen messen, bewerten und entwickeln. Ein prozessanalytischer Ansatz für Gruppen. Habilitationsschrift. Fachbereich Wirtschaftswissenschaften und Psychologie der Universität Kassel.

Kauffeld, S., Grote, S., Frieling, E. (2003): Das Kasseler-Kompetenz-Raster (KKR). In: Erpenbeck, J., Rosenstiel, L.v. (Hrsg.): *Handbuch Kompetenzmessung.* Stuttgart. Schäffer-Poeschel: 261-282.

Kauffeld, S., Jonas, E., Grote, S., Frey, D., Frieling, E. (2004): Innovationsklima - Konstruktion und erste psychometrische Überprüfung eines Messinstrumentes. In: *Diagnostica,* 50 (3): 153-164.

Kaufhold, M. (2004): Berufsbiographische Gestaltungskompetenz und Überlegungen zur Erfassbarkeit. In: Nuissl, E. (Hrsg.) (2004): *PISA für Erwachsene.* Literatur- und Forschungsreport Weiterbildung, 27, 4/2004. Bielefeld. Bertelsmann: 57-70.

Klafki, W. (1993): Neue Studien zur Bildungstheorie und Didaktik. Zeitgemäße Allgemeinbildung und kritisch-konstruktive Didaktik. Weinheim u. a., Beltz. 3. Auflage.

Kleinginna, P.R., Kleinginna, A.M. (1981): A categorized list of emotion definitions, with suggestions for a consensual definition. Motivation and Emotion, 5: 345-379.

Kleinmann, M., Strauß, B. (Hrsg.) (2000): Potentialfeststellung und Personalentwicklung. Göttingen u. a., Verlag für Angewandte Psychologie.

Klieme, E. (2000). Fachleistungen im voruniversitären Mathematik- und Physikunterricht. In: Baumert, J., Bos, W., Lehmann, R. (Hrsg.), *TIMSS/III. Dritte Internationale Mathematik- und Naturwissenschaftsstudie. Mathematische und naturwissenschaftliche Bildung am Ende der Schullaufbahn. Bd. 2: Mathematische und physikalische Kompetenzen am Ende der gymnasialen Oberstufe.* Opladen: Leske + Budrich.

Klieme, E., Neubrand, M. & Lüdtke, O. (2001). Mathematische Grundbildung: Testkonzeption und Ergebnisse. In: Deutsches PISA-Konsortium (Hrsg.), *PISA 2000. Basiskompetenzen von Schülerinnen und Schülern im internationalen Vergleich.* Opladen: Leske + Budrich: 139-190.

Knöchel, W. (1996): Qualifikation, Kompetenz und Weiterbildung. Schriften zur beruflichen Aus- und Weiterbildung. ITF. Bd. 21. Schwerin

Kromrey, H. (2000): Empirische Sozialforschung. Modelle und Methoden der standardisierten Datenerhebung und Datenauswertung. Opladen. Leske + Buderich. 9. Auflage.

Krüger, H.H., Marotzki, W. (Hrsg.) (1995): Erziehungswissenschaftliche Biographieforschung. Opladen. Leske + Buderich.

Laatz, W. (1993): Empirische Methoden. Ein Lehrbuch für Sozialwissenschaftler. Thun und Frankfurt a.M., Harri Deutsch.

Lamnek, S. (1993): Qualitative Sozialforschung. Methodologie. Bd. 1. Weinheim. Beltz. Psychologie Verlags Union.

Lang von Wins, Th. (2003): Die Kompetenzhaltigkeit von Methoden moderner psychologischer Diagnostik-, Personalauswahl- und Arbeitsanalyseverfahren sowie aktueller Management-Diagnostik-Ansätze. In: Erpenbeck, J., Rosenstiel, L.v. (Hrsg.): *Handbuch Kompetenzmessung.* Stuttgart. Schäffer-Poeschel: 585-618.

Lang von Wins, Th., Rosenstiel, L.v. (2000): Potentialfeststellungsverfahren. In: Kleinmann, M., Strauß, B. (Hrsg.): Potentialfeststellung und Personalentwicklung. Göttingen. u. a., Verlag für Angewandte Psychologie: 73-100.

Langens, Th. A., Sokolowsky, K., Schmalt, H. D. (2003): Das Multi-Motiv-Gitter (MMG). In: Erpenbeck, J., Rosenstiel, L.v. (Hrsg.): *Handbuch Kompetenzmessung.* Stuttgart. Schäffer-Poeschel: 71-80.

Latham, G.P., Saari, L.M., Pursell, E.D., Campion, M.A. (1980): The situational interview In: *Journal of Applied Psychology*, H. 65: 422-427.

Lempert, W. (1998): Berufliche Sozialisation oder was Berufe aus Menschen machen. Grundlagen der Berufs- und Erwachsenenbildung. Bd. 16. Baltmannsweiler. Schneider Verlag Hohengehren. 1998.

Lenzen, D., Luhmann, N. (Hrsg.) (1997): Bildung und Weiterbildung im Erziehungssystem - Lebenslauf und Humanontogenese als Medium und Form. Frankfurt a. M., Suhrkamp.

Lewin, K. (1939): Principles of topological psychological. New York: McGraw Hill.

Lichtenberger, Y. (1999): Von der Qualifikation zur Kompetenz. Die Herausforderungen der Arbeitsorganisation in Frankreich. In: Arbeitsgemeinschaft Qualifikations-Entwicklungs-Management (Hrsg.): *Kompetenzentwicklung. `99. Aspekte einer neuen Lernkultur. Argumente, Erfahrungen, Konsequenzen.* Münster u. a., Waxmann: 275-307.

Lienert, G. A.; Raatz, U. (1998): Testaufbau und Testanalyse. Weinheim. Beltz. Psychologie Verlags Union. 6. Auflage.

Lipsmeier, A. (1995): Die didaktische Struktur des beruflichen Bildungswesens. In: Lenzen, D. (Hrsg.): *Enzyklopädie Erziehungswissenschaft. Bd. 9. Sekundarstufe II - Jugendbildung zwischen Schule und Beruf.* Stuttgart. Klett-Cotta: 227-249.

Luhmann, N. (1987): Soziale Systeme. Grundriss einer allgemeinen Theorie. Frankfurt a.M., Suhr-
    kamp.
Luhmann, N. (1997): Erziehung als Form des Lebenslaufs. In: Lenzen, D., Luhmann, N. (Hrsg.):
    *Bildung und Weiterbildung im Erziehungssystem - Lebenslauf und Humanontogenese als Medi-
    um und Form.* Frankfurt a.M., Suhrkamp: 11-29.
Mabbe, P.A. III, West, S. G. (1992): Validity of Self-Evaluation of Ability. A Review and Meta-
    Analysis. In: *Journal of Applied Psychology*, H. 3: 280-296.
Magnusson, D. (1981): Wanted: A psychology of Situations. In: Magnusson, D. (Hrsg.): *Toward a
    psychology of situations. An individual perspective. Hillsdale*, NJ., Erlbaum: 9-32.
Max, Ch. (1999): Entwicklung von Kompetenz. Ein neues Paradigma für das Lernen in Schule und
    Arbeitswelt. Ertrag und Perspektiven der französischsprachigen Kompetenzforschung und ihre
    Bedeutung als Gestaltungsprinzip von Bildung. Frankfurt a.M. u. a., Lang.
Mayring, Ph. (1996): Einführung in die qualitative Sozialforschung. Eine Einleitung zum qualitativen
    Denken. Weinheim. Beltz. 3. Auflage.
McCelland, D.C. (1973): Testing for Competence rather than for "Intelligence" In: *American Psycho-
    logist*, H. 28: 1-14.
Mead, G.H. (1995): Geist, Identität und Gesellschaft aus Sicht des Sozialbehaviorismus. Frankfurt
    a.M., Suhrkamp. 10. Auflage.
Meier, A. J. (2002): Bewertung von Kompetenz und Kompetenzentwicklung. Beitrag personalwirt-
    schaftlicher Beurteilungsverfahren zur Bewertung von Kompetenz und Kompetenzentwicklung.
    In: Staudt, E., Kailer, N., Kriegesmann, B., Meier, A.J., Stephan, H., Ziegler, A. (Hrsg.): *Kom-
    petenzentwicklung und Innovation. Eine Bestandsaufnahme jenseits von Personalentwicklung
    und Wissensmanagement.* Münster u. a., Waxmann: 437-491.
Mertens, D. (1974): Schlüsselqualifikationen. Thesen zur Schulung für eine moderne Gesellschaft In:
    Mitteilungen aus Arbeitsmarkt- und Berufsforschung. MittAB, H. 1: 36-43.
Metzig, W., Schuster, M. (1993): Lernen zu Lernen. Lernstrategie wirkungsvoll einsetzen. Heidel-
    berg. Springer.
Miebach, B. (1991): Soziologische Handlungstheorie. Eine Einführung. Opladen. Westdeutscher
    Verlag.
Moore, A., Theunissen, A.F. (1994): Qualifikation versus Kompetenz. Eine Diskussion um Begriffe,
    die Entwicklung neuer Modelle oder eine Frage von politischem Rang? In: *Europäische Zeit-
    schrift für Berufsbildung*, H. 1: 74-80.
Moser, K. (1999): Selbstbeurteilung beruflicher Leistungen. Überblick und offene Fragen In: *Psycho-
    logische Rundschau*, 50 (1): 14-25.
Moser, K. (2004): Selbstbeurteilung. In: Schuler, H. (Hrsg.): *Beurteilung und Förderung beruflicher
    Leistung.* Göttingen u. a., Hogrefe: 83-99.
Moser, K., Donat, M., Schuler, H., Funke, U., Roloff, K. (1994): Validität der Selbstbeurteilung
    beruflicher Leistung. Eine Untersuchung im Bereich industrieller Forschung und Entwicklung.
    In: *Zeitschrift für experimentelle und angewandte Psychologie*, H. 41: 473-499.
Münch, J. (2003a): Geschichte der Berufspädagogik. In: Arnold, R. (Hrsg.): *Berufs- und Erwachse-
    nenpädagogik.* Baltmannsweiler. Schneider Verlag Hohengehren: 69-85.
Münch, J. (2003b): Theorien der beruflichen Bildung. In: Arnold, R. (Hrsg.): *Berufs- und Erwach-
    senpädagogik.* Baltmannsweiler. Schneider Verlag Hohengehren: 86-105.
Murray, H.A. (1938): Explorations in personality. New York. Oxford University Press.
Neuweg, G. H. (1999): Könnerschaft und implizites Wissen. Münster. Waxmann.
Nießen, M. (1977): Gruppendiskussion. Interpretative Methodologie. München. Fink.
Nuissl, E. (Hrsg.) (2004): PISA für Erwachsene. Literatur- und Forschungsreport Weiterbildung, 27,
    4/2004. Bielefeld. Bertelsmann.
Nuissl, E., Schiersmann, Ch., Siebert, H. (Hrsg.) (2002): Kompetenzentwicklung statt Bildungsziele?
    Literatur- und Forschungsreport Weiterbildung. Nr. 49.
Nuissl, E., Schiersmann, Ch., Siebert, H. (Hrsg.) (2003): Zertifikate. Literatur- und Forschungsreport
    Weiterbildung, 4/2003.

OECD (2004): Programm for the international assessment of adult competencies (PIAAC). Draft strategie papier. Policy Objectives, Strategic Options and Cost Implications.

Oerter, R. (1991): Entwicklung und Förderung: Angewandte Entwicklungspsychologie. In: Roth, L. (Hrsg.): *Pädagogik. Handbuch für Studium und Praxis.* München. Ehrenwirth: 158-171.

Oesterreich, R., Volpert, W. (Hrsg.) (1991): VERA Version 2. Arbeitsanalyseverfahren zur Ermittlung von Planungs- und Denkanforderungen im Rahmen der RHIA-Anwendung. Berlin. Techn. Univ., Univ.-Bibliothek, Abt. Publikationen.

Offe, C. (1970): Leistungsprinzip und individuelle Arbeit. Mechanismen der Statusverteilung in Arbeitsorganisationen der industriellen Leistungsgesellschaft. Frankfurt a.M.

Olbricht, J. (2001): Geschichte der Erwachsenenbildung in Deutschland. Bonn. Bundeszentrale für politische Bildung.

Otto, J.H., Euler, H. A., Mandl, H. (2000): Begriffsbestimmungen. In: Otto, J.H., Euler, H.A., Mandl, H. (Hrsg.): *Emotionspsychologie. Ein Handbuch.* Weinheim. Beltz. Psychologie Verlags Union: 11-18.

Otto, J.H., Euler, H.A., Mandl, H. (Hrsg.) (2000): Emotionspsychologie. Ein Handbuch. Weinheim. Beltz. Psychologie Verlags Union.

Parsons, T. (1994): Aktor, Situation und normative Muster. Ein Essay zur Theorie sozialen Handelns. Frankfurt a.M., Suhrkamp.

Paschen, M. (2003): Kompetenzmodelle - konzeptioneller Hintergrund und praktische Empfehlung. In: *Wirtschaftspsychologie*, 10 (2): 54-59.

Patry, J. L. (1991): Transsituationale Konsistenz des Verhaltens und Handelns in der Erziehung. Bern u. a., Lang.

Pätzold, G. (1995): Vermittlung von Fachkompetenz in der Berufsbildung. In: Arnold, R.; Lipsmeier, A. (Hrsg.): *Handbuch der Berufsbildung.* Opladen. Leske + Buderich: 157-170.

Pätzold, G. (Hrsg.) (1992): Handlungsorientierung in der beruflichen Bildung. Frankfurt a.M., Verl. d. Ges. zur Förderung arbeitsorientierter Forschung u. Bildung.

Pauls, C. A. (1999): Emotion und Persönlichkeit. Frankfurt a.M. u. a., Lang.

Pekrun, R. (1988): Emotion, Motivation und Persönlichkeit. Göttingen u. a., Hogrefe. Verl. für Psychologie.

Pietrzyk, U. (2002): Brüche in der Berufsbiographie - Chancen und Risiken für die Entwicklung beruflicher Kompetenz. Hamburg. Kovac.

Plath, H. E. (2002): Erfahrungswissen und Handlungskompetenz - Konsequenzen für die berufliche Weiterbildung. In: *Beitrage zu Arbeitsmarkt- und Berufsforschung (BeitrAB)*, H. 250, 517-529.

Polanyi, M. (1958): Personal Knowledge. Chicago. University of Chicago Press.

Pongratz, H.J., Voß, G. (2003): Arbeitskraftunternehmer. Erwerbsorientierungen in entgrenzten Arbeitsformen. Berlin. Ed. Sigma.

Rauner, F. (2002): Berufliche Kompetenzentwicklung - vom Novizen zum Experten. In: Dehnbostel, P., Elsholz, U., Meister, J., Meyer-Menk, J. (Hrsg.): *Vernetzte Kompetenzentwicklung. Alternative Positionen zur Weiterbildung.* Berlin. Ed. Sigma: 111-132.

Rauner, F. (Hrsg.) (2005): Handbuch Berufsbildungsforschung. Bielefeld. Bertelsmann.

Reber, G. (Hrsg.): Personalinformationssysteme. Stuttgart. Poeschel.

Reuther, U., Leuschner, H. (1997): Kompetenzentwicklung für den wirtschaftlichen Wandel - Strukturveränderungen der betrieblichen Weiterbildung. In: Arbeitsgemeinschaft Qualifikations-Entwicklungs-Management (Hrsg.): *Kompetenzentwicklung `97. Berufliche Weiterbildung in der Transformation - Fakten und Visionen.* Münster u. a., Waxmann: 365-394.

Reuther, U., Leuschner, H. (1998): Programm-Management. In: *Kompetenzentwicklung für den wirtschaftlichen Wandel. Erste Zwischenbilanz zum Forschungs- und Entwicklungsprogramm.* Quem-report. H. 55. Berlin: 7-26.

Rheinberg, F. (2000): Motivation, Stuttgart. u. a., Kohlhammer. 3.Auflage.

Rheinberg, F. (2004): Motivationsdiagnostik. Göttingen. u. a., Hogrefe.

Richter, F. (2000a): Methodik der Querschnittsuntersuchungen. In: Bergmann, B., Fritsch, A., Göpfert, P., Richter, F., Wardanjan, B., Wilczek, S. (Hrsg.): *Kompetenzentwicklung und Berufsarbeit*. Münster. u. a., Waxmann: 55-131.

Richter, F. (2000b): Zwei Analyseverfahren zur branchen- und berufsübergreifenden Erfassung beruflicher Kompetenzen. Forschungsberichte des Instituts Allgemeine Psychologie, Biopsychologie und Methoden der Psychologie der TU Dresden: Technische Universität.

Richter, F., Wardanjan, B. (2000): Die Lernhaltigkeit der Arbeitsaufgaben - Entwicklung und Erprobung eines Fragebogens zu lernrelevanten Merkmalen der Arbeitsaufgabe (FLMA). In: *Zeitschrift für Arbeitswissenschaft*, 54 (3-4): 175-183.

Roth, H. (1984): Pädagogische Anthropologie. Bildsamkeit und Bestimmung. Bd. 1. Hannover u. a., Schrödel. 1984.

Rychen, D.S., Salgnik, L.H. (Hrsg.) (2001): Definition and selecting key Competencies. Seattle. Hogrefe & Huber.

Rychen, D.S. (2003). Definition and Selection of Competencies: Theoretical and Conceptual Foundations (DeSeCo). Summary of the finanl report. "Key Competencies für a Successful Life and a Well-Functioning Society". OECD.

Ryle, G. (1969): Der Begriff des Geistes. Stuttgart. Reclam.

Sanders, J.R. (Hrsg.) (1999): Handbuch der Evaluationsstandards. Die Standards des "Joint Committee on Standards for Educational Evaluation". Opladen. Leske + Buderich.

Sarges, W., Fricke, R. (1986): Psychologie für die Erwachsenenbildung/Weiterbildung. Ein Handbuch in Grundbegriffen. In: *Quem-report*. Heft 41/II.

Sarges, W., Wottawa, H. (Hrsg.) (2001): Handbuch wirtschaftspsychologischer Testverfahren. Lengerich. u. a., Pabst.

Schäfers, B. (1998): Die Grundlagen des Handelns. Sinn, Normen, Werte. In: Korte, H., Schäfers, B. (Hrsg.): *Einführung in die Hauptbegriffe der Soziologie*. Opladen. Leske + Buderich: 17-34.

Schaper, N. (2003): Arbeitsproben und situative Fragen zur Messung arbeitsplatzbezogener Kompetenzen. In: Erpenbeck, J., Rosenstiel, L.v. (Hrsg.): *Handbuch Kompetenzmessung*. Stuttgart. Schäffer-Poeschel: 185-199.

Schelten, A. (1994): Einführung in die Berufspädagogik. Stuttgart. Steiner. 2. Auflage.

Schmidt, F.L., Hunter, J. E. (1998): Messbare Personenmerkmale: Stabilität, Variabilität und Validität zur Vorhersage zukünftiger Berufsleistungen und berufsbezogenen Lernens. In: Kleinmann, M., Strauß, B. (Hrsg.): *Potentialfeststellung und Personalentwicklung*. Göttingen u. a., Verlag für Angewandte Psychologie: 15-43.

Schneider, K., Schmalt, H.-D. (2000): Motivation. Stuttgart u. a., Kohlhammer. 3. Auflage.

Schneider, W. L. (2002a): Grundlagen der soziologischen Theorie Bd. 1: Weber - Parsons - Mead – Schütz. Wiesbaden. Westdeutscher Verlag.

Schneider, W. L. (2002b): Grundlagen der Soziologischen Theorie Bd. 2: Garfinkel - RC - Habermas – Luhmann. Wiesbaden. Westdeutscher Verlag.

Schuler, H. (1998): Psychologische Personalauswahl Einführung in die Berufseignungsdiagnostik. Göttingen. Verlag für Angewandte Psychologie. 2. Auflage.

Schuler, H. (2000): Das Rätsel der Merkmals-Methoden-Effekte: Was ist "Potential" und wie lässt es sich messen? In: Rosenstiel, L. v.; Lang von Wins, Th. (Hrsg.): *Perspektiven der Potentialbeurteilung*. Göttingen u. a., Verlag für Angewandte Psychologie: 53-71.

Schuler, H. (Hrsg.) (2001): Lehrbuch der Personalpsychologie. Göttingen u. a., Hogrefe Verlag für Psychologie.

Schuler, H. (Hrsg.) (2004): Beurteilung und Förderung beruflicher Leistung. Göttingen u. a., Hogrefe. 2. Auflage.

Schuler, H., Barthelme, D. (1995): Soziale Kompetenz als berufliche Anforderung. In: Seyfried, B. (Hrsg.): *"Stolperstein" Sozialkompetenz. Was es so schwierig macht, sie zu erfassen, zu befördern und zu beurteilen?* Bielefeld. Bertelsmann: 77-116.

Schuler, H., Höft, St. (2001a): Konstruktorientierte Verfahren der Personalauswahl. In: Schuler, H. (Hrsg.): *Lehrbuch der Personalpsychologie.* Göttingen u. a., Hogrefe Verlag für Psychologie: 93-133.

Höft, St., Funke, U. (2001): Simulationsorientierte Verfahren in der Personalauswahl. In: Schuler, H. (Hrsg.): *Lehrbuch der Personalpsychologie.* Göttingen u. a., Hogrefe Verlag für Psychologie: 135-173.

Schuler, H., Höft, St. (2004a): Diagnose beruflicher Eignung und Leistung. In: Schuler, H. (Hrsg.): *Lehrbuch Organisationspsychologie.* Bern u. a., Huber. 3. Auflage: 289-343.

Schuler, H., Höft, St.(2004b): Berufseignungsdiagnostik und Personalauswahl. In: Schuler, H. (Hrsg.): *Enzyklopädie der Psychologie. Organisationspsychologie - Grundlagen der Personalpsychologie.* Göttingen u. a., Hogrefe, Verlag für Psychologie: 439-532.

Schuler, H., Prochaska, M. (2000). Entwicklung und Konstruktvalidierung eines berufsbezogenen Leistungsmotivationstests. In: *Diagnostica.* 46 (2): 61-72.

Schuler, H., Prochaska, M. (2001): LMI – Leistungsmotivationsinventar. Dimensionen berufsbezogener Leistungsorientierung. Manual. Göttingen u. a., Hogrefe Verlag für Psychologie.

Schuler, H., Prochaska, M. (2003): Leistungsmotivationsinventar (LMI). In: Erpenbeck, J., Rosenstiel, L.v. (Hrsg.): *Handbuch Kompetenzmessung.* Stuttgart. Schäffer-Poeschel: 42-62.

Schüßler, I. (2000): Deutungslernen. Erwachsenenbildung im Modus der Deutung - Eine explorative Studie zum Deutungslernen in der Erwachsenenbildung. Baltmannsweiler. Schneider Verlag Hohengehren GmbH.

Schütz, A., Luckmann, Th. (2003): Strukturen der Lebenswelt. Bd. 1 u. 2. Stuttgart. UVK Verlagsgesellschaft.

Schütz, A. (1972): Gesammelte Aufsätze. Bd. 2. Studien zur soziologischen Theorie. Den Haag. Martinius Nijhoff.

Schütz, F. (1984): Kognitive Figuren des autobiographischen Stegreiferzählens: In: Kohli, M., Robert, G. (Hrsg.): *Biographie und soziale Wirklichkeit. Neue Beiträge und Forschungsperspektiven.* Stuttgart. Metzler.

Schwabdorf, H. (2003): Berufliche Handlungskompetenz. Eine theoretische Klärung der empirischen Analyse in der dualen Erstausbildung. Stuttgart. ibw Hohenheim.

Schwarzer, R. (1994): Optimistische Kompetenzerwartung: Erfassung einer personellen Bewältigungsressource. In: *Diagnostica,* 40 (2): 105-123.

Sekretariat der Ständigen Konferenz der Kultusminister der Länder in der Bundesrepublik Deutschland (1996): Handreichungen für die Erarbeitung von Rahmenlehrplänen der Kultusministerkonferenz (KMK) für den berufsbezogenen Unterricht in der Berufsschule und ihre Abstimmung mit Ausbildungsordnungen des Bundes für anerkannte Ausbildungsberufe.

Seligman, M.E.P. (1975): Helplessness. San Francisco.

Senett, R. (1998): Der flexible Mensch. Die Kultur des neuen Kapitalismus. Berlin. Berlin Verlag. 7. Auflage.

Sonnentag, S. (2003): Situatives Interview zur Messung von Kooperationswissen. In: Erpenbeck, J., Rosenstiel, L.v. (Hrsg.): *Handbuch Kompetenzmessung.* Stuttgart. Schäffer-Poeschel: 140-146.

Sonnentag, S., Lange, I. (2002): The relationship between high performance and knowledge about how to master cooperation situations. In: *Applied Cognitive Psychology,* H. 16: 491-508.

Sonntag, K.-H., Schäfer-Rauser, U. (1993): Selbsteinschätzung beruflicher Kompetenzen bei der Evaluation von Bildungsmaßnahmen. In: *Zeitschrift für Arbeits- und Organisationspsychologie,* 37 (4): 163-171.

Sonntag, K.-H., Schaper, N.: Förderung der beruflichen Handlungskompetenz. In: Sonntag, K. H. (Hrsg.): *Personalentwicklung in Organisationen. Grundlagen, Methoden und Strategien.* Göttingen u. a., Hogrefe, Verlag für Psychologie. 2. Auflage: 211-244.

Spielberger, C. D. (1966): Theory and research on anxiety. In: Spielberger, C.D. (ed.): *Anxiety and behaviour.* New York. Academic Press.

Stäudel, T. (1986): Der Kompetenzfragebogen. In: *Diagnostica.* 34 (2): 136-148.

Staudt, E., Kailer, N., Kriegesmann, B., Meier, A.J., Stephan, H., Ziegler, A. (Hrsg.) (2002a): Kompetenzentwicklung und Innovation. Eine Bestandsaufnahme jenseits von Personalentwicklung
und Wissensmanagement. Münster u. a., Waxmann.

Staudt, E., Kriegesmann, B. (1999): Weiterbildung: Ein Mythos zerbricht. Der Widerspruch zwischen
überzogenen Erwartungen und Mißerfolgen der Weiterbildung. In: Arbeitsgemeinschaft Qualifikations-Entwicklungs-Management (Hrsg.): *Kompetenzentwicklung `99. Aspekte einer neuen
Lernkultur. Argumente, Erfahrungen, Konsequenzen*. Münster u. a., Waxmann: 17-59.

Staudt, E., Kriegesmann, B. (2002b): Zusammenhang von Kompetenz, Kompetenzentwicklung und
Innovation. Objekt, Maßnahmen und Bewertungsansätze der Kompetenzentwicklung - Ein
Überblick. In: Staudt, E., Kailer, N., Kriegesmann, B., Meier, A.J., Stephan, H., Ziegler, A.
(Hrsg.): *Kompetenzentwicklung und Innovation. Eine Bestandsaufnahme jenseits von Personal-
entwicklung und Wissensmanagement*. Münster u. a., Waxmann: 15-70.

Staufenbiel, T., Hartz, C. (2000): Organizational Citizenship Behaviour: Entwicklung und erste Validierung eines Messinstrumentes. In: *Diagnostica*, 46: 61-72.

Straka, G. A. (Hrsg.) (2003): Zertifizierung non-formell und informell erworbener beruflicher Kompetenzen. Münster. Waxmann.

Straub, W. (1968). Zur Methodik der Bestimmung von Wirkungen und Belastungen durch vorwiegend geistige Arbeit. In: Hacker, W., Skell, W., Straub, W. (Hg.): *Arbeitspsychologie und wis-
senschaftlich-technische Revolution*. Berlin. Deutscher Verlag der Wissenschaften: 261-274.

Strube, G. (1996): Wörterbuch der Kognitionswissenschaft. Stuttgart. Klett-Cotta.

Thiel, R., Keller, G., Binder, A. (1979): Arbeitsverhaltensinventar: Handanweisung. Braunschweig.
Westermann.

Tippelt, R. (2002a): Qualifizierungsoffensive oder Bildungsziele? Zur Spannung von "allgemeiner
Bildung", "spezifizierender Qualifizierung", "Schlüsselqualifikationen" und "Lernkompetenz".
In: Nuissl, E., Schiersmann, Ch., Siebert, H. (Hrsg.): *Kompetenzentwicklung statt Bildungsziele?*
Literatur- und Forschungsreport Weiterbildung. Nr. 49: 48-58.

Tippelt, R. (Hrsg.) (1999): Handbuch Erwachsenenbildung/Weiterbildung. Opladen. Leske +
Buderich.

Tippelt, R. (Hrsg.) (2002b): Handbuch Bildungsforschung. Opladen. Leske + Buderich.

Treibel, A. (1994): Einführung in soziologische Theorien der Gegenwart. Opladen. Leske + Buderich.

Udris, I.; Alioth, A. (1980): Der Fragebogen zur subjektiven Arbeitsanalyse (SAA). In: Martin, E.,
Udris, I., Ackermann, U., Oegerli, K. (Hrsg.): *Monotonie in der Industrie*. Schriften zur Arbeitspsychologie, Bd. 29. Bern. Huber: 61-68.

Uhlemann, K. (1996a): Entwicklung eines vollstandardisierten Fragebogens zur Erfassung der Möglichkeiten und Potenzen für ein Lernen in der Arbeit während der Berufsbiographie in der gegenwärtigen Tätigkeit. In Projekt: Individuelle Kompetenzentwicklung durch Lernen im Prozess
der Arbeit, Ausgewählte Zwischenergebnisse. Dresden: Technische Universität, Institut für Allgemeine Psychologie und Methoden der Psychologie. Teil I: 61-97.

Uhlemann, K. (1996b): Fragebogen zum Lernen in der Arbeit. In Projekt: Individuelle Kompetenzentwicklung durch Lernen im Prozess der Arbeit. Dresden: Technische Universität, Institut für
Allgemeine Psychologie und Methoden der Psychologie. Teil II: 11-23.

Uhlemann, K. (1997): Fragebogen „Vorgehen in Problemlösesituationen". In Projekt: Individuelle
Kompetenzentwicklung durch Lernen im Prozess der Arbeit, Ausgewählte Zwischenergebnisse.
Dresden: Technische Universität, Institut für Allgemeine Psychologie und Methoden der Psy-
chologie. Teil III: 80-96.

Uhlemann, K., Wardanjan, B. (1997): Erfassung von erlebten Merkmalen der Arbeitstätigkeit im
Zusammenhang mit ihrer Lernförderlichkeit – Entwicklung eines Fragebogens zu lernrelevanten
Arbeitsmerkmalen (FLAM). Forschungsberichte des Instituts für Allgemeine Psychologie und
Methoden der Psychologie der TU Dresden. Bd. 43.

Ulich, E. (1998): Arbeitspsychologie. Zürich. vdf Hochschulverlag. 4. Auflage.

Ulich, E. (1999): Lern- und Entwicklungspotentiale in der Arbeit. In: Sonntag, K. H. (Hrsg.): *Personalentwicklung in Organisationen. Grundlagen, Methoden und Strategien*. Göttingen u. a., Hogrefe, Verlag für Psychologie. 2. Auflage: 123-153.

Ullich, D., Mayring, Ph. (2003): Psychologie der Emotionen. Grundriß der Psychologie. Bd. 5. Stuttgart. Kohlhammer.

Vonken, M. (2001): Von Bildung zur Kompetenz. Die Entwicklung erwachsenpädagogischer Begriffe oder Rückkehr zur Bildung In: *Zeitschrift für Berufs- und Wirtschaftspädagogik*, H. 4: 501-522.

Vonken, M. (2005): Handlung und Kompetenz - Theoretische Perspektiven für die Erwachsenen- und Berufspädagogik. Wiesbaden. VS Verlag für Sozialwissenschaften.

Voß, G. (1998). Die Entgrenzung von Arbeit und Arbeitskraft. Eine subjektorientierte Interpretation des Wandels der Arbeit. In: *Mitteilungen für Arbeitsmarkt- und Berufsforschung. MittAB* 3/1998: 473-487.

Wardanjan, B. (1997): Die Erfassung der Kompetenz bei der Beschreibung des Zusammenhangs zwischen Lernen und Arbeiten in der Arbeit und Kompetenzentwicklung – Ergebnisse einer Pilotstudie. In Projekt: Individuelle Kompetenzentwicklung durch Lernen im Prozess der Arbeit, Ausgewählte Zwischenergebnisse. Dresden: Technische Universität, Institut für Allgemeine Psychologie, Biopsychologie und Methoden der Psychologie. Teil IV: 24-62.

Wardanjan, B., Richter, F., Uhlemann, K. (2000a): Lernförderung durch die Organisation – Erfassung mit dem Fragebogen zum Lernen in der Arbeit (LIDA). Forschungsberichte des Institutes für Allgemeine Psychologie, Biopsychologie und Methoden der Psychologie der TU Dresden, Bd. 78.

Wardanjan, B., Richter, F., Uhlemann, K. (2000b): Lernförderung durch die Organisation – Erfassung mit dem Fragebogen zum Lernen in der Arbeit (LIDA). In: *Zeitschrift für Arbeitswissenschaft*, 54, H. 3-4: 184-190.

Weber, M. (1980): Wirtschaft und Gesellschaft. Grundriss der verstehenden Soziologie. Tübingen. Mohr.

Weinberg, J. (1996a): Kompetenzerwerb in der Erwachsenenbildung. In: *Hess. Blätter für Volksbildung*, 46, 3: 209-216.

Weinberg, J. (1996b): Kompetenzlernen. Quem-Bulletin 1/1996: 3-6.

Weinert, A.B. (2004): Organisations- und Personalpsychologie. Weinheim u. a., Beltz.

Weinert, F.E. (2001b): Vergleichende Leistungsmessung in Schulen. In: Weinert, F.E. (Hrsg.): *Leistungsmessung in Schulen*. Weinheim u. a., Beltz: 17-31.

Weinert, F.E. (2001c): Concept of Competences: A conceptual Clarification. In: Rychen, D.S., Salgnik, L.H. (Hrsg.): *Key Competencies*. Cambridge Mass. u. a., Hogrefe & Huber: 45-65.

Weinert, F.E. (Hrsg.) (2001a): Leistungsmessung in Schulen. Weinheim u. a., Beltz.

Weise, G. (1975): Psychologische Leistungstests. Göttingen. Hogrefe.

Weiß, R. (1999a): Erfassung und Bewertung von Kompetenzen – empirische und konzeptionelle Probleme. In: Arbeitsgemeinschaft Qualifikations-Entwicklungs-Management (Hrsg.): *Kompetenzentwicklung `99. Aspekte einer neuen Lernkultur. Argumente, Erfahrungen, Konsequenzen*. Münster u. a. Waxmann: 433-493.

Weiß, R. (1999b): Erfassung und Bewertung informell erworbener Kompetenzen – Realistische Möglichkeit oder bildungspolitische Utopie?. In: De Curvy, A., Hablerlin, F., Michl, W., Breß, H. (Hrsg.): *Erlebnis Erwachsenenbildung. Zur Aktualität handlungsorientierter Pädagogik*. Neuwied u. a., Luchterhand: 176-191.

Weisz, J.R. (1983): Can I Control it? The pursuit of veridical answers across the life-span. In: Baltes, P.B., Brim, O.G. (Eds.): *Life-span development and behaviour*. New York. Vol.5: 233-300.

White, R. W. (1959): Motivation Reconsidered: The concept of Competence. In: *Psychological Review*, 66 (5): 297-333.

Wildmann, L. (2001): Der Kompetenzmensch: Lernen - und das ein Leben lang. Sternenfels. Verlag Wiss. und Praxis.

Willke, H. (2001): Systemisches Wissensmanagement. Stuttgart. Lucius & Lucius.

Handbücher Erziehungswissenschaft

Rolf Arnold / Antonius Lipsmeier (Hrsg.)

Handbuch der Berufsbildung
2., überarb. und akt. Aufl. 2006.
ca. 580 S. Br. ca. EUR 49,90
ISBN 3-531-15162-2

Das aktualisierte Handbuch der Berufsbildung umfasst die gesamte Breite des
pädagogischen Handlungsfeldes und
gibt einen Überblick zu Didaktik, Adres-
satInnen, Vermittlungs- und Aneignungsprozessen und Rahmenbedingungen der
Berufsbildung. Alle Beiträge des Hand-
buchs sind von ausgewiesenen Fach-
expertInnen geschrieben.

Heinz-Herrmann Krüger /
Winfried Marotzki (Hrsg.)

**Handbuch
erziehungswissenschaftliche
Biographieforschung**
2., überarb. und akt. Aufl. 2006.
529 S. Br. EUR 49,90
ISBN 3-531-14839-7

In diesem Handbuch wird ein systema-
tischer Überblick über die theoretischen
Diskurse, Forschungsmethoden und
-schwerpunkte der erziehungswissenschaftlichen Biographieforschung gegeben: Die Bedeutung der Biographieforschung für die Erziehungswissenschaft

wird reflektiert, historische Entwicklungen werden nachgezeichnet und theoretische Grundlagen werden vorgestellt.
Zudem werden methodologische Fragen
erörtert und das Verhältnis von Biographieforschung und Ethnographie diskutiert. Ein dritter Schwerpunkt des Hand-
buchs liegt in der Bestimmung des
Zusammenhangs zwischen der Pädagogik der Lebensalter und der Biographieforschung.

Werner Helsper / Jeanette Böhme (Hrsg.)

Handbuch der Schulforschung
2004. 994 S. Geb. EUR 69,90
ISBN 3-8100-3659-5

Das Handbuch fasst den aktuellen Stand
der interdisziplinären Schulforschung im
deutschsprachigen Raum zusammen
und ergänzt diesen um internationale
Perspektiven. Im Auftakt wird die Entstehung und Etablierung der Schulforschung von ihren Anfängen bis in die
Gegenwart aufgezeigt und die damit verbundene Entwicklung von Forschungs-
ansätzen dargestellt. Vor dem Hintergrund der historischen Differenzierung
des Schulsystems und damit auch des
Lehrerberufs wird das aktuelle Spektrum
der Forschungsfelder systematisiert.

Erhältlich im Buchhandel oder beim Verlag.
Änderungen vorbehalten. Stand: Juli 2006.

www.vs-verlag.de

VS VERLAG FÜR SOZIALWISSENSCHAFTEN

Abraham-Lincoln-Straße 46
65189 Wiesbaden
Tel. 0611.7878 - 722
Fax 0611.7878 - 400